集人文社科之思　刊专业学术之声

集 刊 名：北大史学

主　　编：赵世瑜

主办单位：北京大学历史学系

CLIO AT BEIDA

编辑委员会（按音序排列）

安　然　　曹家齐　　陈博翼　　陈侃理　　崇　明　　戴海斌　　党宝海　　范韦里克　　贺　喜

胡　鸿　　康　鹏　　李隆国　　李云飞　　刘永华　　陆　扬　　罗　敏　　邱源媛　　石川祯浩

宋怡明　　唐利国　　王东杰　　谢国荣　　徐晓旭　　张　静　　赵冬梅　　赵世瑜　　仲伟民

主　编　赵世瑜

本辑执行主编　曹家齐　　赵冬梅

本辑特约编辑　李伏媛

本刊投稿邮箱　beidashixue@163.com

第24辑　2022年第2辑

集刊序列号：PIJ-2021-429

中国集刊网：www.jikan.com.cn

集刊投约稿平台：www.iedol.cn

CLIO AT BEIDA

2022 年第 2 辑

北京大学历史学系　主办

赵世瑜　主编

社会科学文献出版社
SOCIAL SCIENCES ACADEMIC PRESS (CHINA)

导　语

赵冬梅[*]

本辑《北大史学》的主题是"信息沟通"。

信息泛指人类社会传播的一切内容。萧何所收"秦丞相御史律令图书"，马端临之"所谓文者""所谓献者"，与夫谣诼之所传、"风闻"之所言、文书政令之所载，皆信息。香农说："信息是用来消除随机不确定性的东西。"人们通过所获得的有限信息来理解、判断、调整"我"与外部世界的关系，又努力向外界传递出对"我"有利的信息。"我"可以是个人，也可以是包括国家在内的大大小小的组织。在组织与组织之间、组织内部的不同部分和层级之间、活动于组织规范中的人与人之间，信息承载着权力与欲望，产生、流动、传播、演变，信息沟通的有效性影响组织的运转效率与个人的命运，信息的沟通法则受到权力结构、制度传统和思想文化的影响。

帝制中国以有层次的集权为追求目标，长官是地方和部门的信息控制中心，中央是朝廷和国家的信息控制中心，皇帝则是所有重大信息的汇聚终点和制造起点。皇帝、中央和长官试图掌控一切，但官僚、地方、下属

---

* 赵冬梅，北京大学历史学系教授。

i

和百姓在信息沟通中也非全然被动、一味听命。《管子》称"夫民，别而听之则愚，合而听之则圣"，在尊贤卑愚的等级制基础上承认沟通的双向性。扩大至帝制中国所在之朝贡体系，中国与周边国家、政权之间同样存在着绝非单向的信息沟通。

借用王汎森先生的比喻，信息是"万形而无形"的，是无处不在的。长期以来，它隐身于史学研究的政治、经济、军事、制度、文化等各个领域。在史料中，在论述中，信息悄然"在场"，但人们对它视而不见，直到信息沟通视角的提出。2017~2022年，邓小南教授主持的教育部人文社会科学重点科研基地项目"7~16世纪的信息沟通与国家秩序"以研讨会、工作坊等形式引领和集结了不同断代的诸多学者，从信息沟通的视角重新审视历史，其成果结为论文集，收录到辑刊《国学研究》第45卷"中古信息沟通与国家秩序"专号。本专号收录了邓小南教授为论文集所作的序言，以总结旧制、启发新作。在9篇专题论文中，有宋代3篇，元代1篇，明代2篇，晚清2篇，民国1篇。宋元明清以至抗日战争时期，札子文书以至英、美新闻报道，君臣之际以至国家之间，关系调整以至观念变迁，所论各殊，其揆一也。

《再论宋代上殿札子与奏事札子》与《明代前中期"补本覆奏"制度补考》两文，均围绕皇帝展开，一为"再论"，一为"补考"，皆为推进深入之作。在宋代，臣僚上殿面见皇帝之后，"上殿札子"由谁、怎样送达宰相和枢密院？"奏事札子"格式简便，易得御览，谁有资格使用？二事虽细，却关乎权力分配与决策效率，并随高层权力结构等因素的改变而有所调整。明代前中期的"补本覆奏"指的是相关部门、臣僚将之前并无文字的"圣旨事意"写成文本，覆奏皇帝，主要应用于皇帝未经臣僚上奏而主动指示之事、臣僚口奏而皇帝口谕决定之事和"内官传奉圣旨"三种情形，其初始目的主要是备案存档。宣德、正统时期，内官传旨扩大化，影响官僚体制的正常运作，"补本覆奏"作为祖制，也曾成为文臣约束宦官、扩大其决策影响力的工具。作者总结，总体而言，明清两代，"像唐宋时期那样在决策正式下达、执行之前进行确认乃至对决策再检讨意义上的覆奏，似不存在"。两文合观，再度印证了如下事实：即便是在相同的国家制度之下，臣僚与皇帝之间的关系也绝非一成不变，而变化也绝不意味着进步，有时可能是后退。

《从政务运作看宋代官员对邸报信息的回应》的关注焦点是官员。文章将"邸报"从现代视角下中国新闻报纸鼻祖的定位回放到宋朝的历史情境中，从而恢复了它作为"一种官文书"的当时本质，并从政务运作的角度，以官员对邸报差除信息的接收与回应为线索，论述了邸报在中央与地方、朝廷与官员的信息沟通中的积极作用。如果说上文中的"宋朝"是均质的、无差别的，那么，《〈淳民以横敛上蛟峰先生书〉考释——兼论方逢辰与南宋严州地方社会》一文则聚焦于晚宋一时一地的"官民之际"。该文从"淳民上书"出发，讨论了收信人方逢辰与严州乡民和当地政府官员之间的互动关系，本地出身、享有状元及第光环的方逢辰获得乡民的信任和嘱托，成为向官府传递民间疾苦的中间介质。

《试论 13 世纪后期元朝与安南的外交文书》与《明与高丽咨文的行移、传递与礼仪秩序——以〈吏文〉所收〈祭祀山川立碑中书省咨〉为中心》两篇，将信息沟通的观察视角扩大至中原王朝与周边政权之间。前者以外交文书为线索，勾勒出元朝与安南之间围绕"君长亲朝"等问题所展开的外交斗争。这场外交斗争，以元成宗宣布"惟尔安南，亦从宽贷"告终。安南的胜利，固然可以说是元朝皇权嬗递的结果，外交文书的作用亦不可忽视。文书中的安南"既不失臣服之国的恭谨，又不退让屈从，能够引经据典、据理力争"，表现出汉文化修养的深厚力量。孰谓空文无补、书生无用？后者利用朝鲜王朝编纂的汉语公文教科书《吏文》中所收录的《祭祀山川立碑中书省咨》，分析明朝咨文结构，并结合其他史料复原了朝天宫道士徐师昊前往高丽代大明皇帝祭祀高丽国山川一事的完整过程。

晚清的两篇文章均聚焦于"电报"这一现代信息沟通方式在清朝的应用。1844 年，世界上第一条实用的电报线路在美国建成。罗素说，由于电报的发明，"在大组织内由一个中心进行细密的控制，就比以往的情形变得更加可能得多"。然而，一贯追求中央控制的帝制中国对于电报的接受却是犹疑迟缓的。《合作与遏制：清政府与大北、大东电报公司关系探析》试图打破传统的利权模式观，讲述 1870～1900 年清政府与大北、大东两家外国电报公司三方之间相互合作、相互制衡的新故事。对于大北、大东公司来说，电报的意义从一开始就是明确的——投资敷设进而垄断电报线路的经营权以获取巨大的利润；而清朝统治精英对于电报及其相关利权的认知则在与列强打交道的过程中"吃一堑长一智"，快速提升。《信息沟通与属国管理：晚清在朝鲜半岛构筑中朝电报通信网研究》揭示，至 19 世纪 80 年代中期，清政府已经深刻领悟电报这一现代化通信手段对于"军国要政"的裨益，因此，在中朝电报通信网的建设问题上，"目标明确，意志坚定，行动果断"，手段灵活，将传统的中朝宗藩关系与近代条约体系相结合，笼络朝鲜，共同排斥日本，费时八年，完成了覆盖朝鲜全域、连通中国内地的电报通信网。只可惜，其成果最终毁于甲午战败。晚清电报网的发展史既是通信设施的建设史，也是有关信息技术的知识传播史、信息沟通史。

抗日战争加快了中国融入世界的速度，美、英政府和媒体通过书刊报道向各自国家传播有关中国的信息，以服务于本国在反法西斯战争中的决策，这些新闻报道正确地预言了"中国必胜"、国民党政府垮台和中国共产党力量崛起，显示出美、英记者和驻华实地观察人员的敏锐与客观。《全面抗战时期美英涉华舆情的变奏》揭示了这一变奏的背后推手与产生原因。

在"学术评论"栏目中，《超越"王在法上"与"王在法下"：论马克垚的政治史书写》一文综述了马克垚先生的政治史研究。马克垚先生已年逾九十，仍然笔耕不辍，鸿制迭出，令我等后辈汗颜。刘志伟为申斌《财政集权的技术基础——赋役全书形成与明清财政治理》一书所作的序言，别出心裁，从"弟死缺饷兄理财"的悲剧故事出发，引出明清财政管理体制的变迁。他一方面展现了财政史研究者在史料细读中发现、思考、解决问题的过程；另一方面从《周礼·天官·司会》"九赋""九贡""九职""九功"出发，重新解释隐藏在传统中国财政体制之下，支配其运作的财政观念，从这一解释出发，通常所谓"横征暴敛"似乎不无观念基础。《杨向奎〈东望渤澥　云海茫茫——纪念孙以悌先生〉讹误考订》是对杨向奎先生回忆文章的史实考订。1997 年，87 岁的杨向奎先生撰文回忆 60 多年前早逝的天才同学孙以悌，纵然是当事人忆当时事，隔着茫茫世事，信息的讹误亦在所难免，必核诸档案谱志，多方比对考索，方得其真。

就本质而言，历史研究是对过去信息的挖掘、整理与传递，生有涯而学无尽，薪尽火传，学者之所以能超越个体的存亡延续乃至光大其生命者，端赖学术信息的代际传递。2022 年是邓广铭先生 115 周年诞辰、邵循正先生 110 周年诞辰，邓先生的藏书善本由其哲嗣邓小南教授姐妹捐赠给北大图书馆，本辑刊发了郝平校长在捐赠仪式上的发言和《作为"文学青年"的邓广铭：从〈牧野〉旬刊到〈陈龙川传〉》，以及王晓秋教授所作的《邵循正先生生平与学术贡献》，以为纪念。庶几"前言往行"可以垂范现在，启迪未来。

Clio at Beida

第 24 辑
信息沟通专号

目　录

专题研究

学术评论

前言往行

专题研究

从政务运作看宋代官员
对邸报信息的回应[*]

李如钧[**]

摘　要　宋代邸报因定期下发朝廷信息的特性，常被等同于现代的新闻报纸。这些认知并非有误，惜非全面，主因邸报仍为宋代诸类官文书之一，未从政务运作角度观之，实难对邸报有完整认识。本文试就邸报刊载较多的政令信息、人事派命加以补充，认为宋代官员接收进奏院发布的邸报信息后，因职责所在、考核表现等，需向朝廷上报情况。官员分守各地，人事信息经由邸报迅速传达，让当事者得以尽快响应。而邸报信息发布后，中央亦经进奏院收受各类文书，获知朝野官员赞否、不预期等意见。故从官文书运行进程，可知邸报发布信息后，承载各方信息的文书随即下情上传加以反馈，让君臣、朝野官员加速沟通，实为宋代政务、官僚系统顺利运作的促因之一。

关键词　宋代　新闻　邸报　文书传递　信息沟通

---

* 本文为台湾"科技部"辅助专题研究计划"宋代邸报传递与朝野讯息沟通"（编号：MOST111-2410-H-034-042-）的研究成果。

** 李如钧，台北中国文化大学史学系副教授。

绪　言

邸报是宋代中央向地方发布信息的重要载体，无论当时或现今均受关注。① 多数学者将邸报视同现代的新闻报纸，② 分别就采编过程、制作方式、印刷工法、发行机构、传播路径、审阅机制、管理法令宽严、禁限信息范围、政府控管变化、诸类问题流弊等，从新闻传播学的方方面面讨论宋代邸报各环节的制度面与演变过程。如此丰富的研究成果，大大拓展了我们对邸报的认识，反之却也因观察视角固定，呈现史料有限，讨论过于集中，局限了对宋代邸报的全盘理解，有待更细致、多层次的梳理。

同时，亦有学者从中央对地方的信息传递③、邸报与小报差异比较④、士人对邸报的态度⑤、报载史料价值⑥等层面，就史学脉络推进对宋代邸报的更多了解。但邸报为宋代诸类官文书之一，综观现有研究，却少有从政务运作角度思考邸报与宋代整体官文书运行进程的。故本文将综合现存

① 宋代史料中的"邸状""报状""朝报""进奏院报""进奏官报""进奏报""邸吏状""邸吏状报"等词，大多指邸报；"报""状"等字，也有不少即邸报之意。

② 目前对宋代邸报的讨论，以新闻传播学界为主，略举重要研究如朱传誉《宋代新闻史》，台北：商务印书馆，1967；戈公振《中国报学史》，上海古籍出版社，2014。相关论著目录，可见李亚菲《宋代邸报研究》，硕士学位论文，安徽大学，2013。近来讨论，如许鑫《中国古代报纸起源争议的产生根源与破解路径》，《全球传媒学刊》2020 年第 2 期。

③ 游彪教授针对宋代邸报发表过多篇文章，如《宋朝的邸报与时政》，《中州学刊》2004 年第 6 期；《宋代邸报如何针砭政事》，《人民论坛》2008 年第 1 期。他特别提出邸报除狭义的定本外，中央对地方的官文书也多经由进奏院，可谓广义的邸报文字，见《宋代朝廷与地方之间的"文字"传递——围绕邸报及其相关问题而展开》，《河北大学学报》（哲学社会科学版）2003 年第 3 期。

④ 魏希德（Hilde De Weerdt）教授也有相关论述，可参见其最新专著中译本《宋帝国的危机与维系：信息、领土与人际网络》（江苏人民出版社，2021）第二章"朝报与小报"，第 70~95 页。另可见魏琨《宋代小报的特点及其产生原因探析》，《武汉理工大学学报》（社会科学版）2011 年第 5 期。

⑤ 游彪：《宋代邸报的"禁区"及其官员与邸报之关系》，《中国社会科学院研究生院学报》2005 年第 4 期。

⑥ 田建平：《〈邸报〉内容与宋代国政——哲宗时期李焘笔下的〈邸报〉记事》，《河北大学学报》（哲学社会科学版）2015 年第 6 期。

史料、既有论著，以占邸报内容大宗的政令信息、人事派命为例，观察邸报发布四方后，地方与各级官员如何响应朝廷报载信息。借此，对分析邸报何以促进宋代君臣、朝野互动沟通之效，本文或有所补益。

一　新闻，除目，还是官文书？

唐、五代时期，各地官府于都城设置进奏院，以便于联系中央，另设进奏官负责打探搜集朝廷信息，回传地方。[①] 宋初依旧如此，至太宗太平兴国六年（981），整并原有二百多个进奏院，新设都进奏院统一管理。过去，各进奏官仅为自身地区搜罗信息，现皆属都进奏院管辖，虽仍派赴各机关采录信息，但中间环节的整理、选择、编辑、审定诸流程，改为集中处理。编成后，向百司、诸路州郡发布一式多份文件，即邸报，也称进奏院状。

自此，邸报由原先的地方主导改为朝廷一手掌握。《宋会要辑稿》载：

> 恭惟国朝置建奏院于京都，而诸路州郡亦各有进奏吏，凡朝廷已行之命令、已定之差除，皆以达于四方，谓之邸报，所从久矣。[②]

从"缘四方切欲闻朝廷除改及新行诏令"可知，人事信息、朝廷政令是邸报的常载内容，颇受当时人们关注重视。[③] 而邸报刊载内容远非如此，包括皇帝诏旨、起居状况、臣僚上奏、诏令法规、朝廷决议、军事战报、刑罚惩处、官吏迁黜、诗文谢表等，日趋多元。更因两宋时期中央集权加强、特重国境边防事务、印刷术发展等因素，邸报总量超出前

---

① 王静：《朝廷和方镇的联络枢纽：试谈中晚唐的进奏院》，邓小南主编《政绩考察与信息渠道——以宋代为重心》，北京大学出版社，2008，第235~273页。
② 徐松辑《宋会要辑稿·刑法二》，中华书局，1957，第125条。
③ 李焘：《续资治通鉴长编》卷二二八，神宗熙宁四年十一月庚寅条，上海师范大学古籍整理研究所、华东师范大学古籍整理研究所点校，中华书局，2004，第5544页。

代甚多，四方各界亦能迅速获知有关皇室、军政、经济、灾异、人事等信息。学界多认为，邸报在两宋时期虽随时局不同，在负责机关、发布频率、收受对象、信息内容管制等层面有阶段性变化差异，但确实逐渐朝标准化、集中化、规范化三方向演进，成为朝廷向下传递信息的重要渠道。

或因邸报定期规律发行，加上内容具实时性，颇与现今的新闻报纸相似。但深入史料，可知仍有差距。随着北宋中叶起"小报"的逐渐出现，邸报的传播时效有被取代之势，如南宋初周麟之（1118～1164）所言：

> 小报者，出于进奏院，盖邸吏辈为之也。比年事有疑似，中外未知，邸吏必竟以小纸书之，飞报远近，谓之小报。如曰今日某人被召，某人被召罢去，某人迁除，往往以虚为实，以无为有。朝士闻之，则曰已有小报矣；州都间得之，则曰小报已到矣。他日验之，其说或然或不然。使其然耶，则事涉不密。其不然耶，则何以取信？①

出于进奏院吏员的屡屡泄密，无论朝野都不时收到小报信息，扩散速度远胜邸报。虽然内容"往往以虚为实"，错误不少，但小报此时已是各界实时取得朝廷信息的重要渠道。而南宋晚期多记载典章制度的《朝野类要》，提到宋代各类官文书的名称有：

> 诏书、制书、手诏、御札、德音、曲赦、赦书、翻黄、批答、宣帖、白麻、谍报、书黄、省札、部符、敕牒、官牒子、奏札、旦表、谢表、贺表、起居表、慰表、百官表、奏笺、功德疏、万言书、进状、堂札、白札子、边报、奏案、帅札、朝报。

此处"朝报"即邸报，确属官文书之一类。更重要的，时人又言：

---

① 周麟之：《海陵集》卷三《论禁小报》，文渊阁四库全书本，第 3 页。

其有所谓内探、省探、衙探之类，皆衷私小报，率有漏泄之禁，故隐而号之曰"新闻"。①

加之现今学者们对两宋时期小报的相关研究，可知从信息取得、传播、误传等方面来看，小报确实较邸报更类似于现代的新闻报纸。而邸报就内容、性质而言，虽更近似现今的公报、机关报，但仍不免有以今类古之感。且审视史料与既有相关研究，宋代官文书体制健全，朝野信息沟通载体多元，似应再思考邸报的官文书性质，并置于宋代政务运行之视野下进行观察。

再者，宋代史料中邸报与除目时常混同，现代学者间存有争议与讨论，所幸已有研究点明两者之关系与彼此差异，② 即"某人被召，某人被召罢去，某人迁除"这类关于官员任免的人事信息，是除目内容，也常是邸报刊载内容。但除目范围不限于此，指涉对象较广，最早可指预拟的官员人事名单，如王安石（1021~1086）熙宁初任翰林学士时，

中书尝进除目，数日不决。帝曰："当问王安石。"（唐）介曰："陛下以安石可大用，即用之，岂可使中书政事决于翰林学士？臣近每闻宣谕某事问安石，可即行之，不可不行。如此则执政何所用，恐非信任大臣之体也。必以臣为不才，愿先罢免。"③

唐介（1010~1069）时任参知政事。从"中书尝进除目，数日不决"，可知神宗对宰执预拟人选有所疑虑，欲征询王安石，却遭唐介直言反对。可见人事初拟名单可称为除目。但是，讨论确定后刊载于邸报的人事信息，亦被称为除目，如苏轼（1037~1101）曾上奏反对楚建中（1010~1090）出任户部侍郎：

---

① 赵升编《朝野类要》卷四，王瑞来点校，中华书局，2007，第88页。
② 刘晓伟：《论"除目"及"除目流布"背后的政治传播》，《新闻与传播研究》2019年第5期。
③ 脱脱等：《宋史》卷三一六《唐介传》，中华书局，1981，第10329页。

元祐元年七月二十九日，朝奉郎、试中书舍人苏轼状奏：今月二十八日，准中书吏房送到词头一道，正议大夫、充天章阁待制、致仕楚建中可户部侍郎者，右。臣窃惟七十致政，古今通议。非独人臣有始终进退之分，亦在朝廷为礼义廉耻之风。若起之于既谢之年，待之以不次之任，即须国家有非常之政，而其人有绝俗之资，才望既隆，中外自服。近者起文彦博，天下属目，四夷革心。岂有凡才之流，亦尘盛德之举。如建中辈，决非其人。窃料除目一传，必致群言交上，幸其未布，可以追回。所以前件告词，臣未敢撰。谨录奏闻，伏候敕旨。①

虽已决定人选，但苏轼不愿书写告词，封驳表达异议。但若他未表反对，经后续程序，此人事信息（除目）将加载邸报，即“除目一传”让百司各方得知。② 两宋史料屡见“除书一播，舆论交归”③ 和“除目播腾，舆情欣属”④ 等记载，即指除目为邸报时常刊载的内容，将人事信息传达各机关、地方官衙，进而扩散至士庶百姓。

南宋晚期依旧如此。如吴昌裔（1183～1240）上疏反对史宅之（1205～1249）出知袁州时提到：

近睹邸报，史宅之除焕章阁待制知袁州。除目之颁，上下疑怪，不知陛下姑欲以宠之耶，将实以用之耶？……况宅之方其父病时，代拟除目如条，及其病棘时，侥觊恩赏如熺，此皆陛下所习知者。纵或未能如先朝之制，听谢事之文，除职赋闲，亦为优眷，乃欲以郡政授之，臣恐非所以爱之也。⑤

① 《苏轼文集》卷二七《缴楚建中户部侍郎词头状》，孔凡礼点校，中华书局，1986，第782～783页。

② 邓小南：《宋代文官选任制度诸层面》，河北教育出版社，1993，第229页。

③ 辛更儒笺校《刘克庄集笺校》卷二七《徐内翰》，中华书局，2011，第5329页。

④ 《苏轼文集》卷二七《答彭舍人启》，孔凡礼点校，中华书局，1986，第1362页。

⑤ 黄淮、杨士奇编《历代名臣奏议》卷一五〇《用人》，文渊阁四库全书本，第51页。

此处的两个"除目",前项"近睹邸报,史宅之除焕章阁待制知袁州。除目之颁,上下疑怪",指除目已载于邸报,为众人所知;后项"况宅之方其父病时,代拟除目如条",则指宰相预拟的人事名单,也称为除目。

既然两者分属人事任命流程的前、后阶段,不难区分清楚,何以除目会被混同于邸报,甚而被误认是别称?或许是因人事信息常见于邸报,而现今研究主要着墨于邸报从中央发至地方的过程,关注信息下达层面。若从政令推行、人事任命的过程观察,邸报下达各级官员后,实有一系列的官文书流程即后续政务运行诸般环节,由此应可明显分辨其有异于现今的新闻报纸。故以下拟从两方面,并结合其他官文书运作、人事派命的传递与回复,继续阐明邸报的官文书性质。

二　官员对邸报信息的回应

邸报既为官文书,如同制书、德音、省札等其他文书,收到邸报信息后官员当有所回应。故史料中不乏各级官员获知邸报所载朝廷政令,后续配合处理相关事务的记载。如孝宗隆兴元年(1163)汪应辰(1118~1176)任四川安抚制置使兼知成都府,应朝廷要求推举人才,

> 准都进奏院报,敕勘会累降指挥,令监司守臣保明知县、县令治状显著者具名奏闻。九月二十四日,三省同奉圣旨,令吏部行下诸路监司,于部内各举三两人,不许连衔,守臣于属邑各举一二人,具姓名保明,令中书门下省籍记姓名,取旨甄擢者。

中央政令通过邸报率先发布,随后朝廷正式文书下达,要求地方官员办理此事。身为川蜀大员的汪应辰从邸报、吏部文书两种途径先后获知信息,然后依朝廷之命向上举荐华阳知县于辂。他的荐举状写道:

> 臣伏见左奉议郎、知成都府华阳县、主管学事劝农公事于辂,操

7

心公正，遇事敏明。县系倚郭，当纷华繁剧之会，奸猾出没，讼牒纷纭，蠹弊最多，纪纲难立。本官疏通无蔽，健决有守，吏畏民安，政平讼理，委是治状显著。臣保明诣实，谨录奏闻。①

朝廷欲了解民间弊病，亦通过邸报发布消息，希望地方官员上报情况。如朱熹（1130～1200）任职南康军时曾上书：

臣伏睹进奏院报，三月九日臣寮奏乞申敕监司、郡守条具民间利病，悉以上闻，无有所隐。

由邸报得知朝廷采纳了各地监司、守臣需"条具民间利病"的提议，朱熹立即着手具奏，且因事涉机密，不便外人得知，遂以密件上报朝廷。他写道：

臣以非材，误叨郡寄。窃见管内民间利病有合奏闻事件，顾其间有事干机密，不宜宣露者，谨昧万死，具疏壹通，准式实封，随状投进。②

官员获知邸报信息、奉令而行时，另以其他类文书回复朝廷。可见邸报结合其他文书往来，不仅是中央获知信息的渠道，亦是考察地方官员政绩之途径。③

有时朝廷下达命令后，因事态紧急会要求官员尽快回复执行情况。如浙东大旱时朱熹出任提举常平，到境巡历不久就从邸报获知朝廷要求出现

---

① 汪应辰：《文定集》卷六《荐于轼治状》，《丛书集成新编》第 63 册，武英殿聚珍本，第 3-1、3-2 页。
② 《朱子文集·正集》卷一一《缴进奏疏状附》，陈俊民校编，台北：德富文教基金会，2000，第 364 页。
③ 邓小南：《多途考察与宋代的信息处理机制：以对地方政绩的核查为重点》，邓小南主编《政绩考察与信息渠道——以宋代为重心》，北京大学出版社，2008，第 55～81 页。

粮荒时各地官府不可闭籴。身为监司自应回应朝廷，朱熹写道：

> 熹今月初七日，承进奏官传到报状云云。浙东久阙雨泽，近自衢州江山来者，本县被旱最甚，苗已就槁，民尤乏食。邻邑有米可籴，禁遏不令出境，江山之民为饥所迫，已有夺粮之意。似闻衢、信间更有如此等处。若不预行措置，窃恐小民无知，易致生事。乞令有司检举闭籴指挥，申严行下。

果见衢州闭籴严重，朱熹遂令江山知县王执中务必出籴，不料后者加以忽视，亦不回报说明。经一番查证，朱熹决定"行下衢州，先将本官对移闲慢职事外，须至供申"，将王执中调离县职，再上书朝廷"右谨具申尚书省，伏乞敷奏，将王执中特赐罢黜。所有本司失察之罪，亦乞并赐责罚施行。并牒衢州，请详此，先将本官对移闲慢职事，听候朝廷指挥"。[1] 从相关记载亦知，此次巡历朱熹惩处多位官员，除履行监司访闻辖下州县的职责，更因当时灾情严重，邸报能迅速将朝廷的紧切要求下达，以利官员尽快得知，进行后续处理且及时回报中央。[2]

上述情况，是朝廷发布邸报信息后可预期或例行能收到的官员响应，当属常态性上下沟通。但有时邸报发布后，非相关者亦可反馈信息，如淳熙四年（1177）年逾七旬的史浩（1106～1194）上奏：

> 恭睹邸报，臣僚论科场之弊，得旨申严行之。臣守福州，尝为规画数十事，宿弊既去，场屋整齐，试者二万人，无一喧哗。臣当时措置、晓示，编类成书，似与今来指挥符合，谨以上进。若有可采，乞降付礼部、国子监，行其一二。[3]

---

① 《朱子文集·正集》卷二一《申知江山县王执中不职状》，第751~752页。
② 邓小南：《"访闻"与"体量"：宋廷考察地方的路径举例》，邓小南主编《政绩考察与信息渠道——以宋代为重心》，第125~161页。
③ 《宋会要辑稿·选举十六》，第21条。

从邸报见到大臣论奏考场弊病、要求加强管束的信息后，史浩将乾道九年（1173）知福州重整科场的经验上呈朝廷参考。可见无论是否主责官员，皆能借助邸报发挥朝野信息互通之效。

除政务运作外，邸报信息实时发布，亦能让相关当事人尽快得知，有所回应。如建炎元年（1127）六月孙觌（1081~1169）上书：

> 臣在宿州见朝报，有臣僚言章称"受伪楚官爵，与商议论，有如孙觌、李擢者"，奉圣旨散官安置。伏念臣自靖康元年八月和州召还，十月蒙恩召试中书舍人兼侍讲、资善堂撰文官，十二月初三日权直学士院，诏札具存。又因提举东壁统制官不散特支，例降三官，至今尚未牵复。又自拘执虏营七十余日，至三月二十三日放还，次日便在假，即不曾赴中书后省、学士院供职。二十七日，虏人以臣元北放还数人，复见追取。虽一时窜匿得免，而开封吏卒围第追捕，窘辱百端，忧悸成疾，一向家居，在假不出。

"靖康之变"孙觌伴钦宗入金营，虽不若李若水（1093~1127）"反复诘难，大骂至死"展现气节，也幸未随帝北狩。之后他从邸报得知有官员指称其在张邦昌（1081~1127）仅做一个月傀儡皇帝期间接受官职，遂立即上书辩解："所有前后请假关牒，见在中书后省、学士院、阁门、御史台，可以照验，即不当受官爵及预议论。……伏望圣慈将臣三月二十三日以后放罪月日，体究指实施行。"① 从他之后未受重惩来看，通过邸报的实时信息，孙觌方能尽快辩解为己申冤。

类似情况，不仅是当事人，他人亦可响应。如蔡襄（1012~1067）由邸报获知黄珹举官不当遭责罚，上书称：

> 臣伏见朝报，知抚州军州事、尚书虞部员外郎黄珹，近为举官事

---

① 徐梦莘：《三朝北盟会编》卷一〇六，上海古籍出版社，1987，第 776 页下~777 页上。

不得原赦，追官勒停者。臣窃以法令之设，贵于必行；人情之来，亦有可恕。如瑊之过，本非故为。知人之难，保任之失，亦所难免；然连坐之科，固当责励，斯法令之所以必行也。今闻其迁延日月，缘其家有葬事，未即之官，遂坐滞留，不原恩霈，其情似有可恕。臣窃见瑊材器明敏，资性公廉，所至有声，临事不苟。惜其年齿，渐以衰暮，欲望朝廷许令检责归里，如实有事故，特许原赦，与之重难处勾当差遣。如蒙允用，后有犯正入己赃及当官及当官不职，臣并甘当同罪。谨具状奏闻，伏候敕旨。①

虽不知蔡襄是出于个人主动，还是受黄瑊请托向朝廷求情赦免，但邸报信息发布后，朝廷确实会收到事先无法预料的响应。而无论响应意见内容如何，借由邸报率先发布，中央可以获得更多实时的信息反馈，有助于下情上达，增进朝野沟通。

因此，从上述关于邸报信息的回应可知，现职官员接收邸报信息后，如同收到其他官文书一样，职责上需有所回应。此非似现今新闻报纸的"读者回函"，而是通过不同文书将意见反馈至朝廷且多是经都进奏院先行受理，即"掌受诏敕及诸司符牒，辨其州、府、军、监以颁下之。并受天下章奏、案牍、状牒以奏御，分授诸司"②。此因南宋之前朝廷与地方的文书，主由都进奏院负责收发，"总天下之邮递"③。之后创设金字牌递于南宋初，传递文字为"御前文字"，但并非所有札子均由御前金字牌发下，④ 多数官文书仍通过都进奏院下发、收受，主要是因为"掌受诏敕及三省、枢密院宣札"本就是都进奏院的职能。

宋代信息渠道与载体多样，获得信息方式多元，邸报属于官文书一种，传达政令公务为首要，又因发布频繁且迅速，朝廷的命令、要求借此

---

① 《蔡襄集》卷二五《举知抚州黄虞部状》，上海古籍出版社，1996，第430~431页。
② 《宋会要辑稿·职官二》，第44条。
③ 《宋会要辑稿·职官二》，第51条。
④ 曹家齐：《威权、速度与军政绩效——宋代金字牌递新探》，《汉学研究》第27卷第2期，2009年。

可及时传达地方。乍看是朝廷单方面由上而下传达信息，但配合官员预期或不预期运用各类官文书，由下而上，并多通过都进奏院上呈意见，可尽早让中央获得反馈。故都进奏院不只下发，也负责收受各方官文书。发布与回应构成相互循环，朝廷得以更加明了四方舆论、地方实情与当事者态度，强化对具题情势的了解与掌握，成为朝野沟通的重要环节，共同促进了宋代行政体系的有效运作。①

三 邸报反馈与人事任命流程

除"已行之命令"等政令信息外，上述提及的人事信息即除目，亦是宋代邸报一大内容。就人事任命流程观之，无论是宰相、执政等直接秉承皇帝意旨之除授，抑或由中书门下负责"堂除"、吏部经办"部注"的选任，都经"除目载颁于郡县"②，通过邸报传播，人事信息达于四方百司，是宋代官员获得自身与他人派命的重要信息渠道。

有趣的是，虽非当事者，但宋代官员们对邸报除目内容的关注与讨论往往非常热烈。这不乏生动的描写记载，如《老学庵笔记》所记：

> 近岁有岭南监司曰但中庸是也。一日，朝士同观报状，见岭南郡守以不法被劾，朝旨令但中庸根勘。有一人辄叹曰："此郡守必是权贵所主。"问："何以知之？"曰："若是孤寒，必须痛治。此乃令但中庸根勘，即是有力可知。"同坐者无不掩口。其人怃然作色曰："拙直宜为诸公所笑！"竟不悟而去。③

---

① 李全德：《文书运行体制中的宋代通进银台司》，邓小南主编《政绩考察与信息渠道——以宋代为重心》，第291~328页；游彪：《宋代流转往来的官方"文字"》，邓小南主编《政绩考察与信息渠道——以宋代为重心》，第379~410页。
② 梅溪集重刊委员会编《王十朋全集》（修订本）卷一八《谢王安抚》，上海古籍出版社，2012，第869页。
③ 陆游：《老学庵笔记》卷七，李剑雄、刘德权点校，中华书局，1979，第95页。

官衙收到邸报，官员一同在办公处所传阅，人事信息很自然地成为谈论话题。同僚间抒发己见，有时意见不同，理所当然。阅读邸报，边聊是非，可谓宋代官员生活的一种常态。

不仅同僚间讨论，邸报传布四方，人事派命也成为官员、士人的寻常谈资。特别是重要人事升黜，牵涉未来政局动向，如王安石探病曾巩（1019~1083）时：

> 南丰先生病时，介甫日造卧内。因邸报蔡京召试，介甫曰："他如何做得知制诰？一屠沽耳。"①

王、曾两人当时并非官身，仍关注报载的官员迁调信息。此处对蔡京（1047~1126）出任要职、王安石不以为然的记载，见于笔记小说，虽不见得属实，但显示无论公、私场合，宋代士大夫对邸报人事信息的关心。所谓"除目四传，舆情交喜"②，人事信息的广布除靠邸报下达外，士大夫间彼此联系的意见交流，也是扩散邸报信息的一大途径。③

但邸报的人事信息并非完全确定，存在变更的可能，如：

> 承之（李师中）在仁宗朝官州县，因邸报包拯拜参政，或曰："朝廷自此多事矣。"承之曰："包公无能为。今知鄞县王安石眼多白，甚似王敦，他日乱天下者，此人也。"④

查阅史实，包拯履历最高仅任枢密副使，但也未必能就此确定该条记

---

① 丁传靖辑《宋人轶事汇编》，中华书局，1981，第712页。
② 葛胜仲：《丹阳集》卷四《贺中书舍人启》，文渊阁四库全书本，第13页。
③ 宋代士人群体十分关切邸报的人事信息，也可从私人书信、邸报诗观察。其中可见，无论亲疏与否的书信交流，或者获得邸报信息后的诗句感悟，皆有助于彼此联系。而无论身居中央还是在野，更因邸报信息广布，让距离远隔或久未联络之人较易获知对方的信息。参见魏希德《宋帝国的危机与维系：信息、领土与人际网络》，第80~95页。
④ 邵伯温：《邵氏闻见录》卷一三，中华书局，1983，第147页。

载完全失真。此应从宋代人事任命的整体流程来理解，当知邸报的人事信息并非没有更改的可能性。

首先，宋廷下发正式派任文书前，邸报多会先刊载任命信息。如苏轼尝言："某见报移汶，而敕未下。"① 但也非绝对。《夷坚志》记录了这样一件神异事情：北宋末年一位术士邵南，"好读天文五行志，邃于遁甲，占筮如神"，屡屡准确预测官员升黜。郎官范之才在通州遇见了他，就当时身陷其中的仕途麻烦请教，邵南不仅预言安然无事，还称十年后范氏会出任郡守，两人更将于婺州再碰面。日后预言一一应验，范氏十分高兴，热切邀赴婺州。邵南算出此趟前去自己必死，但因对方情意甚坚，依旧前往。一见面，邵南就预言说新的人事命令将至，建议范氏应速派人至城外等候，范氏却认为十分不妥："某备位郡守，无故为此举，岂不为邦人所笑？兼邸报尚未闻，不应如是之速。"表示此前未见邸报信息，正式文书不可能先到一步，如此恐失颜面。但他相信邵南的预言准确，勉允同意。不久，

> 遣卒流汗而至，拜庭下，大呼曰："贺龙图！"取而观之，乃除直龙图阁告也。时王黼为相，促告命付婺州回兵，仍令兼程而进，故外不及知。②

由此可见，任命文书先于邸报的情况当非寻常之事。故官员要知晓自身升迁降黜，常态下邸报远快于其他方式，是宋人普遍得知人事信息的快速渠道。

但邸报刊载"已定之差除"③，并非最终结果，后续存在许多环节与可能的问题。因为邸报不等于正式除任文书，如黄榦（1152～1221）晚年终获祠禄，不需再为家族生计四处任官，离职前却是一波三折：

---

① 《苏轼文集》卷五九《与汪道济二首·二》，第 1803 页。
② 洪迈：《夷坚志》，何卓点校，中华书局，2006，第 25～27 页。
③ 《宋会要辑稿·刑法二》，第 125 条。

照对榦昨因感冒，病势危笃，窃念一郡民社之寄，事体非轻，加以旱歉，举行荒政，尤非衰病之人所能任责，遂亟申诸司，乞备申朝省，改畀祠禄，亦已将职事牒以次官时暂权摄。缘本军佥判不肯交割职事，只得扶病，勉强供职。近于前月二十八日伏睹邸报，乃知朝廷矜念，特从所乞，榦即便将救荒等事分委同官，及救荒钱米悉已区处，可至来岁五月，不敢有误百姓。亦不敢侵用交割钱米，仓库见管，比元交割数目有增无欠。缘守土之臣不敢径自抛离，经今二十余日，尚未被受省札，久废郡事，实不遑安。欲乞钧慈检照已降指挥，札下以次官交割，容榦一面起离归乡，寻访医药，实感大造生成之赐。①

官员申请离任，大多先由邸报获得允准信息，虽可提前办理交割职任等事宜，但仍须待收到正式公文书通知后，始算生效。黄榦眼见邸报已载自己得以奉祠离任，却迟迟等不到后续文书，心中不胜忐忑，怕有所变卦，故再向朝廷反映。

因此，从获知邸报人事信息到正式任命，不时有所修改，并非特殊。但为何邸报下发人事信息已是末端阶段，却仍无法确定？此因接获邸报人事信息的官员仍会回应朝廷，不少史料中可见从报状获知派命信息后，当事人回复朝廷表达婉拒之意。如文彦博（1006~1097）于神宗元丰三年（1080）上表写道：

臣得进奏官报，二十六日降麻制，除臣两镇节度使。闻命若惊，不遑启处。臣以愚薄，遭逢圣明，禄厚位高，日虞危溢。陛下曲念旧物，恩礼过隆。苟义有未安，则礼当固避。切以本朝以来，名器至慎。两镇之重，亲王方授；双钺之贵，庶官不除。臣岂敢贪天之功，越本朝之制，腆颜不顾，冒宠以居？匪惟于臣难胜，实乃为国惜法。

① 黄榦：《勉斋先生黄文肃公文集》卷三一《乞离任申省》，北京图书馆古籍出版编辑组编《北京图书馆古籍珍本丛刊》第90册《集部·宋别集类》，书目文献出版社，1988，第648~649页。

伏望圣慈特寝殊恩，以全旧典，令臣安分，庶免责言。臣无任两镇之重，非庶官所授。顷年韩琦罢相，曾授两镇，亦不敢当。伏望圣慈矜察，即赐寝罢。①

听闻要获授节度使要职，文彦博立马向朝廷推辞任命。从后续相关此任命的还有第二道、第三道札子，以及文彦博最终接受任命来看，虽不知此是否属于宋代惯例，即官员无论接受新职与否，得知后多会先上表婉谢，但可见邸报的人事信息确非最终阶段。

除了承平时期，时局危急时亦是如此。如建炎三年（1129）苗、刘兵变后不久，程俱替属下朱通判上书乞盼留任：

窃见报状，都省札子备坐六月十六日圣旨指挥，秀州通判朱原系先差下，待阙人邓根系明受元年三月十四日差，合行改正，令朱原赴任，邓根别与差遣。②

当时兵荒马乱，朝廷依旧借邸报发布除目，官员见人事信息后向中央反馈意见。同年十月兀尤渡江，之后攻至明州，高宗南逃海上。金军肆虐北返后，局势依旧未定，高宗驻跸绍兴时，张守上表辞任：

臣伏睹进奏院报状，今月四日奉圣旨除知绍兴府者。仰沐记怜，宠移近辅，感恩戴德，九殒莫酬。伏念臣衰疾缠绵，春夏增剧，昨于五月内尝具奏乞一外祠。俄以敌犯中原，警报遽止，义当效死，不复敢言，遂力疾治事，措置斥堠，遣发间探。顷方小定，即申前请，不谓疏远，误简渊衷。然而形骸支离，神志凋瘁，股肱之郡，益非所堪。今豫章上流已有新帅，退量衰谢，引去无嫌。伏望睿慈检会前

---

① 申利校注《文彦博集校注》卷三五《辞免两镇第一札子》，中华书局，2016，第878~880 页。
② 程俱：《北山小集》卷三七《乞留邓根通判秀州》，四部丛刊本，第 8 页。

奏，除一在外官观差遣，少休衰苶。臣才候被受省札，即交割职事，依限起发前去听候指挥外，取进止。①

张守于江西任官，原是申请祠禄，从邸报得知竟是改任绍兴，连忙上表说明推辞理由，并提出仍盼得祠禄的期望。虽然官员获知自身人事信息后的响应，不见得获得朝廷允准，但从中可见：不分官职高低，邸报的率先发布让各级官员可以尽早向朝廷上报情况，说明自身意愿。

再者，官员卸任旧职，离开原驻地移动途中，邸报所载人事信息更显重要。神宗时，曾巩知福州一载后，多次上奏，请求朝廷准允他回京就近奉养年迈继母。元丰元年（1078）终获许可，但他途经洪州时，

> 睹进奏院报，已差臣知明州。伏念臣已奔驰在路，屈指计日，望至亲侧。窃计臣老母之心，闻臣之来，倚门之望，固已深切。今母子垂欲相见，而臣忽他改差遣。晨昏之恋，既未得伸；迫急之诚，惟知涕泗。且臣母子各已白首，臣母近岁多病，臣弟布又知桂州。私门之内，长子二人皆违左右。而臣于兄弟之内，又最居长。犬马之志，岂敢苟安？

原预计自此可在京师侍奉老母，但从邸报得知朝廷要他再知明州，眼见皇命难违，曾巩赶紧上状："况今所得明州，足可迎侍。臣不敢别有陈乞，欲望出自圣恩，特赐矜悯，许臣径马暂至京师，迎侍老母赴任，不敢别有住滞。伏惟天地之德，哀而怜之。"请求特准其先返抵京师，再接继母一同赴明州上任。②

随着宋代小报日益增多，包括人事任命在内的朝廷信息快速泄露，虽不见得可靠，邸报相较下已属缓慢。但邸报的人事信息仍有其重要之处，如宁宗嘉定七年（1214）三月初，安丙（1148~1221）除同知枢密院事，出四川赴临安途中，接到改任湖南安抚使的信息：

---

① 张守：《毗陵集》卷八《辞免知绍兴府札子》，文渊阁四库全书本，第22页。
② 《曾巩集》卷三三《移明州乞至京迎侍赴任状》，中华书局，1984，第483~484页。

六月二十日癸丑，安同知自广安起行，顺水而赴行在。至八月十六日戊申，安同知除观文殿学士、知潭州。二十一日癸丑，安同知方行至广德军，乃得邸报。二十五日丁巳，始还，次于黄池镇，知被新除之命，因上疏力辞，优诏不允，乃遣官赍结局进册赴行在。①

派命发布仅五天，安丙就迅速地由邸报获知信息，四天后自广德军折返，至黄池获正式任命。可见安丙收到正式文书前，已启程赴任新职，途中上表坚辞不允，只好派遣属官进京述职，自己继续前去潭州赴任。其间包括邸报在内的官文书不断往来传达信息，未耽搁他的赴任时日。②

类似又稍异者，如崔与之知扬州后屡次推辞新职，嘉定十二年（1219）准备南返广东家乡，途中又见邸报信息：

舟次池口，忽睹本州进奏官报状，某蒙江淮宣抚使辟充参谋官。虽曰未有被受，然已报行。今欲遵照屡降指挥，径诣阙庭，缘上件辟命已有所闻，若冒然而前，即是辞劳而就逸，避烦使而觊清游，于心实不惶安。盖缘除命在前，辟命在后，只合申审，乞免造朝，径自赴幕，又恐伺候回降，必是迟延。今来残虏寇边，义当体国，岂容踟蹰其行？虽风雨未霁，今已一面顺流东下，径趋京口，听候指挥，遵守施行。③

虽然其后崔与之仍被命赴临安朝谒，但从此事可见，官员卸任后的迁移过程中仍需注意邸报信息，以便掌握朝廷最新动向与派命的可能变更。

宋代不少官员在地方上辗转任职，多年不入都城者大有人在，但人事调动依旧顺畅运行，邸报与其他官文书的配合当是其中关键。就官文书体

---

① 李心传：《建炎以来朝野杂记·乙集》卷一〇《四川大制司结局》，徐规点校，中华书局，2000，第667页。
② 蔡东州、胡宁：《安丙研究》，巴蜀书社，2004。
③ 崔与之：《宋丞相崔清献公全录》卷一《辞免秘书少监乞赴宣幕》，张其凡、孙志章整理，广东人民出版社，2008，第42页。

系而言，邸报的迅速下达，让官员得以在正式任命文书前更早获知派任信息。此后官员向上响应，经都进奏院收取文书，以利于后续任命程序进行。如此不仅加快确定人事任命的时间，也节省庞大帝国内部朝野沟通的成本，从而有效提升行政效率。

最后，史料中也可见"除目一下，士论沸腾"等记载，[①] 即邸报人事信息传播后反对意见接续出笼的情况。此因人事信息除当事人外，除目在邸报扩散四方下很快为众人所知，他人皆可就此上书朝廷，表达己见。如徽宗建中靖国元年（1101）任伯雨在朝任官，从邸报得知哲宗内侍郝随将要再起，急忙上谏："臣伏见进奏院报郝随特许复官，中外闻之，莫不骇叹。窃以亏哲宗盛德、起哲宗侈心者，随也。"[②] 故人事任命虽由邸报发布，却也是昭告天下，能让其他官僚获知信息，表达反对意见。此亦说明邸报的目的是迅速发布信息，但所载并非最终人事结果。

因此，之前提到吴昌裔上疏反对史宅之出知袁州时，若按人事任命顺序，当是"况宅之方其父病时，代拟除目如条"，可知宰相拟订的人事名单即称除目，而"近睹邸报，史宅之除焕章阁待制知袁州。除目之颁，上下疑怪"，则是邸报刊载的除目。吴昌裔希望"圣慈特将宅之袁州新命不嫌反汗，待其控免，即予以祠。至于宅之除授，乞收回于造命之前，庶几上无过举而下无烦言，臣等狂瞽之忠不至屡渎天听"[③]。其中"待其控免，即予以祠"是官员例行的推辞上书，但有可能朝廷就此不予职任。"至于宅之除授，乞收回于造命之前"，则是指正式任命文书。

故整体观察从拟定除目、刊载于邸报到下达除目之流程，可知实是通过不同官文书往复沟通的结果，愈是了解此番过程，除目与邸报就愈显见得着实不同。而邸报信息与最终人事结果有异，并非罕见，可见除目与邸报的关系十分清楚。但为何会有混淆情况？主因是未能从政务运作的整体视野思考。在人事任命过程中，从人选拟定、确认、下达到执行诸环节，

---

① 黄淮、杨士奇编《历代名臣奏议》卷一六八《选举》，第40页。

② 赵汝愚编《国朝诸臣奏议》卷六三《上徽宗论郝随特许复官》，北京大学中国中古史研究中心校点整理，上海古籍出版社，1999，第703页。

③ 黄淮、杨士奇编《历代名臣奏议》卷一五〇《用人》，第51页。

邸报仅是其中重要的一项，即传达除目人事信息。而收到人事信息后，官员除特殊情况，按例需经数次来回推辞，之后任命才会正式生效，在此过程中官员也可反映自身需求。邸报迅速传布四方，能让地方官员得知任命信息，可尽快回复朝廷，这就节省了中央与各地来往沟通时间。又从旁人批评与当事人的上书沟通可见，其并非单向信息传递，而是通过上下往复以及横向的传达，让人事任命可以凝聚君臣与众官僚的某种共识，反映出两宋朝政的有效沟通。

结　语

综上所述，邸报常被认为是新闻报纸，或是机关报、公报。本文则从政令运行、人事任命的官文书运作流程出发，认为"已行之命令"等公务信息，无论朝野官员基于职任反馈或另有意见，都起到督责官僚、反映下情之作用。而官员任免的人事信息即除目，是宋代邸报的一大内容，但仅是末端环节，并非最终确定的结果。官员接获人事信息后，尤其是远居地方、许久未入京者，无论是否关己，皆可提出响应。如此就促进了朝野沟通，推动了宋代中央集权之运作。因此，对于邸报信息的响应，不等同于现代报刊的"读者回信"，而是官文书体系、行政官僚运作的一环。虽然受印刷术普及、小报泛滥等因素影响，信息日益纷杂，但邸报仍可以其官文书沟通性质的独特性，居一定的重要地位。

故就制度本身，邸报确属官文书之一。从官文书运作、政务推行的整体往复循环、互相配合之角度补充，方能对其有全面性理解，进而能完整理解邸报与宋代朝野信息的互动方式。目前学界共识，认为宋代行政运作充分利用文书传递系统，让中央与地方、各级官府通过牒、札子、帖、申等官文书进行相互沟通。故邸报信息发布后，宋代官员如何运用其他官私文书向上或横向反映，以及其与政务运作之密切关系，应可再着力注意，有待日后进一步深入。

《淳民以横敛上蛟峰先生书》考释[*]

——兼论方逢辰与南宋严州地方社会

高柯立[**]

摘　要　宋代士大夫科举入仕后，在京城和地方之间流转，或为官，或乡居为寓公。即便为寓公，他们也能成为地方官府与民众之间联系沟通的桥梁，成为地方政治博弈的重要环节。方逢辰是严州淳安县人，淳祐十年状元及第。咸淳八年，他在淳安乡居，当地士人向其上书，陈诉州县征督秋税时的弊政，托其向朝廷反映。方逢辰将地方士人的书信转交给地方官，凭借他在地方士人中的声望和他的政治身份，促使地方官府革除了弊政。

关键词　方逢辰　地方官府　地方士人　信息沟通　南宋

自汉代以来，中国的士大夫在王朝和地方社会之间起到联系与折冲的作用。随着政治、经济诸力量的作用，因应着时势的变化，他们在出处之间权衡和抉择，在王朝和地方社会之间形成了复杂的关联，这可以作为考察王朝与地方之间关系的重要因素和入手点。

大体而言，就与王朝、地方社会的关联之强弱而言，在历代王朝中，

---

[*]　本文完成于 2021 年 10 月至 2022 年 8 月访问莱顿大学期间，受到国家留学基金委的资助。
[**]　高柯立，北京科技大学副教授。

宋代士大夫在王朝和地方社会之间的关联是相对均衡的，既没有形成世家大族林立的局面，或者像明清时期士绅一样在地方产生强大的影响力，也没有完全脱离乡里，或者可以说他们还有自由活动的空间，对于王朝既可以"致君尧舜"，也可以退处乡里。① 他们虽然因为科举出仕，离开乡里，进入朝廷、官府，但他们与乡里仍然有着密切的联系。从地方社会的角度来看，这些出仕的士大夫因为具有官员的身份，与朝廷和官府有着内在的关联，所以成为地方社会与朝廷、官府沟通的重要桥梁，借由他们可以传达地方民众的意愿和信息。他们是探讨官民之间信息沟通的重要因素，学界对此尚未给予足够的重视。同时，学界对于朝廷诏令在地方公布的渠道已有比较深入的研究，例如榜文、粉壁等，但这些渠道在官府的实际运作中情形如何，仍有进一步探讨的余地。

南宋方逢辰《蛟峰集》②的《外集》卷二收有一篇《淳民以横敛上蛟峰先生书》（以下简称《淳民上书》），是淳安县士人写给方逢辰的一封书信，向其陈诉地方官府横征暴敛的情形。这封信据说被方逢辰转交给了州县官，迫使地方官改革了弊政。这封信内容丰富，颇能反映当时地方

---

① 关于唐以前的研究，可以参看杨联陞的《东汉的豪族》（商务印书馆，2011）、谷川道雄的《中国中世社会与共同体》（中华书局，2002）。宋代的研究，可以参看王曾瑜的《宋朝阶级结构》（中国人民大学出版社，2010）以及韩明士（Robert H. Hymes）的《官僚与士绅：两宋江西抚州精英》［*Statesmen and Gentlemen：The Elite of Fu-chou，Chiang-his，in Northern and Southern Sung*（New York：Cambridge University Press，1986）］。明清时期的研究，比较集中于日本学者的"乡绅论"和中国学者的"乡族论"。谷川道雄的《中国社会构造的特质与士大夫的问题》（刘俊文主编《日本学者研究中国史论著选译》第 2 卷，中华书局，1996）和岸本美绪的《"秩序问题"与明清江南社会》（《近代中国史研究通讯》2001 年第 9 期）两篇文章，从长时段和综合比较的角度探讨了中国古代地方社会的特征与士大夫的作用，颇给人启发。

② 本文所据《蛟峰集》（七卷，附《山房先生遗文》一卷、《蛟峰外集》三卷），为国家图书馆藏明代天顺七年（1463）刻本。该馆所藏明弘治十六年（1503）重修本，卷目与天顺刻本略同。该馆所藏明活字本《蛟峰先生文集》、清抄本《方蛟峰先生文集》篇目顺序与天顺本、弘治本均不同，或别有所据。该馆还藏有两部清刻本（顺治、康熙），尚待核查。此外，根据中华古籍保护网"全国古籍普查登记基本数据库"的检索，保定市图书馆藏有一部明活字本，苏州图书馆藏有一部清抄本，待查。《四库全书》亦有《蛟峰文集》。

官府施政的细节情形，尤其是朝廷诏令的传达和秋税督征情形的上达，对于探讨官民之间的信息沟通具有较高的史料价值。本文试图围绕这封书信，考察其背景，尤其是方逢辰与严州淳安地方社会的联系，借此来探讨南宋时期地方民众与朝廷、官府的沟通互动。

一　《淳民上书》的写作时间

方逢辰（1221~1291），原名梦魁，严州淳安（今浙江杭州淳安县）人，淳祐十年状元，理宗赐名逢辰，人称蛟峰先生。《宋史》无传，至明代天顺年间其后人编刻《蛟峰集》，其《外集》收入了文及翁为其所撰的墓志铭，备述其行实。他在朝为官时间较短，多次上书言事，得罪宰相权贵，遭到弹劾，仕途不畅，长时间在淳安乡居。入元后不仕。

这封《淳民上书》是淳安县士人写给方逢辰的书信，被收在了方逢辰的文集后面。书信前面的题记说：

> 此书长老传言，先祖既得书，手封送州县官，曰：亟改亟改，不改，且闻奏矣。州县官大惧，弊政尽去，民如解倒悬也。书具载家乘，用附卷末，以彰先祖之德。且使有民社者见之，亦得以自警省，而平其政，庶几先祖之仁心不独行于当时云。

据此，这封书信原本收录在家谱中，方氏后人（方中）在编刻《蛟峰集》时收入《外集》，用意不仅是表彰其祖方逢辰的德行，还有警示当时地方官的深意。此外，从中还可以了解到，方逢辰当时将这封信转交给了严州和淳安县的地方官，要求改革弊政，否则将要上报朝廷。

那么，这封信是否确为当时淳安县士人写给方逢辰的？这需要加以考证。

书信的题款是"淳安县士民董有真等谨百拜裁书，献于国史、中书右史，吏部侍讲侍郎、先生师席前"，"董有真等"诸人已经无从查考，他们自称"士民"，又称方逢辰为"先生师席"，故估计是淳安县籍的士人，或者曾师从方逢辰学习。信中所言方逢辰的官衔"国史、中书右史，吏部侍讲侍郎"虽然存在不少讹误，但与方逢辰的履历多可印证。据《外集》卷三文及翁所撰写的方逢辰墓志记载，咸淳元年（1265）度宗即位，方逢辰"除兼国史院编修官、实录院检讨官兼直舍人院"，此当即信中所言"国史、中书右史"；①　五年，因为参与举行郊礼，方逢辰"列爵开国男、食邑三百户，除权兵部侍郎，同修国史、实录院修纂兼侍读"，信中所言"侍讲"应是"侍读"之误；七年，因为主持科举考试，受到奖励，"除吏部侍郎"，此即信中所言"吏部侍讲侍郎"（应为"吏部侍郎、侍读"）。同年，方逢辰丁母忧回乡居住，因为与当权者不合，此后再没有出仕（德祐初曾被任命为礼部尚书，但没有到任）。上述郊礼和科举考试，在史书中都有记载，②　既可以证明书信的题款反映了当时的情形，也可以说明这封书信是在咸淳七年之后、德祐元年之前所写，当时方逢辰正在淳安乡居。

信中说道：

> 洪惟我朝培植至仁，以生民为国脉。圣天子绍休圣绪，以忠厚为家法。令户部遍牒诸路，苗米不许过数增收、高折价钱，许人越诉，多出榜文，此八月十八日之圣旨也。颇闻州县于百姓不甚加意，夏税

---

①　析言之，"国史"当即国史院编修官的省称，参见《宋史·职官四》"国史实录院"条，可勿论。"中书右史"是中书省直舍人院（起居舍人资浅者，称直舍人院）的别名。《宋史·职官一》"起居郎"条载其"掌记天子言动。御前则侍立，行幸则从，大朝会则与起居舍人对立于殿下螭首之侧"。又记元丰二年，兼修起居注王存奏请复设起居郎、舍人之职，神宗认为"人臣奏对有颇僻谗慝者，若左右有史官书之，则无所肆其奸矣"，虽然此议最后没有得到施行，但《宋史》论说"故事：左右史虽日侍立"，到后来改官制，改修注为郎、舍人，接着就记载元丰六年的诏书中说"诏左右史分记言动"，又记载南宋隆兴元年，根据起居郎胡铨的建议，"前殿依后殿，轮左、右史侍立"。左右史分别指起居郎和起居舍人（参见同书同卷"起居舍人"条）。左、右既是两者侍立的位置，也与门下省和中书省的空间位置有关，门下省官称多有称左者，中书省官称多有称右者（如左司谏、右谏议大夫、右正言）。

②　《宋史》卷四六《度宗纪》载："（咸淳五年九月）辛酉，祀明堂，大赦。丙寅，明堂礼成。""（咸淳七年）五月乙酉，赐礼部进士张镇孙以下五百二人及第、出身。"

秋苗取之无艺，此八月十九日之玉音也。所有被害民户仰外经监司、内经台部越诉，根究得实，官吏一体坐罪，此九月初五日之圣旨也。

这里的"圣旨""玉音"指皇帝所发布的诏旨，在史书中也能找到印证的线索。《宋史全文续资治通鉴》（以下简称《宋史全文》）所附《宋季事实》载：

> （咸淳八年）臣僚言，乞申严州县苗税害民事旨。令户部备坐谏臣所奏事理，行下诸路提举司，遍牒诸路州军遵守施行，不许违戾，所有被害民之乡，外经本路监司、内经户部、御史台越诉，根究得实，官吏一体施行坐罪。①

这里的"臣僚言"应即后面所说的"谏臣所奏事理"，《淳民上书》中也说"台臣上体玉音，则有爱惜民力、重催迭扰之奏，且欲令郡贰长严戢吏奸"。《宋史全文》中臣僚所言"州县苗税害民事"，与书信中"苗米不许过数增收"、台臣"有爱惜民力、重催迭扰之奏"，以及严州"预借""趱借"的弊政，都可以彼此印证，两者在越诉和惩处官吏方面的记述也是一致的。《宋史全文》的记载无月日的准确时间，且有含糊的地方，《淳民上书》所记有精确的时间（书信中所引述九月初五日圣旨与《宋史全文》所述相近），对夏税征收中的弊端记述也细致一些，这都可以补充《宋史全文》的不足。

此外，从《淳民上书》的上述记载来看，淳安的士人对于皇帝决策的过程有详细了解（详引了八月十八日、十九日和九月初五日的三

---

① 《宋史全文》记载咸淳七年有类似的事情："八月戊午，检正权侍郎刘良贵上进故事，今路路告稔去处收成，正州郡开场受纳之时，乞申饬州县宽折纳之令，庶几兵食足，国之元气不亏。旨令户部照所奏事理，遍牒诸路州军遵守施行。"虽然也与《淳民上书》中所言有所关涉，但时间上不能相合（八月壬辰朔，戊午为二十七日），而且内容上，仍以咸淳八年所记更加贴近《淳民上书》，故本文认为《淳民上书》为咸淳八年事。

道圣旨），他们应该看到了户部发给诸路州军的牒文（牒文中抄录了臣僚的奏疏和皇帝的诏旨）。综上，可以断定《淳民上书》写给乡居的方逢辰的时间，是在咸淳八年征收秋税之际，且在九月初五日圣旨颁布之后。

二 《淳民上书》中所见地方弊政

《淳民上书》不仅在时间上可以补充《宋史全文》的记述，更重要的是，它还详细揭示了严州地方官府在征收苗税过程中的各种弊端。信中说：

> 今也吾民之视守令如父母，而守令不以赤子待吾民。非惟不以赤子待之，且以非类待之矣。申请府由，挟势作威，乃欲置之于汤火中。银牌之大如门，悍吏之唬如虎，一邑震骇，神散魂飞。千百年古淳之民，未尝罹此虐焰也。家之老稚相视而泣，大则有家破之忧，小则有瘦死之患，号啼之声上彻青冥。国家之所恃以为命脉者，乃欲一旦而斫削之，仁人君子不忍闻之见之也。
>
> 作俑之吏方且扬扬然，以为我能为官办财赋，我能为官作威福。刻薄之政肆行，抚字之仁何在？县吏则曰："我即知县也。"府吏则曰："我即知府也。"十四乡之贵寓巨室，我能箝之而制之；十四乡之下户细民，我可生之而杀之。狡焉小吏，弊例捷出：已纳之税，一疋则有六贯之陪；已输之苗，一石则有五关（贯？）之贴；以至上供、折帛，又有三贯重纳之折；丝绵每两则交称二十钱重，岂文思院有是秤也？而又有所谓头脚者焉，苗米每石则折纳六十贯，岂丰稔岁犹有是价也？而又有所谓靡费者焉，以至禾税畸零，每尺例有一贯之取，则又有脚钱、钞钱者焉。

这段文字的前半部分描述当时征税的场景，以及府县胥吏擅作威福，对于"贵寓巨室"和"下户细民"都加以盘剥；后半部分则详述胥吏在征收赋税时上下其手，创立了各种名目的附加税费。① 值得注意的是，董有真等士人批评胥吏欺压的不仅有"下户细民"，也包括"贵寓巨室"，其实他们所反映的主要应当是后者的意愿。这或许是基于这封信是写给方逢辰这个"贵寓"的原因，不用遮掩，而易引起共鸣（关于这点，下文还有论述）。

信中还说到"预借"的问题：

> 甚至前政预借之关必不用，今来趣借之令必欲行。问之于吏，则曰前政之行不可用也；问之于官，则曰前政之借不可理也……前日之关状不可用之于今日，则今日之钞书亦不可用之于后日也。诚如是，则民间预纳之钱，遽欲使之平白泯没于官，理耶？法耶？故乡民为之语曰："去年预借官不还，今年典卖重纳官。今年趣借急如火，明年饥寒如何过？"况夫屡年以来，县无正籍，止凭府吏随时标簿，暂尔批凿影射，乡民今日之足钞未必不为他日之具文也。

这里的"预借"指官府提前征收下一年的两税，"趣借"其实也是"预借"（"趣"有催促的意思）。根据上述记载，官府在"预借""趣借"时，需要事前发布文告（"关状""趣借之令"），事后发给民户凭证（"钞书"）。② 显然，因为反复预征，加上"去年预借官不还"，"预借""趣借"成为民户的沉重负担，同时使得官府失信于民，官府的政令文书沦为"具文"。

---

① 宋代两税征收时的附加税，可参见王曾瑜先生的《宋朝的两税》一文（原刊《文史》第 14 辑，中华书局，1982），见王曾瑜《锱铢编》，河北大学出版社，2006，第 356~379 页。这里的"陪""贴"应该是一种加耗，"头脚"应该就是头子钱，"钞钱"或即勘合钱。对于"縻费""脚钱"，王先生也都有论述。这条资料未见王先生引述，或者可以作一补充。

② 王曾瑜先生《宋朝的两税》对"预借"也有论述。他指出，"预借"不局限于两税，各种附加税也在其之列。《淳民上书》所涉颇有"预借"的细节内容，或可以补王先生之论。

三　朝廷的诏令与地方官府的实际执行

如上所述，皇帝在诏旨中要求户部"遍牒诸路（州军）"，令其"多出榜文"。从董有真等人的书信来看，他们确实看到了户部的牒文，这似乎说明州县遵令将户部牒文用榜文加以公布宣传了。但书信中又说：

> 圣天子有苗税取民无艺之忧，今州县则取之过苛矣。圣天子有秋苗高折价钱之虑，今州县则益之倍蓰矣。平章有恭敬圣训之心，州县则若不知之；台谏有遵体玉音之奏，州县则若罔闻之。一有上司催科之榜，则宣之扬之，以揭通衢之墙壁，惟恐其不张皇；一有圣恩宽民之旨，则秘之密之，以涂时人之耳目，惟恐其有见闻……知县方欲有循理之言，而专局之官吏乃从而钳其口；知县方欲动宛转之笔，而专局之官吏又从而掣其肘。曾不思前日之借既以为非，则今日之借亦未为是；前日之关状不可用之于今日，则今日之钞书亦不可用之于后日也。

据此，州县官府的实际所为，与严禁苗税过数增收、高折价钱的诏旨大相径庭，同时又"恐其有见闻"，意图隐瞒皇帝的诏旨，实际上并没有将户部宣扬诏旨、禁止加征税赋的牒文按照要求张榜公布，[①] 使得皇帝的"圣恩宽民之旨"受到壅遏而无法下达。此信所论，不仅注意到州县所为与朝廷诏旨之间的差距，对于地方州县的知县和"专局之官吏"也进行了区别对待。信中"专局之官吏"除了胥吏外，也包括部分基层官员，他们一般是负责设场受纳赋税的县尉等人。这种政策实施过程中的复杂层次，既是一种叙述上的策略，目的在于劝谏州县长官，同时也是一种现实状况的反映。不过，不能因此就将州县官府一分为二，州县地方官与"专局之官吏"间的关系往往是纠葛重重的，正如书信末言："州县相为

---

① 朝廷的诏令被隐瞒起来，没有按照要求发布榜文，在宋代也有出现。

表里，蕞尔小民岂能回郡侯之听也。"

对于造成上述弊端的原因，董有真等士人虽然也指出"守令不以赤子待吾民"，但主要将之归于州县官府的基层官员和胥吏，认为他们不但借征收赋税之机代行官府的权威，是前述各种陋规的始作俑者，即所谓"狡焉小吏，弊例捷出"，而且在知县意欲改变这些陋规时，对其加以干扰和阻挠。在董有真等人看来，在"预借""趱借"秋税的过程中，这些新增的附加税费大都被"专局之官吏"收入私囊，并没有为朝廷增加收入。信中描述说：

> 今也专局官吏之去，四知不畏，暮夜行舟，抑明月欤，抑膏血欤，将尽归于公朝之府库欤，抑归于私家之囊橐欤？人见其空箧而来，满载而往，妇子伺门，僮仆欢迎，私相告语，喜色津津。是虽一家之幸为可喜，不知一邑之哭不忍闻也。

正是因为这些"专局之官吏"从"预借""趱借"中所得甚丰，所以他们才千方百计地阻挠皇帝诏旨的公布和传播，进而干扰和阻挠地方官的决策。

四　《淳民上书》的意图和效果

在分析《淳民上书》的实际效果前，应该注意到咸淳八年的那些道诏旨起源于台谏官员的奏疏，即皇帝从台谏官员那里获悉州县征收苗税时存在"过数增收，高折价钱"的害民现象，从而下诏加以禁止，甚至允许地方士民越级控诉，规定由御史台负责监察。这说明严州秋税征收中的各种陋规当时在其他地方也同时存在，并不是孤立的现象。由台谏上奏苗税征收中的害民现象，而不是由地方的监司上奏，也反映了这一信息是通过台谏官员自己的渠道"风闻"上达的。台谏官员的信息来自监司的可能性较小，主要当来自地方上的士大夫，如方逢辰这样的"贵寓"。虽然我们现在很难证明方逢辰将《淳民上书》的内容直接上奏皇帝或通过台谏官员上奏，但这种可能性是存在的。

董有真等人在《淳民上书》中开篇援引范仲淹丁母忧期间上书给宰相反映民间疾苦的事例，称赞范氏"以天下为心，以生民为念"，最后又陈述他们上书给方逢辰的原因：

> 一邑之民罹此荼毒，抱此冤抑，欲以卑辞正理鸣于县官，而县官不之受；欲以此情此意白于郡使，而州县相为表里，蕞尔小民岂能回郡侯之听也。于是相与语曰："吾邦有先达之尊，以尧舜君民为己任，行将霖雨天下，岂不能洒一滴以活吾邑之涸鲋乎？"某等今有哀痛一书，陈于百里，欲乞钧慈转而致之琴堂，以回一邑之生意。先生，今之文正也，必能以文正之心为心，垂情父母之邦，上为国家寿元气，下为斯民续命脉。达之州县可也，申于台部可也，闻于朝廷可也。庶使九重之仁无壅，斯民之疾有瘳，吏奸可绝，横政可宽，预借可免，而前官之关状可开矣。

据此，董有真等人曾到县官那里陈诉过，而未被接受，想向知州陈诉，又恐"州县相为表里"，且自己身份低微，不足以影响知州。他们经过商量决定写信给方逢辰，将他比作当代范仲淹，请求他将此信转达给地方官府乃至御史台等中央有关部门，甚至还可以直达圣听，这样皇帝才能下诏杜绝地方官吏的奸弊，革除横征暴敛，免除"预借"，皇帝的仁爱才能惠及地方民众。

据前述《蛟峰集》的题记，方逢辰确曾将此信转交给严州和淳安县的地方官，促其革除弊政，否则将上奏朝廷，结果"州县官大惧，弊政尽去，民如解倒悬也"。这一方面说明《淳民上书》达到了其目的，促使州县官府革除了弊政，另一方面也透露出方逢辰并没有上奏朝廷，《淳民上书》中的信息只是转递到州县这一层级。

《蛟峰集》卷二还收有一封书信《达严郡守》，是方逢辰写给严州知州的，恰可以与《淳民上书》的内容相印证。《达严郡守》信中说：

> 某因回使，就有恳禀。近桐、遂、寿、淳四邑民，准大府督赋之

命甚峻，田野震惧。某切谓此未必出于君侯之本心也，往往有迫而为之，但在府由措辞与幕府拟笔，乃纯乎非君子、长者之言。虽然，若使久在民间而不输，虽杀之，可也。今淳安家追户对，类有输足之钞，又有预借之关，县一切不理；又重借明年，民莫敢不听；又督借本户，民亦莫敢不听。如此，则不可谓之化外之民矣。而县家方喜砧斧之下有铜山焉。如近日卢某，此淳安之佳士，妇翁被追，婿代出官，既有足钞，又有趱借之钞，可谓纯民儒士矣。止因与吏辈一语扞格，径为裂衣冠，押之狱。张皇暗申于大府，将以作大威福。应宰当即悔之，已无及矣。今卢族以君侯方入左腹之言，辄为一札，俾某转伸。札中亦不明言是非，亦不敢冒犯府吏，倘沐台慈，怜其婿代妇翁，察其已输足、已趱借，有足钞、有足由，特为一转福笔，田里幸甚。至若县家太甚之急弦、可畏之裂焰，亦望君侯为赤子宽之一分。某为父母国请命，不知狂渎，惟君侯其赦之。

据此，可以了解到当时严州官府征收秋税的命令非常急迫，催征范围不限于淳安县一地。信中反映了淳安县征督秋税的情形：民户虽然持有往年缴纳"预借"的钞、关等凭证，但淳安县官府不予理会，依旧预征下一年的秋税。方逢辰写此信，着重为一名卢姓士人求情。此卢姓士人或即《蛟峰集》中的卢可庵，他与方逢辰颇多往来（下文有详述）。据此信所述，卢可庵的岳父家被淳安县征缴秋税，卢可庵代为到官府说明，出具了已经缴纳本年秋税和下一年预征的税钞，但由于与税吏言语不合，发生冲突，结果本人被关进了监狱。卢家人托方逢辰转交知州一封书信，"不明言是非，亦不敢冒犯官府"，只求释放卢可庵。方逢辰撰写此信，除了转达卢家的请求外，还委婉表达了对严州和属县征督秋税的峻急的批评，"为父母国请命"，要求州县加以收敛。

将上述二信合而观之，可以了解到当时的苗税征收激化了社会矛盾，尤其是引发了"贵寓巨室"（如董有真、卢可庵等士人）的抵制。方逢辰在获悉淳安县征收苗税时的各种弊端后，曾对州县官进言，反映民情，促使州县官府革除弊政，缓解了社会矛盾。

五 方逢辰与严州的联系

方逢辰是淳安人，生于斯，长于斯，自然比较熟悉淳安和严州的民情风俗。根据墓志铭，他生于嘉定十四年（1221），至淳祐十年（1250）状元及第，至此在淳安生活了近 30 年。入仕后，他开始游宦四方，在平江府、临安府、婺州、瑞州等地任官，但其间因为生病、侍亲、贬官等多次回到淳安乡居，至咸淳七年（1271）丁母忧自临安回乡后，就再也没有出仕，在淳安安度晚年，直到元世祖至元二十八年（1291）去世，终年71 岁。粗略统计，他在淳安生活了 50 多年，出仕的时间只有不到 20年。① 所以，他与当地的地方官和士人都有密切的联系。这也是淳安县士人董有真等人给他写《淳民上书》的一个重要原因。

根据墓志铭的记述，方氏是淳安的大家族，历史悠久，可以追溯到西汉末年的方纮。在《淳熙严州图经》卷一《登科记》和《景定严州续志》卷三《登科题名》中，可以发现历年多有方姓士人进士及第，也可见方氏在淳安乃至严州具有较高的社会声望。但方逢辰这一支声名不显，他的父亲并没有科举和出仕的经历，据说"力学笃行，记闻该博"，人称"耐轩先生"，应该是位乡先生，直到方逢辰和他的弟弟方逢振进士及第，出仕为官。

方逢辰在淳祐十年得中状元，在淳安乃至严州都是影响广泛的地方盛事，自然引起地方官的关注。据《景定严州续志》卷一《坊市》记载，当年知州就在州治所在的遂安军军门②外修建了一座状元坊来旌表他。同书卷六《淳安县·坊市》亦称淳安县建有两座状元坊，其中一座就是为方逢辰状元及第而建。《蛟峰集》卷一收录了一篇《辞建状元楼》，是方逢辰为淳安县修建状元坊而写给知县的申状。其中说：

① 根据墓志铭的记述，可以了解到方逢辰多次罢职乡居，与他频繁上书言事、得罪当权者有关，因而他遭到不断的弹劾，在政治上难以施展抱负。
② 遂安军是严州的节镇号，军门实际上就是州衙之门。

某照得本县见差修造司打量基址，欲议建楼。问之，则曰为某设也。此固是乡邦胜观，贤令尹之盛心，于某何辞。……某自束发读父书，便以致君泽民自任……爰自期集来归，闭户焚香，置书一卷，将前贤事业日夜讨论……日夜静思，求所以报君父而慰苍生，岂有虑周四海而不及父母之邦乎？且淳之为邑，吏猾民贫，斧斤之余，元气有几。遭霜之叶，不可以风。毒民之尤，莫如里役。一人之身，责之警捕，责之风火，责之桥道，责之督赋，责之追会，文移如山。欲其顷刻为之俵散，卒徒如云；欲其仓卒为之唤集，抛买不时。欲其质田贸屋而为之偿纳，县道倚之如命脉，而使之如奴隶，取之如外府，嫉之如仇雠。自去年创设白纳，旬解钱米，谁生厉阶，其祸最深。充一月之役，扫其家资之半；充数月之役者，其家扫地矣。贤令尹下车之初，首闻明榜罢此弊例。一邑闻之，为之鼓舞。曾几何时，罢而复行。迩来乡之父老过门者，曰："子闻'保司白纳旬三百，典尽妻儿无擘画'之诗乎？"曰："未也。""子闻'靘标八九十年同，百万豪家一夜空'之诗乎？"曰："未也。""子闻县家建楼之议乎？"曰："尝闻之矣。"父老勃然告曰："楼则闻，而田里咨怨则不闻，苍生何赖于子？"某竦然下拜，曰："某之罪也。"旦夕当请于贤令尹，以造楼之费少纾保司白纳之祸。此举于某无益，于贤令尹有益。其从与否，某虽不敢必，若楼则决不容于不罢，惟高明实利图之。须至申闻者，伏乞照会。谨状。

据此，方逢辰状元及第后曾回淳安乡居，得知淳安县正在策划为其修造状元楼，同时他还通过父老了解到淳安县"保司白纳"的弊政。这里的父老应该就是担任乡里保长的上户，他们向方逢辰抱怨所承担里役的繁杂，尤其是淳安县创设的白纳制度，让这些保长为赋税征收提供担保，成为他们的沉重负担。父老的意愿得以通过方逢辰借着辞建状元楼的机会向知县传达。虽然方逢辰意图阻止淳安县修建状元楼，但最后显然没有成功。这次就状元楼的修建和"保司白纳"而上申状，或许是方逢辰第一次与知县直接发生接触，由是成为父老与知县之间联系的桥梁。

景定二年（1261），方逢辰被任命为婺州知州，但不久就受到弹劾，后回到淳安，"遂即家创塾，以私淑其徒"①。这段乡居期间，严州州学教授郑瑶②、学录方仁荣③编纂了《新定续志》，知州钱可则请方逢辰为新志撰写了序言。④ 序云：

> 严于浙右为望郡，而界于万山之窟。厥土坚而隔，上不受润，下不升卤，雨则涝，霁则槁。厥田则土浅而源枯，介乎两山，节节级级，如横梯状。其民苦而耐，其俗啬而野，其户富者亩不满百，其赋则土不产米，民仅以山蚕而入帛。官兵月廪，率取米于邻郡以给；而百姓日籴，则取给于衢、婺、苏、秀之客舟。较之浙右诸郡，其等为最下下。而严之所以为望郡而得名者，不以田、不以赋、不以户口，而独以云山苍苍、江水泱泱，有子陵之风在也。郡志自淳熙后缺而不修者，距今七十余年矣。吴越钱君可则以太府丞来守严，政事之暇，为之访搜以补其缺。编削讫事，走书属予为序。予谓严为我太宗皇帝、高宗皇帝建祚之地，今皇储赐履之封，则一郡之山川、人物、风俗、户口、田赋，职方氏皆欲究知之。矧惟天子圣明，勤恤民隐，凡州牧之出辞入觐，必详访焉。是编之作，非惟可以备顾问，亦可以少助宵旰民瘼之万一也。⑤

---

① 文及翁：《故侍读尚书方公墓志铭》，《蛟峰集·外集》卷三。

② 《景定严州续志》卷三《州学教授题名》载，郑瑶"景定元年正月二十五日到任，四年二月十三日满替"。

③ 方仁荣为州学学录，此据《四库全书提要》（宋元方志丛刊本《景定严州续志》卷首抄录），未知何据，当再考。

④ 此序《蛟峰集》题为《严州新定续志序》，据《四库全书提要》说，这篇序原来没有"严州"地名，是用来"刊附绍兴旧志之后，而旧志今佚也"。这里说的"绍兴旧志"，是绍兴年间知州董弅据北宋图经所修，今已不存，董弅的序收在《淳熙严州图经》卷首，所以"绍兴旧志"实际上指淳熙年间所增补修订的《淳熙严州图经》，它已经取代了"绍兴旧志"。参见《淳熙严州图经》卷首诸序。

⑤ 《蛟峰集》卷四。

从序言对严州的地形、地貌、土地、生产、赋税诸方面的描述来看，方逢辰对于严州的社会经济有着深入的了解和深刻的认识。这似乎不是源自图经、方志这类文本的摘录，而是出诸自己亲身的观察。他还写过一首《田父吟》，诗云：

> 清溪眇如斗大邑，万山壁立土硗瘠。百分地无一分田，九十九分如剑脊。一亩之地高复低，节节级级如横梯。畎心一畦可一亩，边旁一亩分数畦。大家有田仅百亩，三二十亩十八九。父母夫妻子妇孙，一奴一婢成九口。一口日噉米二升，茗蔬醯酱菜与薪。共来日费二三斗，尚有输官七八分。小民有田不满十，镰方放兮有菜色。曹胥乡首冬夏临，催科差役星火急。年年上熟犹皱眉，一年不熟家家饥。山中风土多食糜，两儿止肯育一儿。只缘人穷怕饿死，可悲可吊又如此。有司犹曰汝富民，手执鞭敲目怒视。今年淫雨天作难，汹涌澎湃四五番。浮尸弊屋环江下，迸山裂地如鲸奔。半山都成水泽国，平地皆作龙蛇窟。水头晚退早复来，屋角朝出夕又没。岿然令丞簿尉衙，下视四境无人家。水平归家无屋住，有屋住者无生涯。农民抛家认亩垄，担砂翻石肩皆肿。百千一亩判晚秋，一坵分作两坵种。都来一亩无百千，买秧已费半百钱。眼前插种已剥肉，头后丰歉犹在天。晚田再种未可保，早田无秧为出草。皂衣旦暮来槌门，今年苗税催得早。打快织机趁头网，作急籴米输苗仓。更有一言牢记取，断不许人言灾荒。[1]

这首诗写的是淳安县的情形，但它的前半部分（"清溪眇如斗大邑"至"镰方放兮有菜色"）可与《严州新定续志序》相印证，反映了严州的山地特征和梯田面貌，不存在拥有大片土地的大地主（如诗中所言"富民"）。诗中还详细描述了官府催督赋税和差役的情形（这可以

---

[1] 《蛟峰集》卷六。

与《淳民上书》所述相参照），以及发生水灾时的悲惨景象。① 他在《严州新定续志序》中详细描述严州的经济和社会状况，不仅仅是为了编纂图经、方志，更是希望地方官在"出辞入觐"的时机将图经、方志的内容（包括他的序言）传递给皇帝，推动朝廷了解民瘼，使朝廷决策有所依据。

即使是在京城临安，方逢辰仍然与严州有着联系。当时京城临安每逢科举考试之年，会举行所谓乡会。《景定严州续志》记载了乡会的情形："乡会，所以笃枌榆之谊。惟唱第毕，乡之位于朝与仕于京者，张宴湖山，为新贵者庆，最为盛集。"绍定二年（1229）的严州乡会，是由外戚新安郡王、永宁郡王主持，参加这次宴会的有新及第进士方应旂、洪牧等人。② 宝祐元年（1253），方逢辰从平江府回到临安，担任秘书省正字。这年秋天，在京严州籍官员和新及第进士举行宴会，方逢辰为此次集会撰写了《癸丑严陵乡会题名记》，其中记述：

> 宝祐初元夏五之四日，皇帝临轩策士。越二十有二日，赐文武正、特奏名，发严陵进士洪承祖暨方哲凡一十人，续郑□又以金科中。严之杰士山涌泉出，或齿稚且壮而先登，或器大以周而成晚，或以韬略而出间道，或以法理而收奇功，视丁、庚两科未逊也。乡之仕于朝、于京者杨鑛，约乡之新进，循比讲序拜礼。乡寓致礼者，或自远而致馈者，或留京而预集者，乡贵郡侯（李）［季］镛辈偕诸邑尹多以币将意。乃差谷盍簪于湖山之四面亭。礼毕，泛舟从容。边豆洋洋，绚屦锵锵，斯亦乡邦之伟举欤。时孟秋后五日也。③

---

① 关于后者，此前宝祐四年（1256），方逢辰为知州李介叔在州城南面修建的浮桥撰写记文时也曾述及，可以参看（同时可以参看《淳熙严州图经》和《景定严州续志》中关于桥梁的记载）。这篇《严陵浮桥记》（《蛟峰集》卷五）中说道："余家青溪滨，熟睹病涉者，重有感于斯而书。"可见《田父吟》中所述水灾场面，确为方逢辰所目睹。

② 《景定严州续志》卷三《乡会》。

③ 《蛟峰集》卷五。

据此，这次集会是由在京任官的杨鑽①发起的，邀请严州的新及第进士参加。此外还有在京外任官的"乡寓"远道送来礼物，他们可能留在京城参加这次集会。更值得注意的是，时任严州知州的季鋪和属县知县也参加了这次集会，并提供了资助。乡邦的父母官参加这种联谊性质的京城乡会，或许带有拓展政治人脉网络的意图，但对加强出仕的士大夫与乡邦的联系具有积极意义，为后者与地方官府的沟通提供了契机，尤其是当后者回到家乡同官府发生联系时。从上述两次严陵乡会的情形来看，这种乡会可能一直在进行，而且有外戚势力的支持和积极参与。

方逢辰在科举上的成功为他赢得了很高的声望，在士人中很受推崇，他又非常重视讲学，因而他在严州与地方士人的联系较多。淳祐十一年，淳安知县石孝闻委托"邑寓"洪如云负责修造县学，地方士人加以协助，请刚刚状元及第的方逢辰撰写记文。方逢辰在《青溪县修学记》中记述：

> ……淳祐辛亥，四明石君孝闻来尹兹土。越明年夏，大水……越明年，又灾以旱……一日，会邑之寓公秀民，慨然以修校为急……尹捐俸以倡，乡之秀民闻风兴起……经始于宝祐改元仲秋，告成于明年二月朔。是役也，邑尹启之，邑佐赞之，乡寓翼之，诸生先后之，庶民欢乐之，乃集厥成。庆成，属某记始末。某谓前令非不言修校也，为其事者无其心，分其事者无其人，涂扃键、粉墙壁已，即功徒于室之极，书曰某年某月某日某人葺也。今则尹亲督斯役，又得乡之贤士夫老成缜实疏畅者董经营、司出纳，一匠一夫，皆仿乡例和买，僦而

---

① 杨鑽，疑即杨缵。《景定严州续志》卷七"独高峰"条载："嘉定间，径山僧妙机为浮图其上，郡人杨缵书其扁。"杨缵应该是宁宗杨皇后的亲戚，后来度宗的杨淑妃正是其女（元黄溍《文献集》卷一〇《格庵先生赵公顺孙阡表》载，度宗欲进封美人杨氏为淑妃，赵顺孙言其父杨缵上遗表不到半月，不宜进封）。他在临安召集严陵乡会，也是延续自上述外戚杨氏所举办的乡会。又明黄虞稷《千顷堂书目》卷二载："杨公缵《紫霞洞琴谱》十三卷，官大理寺少卿，最知音。"清代陈昌图《南屏山房集》（清乾隆五十六年陈宝元刻本）卷二一"紫霞洞琴谱"条载："宋杨缵撰。按：缵，字守斋，淳祐时官大理少卿。"

来之，饱而役之，搞［犒］而遣之。民悦于使，工力皆坚实，可经久不坏。噫！土木非乐事也，而民虽劳且费也无尤，固足以见尹无仇民之政，然亦可以观人心矣。尹辍俸为缗五千，乡之秀民助缗五万有奇，邑僚助缗六百，寓公、学职助缗万余。刊诸珉，姑以记岁月云。①

上文中，除了称颂知县、属僚的倡议和出资外，更强调"乡寓"和"乡之秀民"在修建县学过程中的作用，他们不但出资最多，而且对资金的使用、材料的采买、工程的督造加以掌控，他们采用民间的和买方式来雇用工匠（不是征发劳役），也减少了民怨，这些都成为工程顺利有效完成的重要因素。对于刚刚科举入仕的方逢辰来说，县学修造不但使他有了出头露面的机会，建立了与地方官和地方士大夫的联系，更使他对地方政务和社会有了深入的认知。

据墓志铭记载，方逢辰在平江府担任金判时，负责管理和靖书院，后又在婺州讲学，"生徒从游者数百人"；后来他在饶州担任江西提点刑狱时，"治事少暇，必至鄱江书堂，与多士讲书"，并设立"问政堂"，"延见朋友问政"。他重视教化，认为"教化行则狱讼简"，所以"拨田养士，招集生徒，教人以进学下手处，从躬行上起，从人伦日用上起，悉以朱子之学推广之"。他任江西转运副使时，仍然热衷于讲学，"治事之暇，必至东湖、宗濂二书院及府庠，与士友讲论，明辩而笃行之"。前面也言及景定二年他曾回乡办私塾授徒。《淳民上书》中董有真等人称其为先生、"师席"，应该就源于此。后来的石峡书院即发端于方逢辰的私塾，书院之名为度宗所赐。咸淳七年以后他一直乡居讲学，宋元之际"命子梁等洒扫文庙，修葺书院廊宇斋序，日与生徒讲明修己治人之道"。这个书院在元代还得到了地方官府的支持，出资加以修缮，地方士人捐赠学田，作为书院祭祀、士子饮食的经费来源。②方逢辰长期坚持在乡里讲学授徒，

---

① 《蛟峰集》卷五。
② 王应午：《石峡书院增田记》，《蛟峰集·外集》卷三。

对于地方的士风有着深远的影响，文及翁在其墓志铭中评道："其教人也，读书有法，劝戒有条，凡登公之门者，皆有用之学。时士风不振，所至颓靡，惟公之乡党衣冠如故，皆公之力也。"

前文所引书信《达严郡守》为士人卢某向知州求情，卢某或即卢可庵。《蛟峰集》中有很多与卢可庵往来的资料。其中，《贺卢可庵乡举》中说：

> 自春暮稟别于化成堂，一瞬景物累改，莲而菊，菊而梅矣。绊絷吏尘，池边之吟，篱下之酌，弗克与兄共之，而岭头之寄，又复疏阔。冗实夺之，非敢慢也。久不闻乡信，试后李提干归，急走问之，虽得榜而未知其人，然玉川一氏，必君家雁行中人也。十月，终有来自乡邦者，方知执事巍夺高名，急用喜舞。此事为兄不平久矣。吾今而后知造化终有平时，春官荣上，更宜勉之。令叔胄监，发轫天地，成就人才，各有地方。十七兄为乡赋首，新刃发硎，其利如此，可喜可庆。吴门况味，粗安藜藿。每旦入暮出，府事如猬毛，惟廉与公不敢不勉。①

"化成堂"是淳安县学的讲堂，② 据此可以了解，方逢辰与卢可庵在县学常相往来并话别。信末所言"吴门况味，粗安藜藿。每旦入暮出，府事如猬毛，惟廉与公不敢不勉"，说的应该是方逢辰淳祐十年状元及第后担任金书平江军节度判官厅公事的情形。文及翁的墓志铭中说他"初补承事郎、金书平江军节度判官厅公事。公莅事勤恪，提刑潘公以臬事咨决，知其远到，深器之"，正可与此信相参照。据此又可知，此信应写于淳祐十年至宝祐元年方逢辰在平江府任职期间。③ 加之信中所言卢可庵通过乡举（解

---

① 《蛟峰集》卷二。
② 《景定严州续志》卷六"（淳安县）学校"条。
③ 据墓志铭记载，方逢辰直到"宝祐元年甲寅"才被召回临安担任秘书省正字。这里恐有讹误，甲寅应为宝祐二年。其下之"二年乙卯"亦有误，乙卯为"三年"。待考。《蛟峰集·外集》卷三《蛟峰先生阡表》作"宝祐元年"，无"甲寅"二字。

试）和"菊而梅"的物候，可以推知此信是在宝祐元年冬季所写。①《蛟峰集》另有《回卢可庵》，其中有云"其秋后之山，露下之葵，霜中之菊，与雪前之梅欤"②，此信应与《贺卢可庵乡举》写于同时。卢可庵还参加了宝祐四年的省试，方逢辰为其撰写《天边风露楼记》③，《回卢可庵馈物》言及卢可庵馈送方逢辰"双鱼朋酒"，④《答卢可庵手帖》中言卢可庵来拜访他，并赠以"舒雁笼炊丹杏三"，"味俱佳"。⑤

方逢辰既有状元的光环，虽然仕途不甚畅达，得罪了权贵，但仍然获得了皇帝的优容，在京城和地方都受到各方的重视。更重要的是他不畏权贵，在地方重视教育，获得了地方士人的推崇，又长期居乡，熟悉地方社会，了解民情，与"士民"有着密切的往来，加之敢于言事，于是成为地方士人向地方官府乃至朝廷、皇帝传递意愿的媒介。

结　语

方逢辰收到《淳民上书》后转交给严州、淳安县的地方官，敦促他们改革征收苗税过程中的弊政，据说发生了效用。根据上述方逢辰在严州和淳安县的诸多活动来看，他与地方官和地方士人都有着密切的联系。他有着状元的身份，在入仕之初就进入了地方官的视野，成为他们的座上客。他的仕宦经历虽然并不顺畅，但仍然在京、地数度任官，这也使得他

---

① 据《景定严州续志》卷三《登科题名》，淳祐九年方逢辰榜后是宝祐元年姚勉榜，无卢姓士人及第；至宝祐四年文天祥榜，其中有卢万里，可能就是卢可庵。所以卢可庵参加了淳祐十二年严州解试，并获得了解试的较好名次，然后参加了宝祐元年省试（《蛟峰集》卷二另有《贺卢可庵赴春官》，可参看），但最后没有能够进士及第。

② 《蛟峰集》卷二，目录题作"回卢可庵书"。

③ 方逢辰在《天边风露楼记》（《蛟峰集》卷五）云："乙卯之冬，十月既望，余自馆职，言事不合，以归。友人卢登父上春官，就坐嘱余记山楼巅末。"又《回卢可庵馈物》云："某坐看峡云来往，静观天地心，见往古来今，於穆不已之命，元无息也。遥望风露天边，此心同也。"据此，风露天边楼属卢可庵，那么卢可庵即卢登远，而且卢可庵还参加了宝祐四年的省试。如果他当年进士及第的话，那么他就是卢万里，但也可能两次参加省试都未得中，则卢万里另有其人。

④ 《蛟峰集》卷二。

⑤ 《蛟峰集》卷二。

成为能够对地方官府施加影响的"贵寓"。更重要的是他长期乡居，熟悉地方民情，加之热衷教育，对于地方士人颇具影响力，这也增加了他在地方官心目中的分量。这些都使他可以充当地方官府乃至朝廷与地方社会沟通联系的桥梁。方逢辰之所以接受《淳民上书》并转交给州县官，包括为卢可庵写信给知州求情，与他敢于直言的一贯风格有关。他立朝多论奏权贵，不以个人进退为得失，那么他肯为董有真等士人传递《淳民上书》就比较容易理解了。

董有真等"士民"上书给州县官府而不得通，即使能上达也没有效用，而要求助于"贵寓"方逢辰，由其转交，才能发生效用，这说明官民之间的信息沟通既受到地方官府唯上弊病的影响，更有赖于"贵寓"等地方力量发挥作用。同时，朝廷的政令根据要求需要通过榜文的形式在地方公布，在实际过程中却被地方官府隐瞒，无法下达，但淳安县的士民并不全然被动，而能通过自身的渠道（很可能也来自"贵寓"，也与他们士人的身份有关，特别是在州县学和书院中的士子）获悉皇帝的恩旨，从而打破地方官府对信息的控制，并利用地方的"贵寓"来联系地方官乃至朝廷的重臣。因此，朝廷信息的公布和获取，是影响地方政治博弈的关键所在，像方逢辰这样的"贵寓"在此过程中发挥了沟通联系的作用，使得紧张的矛盾得以缓解，解民之"倒悬"，官亦得"平其政"。

再论宋代上殿札子与奏事札子

李 帅[*]

摘 要 大中祥符七年上殿札子覆奏制度出台,系由面奏者本人亲自持札送往二府,宰相覆奏施行。元丰改制,将上殿札子区分为"事理难行者"与"事干条法者"两类,后者无须覆奏。元祐垂帘体制下,曾短暂出现上殿札子先由通进司投进,再由禁中决定是否降至三省的规定。处理程序的调整反映出高层权力结构的变迁,以及宋廷在控制与效率之间追求平衡的努力。与奏状相比,奏事札子的使用人群有严格的限制,更易获得皇帝亲览。奏事札子在近臣与皇帝的非正式渠道交流中发挥着重要作用。

关键词 札子 文书制度 上殿札子 奏事札子

文书行政是中国古代国家政务运行的重要环节。学者已经注意到,宋代出现了大量以"札子"为名的公文书形式,[①] 按其用途、性质和文书体

---

* 李帅,清华大学附中历史教师。
① 张祎指出,"剳"和"札"在笔札、书札等义项中可以通用,但宋代下行文书有"御札"和"御剳"之分,故"剳"和"札"在文书名目中使用时还需斟酌。笔者在上行文书中未发现"剳"与"札"的明显区分,为方便讨论,在行文中统一以"札子"称之。前辈研究者有意识地将这两种名目作区分,本文在引用时将以研究者原文为准,特此说明。参见张祎《中书、尚书省剳子与宋代皇权运作》,《历史研究》2013 年第 5 期。

式，可以分为皇帝下发的御前札子、宰相机构用以处理政务的下行文书中书（尚书省）札子、宰相机构进呈取旨的进呈札子、官员上于宰执的札子以及官员上于皇帝的札子。本文所关注的是官员上于皇帝的札子（以下省称札子）。

札子承担的功能与奏状相似，所不同者，是札子以"取进止"结尾。司马光《书仪》"奏状式"条注云："在京臣僚及近臣自外奏事，兼用札子，前不具官，事末云'取进止'。"[①] "取进止"者，取旨于皇帝，询问可否之意。[②] 这一带有显著的非正式色彩的格式用语，透露出札子的非正式出身。欧阳修谓："唐人奏事，非表非状者谓之榜子，亦谓之录子。今谓之札子。凡群臣百司上殿奏事，两制以上非时有所奏陈，皆用札子……"[③] 如同其前身唐代的"榜子"，[④] 宋代札子最初或用于皇帝与近臣之间密切的沟通往来，尤其是当面沟通。

如欧阳修所言，札子可以分为两类：一是上殿札子，"群臣百司上殿奏事"时所用，直接进呈皇帝，用以辅助面奏；二是奏事札子，"两制以上非时有所奏陈"时所用。关于上殿札子，周佳、王化雨等学者已有相

---

① 司马光：《司马氏书仪》卷一，中华书局，1985，第2页。

② 对于"取进止"的具体含义，宋人有不同看法。叶梦得《石林燕语》云："臣僚上殿札子，末概言'取进止'，犹言进退也。盖唐日轮清望官两员于禁中，以待召对，故有'进止'之辞。……今乃以为可否取决之辞，自三省大臣论事，皆同一体，着为定式。若尔自当为取圣旨，盖沿习唐制不悟也。"（《石林燕语》卷四，侯忠义点校，中华书局，1984，第53页）汪应辰辨正指出："唐人章疏初云'奉进止'或云'某人奉宣进止'，末云'伏候进止'，或云'听进止'，又云'取进止'之类，则'进止'正是可否取决之辞，非专为待对官设也。"（《石林燕语》附录一，汪应辰：《石林燕语辨》，第196页）程大昌《考古编》则言："奏札言'取进止'，犹言此札之或留或却，合禀承可否也。唐中叶，遂以处分为进止……而不晓得文义者，习而不察，概谓有旨为有进止，如玉堂底所载，凡宣旨皆云有进止者，相承之误也。"（程大昌：《考古编》卷九，"进止"条，上海古籍出版社，1992，第852册，第58页下右栏 a~b）

③ 欧阳修：《归田录》卷二，李伟国点校，中华书局，1981，第21页。

④ 雷闻认为，具有奏状性质的"榜子"最初出现于陆贽担任翰林学士之时，"榜子"最初或许是用于答复由中使口宣的皇帝旨意或疑问。参见雷闻《唐宋榜子的类型及其功能——从敦煌文书 P.3449+P.3864〈刺史书仪〉说起》，陈俊强主编《中国历史文化新论——高明士教授八秩嵩寿文集》，台北：元华文创，2020。

当细致的研究；① 关于奏事札子，则尚无人论及。本文并二者论之，故以"再论"为名：于上殿札子，重在厘清其处理程序中的细节；于奏事札子，重在讨论它与奏状的区别。谨申一得之见，尚祈方家赐正。

一 上殿札子的处理过程

周佳指出，北宋早期有皇帝当廷独断的政务处理方式，为防止君主决策失误，大中祥符七年（1014），上殿札子的处理程序中设置了覆奏环节。真宗诏令"上殿札子不得批'依奏'，并批送中书、枢密院别取进止"，即官员在上殿取旨后不得将"依奏"二字批于札子并下发有司执行，而应由二府覆奏取旨。此诏令至北宋中后期一直被沿用并被反复强调。② 其说甚是。然而，关于上殿札子处理程序的实操细节，尚有待分析：究竟是谁将上殿札子送"中书（即中书门下，元丰后变为中书省）、枢密院"等处？具体说来，究竟是上殿官员在殿上将札子进呈给皇帝，再由禁中降出到二府，还是官员本人在退朝后直接将札子送往二府？此事虽微，却涉及关键；且元丰改制前后，做法其实并不相同，以下分而述之。

1. 元丰改制前上殿札子的处理过程

王化雨曾对奏事后臣僚上殿札子的处理过程有关注，指出："按制度规定，臣僚的上殿札子，需准备一式两份。其中一份，在殿上宣读完毕后，由随侍君前的宦官收接……另外一份，则需由奏事者在下殿之后，'实封于通进司投进'。"③ 王化雨认为，臣僚上殿奏事后，上殿札子一份直接进呈给皇帝，另一份则由通进司传递至禁中，然后再由皇帝决定是将

---

① 周佳指出，上殿札子在官员上殿奏事时直接呈递给皇帝，具有直达性、保密性和便于君主及时反馈等优势（周佳：《北宋上殿札子探研》，《史学月刊》2012 年第 4 期）。王化雨则讨论了上殿札子制度的设置目的，梳理了宋代对臣僚上殿札子长度、内容、展读过程的相关规定（王化雨：《面圣：宋代奏对活动研究》，生活·读书·新知三联书店，2019，第一章"御殿视朝：宋代君臣的日常面对面交流"）。

② 周佳：《北宋上殿札子探研》，《史学月刊》2012 年第 4 期。

③ 王化雨：《面圣：宋代奏对活动研究》，第 39 页。

两份上殿札子都留中，或是一份留中，另一份下发至宰相机构覆奏进呈。王化雨的依据是《宋会要辑稿》的相关记载，而该文献对此事的记载全文为："元祐元年二月四日，诏：'臣僚上殿札子于帘前进呈讫，并实封于通进司投进，即不得直乞批降三省、枢密院。'"① 这段记载反映的是制度之变，将其理解为制度常态或有不妥，制度变化前的情况以及制度变化的原因同样值得关注。

关于元祐前上殿札子以何种途径送往二府覆奏，并无明确记载。我们可以从实例中观察覆奏制度出现后，上殿札子送往二府的具体过程。

实例一。嘉祐元年（1056），仁宗无子的问题引发了巨大的关注，臣僚们纷纷上奏建言立储。时任知谏院的范镇就星变问题屡上奏请立皇子，其中两奏"亲纳中书"："臣前六奏宗庙社稷之大计，四奏进入，两奏奉圣旨送中书。陛下不以臣章留中，而令送中书者，是欲使中书大臣奉行也。臣两至中书，而中书递相设辞以拒臣。"② 事实上，嘉祐元年的仁宗对立储问题非常犹豫，对大臣的建言往往保持沉默，③ 范镇的四奏留中已能显示仁宗的态度了。从"奉圣旨送中书"推测，范镇送中书的"两奏"应是上殿札子。此时的宰执群体由于种种原因也不愿在立储问题上有所作为，故"递相设辞"，范镇送去的札子并没有得到重视和讨论。

实例二。同样针对仁宗立储问题，嘉祐六年（1061）闰八月，同知谏院司马光向仁宗面奏选宗室为继嗣一事，仁宗有所感悟，"因令公以所言付中书。公曰：'不可。愿陛下自以意喻宰相。'"④ 司马光不愿将奏对之言交付中书，一方面是此事关乎宗庙社稷，希望最终决定出自皇帝本人，以防日后生变，另一方面则是由于不清楚宰执对此事的态度，担心上殿札子送中书之后依旧被搁置，所以请求皇帝亲自就此事告知宰相。通过

① 徐松辑《宋会要辑稿》，刘琳、刁忠民、舒大刚校点，上海古籍出版社，2014，第2411页。
② 李焘：《续资治通鉴长编》卷一八三，嘉祐元年八月乙卯条，中华书局，2004，第4433页。
③ 参见段舒扬《宋仁宗立储研究》，硕士学位论文，北京大学，2016。
④ 《苏轼文集》卷一六《司马温公行状》，孔凡礼点校，中华书局，1986，第477页。

陈洙知晓了韩琦也"欲发此议"后，九月，司马光又向仁宗面奏立嗣一事，仁宗"大感悟，曰：'送中书'"。① 司马光"至中书，袖纳上殿札子"②，见到宰相韩琦等人，并当面建言："诸公不及今定议，异日夜半禁中出寸纸以某人为嗣，则天下莫敢违。"③ 韩琦等人皆"唯唯"。

实例三。治平元年（1064），同知谏院司马光就陕西路拣乡村百姓充义勇一事，连上六札，其中第三札写道："昨日又上殿具札子，面有敷陈。奉圣旨令送中书、枢密院商量。臣到中书、枢密院，方知此事拟议已久，敕下本路，已近旬日。"④ 由此可知，作为谏官的司马光虽然关注此事，但是没有渠道得知此事的进展，以至于亲自将上殿札子送到中书、枢密院时才从宰执那里得知已经"敕下本路"。

在上述材料中，面奏者的身份都是台谏官。宋代除元祐年间由台谏两人同对外，大多数情况是台谏官独对，所以其面奏的内容往往其他人并不知晓。官员本人将上殿札子送往二府，使得台谏官能够就上奏内容与宰执进行充分的讨论。除台谏官外，史料中也有其他官员亲自将上殿札子送往二府的事例。

实例四。至和二年（1055），张方平被任命为户部侍郎、知益州，曾上奏称："臣昨八月十二日崇政殿对，进呈札子一道，奉圣旨送中书、枢密院。……至今未闻朝旨，切虑事寝不行，须至再具陈论。"⑤

以上四例中，上殿札子皆由面奏者本人在得到皇帝允许的情况下亲自持往二府，且所持札子即上殿所进呈的内容，从行文中看不出存在副本的明确证据。副本的使用似乎属于特殊情况，即当上殿官员所奏之事被皇帝直接否决，札子被"纳下"后，官员还可能将札子副本送往二府，通过

---

① 《苏轼文集》卷一六《司马温公行状》，第 478 页。
② 王岩叟：《忠献韩魏王家传》卷五，《宋集珍本丛刊》第 6 册，线装书局，2004，第 649 页上栏。
③ 《苏轼文集》卷一六《司马温公行状》，第 478 页。
④ 《司马光集》卷三二《义勇第三札子》，李文泽、霞绍晖校点，四川大学出版社，2010，第 754 页。
⑤ 《张方平集》卷三○《奏差竹暠益州钤辖冯文显益州都监》，郑涵点校，中州古籍出版社，2000，第 498 页。

二府再一次取旨。我们来看第五则实例。

实例五。治平三年（1066），司马光因之前任谏官时言事不当而上殿请求责降，英宗纳下其上殿札子，不允所请。随后司马光居家待罪并上札子称：

> 臣于今月十一日上殿，以先任谏官日论列濮王事不当，乞赐责降。陛下令纳下札子，不送中书。臣以负罪在身，不可苟免。若不得臣札子，中书无以进呈行遣。遂于次日具录札子副本，缴申中书。臣又有此固违圣旨之罪，乞付外施行，早赐责降。取进止。①

此处，司马光将札子副本"缴申中书"，应是以申状的形式连缴札子副本，此副本末尾应当也没有批"送中书、枢密院"字样。

李全德的研究表明，禁中的文书降出付外"主要是通过通进银台司，在这一过程中，通进银台司出现的问题除了文书留滞外，最主要的就是漏泄"②。从这个角度来看，上殿札子由官员"自持"至二府覆奏，一方面是为了减少中间经手部门，防止泄露，另一方面也是出于提高行政效率的需要，防止通进机构文书滞留迟缓。而且，在官员将札子送往二府之后，还能与宰辅就所奏内容当面交流。

综上所述，元丰改制前上殿札子的处理程序大致如下：其一，臣僚面奏皇帝，进呈札子，报告其主要内容；其二，皇帝根据所奏，对札子作出"纳下"或"送二府"的处置意见——如所奏之事不可行，往往直接"纳下"，此举相当于处理普通章奏时的"留中"，如所奏之事可行或有进一步讨论的必要，则令"送二府"；其三，面奏者亲持札子送往二府，或即与宰执当面讨论；其四，二府就札子内容覆奏皇帝，获得最终裁定。当然，正如前文所举仁宗嘉祐元年范镇之例，皇帝要求官员将上殿札子送往

---

① 《司马光集》卷三五《乞与傅尧俞等同责降（第二札子）》，第814页。
② 李全德：《通进银台司与宋代的文书运行》，《中国史研究》2008年第2期，第131页。

二府，未必意味着同意所奏之事，也可能是不愿直接表态，而将处理此事的责任推给二府。而皇帝当堂"纳下"上殿札子，也可能随后会将札子内容向其他臣僚出示。景德四年（1007），"戚纶面陈诏旨不便"，虽然真宗认为"此奏乃未谕诏旨"，却仍"出纶奏示旦等"。①

从处理程序来看，送往二府的上殿札子，只有通过二府覆奏，才有被落实的可能。然而，正如实例四张方平所奏，送往二府的上殿札子可能不会被宰执及时进呈取旨，以致令人有"事寝不行"之忧。

2. 元丰改制后上殿札子的处理过程

元丰五年（1082）二月，宋朝中枢机构改革，"三省—枢密院"体制取代原来的二府体制，中央政务处理方式发生了重大变化，上殿札子的处理过程也发生了相应的调整。改制之初，对于上殿札子，"三省、枢密院或不以进呈，直寝之"的情况时有发生。为改变这种状况，元丰五年七月下诏："自今臣僚上殿札子，并进呈取旨。"② 诏令强调，二府不能"直寝"上殿札子，而应将所有送到的上殿札子都进呈覆奏取旨，上殿札子的最终处置权回到了皇帝手里。当然，所有送往二府的上殿札子都覆奏取旨，难免会因札子数量过多而给皇帝和宰相机构带来巨大负担，降低政务效率。

针对这种状况，元丰六年（1083）诏："自今臣僚上殿札子，其事干条法者，尚书省依条法议奏；如事理难行，送中书省取旨。"③ 此举将上殿札子的内容分为两类："事理难行"者，即无现成条法可依据的；"事干条法者"，即有条法可依据的。因为改制后取旨之权主要属于中书省，④故"事理难行"者由中书省取旨覆奏。而"事干条法者，尚书省依条法议奏"该如何理解呢？结合学者对元丰时中枢政务的相关研究，⑤ 笔者倾向于认为上殿札子"事干条法者"是由尚书省以奏抄的形式处理。

---

① 《续资治通鉴长编》卷六六，景德四年八月癸丑条，第 1484 页。
② 《续资治通鉴长编》卷三二八，元丰五年七月辛丑条，第 7905 页。
③ 《续资治通鉴长编》卷三四〇，元丰六年十月戊子条，第 8186 页。
④ 参见田志光《北宋中后期三省"取旨权"之演变》，《河南大学学报》（社会科学版）2018 年第 6 期。
⑤ 参见周曲洋《奏抄复用与北宋元丰改制后的三省政务运作》，《文史》2016 年第 3 辑。

　　将上殿札子区分出"事理难行"和"事干条法"两类，分别采取不同的处理形式，减轻了覆奏取旨的压力，提高了政务处理效率。元祐时，随着太后垂帘体制的确立和中枢权力结构及政务运行的调整，中书省独取旨变为"三省同取旨"。元丰八年（1085）九月乙巳诏："三省合取旨事及台谏章奏，并同进拟，不专属中书。"① 但是，"事干条法"和"事理难行"两类的区别对待制度应当仍然存在。

　　元祐太后垂帘体制下，上殿札子的处理程序也发生了变化，面奏官不再持札亲送二府，而是实封于通进司投进。元祐元年（1086）二月癸亥颁布诏令道："臣僚上殿札子，于帘前进呈讫，并实封于通进司投进，即不得直乞批降三省、枢密院。"②

　　要解释元祐元年二月癸亥诏令对上殿札子处理程序的调整，必须对元祐的垂帘体制有所了解。如研究者所言，太皇太后高氏和哲宗共同出席的双日延和殿垂帘听政是元祐时实际上的最高决策场合，高太后的视事频率要超过仁宗前期的刘太后。③ 但与元祐以前相比，元祐时的上殿奏事班次大大减少了。在上述癸亥日诏令颁布的前一天，即二月壬戌颁布的一道诏令称：

　　　　上殿班自闰二月，遇垂帘日引一班，应上殿及特旨令上殿者，阁门前一日，关入内内侍省，尚书六曹、御史中丞同侍御史或殿中监察御史一员、开封府知府、轮属官一员、谏议大夫司谏或正言一员同对。④

　　壬戌诏令发布以后，根据相关材料来看，拥有稳定奏事权的只有宰执，而壬戌诏令中提到的尚书六部、台谏官、开封府知府应是"轮流申

---

① 《续资治通鉴长编》卷三五九，元丰八年九月乙巳条，第8596页。
② 《续资治通鉴长编》卷三六五，元祐元年二月癸亥条，第8755页。
③ 参见方诚峰《北宋晚期的政治体制与政治文化》，北京大学出版社，2015，第56页。
④ 《续资治通鉴长编》卷三六五，元祐元年二月壬戌条，第8748页。

请使用这一个班次的奏事机会"①，台谏官必须两人一同上殿方可奏事。

元祐三年（1088），苏轼上转对状称：

> 臣伏见陛下嗣位以来，惟执政日得上殿外，其余独许台谏官及开
> 封知府上殿，不过十余人……其余臣僚，虽许上书言事，而书入禁
> 中，如在天上。不加反复诘问，何以尽利害之实？而况天下事有不可
> 以书载者，心之精微，口不能尽，而况书乎？②

可见，拥有上殿奏事权的机构和官员大大减少了，原本应该通过上殿
札子"面取进止"的事务在元祐时应该是通过章奏进入禁中，也可能送
三省、枢密院附奏。③ 正如王岩叟所指出的，"六曹、开封府有司之事，
皆有定法，所以官长与属官同奏对"，④ 六部和开封府面奏的基本都是有
定法可依、本司已经初步拟订了处理意见的事务，不会给君主带来太大的
决策压力。从这个角度看，上述元祐元年二月癸亥诏令对上殿札子处理程
序的调整，主要针对的是台谏官的上殿札子。

元祐五年（1090），右谏议大夫刘安世言：

> 臣等今早延和殿进对，尝论都司官吏违法拟赏，罪不可贷，伏蒙
> 面谕，令臣等亲至都堂理会者。窃惟故事，台谏官登对毕，自持札子
> 中书呈纳，故可与宰臣已下相见。自垂帘听政后来，上殿臣僚止是封
> 进札子，别无名目可至都堂，是以未敢奉诏。⑤

---

① 周佳：《北宋中央日常政务运行研究》，中华书局，2015，第 210 页。
② 《苏轼文集》卷二九《转对条上三事状》，第 819 页。
③ 周佳指出，真宗和仁宗晚年因疾病无法正常视朝时，除急切事务外，其余事务送二
  府附奏。周佳认为，官员送至二府附奏的就是原来的上殿札子，这使得上殿札子与
  面奏脱离而取得独立地位，但同时失去了原来具有的"直达性"。（见周佳《北宋
  中央日常政务运行研究》，第 136 页）
④ 《续资治通鉴长编》卷三六五，元祐元年二月壬戌条，第 8749 页。
⑤ 刘安世：《尽言集》卷一〇《论都司官吏违法拟赏事（第五）》，丛书集成初编本，
  中华书局，1985，第 118 页。此事又见《续资治通鉴长编》卷四四〇。

这段话非常清晰地展示了元祐元年诏令所造成的上殿札子处理程序的变化。在元祐元年之前，台谏官能够"自持"札子送往中书，与宰臣相见并交流。但垂帘听政以来，上殿札子除"帘前进呈"之外，其进呈方式已与一般章奏无差异，都是通过通进司"封进"，台谏官失去了和宰臣交流讨论的机会，禁中对信息流向的控制加强了。

该如何理解高太后对台谏官上殿札子的控制措施？从人事安排上看，元丰八年（1085）五月，门下相王珪去世，蔡确自中书相升门下相，韩缜自知枢密院事升中书相。① 直到元祐元年（1086）闰二月，蔡确和韩缜这两位"熙丰旧臣"控制着门下省和中书省。② 在全面罢废新法的路线之下，到元祐元年闰二月为止，高太后更为倚重的都是台谏官群体。元祐八年（1093）高太后去世之后，吕大防等人上奏曰："昨日垂帘日，群臣惟台谏得对，又必二人同上，故不敢以不正之言辄干天听。"③

结合上述信息，我们可以推测元祐元年调整上殿札子处理程序的出发点：第一，台谏官是元祐初实施"更化"路线的主力军，其上殿札子先"封进"再由禁中决定是否降出以及降出到何处，能最大限度地保证信息朝着君主所希望的方向流动；第二，元祐时作为"天子耳目"的台谏官一直是两人同奏，诚如王岩叟所言"臣下自立不能无不同，既不同，则不能无忌碍而言有所不尽，事有所不密"，④ 在两人同奏的情况下，奏事札子上的某些内容或许不便直接宣读，"封进"上殿札子则使得君主能够在事后仔细阅读，是对台谏官同奏时"言有所不尽"的一种弥补。

元祐八年九月，高太后去世，宋廷的中央政务随之进行调整。首先是对奏事班次的恢复，"（元祐）八年九月二十九日，诏：'上殿班合直牒并帅臣、国信使副，许依元丰八年以前仪制施行外，其余合上殿班，并候祔庙了日取旨'"。⑤ 其次便是对上殿札子处理程序的调整，绍圣元年

---

① 见《宋史》卷二一一《宰辅表》，中华书局，1985，第5495页。
② 元祐元年闰二月，蔡确罢相。
③ 《宋会要辑稿·仪制六》，第2411页。
④ 《续资治通鉴长编》卷三六五，元祐元年二月壬戌条，第8748页。
⑤ 《宋会要辑稿·仪制六》，第2411页。

（1094）"五月九日，诏：'自今除台谏官章疏依条外，其余臣僚上殿札子，如事合进呈，即取旨'"。① 我们注意到此时台谏官的上殿札子被单独区分出来，究竟"依条"是依据什么样的处理程序，根据现有史料还不能断定，猜测可能是沿用元祐时的处理方式，除上殿进呈外，亦由通进司封进。而对其他官员的上殿札子，则很明确地恢复了由宰相机构覆奏的程序。

元符二年（1099），上殿札子取旨后要经过宰相机构覆奏的程序被进一步重申，"八月十八日，诏：'诸上殿进呈文书，并批送三省、枢密院，不得直批圣旨送诸处。违者承受官司缴进以闻'"。② 至此，上殿札子的处理程序又恢复到了元祐以前的情况，上殿取旨后，官员不能"直批圣旨"付有司，须"批送三省、枢密院"并自持札子送往宰相机构。比如，政和三年（1113），宇文粹中③以上殿札子面奏复铸当十钱一事，"上谓曰：'卿只今携此札子往都堂。'读札子未毕，京以手拨去云：'无铜，教他如何做也。'粹中又言：'广南盐铁，数亦浩瀚，五分归铸钱司为本。若只贡本钱，亦是一季以上之数。今本钱不知何在？'京不答，所奏不行"。④

元符三年（1100），曾布任中书相时记道："上殿札子，侍郎以上进呈，小事拟进，余更不进呈。"⑤ 由此可知，徽宗时代，宰相机构收到官员送来的上殿札子后，先根据上奏者的身份将上殿札子分类，侍郎以上者再根据所奏内容分为大事、小事，大事则进呈取旨，小事拟议奏呈；所谓"余更不进呈"，则指上奏者身份若在侍郎以下，则依据现有条法

① 《宋会要辑稿·仪制六》，第 2411 页。
② 《续资治通鉴长编》卷五一四，元符二年八月戊子条，第 12221~12222 页。
③ 《山堂考索》此处记载仅言"粹中"，根据生卒年及入仕时间判断应为宇文粹中。宇文粹中，《宋史》无传，崇宁二年（1103）进士，曾任翰林学士承旨，宣和六年（1124）任尚书右丞（据《宋史·徽宗本纪》）。根据现有材料，无法确定其在政和三年任何职，但史料中并无宇文粹中担任过台谏官的记载。
④ 章如愚编撰《山堂考索》卷六〇《财用门》，明正德刘洪慎独斋本，中华书局，1992，第 842 页上栏 b~下栏 a。
⑤ 曾布：《曾公遗录》卷九，顾宏义点校，中华书局，2016，第 288 页。此事另见《宋会要辑稿·仪制六》："（元符）三年六月二十六日，诏：'上殿札子，侍郎以上进呈，小事拟进，余则否。'"

处理，不必再向皇帝进呈。至此，上殿札子的处理程序基本固定下来，经历了元祐初年的短暂变化后，最终回到了元丰改制后的基本格局。官员上殿札子在殿上取旨后需要送往宰相机构，但并不是所有的上殿札子都会由宰相机构进呈覆奏，上奏者级别较低或所奏之事有条法可依者，则不必再进呈。这减轻了皇帝听政和宰相机构覆奏的压力，提高了行政效率。综观上殿札子处理制度的调整过程，不难看出，相关制度设计始终在决策合理性和行政效率之间寻求平衡。

二　奏事札子与奏状的区别

除了上文所述用以辅助面奏的上殿札子外，宋人文集中还有大量非上殿场合进呈的札子，即欧阳修所言"两制以上非时有所奏陈"。为了与上殿札子相区分，本文将这类札子统称为奏事札子。

1. 奏事札子的使用人群

前文提到，从外在形式上看，除了开头不具官和结尾的套语不同之外，札子与奏状并没有太大区别。同为奏事类文书，在宋代，札子和奏状的主要区别体现在使用人群的身份上。宋代奏事札子的使用人群有着严格的限制。明道二年（1033），前咸平太康县驻泊巡检、右侍禁张孚被降为庐山县兵马监押，"坐用札子奏事也"。李焘在此事后面补充道："故事，在外惟两府，在京惟大两省，方许用札子奏事，他官皆上表状云。"① 这里提到的"故事"究竟形成于何时，根据现有材料还无法判断。但在北宋中期以后，确实常见到对于臣僚使用札子奏事的限制，张孚以札子奏事被责降也成为一个常常被提起的"故事"。庆历二年（1042）闰九月，朝廷再一次重申对奏事札子使用者的限制，"诏：'非近上臣僚不得用札子奏事'"。②

根据张祎的研究，北宋前期"两制以上""大两省以上"指称的都是

---

① 《续资治通鉴长编》卷一一二，明道二年七月丙寅条，第2621页。
② 《宋会要辑稿·仪制六》，第2406页。

侍从官，"主要包括广义'两制'与本官阶在两省给舍、谏议以上两类官员"。① 故欧阳修所言"两制以上"和李焘指出的"大两省"指向的其实是同一类官员，即"近上臣僚"侍从官群体。

在景祐二年（1035）之前，官员以札子奏事不列官衔、不著姓。《续资治通鉴长编》载："（景祐二年）诏臣僚以札子奏事者，惟中书、枢密院听如旧制，余悉著衔位、姓名。初，知制诰丁度进札子，不著姓，禁中误付参知政事盛度。故条约之。"② 即使出于政务处理的需要，景祐二年之后非两府官员以札子奏事需结衔书名，但札子体式依然较为轻便，这从某种意义上说正体现了对侍从官的优待，正如宋人所指出的："国朝优待侍从，故事体、名分多与庶僚不同。"③ 而从行政效率的角度看，侍从官往往担任的都是相对重要的职务，他们传达的信息也往往更为重要，将"侍从官"和"庶官"上奏所用的文书区分开，能够方便皇帝从中选择相对重要的信息、事务。

虽然在制度规定中，奏事札子只有侍从官以上的群体才能使用，但在史料中还是可以看到官员"越格"使用札子的情况。例如元丰三年（1080），入内东头供奉官、泸州勾当公事韩永式以札子奏利州路水灾一事。虽然韩永式被"特释罪"，④ 但从此事中我们依然可以看出官员身份体现在文书制度上的鲜明界限。官员"越格"使用札子，往往是为了自己传递的信息更便捷地进入禁中，受到皇帝重视。

前述司马光《书仪》"奏状式"条注载"在京臣僚及近臣自外奏事，兼用札子"，"兼用"意味着有资格使用札子奏事的官员对用札子还是奏状奏事是有选择权的，不是非用札子奏事不可。在日常行政中，官员以札子或奏状奏事有何区别？

以苏轼知杭州期间所上的文书为例。元祐五年（1090），苏轼以龙图

---

① 参见张祎《宋代侍从官的范围与相关概念》，袁行霈主编《国学研究》第 34 卷，北京大学出版社，2014，第 83~107 页。
② 《续资治通鉴长编》卷一一六，景祐二年四月，第 2729 页。
③ 洪迈：《容斋随笔·三笔》卷四，孔凡礼点校，中华书局，2005，第 475 页。
④ 《续资治通鉴长编》卷三〇六，元丰三年七月甲戌条，第 7439 页。

阁学士、左朝奉郎知杭州，六月曾上《应诏论四事状》，请求给还百姓产业、除放积欠等四事，① 此状"经今一百八日，不蒙回降指挥"②。同年九月二十七日，苏轼又上《乞检会应诏所论四事行下状》，接到此状后，"尚书省取到诸处，称不曾承受到上件奏状（即《应诏论四事状》——引者注）"。③ 苏轼遂在元祐六年将《论四事状》重录缴进，④ 此状内容依旧没有施行。根据苏轼自己的分析，所请之事得不到朝廷回应是因为这些奏状都"只作常程文字降出，仍却作熟事进呈，依例送户部看详"，⑤ 而所请之事皆是户部疏漏之处，户部"万无施行之理"。到元祐七年，苏轼改知扬州后，又重提积欠之事，上《论积欠六事并检会应诏四事一处行下状》及《再论积欠六事四事札子》，⑥ 在札子中请求哲宗内降手诏暂停催理积欠，并替皇帝拟好了手诏内容。元祐七年六月一日，哲宗降下御札，内容与苏轼在札子中所拟内容基本一致。⑦ 由此可知，在围绕此事所上的一系列文书中，奏状或是在通进途中遗失，或是并未得到皇帝亲览就降下，只有札子得到了皇帝亲览并最终影响了决策。

南宋建立之初，原有的文书制度一度在战时"事从权宜"，对使用札子奏事权的限制也变得宽松甚至混乱。孝宗乾道时，有臣僚上奏：

> 通进司掌天下章奏案牍、在京百司文武近臣表疏进御颁布之事，职任为重……伏见比来其制甚紊，不当进而辄进者，率尔得通，且又越格，惟以札子十数累比，上渎天听。亵尊违礼，莫此为甚。仁宗皇帝时，有坐用札子奏事降官如张孚者，则祖宗之维持法度，何其严

---

① 《苏轼文集》卷三一《应诏论四事状》，第 875~881 页。
② 《苏轼文集》卷三一《乞检会应诏所论四事行下状》，第 896 页。
③ 《苏轼文集》卷三一《乞检会应诏所论四事行下状》，第 896 页。
④ 《苏轼文集》卷三二《缴进应诏所论四事状》，第 903 页。
⑤ 《苏轼文集》卷三四《再论积欠六事四事札子》，第 971 页。
⑥ 苏轼《奏议集》将《论积欠六事并检会应诏四事一处行下状》系在元祐七年五月十六日，《再论积欠六事四事札子》系在元祐七年六月十六日。李焘认为札子的日期有误，"六月一日，已从轼言下诏，不应六月十六日又奏此，必本六月日误"。见《续资治通鉴长编》卷四七三，元祐七年五月条后小注，第 11298 页。
⑦ 见《续资治通鉴长编》卷四七四，元祐七年六月癸丑条，第 11300 页。

也！伏望明诏攸司，申饬条格，不应进而辄进及越格以札子奏事者，各令拒而不纳；当刑罚者，自从旧制，监典官吏亦各有坐。庶几出入机要之地，不致轻慢，以黩国章。①

臣僚在要求申严札子的使用制度的时候，强调的是"札子十数累比，上渎天听""亵尊违礼"，这也说明奏事札子制度在设计时考虑的正是实际行政效率和礼仪两个方面。

在臣僚奏请之后，乾道三年（1167）五月九日，孝宗下诏"依故事，在外惟前两府、在内惟大两省许用札子奏事，他官皆用表状"，② 重申了北宋时的制度。但是南宋与北宋相比，在政局上出现了很多新情况，其中最明显的就是来自北方的巨大压力和随时可能出现的战争危机，具有很强时效性的边地信息和军情的传递对南宋朝廷来说无疑非常重要。在这种情况之下，关于奏事札子的制度不得不相应作出调整。两个月后，即乾道三年七月四日，孝宗再一次下诏："自今沿边州军并监司、帅臣、主兵官，并许用札子奏陈。"③

在朝廷不断申严奏事札子使用制度的同时，某些官员也在不断争取使用札子奏事的权利。就在孝宗的上述诏令下达之后，淮南路转运判官吕企中奏请："欲望许臣到本路，事干机密及臣有建明，并乞依乾道三年七月四日已降圣旨，用札子实封奏陈，直达宸扆之前。"④

在宋人的眼中，札子相对于奏状，有更好的保密性，能够直达御前，所以虽然朝廷不断强调奏事札子的使用人群特定范围，但臣僚尤其是在外臣僚奏事时，还是会选择"越格"以札子奏事。淳熙六年（1179），朱熹知南康军时，以札子奏请蠲减税钱。随后，臣僚又一次就奏事札子的使用问题上奏：

---

① 《宋会要辑稿·仪制七》，第 2443 页。
② 《宋会要辑稿·仪制七》，第 2443 页。
③ 《宋会要辑稿·仪制七》，第 2443 页。
④ 《宋会要辑稿·仪制七》，第 2443 页。

　　窃见旧制，章奏凡内外官登对者许用札子，其余则前宰执、大两省官以上许用札子，以下并用奏状。凡沿边守臣与帅漕臣（并）主兵官，许用札子。自后他司内郡应用奏状者，或以札子，其间往往抵（讦）前政，陈说己能。欲望申严有司，应帅、漕、郡守、主兵官如事涉兵机，许用札子；其余僭越犯分，（有）不如式，则令所属退还。①

这番上奏获得皇帝认可，随后下发三省执行。

　　乾道三年诏令着眼于限定上奏札者的身份，而淳熙六年的命令则偏向限定奏事札子的内容，唯有"事涉兵机"可以用札子上奏，希望能够改变"他司内郡"官员随意使用札子上奏无关信息、干扰政务的现象。但是这项命令没有能够持续太长时间，淳熙九年（1182）十一月，当时的宰执提出："其间帅守、监司实有利国便民等事，若一例不许投进，窃虑壅蔽。"随后"诏：'淳熙六年七月十九日指挥更不施行'"。② 至此，在地方任职的帅、漕、知州、主兵官也获得了以札子奏事的权利。到后来，《庆元条法事类》规定"诸臣僚上殿或前宰相、执政官及外官，奏军机密速，听用札子"③，以法令的形式对札子的使用者进行了限定。

　　南宋与北宋相比，使用札子奏事的人群大大增加了，主要变化体现在除了前任宰执之外，地方的重要官员也获得了以札子奏事的权利。从南宋对奏事札子制度的不断调整和地方官员对札子使用权的不断争取中，我们能看出这项制度设置的意义。

　　正如研究者所观察到的，宋代的各种制度往往存在"多层次"的特点，以各种制度设计体现官员等级差异，如"皇帝答诏倾向于因陈请臣僚的级别而采取不同的文书形式"④，在上行文书方面，也因官员身份和

---

① 《宋会要辑稿·仪制七》，第 2444 页。
② 《宋会要辑稿·仪制七》，第 2444 页。
③ 《庆元条法事类》卷一六《文书令》，收入薛允升等编《唐明律合编·宋刑统·庆元条法事类》，中国书店，1990，第 185 页上栏 b。
④ 张祎：《制诏敕札与北宋的政令颁行》，博士学位论文，北京大学，2009，第 60 页。

上奏内容的差异，区分出奏状和奏事札子两个层次，这既有"虚"的礼仪方面的考虑，又有"实"的行政效率方面的考虑。

2. 札子在近臣与皇帝非正式交流中的作用

除了使用者的身份之外，札子与奏状等其他上行文书相比，还有着明显的不同，即札子体式简单、形式随意、行文简洁。这一特点决定了札子有着不同于奏状的作用。在实际政务运行中，有大量临时性却又要求时效的信息在皇帝与大臣之间传递，皇帝向外传达个人意旨的方式已有学者进行了讨论。① 根据学者的研究，皇帝向臣僚传递信息主要依靠的是宦官。作为信息传递的另一端，臣僚接收到皇帝信息后要进行回应或是要向皇帝传递临时信息时，所使用的往往是札子这种体式简单的文书，而这些札子进入禁中所依赖的也是宦官的传递。

王珪《华阳集》中有"御殿名札子""道殿名札子""后殿名札子""神御殿名札子""两宫寝殿名札子"等以某殿命名札子的文书。根据其内容判断，应是王珪担任翰林学士时为新建宫殿或要改名的宫殿拟写的殿名，上呈供皇帝选择。以《御殿名札子》为例：

> 今月七日，中使奉传圣旨："取御殿名。"今撰到殿名五，谨因中使进呈。取进止。②
>
> 安安殿_{帝尧文思安安}　天龢殿_{龢音和}　燕德殿_{燕安也}　玉峰殿_{恐有山石}　丛芳殿_{恐有花卉}

此札子的前半部分交代事由：皇帝派中使告知王珪择取御殿名一事。王珪撰写了五个殿名并交代了不同殿名的内涵，即此札子后半部分内容。撰写完毕后，此札子通过中使进呈。从此一事例中我们可以看出，在处理相对细碎、临时性的政务时，臣僚常通过体式简单的札子与皇帝沟通，而

---

① 参见丁义珏《北宋前期的宦官：立足于制度史的考察》，博士学位论文，北京大学，2013。
② 王珪：《华阳集》卷八《御殿名札子》，丛书集成初编本，商务印书馆，1935，第86页。

这些札子往往是通过宦官来传递的。

丁义珏在讨论宋代宦官传宣制度如何杜绝宦官从中欺瞒歪曲时提出："在传宣中引入文书，使其有案可查就是其中最重要的措置之一。"① 丁义珏注意到的措置是在宦官传宣之前，将传宣内容写成文字登记留底，或是在传宣时将文字内容"传宣札子"交与承受者覆奏。实际上，防止宦官传宣有误的措置，还可能是在传宣完毕后由受旨者撰写札子表明已知晓此事，此种札子应该也是由传宣宦官带回禁中。以范祖禹《范太史集》中的两篇札子为例：

进《无逸》讲义札子

臣今月七日准入内供奉官李偁传圣旨：今日迩英阁讲过《无逸》义，令详备录进。臣今写录进呈。

二月八日　侍讲臣范某札子②

传宣进讲义札子

臣等准入内押班梁惟简传宣：今后迩英阁说过所引证口义，令次日别具进呈。臣等已知委讫。

二月八日　臣司马某、臣吴某、臣范某札子③

结合两篇札子的信息，我们能勾勒出此事件的大致面貌：二月七日讲筵讲读《尚书·无逸》后，哲宗派宦官李偁传旨令范祖禹录进讲义；二月八日，又派宦官梁惟简向侍讲官员传宣旨意，令此后迩英阁讲义均次日进呈。随后范祖禹进呈了录写完毕的《尚书·无逸》讲义，随讲义一起进呈的还有说明事由的札子，即《进〈无逸〉讲义札子》；三位侍讲进呈回禀知晓次日进讲义一事的札子，即《传宣进讲义札子》。《宝真斋法书赞》也收录了这两份札子，但在《进〈无逸〉讲义札子》后多"元祐五

① 丁义珏：《北宋前期的宦官：立足于制度史的考察》，第69页。
② 范祖禹：《范太史集》卷一九《进〈无逸〉讲义札子》，文渊阁四库全书本，第1100册，第244页下栏 a。
③ 范祖禹：《范太史集》卷一九《传宣进讲义札子》，第244页下栏 b。

年二月八日内中进纳讫。入内高〔班〕刘渊"一段文字，①《传宣进讲义札子》后多"元祐五年二月八日内中奏闻。奉旨：依奏。入内高班刘渊"一段文字。② 结合此信息，可知这两份札子都是由宦官刘渊传入禁中，其中《传宣进讲义札子》似还由宦官刘渊直接在内中宣读，目的正是向皇帝确认传宣内容，表明已知晓此事，防止宦官在传宣过程中有遗漏、错误。

这些事例提示我们，类似宰执、翰林学士、侍讲官等与皇帝关系较紧密的"近臣"，在日常政务中有大量琐碎的事务无法通过面奏向皇帝报告，如果通过正常的文书通进渠道进呈又往往滞留迁缓，此时往往会选择体式较为轻便随意的札子与皇帝沟通。出于行政效率和保密的考虑，这些札子进入禁中往往是通过宦官的传递，这显然是一种非正式渠道的交流沟通，但这也或许更接近札子最初的功能。我们在上一节讨论奏事札子的使用人群时，提到北宋奏事札子"非近上臣僚不可用"，在内只有侍从官群体才能使用，或许这种限制最初正是出于实际政务处理的需要。

结　语

本文聚焦于宋代官员上于皇帝的札子类文书，将前辈学者讨论不甚清楚的上殿札子送往宰相机构覆奏的过程加以明晰，同时关注实际政务运转与制度设计之间的互动关系，梳理了上殿札子处理方式的变化。对于此前学者关注并不多的奏事札子的使用人群及其变化、奏事札子在皇帝与近臣非正式渠道交流中的作用也做了讨论，一定程度上揭示了札子与奏状在实际功能方面的区别。

新的文书类型往往诞生于政务运行的实际需要，逐步从"非正式"

---

① 岳珂编撰《宝真斋法书赞》卷一六，文渊阁四库全书本，第 813 册，第 748 页上栏 a。
② 岳珂编撰《宝真斋法书赞》卷一六，第 748 页上栏 b。

走向"正式",与之相关的制度也不断完善。我们在宋代皇帝与近臣的频繁文书往来中,能看到皇帝深度参与了日常政务,处于政务信息处理的核心地位,而臣僚也在以各种方式争取与皇帝更为直接的信息交流。

试论 13 世纪后期元朝
与安南的外交文书[*]

党宝海^{**}

摘　要　13 世纪后期元朝、安南之间的外交文书，反映了元朝对安南外交政策的变化过程。以灭亡南宋为界，变化可分为两个阶段，第一阶段较为宽松，第二阶段则以"六事"为中心，对安南的要求趋于严苛。其中最核心的是要求安南国王亲自朝见元世祖。围绕这一要求，双方在外交文书中反复论争，直到元世祖去世，元朝才有调整外交政策的机会。

关键词　元朝　安南　外交文书　六事　君长亲朝

在 13~14 世纪，伴随着蒙古政权的对外扩张，蒙古与周边国家之间的外交活动日趋频繁，外交文书随使节往来而被大量使用。

自 19 世纪以来，学界日益重视这些外交文书。大蒙古国贵由汗写给欧洲教皇的书信①，伊利汗国君主写给教皇和法国国王的外交信

---

* 本文的初稿曾提交北京大学人文社会科学研究院 2017 年 5 月 22 日举办的 "中国古代信息沟通与国家秩序" 第一次工作坊。此次发表对原文做了较多删节。

** 党宝海，北京大学历史学系副教授。

① 《大汗贵由致因诺曾爵四世书》，见伯希和《蒙古与教廷》，冯承钧译，中华书局，1994，第 5~32 页。该文最初发表于 1923 年。

件①，大蒙古国—元朝与高丽之间②、元朝与日本之间的外交文书③，都得到了不同程度的研究。

值得注意的是，元朝和安南之间也有密切的外交往来，留下较多外交文书。目前学界对它们的研究相对薄弱。本文拟对 13 世纪后期元朝与安南的外交文书试做探讨。

1257 年，灭亡大理的蒙古大将兀良合台指挥大军侵入安南。安南陈朝太宗陈日煚（又名光昺、光昞）在发兵抵抗之后最终选择了入贡请和④，"陈太王遣使陪臣院学士表贡方物"⑤。1258 年夏，兀良合台派讷剌丁出使安南，明确要求："如尔等矢心内附，则国主亲来。若犹不悛，明以报我。"陈太宗承诺"俟降德音，即遣子弟为质"⑥。同年，安南"遣黎辅陈、周博览如元。时元使来索岁币，增其职贡，纷纭不定。帝命辅陈往，以博览副之。卒定三年一贡为常例"⑦。在此期间，双方应使用了正式的官方文书，但文书的具体内容无存。本文所讨论的外交文书以 1260 年忽必烈称帝为起点。

---

① Antoine Mostaert et Francis W. Cleaves, "Trois Documents Mongols des Archives Secrètes Vaticanes," *Harvard Journal of Asiatic Studies*, Vol. 15, No. 3/4, 1952; Antoine Mostaert et Francis W. Cleaves, *Les lettres de 1289 et 1305 des ilkhan Aryun et Ölǰeitü à Philippe le Bel*, Cambridge: Harvard University Press, 1962. 相关文书的研究状况，在这两种论著中有详细征引，本文不再一一列出。

② 乌云高娃：《13 世纪元朝与高丽的外交文书》，《隋唐辽宋金元史论丛》第 10 辑，上海古籍出版社，2020。日本学者植松正的多篇论文也涉及这一领域，参见下注。

③ 張東翼「一二六九年『大蒙古国』中書省の牒と日本側の対応」『史學雜誌』114 卷 8 号、2005；植松正「モンゴル国国書の周辺」『史窓』64 号、2007；「第二次日本遠征後の元・麗・日關係外交文書について」、京都大學人文科學研究所『東方學報』90 册、2015。

④ 陈日煚即安南陈朝的太宗，在安南史籍中又称陈太王。相关研究见山本达郎《安南史研究Ⅰ：元明两朝的安南征略》，毕世鸿等译，商务印书馆，2020，第 31 页。该书日文原著出版于 1950 年。

⑤ 黎崱：《安南志略》卷一四《历代遣使・陈氏遣使》，武尚清点校，中华书局，1995，第 332 页。

⑥ 《元史》卷二〇九《安南传》，中华书局，1976，第 4634 页。

⑦ 吴士连等：《大越史记全书》本纪卷五《陈纪》，孙晓等标点校勘，西南师范大学出版社、人民出版社，2015，第 1 册，第 273 页。

一 "六事"之制的提出与搁置

在安南臣服之初，大蒙古国就向安南强调它应承担的义务。这些义务在元世祖时期被概括为"六事"。所谓"六事"是自成吉思汗以来逐渐形成的、蒙古政权对臣属国家所施加的六项要求，分别是：一，君长亲朝；二，子弟入质；三，编民数；四，出军役；五，输纳税赋；六，置达鲁花赤。① 其内容可分为三组：第一、二项旨在控制降国的统治者；第三至五项是对降国的经济和军事资源进行控制；第六项是由蒙古—元朝的代理人就近对臣服国家实施监管和控制。从统治的角度而言，制度设计者的心思可谓细密。②

需要注意的是，元朝对臣服国家的要求不是一成不变的，并非固定的"六事"。与安南相比，元朝对高丽的要求略有差异。中统三年（1262）元世祖在颁给高丽的诏书中说："凡远迩诸新附之国，我祖宗有已定之规则，必纳质而籍民编，置邮而出师旅，转输粮饷，补助军储。"③ 只有五项内容。至元五年（1268），元世祖诏谕高丽："太祖（即成吉思汗——引者注）法制：凡内属之国，纳质、助军、输粮、设驿、编户籍、置长官。"④ 要求变为六项，但没有"君长亲朝"，多了"设驿"。这是因为此前高丽国王王禃（即高丽元宗）已经朝见了元世祖。⑤ 由此可知，"六事"不是无可变更的铁律。根据形势的发展、自身实力和外在环境的不同，元朝会调整对不同臣服国家的具体政策。

---

① 《元史》卷二〇九《安南传》，第 4635 页。
② 相关讨论，参阅温海清《臣服或毁灭：使臣见杀、遭囚视阈下的蒙元对外政策再检讨》，《文史》2021 年第 3 辑，第 201、205、214~215 页。
③ 郑麟趾等：《高丽史》卷二五《元宗世家一》三年壬戌十二月，孙晓等标点校勘，西南师范大学出版社、人民出版社，2014，第 2 册，第 800 页。类似记载又见元宗四年癸亥三月，高汭还自蒙古，言中书省云："帝怒尔国，前降诏书内置邮、籍民、出师、输粮等事置而不奏，故不赐回诏。"郑麟趾等：《高丽史》，第 802 页。
④ 《元史》卷二〇八《高丽传》，第 4614 页。
⑤ 高丽国王曾在至元元年十月来朝，见《元史》卷五《世祖纪二》、卷二〇八《高丽传》，第 100、4613 页。

上文提到 1258 年大蒙古国和安南的交涉，其中已经涉及"六事"的两项内容。一是"君长亲朝"，兀良合台所派使者要求："如尔等矢心内附，则国主亲来。"二是"子弟入质"。陈太宗对"国主亲来"未置可否，但承诺"俟降德音，即遣子弟为质"。当时，蒙古军队战略进攻的重心是南宋，对安南并未具体落实"国主亲来""子弟为质"，而是"定三年一贡为常例"，暂时约定，按照传统的朝贡制度行事。

在元世祖、元成宗统治时期，元朝对安南的"六事"要求有很大变化。以元朝灭宋和元世祖去世为转折点，大体可分为三个阶段。

从忽必烈称帝到元朝灭南宋的大局已定，是第一阶段。在此期间，元朝并未强调安南必须全面履行"六事"义务，甚至在元朝立国之初，表现出对安南很大程度的宽容。中统元年十二月，元世祖给安南的诏书中写道：

> 念卿在先朝已归款臣附，远贡方物，故颁诏旨……谕本国官僚士庶：凡衣冠、典礼、风俗、百事，一依本国旧例，不须更改。况高丽国比遣使来请，已经下诏，悉依此例。除戒云南等处边将，不得擅兴兵甲，侵掠疆场，挠乱人民，卿国官僚士民，各宜安治如故。①

诏书没有对安南提出具体要求，反而着意安抚，一切以维持"安治"为目的，满足于安南的"归款臣附，远贡方物"。这是由于当时忽必烈正和他的弟弟阿里不哥争夺汗位，国家战略重心在北方草原，对于远在南方边陲的安南采取了怀柔策略。

中统二年，安南太宗陈日煚派使者"诣阙献书，乞三年一贡。帝从其请，遂封光昺为安南国王"。不晚于中统三年，元朝向安南派遣了达鲁花赤，这属于"六事"的最后一项。这一年元朝"授安南国王陈光昺及达鲁花赤讷剌丁虎符"。达鲁花赤是元朝驻安南的特派员、联络员，也有监督进奉贡物之责，"以讷剌丁充达鲁花赤，佩虎符，往来安

---

① 黎崱：《安南志略》卷二《大元诏制》，第 46 页。

南国中"。讷剌丁在安南的时间不长，中统四年十一月就返回元朝。元世祖还向安南降诏道："卿既委质为臣，其自中统四年为始，每三年一贡。可选儒士、医人及通阴阳卜筮、诸色人匠，各三人，及苏合油、光香、金、银、朱砂、沉香、檀香、犀角、玳瑁、珍珠、象牙、绵、白磁盏等物同至。"至元三年十二月，陈太宗遣使者上表三通，"其一进献方物，其二免所索秀才、工匠人，其三愿请讷剌丁长为本国达鲁花赤"。①

至元四年七月，元朝诏书开始提出安南行"六事"的要求：

> 太祖皇帝圣制：凡有归附之国，君长亲朝，子弟入质，编民数，出军役，输纳税赋，仍置达鲁花赤统治之。以数事以表来附之深诚也。卿今来贡，不逾三年之期，其诚足知。故告以我祖宗之法，亦以诚谕。且君长来朝，子弟入质，籍民定赋，出军相助，古亦有之，岂今日创为之哉！卿能备行数事，朕复何言。彼卒未能，朕亦不责卿行而全之也。②

这份诏书的内容在《元史》中被压缩为："诏谕安南国，俾其君长来朝、子弟入质、编民、出军役、纳赋税，置达鲁花赤统治之。"③元世祖虽然提到"六事"，但没有刻意要求安南全面执行。其后数年间，元朝除了命安南接受元朝派遣的达鲁花赤、提供军事协助外，多为"六事"之外的其他要求，如索要大象、回鹘商人等。世祖下诏"征商贾回鹘人"："以其国有回鹘商贾，欲访以西域事，令发遣以来。"至元五年，元朝以忽笼海牙代替讷剌丁为达鲁花赤，张庭珍副之。至元六年十一月，陈太宗上书说："商旅回鹘，一名伊温，死已日久；一名婆婆，寻亦病死。又据忽笼海牙谓陛下须索巨象数头。此兽躯体甚大，步行甚迟，不如上国之

---

① 引文俱见《元史》卷二〇九《安南传》，第 4635 页。标点略有改动，下文不再一一注明。

② 黎崱：《安南志略》卷二《大元诏制》，第 47 页。

③ 《元史》卷六《世祖纪三》，第 116 页，时间在至元四年九月。

马。伏候敕旨，于后贡之年当进献也。"至元九年，元朝向安南派出了新的达鲁花赤，"以叶式捏为安南达鲁花赤，李元副之"。第二年正月，叶式捏卒，命李元继任，以合撒儿海牙为其副手。①

与此前安南欢迎讷剌丁并请求他长期担任本国达鲁花赤不同，至元十二年正月，陈太宗上表请罢本国达鲁花赤：

> 乞念臣自降附上国，十有余年，虽奉三年一贡，然迭遣使臣，疲于往来，未尝一日休息。至天朝所遣达鲁花赤，辱临臣境，安能空回？况其行人，动有所恃，凌轹小国……且达鲁花赤可施于边蛮小丑，岂有臣既席王封，为一方藩屏，而反立达鲁花赤以监临之，宁不见笑于诸侯之国乎？与其畏监临而修贡，孰若中心悦服而修贡哉……凡天朝所遣官，乞易为引进使，庶免达鲁花赤之弊，不但微臣之幸，实一国苍生之幸也。②

二　"六事"之制的重提与落实

对于安南的上述请求，元朝明确拒绝。实际上，在此之前，随着元朝对南宋战争的节节胜利，元世祖对安南的态度已经越发强硬，由宽容变为严苛。至元十二年正月，"安南国使者还，敕以旧制籍户、设达鲁花赤、签军、立站、输租及岁贡等事谕之"。二月，"诏安南国王陈光昞，仍以旧制六事谕之，趣其来朝"。③ 这道诏书的主要内容如下：

---

① 引文俱见《元史》卷二〇九《安南传》，第 4635~4636 页。关于安南向元朝贡象，参阅王颋《马可波罗所记大汗乘象史实补释》，《元史论丛》第 8 辑，江西教育出版社，2001，第 24~32 页。
② 《元史》卷二〇九《安南传》，第 4637~4638 页。
③ 《元史》卷八《世祖纪五》，第 160、163 页。《元史》卷二〇九《安南传》的相关记载是："二月，复降诏，以所贡之物无补于用，谕以六事，且遣合撒儿海牙充达鲁花赤，仍令子弟入侍。"见第 4638 页。

祖宗定制，凡内外附之国，君长亲朝、子弟纳质、籍户口、输税赋、调民助兵，仍置达鲁花赤统治之。此六事，往年已谕卿矣。归附逾十五年，未尝躬自来觐，数事竟未举行。虽云三年一贡，所贡之物皆无补于用。谓卿久当自悟，遂略而不问，何为迄今犹未知省？故复遣合撒儿海牙往尔之国，谕卿来朝。倘有他故，必不果来，可令子弟入朝。此外，本国户口若未有定籍，输赋、调兵何由斟酌？苟尔民实少，或多取之，力将不及。今籍尔户口，盖欲量其多寡，以定兵赋之数，其所调兵，亦不令远适他所，止从云南戍兵相与协力。①

上引至元十二年正月、二月的两则史料，在"六事"上略有差异。前者有"立站""岁贡"而无"君长亲朝""子弟纳质"。当以诏书所记"六事"为准。

此前，尽管元朝要求安南行"六事"，但并未坚持，结果"归附逾十五年，未尝躬自来觐，数事竟未举行"。在二月这道诏书中，元朝再次明确提出臣附之国的"六事"义务，要求安南国王入朝并上报户籍。即便如此，元朝对安南履行"六事"仍留有余地，如"君长亲朝"可以通融，"倘有他故，必不果来，可令子弟入朝"。

至元十三年二月，陈太宗遣使入贡，"乞免六事"。次年，陈太宗去世，"国人立其世子日烜"，遣使来朝。② 至元十五年八月，元世祖派柴椿等使安南，"诏切责之，仍俾其来朝"。③ 诏书写道：

曩者尔国内附之初，凡有所请，皆赐允从。意谓事大之礼，久当

---

① 黎崱：《安南志略》卷二《大元诏制》，第 48 页。《大越史记全书》本纪卷五《陈纪》记载，至元十三年四月，"元世祖平江南，遣合散儿海牙来，谕以调民、助兵等六事。帝皆不咱〔听〕"。这里提到的时间，是元朝使者到达安南的时间。"合散儿海牙"即至元十二年世祖诏书中提到的合撒儿海牙。见《大越史记全书》第 283 页。

② 《元史》卷二〇九《安南传》，第 4638 页。按，陈日烜即陈圣宗，详见山本达郎《安南史研究Ⅰ：元明两朝的安南征略》，第 31 页。

③ 《元史》卷一〇《世祖纪七》，第 203 页。

自知，能举而行也。历年滋远，礼意浸薄，故于至元十二年复降诏旨，责以亲朝、助兵等事。顷黎克复等至，省所上表，藐涉诞妄……至谓地远不克入觐，黎克复等安能至哉？……向以尔父衰老，不任跋涉，犹云可也。今尔年方强壮，入朝受命，此正其时。况彼境土接我邕、钦，莫惮一来也。尔或不思安全，固拒朕命，则修尔城隍、缮尔兵甲以待。祸福转移之机，在此一举，宜审图之。①

　　同年十二月，柴椿到达安南，向陈圣宗传旨："汝国内附二十余年，向者六事犹未见从。汝若弗朝，则修尔城，整尔军，以待我师。""汝父受命为王，汝不请命而自立，今复不朝，异日朝廷加罪，将何以逃其责。请熟虑之。"面对元朝的要求，陈圣宗回应说："若亲朝之礼，予生长深宫，不习乘骑，不谙风土，恐死于道路。子弟、太尉以下，亦皆然。天使回，谨上表达诚，兼献异物。"柴椿反驳："宋主年未十岁，亦生长深宫，如何亦至京师？但诏旨之外，不敢闻命。且我四人实来召汝，非取物也。"②

　　面对元朝的威胁，陈圣宗像他的父亲一样，借口有病，拒绝赴元，"以疾不行。遣其大夫郑廷瓒、杜国计入贡"③。圣宗所进表章的主要内容是：

　　　　伏见诏书，谕以入朝，臣不胜惊惧。而举国生灵，博闻斯语，嗷嗷然失其永。盖缘臣生长越裳，秉气软弱，水土不谙，暑润不禁〔奈〕，虽（欲）观上国之光，充王庭之宾，恐道上有妨，徒暴白骨，致陛下仁心亦自哀伤之耳，而无益于天朝之万一也……陛下政善于周，仁深于汉，伏望陛下哀孤臣之单弱，怜小国之辽远，令臣得与鳏寡孤独，保其性命，以终事陛下。此孤臣之至幸，抑亦小国

①　黎崱：《安南志略》卷二《大元诏制》，第 48~49 页。
②　《元史》卷二〇九《安南传》，第 4639 页。
③　黎崱：《安南志略》卷一四《历代遣使·陈氏遣使》，第 333 页。"郑廷瓒"，《元史》记为郑国瓒。

生灵之大福也。①

　　柴椿此次出使，未能促使安南执行"六事"，特别是君主亲自入朝一项未予落实，可谓无功而返。

　　至元十六年三月，柴椿等回到京师，把安南使者郑国瓒留在邕州。枢密院提出应以武力施压，迫使安南就范："以日烜不朝，但遣使臣报命，饰辞托故，延引岁时，巧佞虽多，终违诏旨。可进兵境上，遣官问罪。"世祖允许安南使者入觐，随后扣留了正使郑国瓒。十一月，元朝又派柴椿等四人赴安南，再次要求陈圣宗来朝："若果不能自觐，则积金以代其身，两珠以代其目，副以贤士、方技、子女、工匠各二，以代其土民。不然，修尔城池，以待其审处焉。"②

　　面对元朝的要求，"世子以疾辞。柴公以理诘难之，世子惧。遣族叔陈遗爱代觐。上以世子有疾，封陈遗爱为安南国王"。③ 与陈遗爱一同出使元朝的黎目、黎荀也被元朝分别授以翰林学士、尚书之职。④

　　至元十八年十月，元世祖降诏安南，"以光昺既殁，其子日烜不请命而自立，遣使往召，又以疾为辞，止令其叔遗爱入觐，故立遗爱代为安南国王"。⑤ 此外，世祖还计划在安南设置宣慰司，以加强对安南的控制，"以北京路达鲁花赤孛颜帖木儿参知政事，行安南国宣慰使、都元帅，佩虎符。柴椿、忽哥儿副之"。⑥ 随后，元世祖调动新附军千人护送新册立

---

① 黎崱：《安南志略》卷六《表章》，第 133~134 页。节略文字见《元史》卷二〇九《安南传》，第 4639 页。
② 《元史》卷二〇九《安南传》，第 4639~4640 页。
③ 黎崱：《安南志略》卷三《大元奉使》，第 67 页。
④ 吴士连等：《大越史记全书》本纪卷五《陈纪》，第 288 页。
⑤ 《元史》卷二〇九《安南传》，第 4640 页。又见《元史》卷一一《世祖纪八》，第 234 页。
⑥ 《元史》卷一一《世祖纪八》，第 234 页。《元史·安南传》的相应记载是："十八年十月，立安南宣慰司，以卜颜铁木儿为参知政事、行宣慰使都元帅，别设僚佐有差。"见第 4640 页。关于此事，黎崱《安南志略》卷三《大元奉使》的记载有差异："至元十八年，加授柴椿行安南宣慰都元帅，李振副之，领兵送遗爱就国，命不眼帖木儿为达鲁花赤。"见第 67 页。本文以《元史》为准。

的安南国王陈遗爱回国。

元朝另立安南国王，武装护送其返国，遭到安南的抵制。被立为安南国王的陈遗爱对此并不积极配合。陈遗爱、柴椿等人"至永平界，国人弗纳。遗爱惧，夜先逃归"。① 关于陈遗爱回国后的结局，元朝和安南的记载不同。元朝方面记载陈遗爱被杀，"因彼叔父陈遗爱来，以安南事委之。至，则以为戕害"。② 元世祖的诏书责问陈圣宗："及命尔叔摄守彼疆，公然拒违，敢行专杀。"陈圣宗则在表文中辩解说："往者国叔遗爱的是境外逃亡，反诬指以为专杀。"③ 所谓"境外逃亡"当是谎言。根据越南官修史籍《大越史记全书》，陈遗爱并未逃亡境外，而是在回国之初就被安南拘捕惩处，至元十八年六月，"治判首陈隘（即陈遗爱——引者注）等罪，徙隘天长犒甲兵，黎苟徒宋兵"。④ 此后两国关系逐渐走向战争并爆发两次大战，元朝册立的安南国王若留在安南，始终是隐患，对安南最有利的做法就是找借口将陈遗爱处死。无论被杀、被徒，陈遗爱的政治生命都已结束。

如果说处置陈遗爱是安南的内部事务，那么，对待柴椿的方式则必须遵循外交规则。安南国王派大臣迎接柴椿等人。元朝使团携带的诏书是这样写的：

　　曩安南国陈（光昺，即日㬎更名）生存之日，尝以祖宗收抚诸

---

① 黎崱：《安南志略》卷三《大元奉使》，第67页。

② 黎崱：《安南志略》卷二《大元诏制》至元二十三年四月诏，第50页。又见同卷至元二十八年诏，第52页。并见《元史》卷二○九《安南传》，第4646页，元世祖指责安南国王"戕害叔父陈遗爱"。

③ 此处引用的元朝与安南的外交文书，收入元朝使臣徐明善所著《天南行记》。《天南行记》收入陶宗仪编《说郛》一百二十卷本，见卷五六。另以《安南行记》为题，收入《说郛》一百卷本，见卷五一。这两种《说郛》都编入上海古籍出版社1990年出版的《说郛三种》，分见第5册，第2603~2607页；第2册，第812~814页。其底本分别是明刻宛委山堂本、上海商务印书馆据明抄本排印本（又称涵芬楼百卷本）。本文的引文主要据一百二十卷本《说郛》的《天南行记》，个别文字据一百卷本《说郛》的《安南行记》校改。此处引文见《说郛三种》第5册，第2604页上栏、第2605页上栏。

④ 吴士连等：《大越史记全书》本纪卷五《陈纪》，第289页。

蛮旧例六事谕之，彼未尝奉行。既殁，其子又不请命而自立，遣使远召，托故不至。今又以疾为辞，故违朕命，止令其叔父遗爱入觐。即欲兴师致讨，缘尔内附入贡有年矣，其可效尔无知之人，枉害众命！尔既称疾不朝，今听汝以医药自持，故立汝之叔父遗爱，代汝为安南国王，抚治尔众。境内官吏士庶，其各安生业，毋自惊惧。其或与汝百姓辄有异图，大兵深入，戕害性命，无或怨怼，实乃与汝百姓之咎。右谕安南宗族、官吏。①

事实上，安南不但拒绝承认陈遗爱的国王地位，而且果断处置了陈遗爱。元朝强行扶立傀儡的计划落空，开始采用恐吓和军事手段来解决安南问题。

元朝的军事打击最初不是正面攻伐，而是以出兵安南南方邻国占城为借口，向安南借道。实则试图假途灭虢，先欺骗安南，当深入安南国境后再发起攻击。降元的安南官员黎崱在他编著的《安南志略》中记载："至元二十年，以世子累召不朝，上未忍加兵，命荆湖占城等处中书省谕安南假道，助右丞唆都征占城之役。仍令鄂州路达鲁花赤赵翥往谕之。世子不听。"②

三 聚焦"一事"的斗争

安南根本不信任元朝，积极备战。③ 至元二十一年十二月，元世祖之子镇南王脱欢率军从湖广行省南下攻入安南，大将唆都从占城北上，对安南形成南北夹击之势。安南一些地位显赫的贵族投降了元朝，包括陈圣宗的兄弟陈益稷、贵族陈秀嵲等，安南一度有政权倾覆的危险。不过，经过

① 黎崱：《安南志略》卷二《大元诏制》，第 49～50 页。（）内有补充文字，原文如此。
② 黎崱：《安南志略》卷三《大元奉使》，第 67 页。
③ 吴士连等：《大越史记全书》本纪卷五《陈纪》，第 289 页。

顽强抗战,安南最终赢得了胜利。①

元世祖不能接受这次战败,很快准备发动新的进攻。至元二十三年二月,命荆湖占城行省组织江浙、湖广、江西三个行省军队六万余人攻打安南。② 这年四月元世祖给安南国王和官吏百姓的诏书中写道:

> 曩以尔国陈,既称臣服,岁输贡献,而不躬亲入朝,因彼叔父陈遗爱来,以安南事委之,至则已为戕害,所遣达鲁花赤不眼帖木儿又却之弗纳,至于出师占城,宜相馈饷,而略不供给,以致镇南王脱欢、行省阿里海牙进兵。彼兵交之际,互有杀伤。今因尔国近亲陈益稷、陈秀嵘虑宗国覆灭,殃及无辜,屡劝尔来庭,终不见从,自投来归。朕悯其忠孝,特封陈益稷为安南国王,陈秀嵘为辅义公,以奉陈祀。申命镇南王脱欢、平章政事奥鲁赤,兴兵平定其国。前此罪戾,止于尔之身,吏民无有所预。诏书到日,其各复归田里,安生乐业。故兹诏示。右谕安南国官吏、百姓。③

元世祖的意图非常明确,以镇南王脱欢为首,统兵征服安南,用武力扶植陈益稷为安南统治者。与上引至元十八年诏书相同,这道诏书预想的接受对象既有安南国王,也包括安南的官吏、百姓。

至元二十四年十一月,脱欢统军进攻安南,再次惨败而归。④ 安南虽然又一次取得了胜利,但两国力量悬殊,因此迅速采取措施,向元朝示好。

至元二十五年三月,陈圣宗"遣使来谢,进金人代己罪"。⑤ 此外,

① 详见山本达郎《安南史研究Ⅰ:元明两朝的安南征略》,第 118~159 页。
② 《元史》卷一四《世祖纪十一》,第 287 页。
③ 黎崱:《安南志略》卷二《大元诏制》,第 50~51 页。诏书内容在《元史·安南传》中有摘要:"诏谕安南官吏百姓,数日烜罪恶,言其戕害叔父陈遗爱,及弗纳达鲁花赤不颜铁木儿等事。以陈益稷等自拔来归,封益稷为安南国王,赐符印,秀嵘为辅义公,以奉陈祀。"参见《元史》第 4646 页。
④ 详见山本达郎《安南史研究Ⅰ:元明两朝的安南征略》,第 170~200 页。
⑤ 《元史》卷一五《世祖纪十二》,第 310 页。

还送回被俘的蒙哥汗之子、元世祖之侄昔里吉大王。这年四月，陈圣宗向
元朝所上的表文写道：

> 微臣父子，归顺天朝三十有余年矣……纳贡方物，使臣进献，岁
> 月未曾欠缺……微臣谨具行路礼物，差人前就界首，迎送（昔戾机）
> 大王归国。伏望陛下德配乾坤，恩过父母，智可以烛幽显，辨可以识
> 情伪，愿垂矜察，曲加宽宥，庶令微臣免于罪戾。①

至元二十五年十一月，元朝命李思衍为礼部侍郎，充国信使，以万奴
为兵部郎中，任副使，同往安南，诏谕陈日烜亲身入朝，否则必再加兵。
元世祖给安南的诏书措辞严厉：

> 朕君临万邦，诲威并用，岂于尔国，独忍加兵？盖自混一以来，
> 屡讲会同之礼。尔名为向化，实未造朝，累示征书，辄辞以疾。及命
> 尔叔摄守彼疆，公然拒违，敢行专杀。至若阿里海牙占城之役，就尔
> 假途，俾之缮治津梁，飞挽刍粟，不惟失信，乃复抗师。此而不征，
> 王宪何在？民残国破，实自取之。今尔表称伏辜，似已知悔。据来人
> 代奏，谓尔自责者三……若蒙赦宥，当遣质子、进美姬，且岁贡方
> 物。凡兹缪敬，将焉用此？若使果出诚悃，何不来此面陈？安有闻遣
> 将则惟事遁逃，见班师则声言入贡？以此奉上，情伪可知。尔试思：
> 与其岭海偷生，日虞兵至，曷若阙庭皈命，被宠荣迁？二策之间，孰
> 得孰失？尔今一念迷悟，系彼一方存亡……尔能趣装一来，足明臣
> 节，朕当悉宥前过，复尔旧封。或更迟疑，决难但已，宜修尔城郭，
> 砺尔甲兵，听尔所为，候朕此举。尔尝臣事亡宋，自度气力何如？合
> 早知机，无贻后悔。②

---

① 徐明善：《天南行记》，陶宗仪等编《说郛三种》第 5 册，第 2603 页。
② 徐明善：《天南行记》，陶宗仪等编《说郛三种》第 5 册，第 2604 页。需要注意的
　是，黎崱《安南志略》卷二《大元诏制》也收录了这篇诏书，但错漏甚多，见其
　书第 51～52 页。

对于元朝的要求，安南国王的表文是这样回复的：

> 至于趣装一来，一同来见，微臣神魂俱丧，心胆如摧，所谓乐未及而悲来，喜未终而惧至也。微臣僻处海隅，久婴病疾，道途辽远，水土艰难，虽命由天数之所付，而死乃人情之最怕。加以大军屡伐，杀伐尤多，兄弟无良，构谗不少。往者国叔遗爱的是境外逃亡，反诬指以为专杀。继而仲弟益稷将使者军前投拜，乃先去以为己功。又况来人代奏，辄为讹言。微臣十死殆无一生……倘蒙宽宥，曲赐矜察，谅亦明见微臣怕死贪生之意，除外别无敢行悖逆事也……伏望陛下山海包含，污垢藏纳，毓其目明，扩其耳聪，一一宽宥，置之度外。①

至元二十六年三月，陈圣宗派使者携带丰厚的贡物献给元世祖和皇后。在"进方物状"中，圣宗再次为自己不能亲自入朝辩解，"微臣久婴疾病，惧罪，谨具菲物"，差陪臣进献。②

陈圣宗体弱多病，担心死于道途，是他拒绝入朝觐见的原因之一。但遭谗言构陷、被元朝扣留不归的疑虑，也应是始终存在的。

至元二十七年五月陈圣宗去世，其子陈日燇继位，即陈仁宗。八月，"使吴廷介讣于元"。③ 世祖一再要求安南国王亲自来朝，而安南始终拒绝，这对世祖来说是一种难以忍受的冒犯，他计划对安南发动新的战争。对此，安南统治者是了解的。至元二十八年九月，陈仁宗遣使上表贡方物，且谢不朝之罪。④

同年，元世祖命礼部尚书张立道、兵部郎中不眼帖木儿赴安南，谕陈

---

① 徐明善：《天南行记》，陶宗仪等编《说郛三种》第 5 册，第 2605～2606 页。此表的写作，当在至元二十六年三月二日至六日间。

② 徐明善：《天南行记》，陶宗仪等编《说郛三种》第 5 册，第 2606 页。

③ 吴士连等：《大越史记全书》本纪卷五《陈纪》，第 304 页。

④ 《元史》卷一六《世祖纪十三》，第 350 页。此处记为安南王陈日烜，误，当为陈仁宗日燇。

仁宗入见。诏书的核心要求是安南国王亲自来朝：

> 祖宗立法，凡诸国归附，亲来朝者，俾人民安堵如故；抗拒不服
> 者，无不殄灭。汝所具知。故遣使召汝父来庭，竟不听命，止令其叔
> 父入觐。以其不庭，遂封其叔父，遣不眼帖木儿同往。汝父杀其叔，
> 逐我使，以致兴师问罪……汝能亲赴阙庭，其王爵符印，朕所不惜，
> 土地人民，庶永保之。①

元朝使团此行的首要任务是敦促即位不久的陈仁宗入元朝见，因此，
正使张立道致书陈仁宗，力劝其行：

> 古之诸侯，或朝觐于京师，或会同于邦岳。因军旅之事，逾时越
> 境，不以为难。子何惮山高水阔之劳，而成祸结兵连之衅？正所谓差
> 之毫厘，失之千里者也。今之急务，在于悔过自新，趋朝谢罪。圣天
> 子为万邦之君，并尧舜之德，焉肯食言？必赦小过而加大恩。安南永
> 享千年之国，犹子与父母之相亲乐。计无以加于此者。②

至元二十九年，陈仁宗上表，请求元朝免其入朝。表文中说：

> 臣生长遐陬，水土不服，寒暑不谙。小国诸使往来，为瘴死者六
> 七。设不能自量，徒死于道路，终无益于事。且小国一蛮夷尔，风俗
> 浇恶，一日生离，昆弟不能相容。圣天子育物为心，字孤为念，小国
> 之臣尚不忍遗，况臣之祖父世世事君，而遽一日忍使骸骨暴露，社稷
> 丘墟者乎！夫世之人，苟有得面圣者，在佛书云为生大福，儒书云千
> 载一遇。臣岂不欲观上国，躬沐圣恩，而遽乃违命，以速祸者哉！天
> 日在上，诚以常情贪生畏死。臣去天辽远，得罪一隅。其庇护宽容

---

① 黎崱：《安南志略》卷二《大元诏制》，第52页。
② 黎崱：《安南志略》卷五《大元名臣往复书问》，第106~107页。

者，恃有陛下……伏惟陛下哀此茕独，念其困穷，察微臣之苦衷，原微臣之重罪。俾微臣得以苟延残喘，以竭事天之诚；百姓各保性命，以享好生之德。①

在表文中，陈仁宗详细讲述了他不能亲自入朝的原因。此外，父亲新丧也成为他拒绝入朝的理由，"以父丧，遣其令公阮代乏来贡"②。

四　督促"君长亲朝"的最后努力与朝贡制的复归

至元二十九年六月，张立道等人返回元朝。九月，元世祖派湖南道宣慰副使梁曾、翰林国史院编修官陈孚同使安南，再次诏谕陈仁宗，"使亲入朝"③。诏书斥责陈仁宗：

今汝国罪愆，既已自陈，朕复何言？若曰孤子在制，及畏死道路，不敢来朝，且有生之类，宁有长久安全者乎？天下亦复有不死之地乎？朕所示谕，汝当具闻，徒以虚文岁币，巧饰见欺，于义安在？④

为了达到"国王亲朝"的目的，梁曾、陈孚在到达安南之后，多次写信力劝陈仁宗。至元三十年二月二十日两人的信文这样劝说：

君臣之尊卑，天下之大经也。安南亦既知之，数世以来，修贡弗缺，可嘉也已。然事上以实不以文，若不束身入朝，徒恃区区之币，

① 黎崱：《安南志略》卷六《表章》，第 136~137 页。
② 黎崱：《安南志略》卷三《大元奉使》，第 67 页；吴士连《大越史记全书》本纪卷五《陈纪》记载，"至元二十八年，元遣礼部尚书张立道谕帝入觐。明年遣阮代乏往，辞以表"。见第 305 页。
③ 《元史》卷一七《世祖纪十四》，第 366 页。
④ 黎崱：《安南志略》卷二《大元诏制》，第 53 页。

迁延粉饰，求保其国，是以豚蹄斗酒祈污邪瓯窭之满，不亦难乎？……惟远考三代、两汉征伐胜败之验，近鉴宋之所以亡、高丽之所以存，上遵天子之诏，下察行人之辞，绝去多疑，一以诚敬。乘此自新之路，趋造于朝，瞻觐天威，剖符而还，以莫南服，则带砺山河，永垂苗裔，令闻长世，辉耀竹帛，将自兹始。男耕妇织，桴鼓晏然，无复昔之惊窜骇伏，越在草莽。岂惟宗祧之庆？诸大夫、国人实嘉赖之。①

梁曾、陈孚不仅晓以利害，还描绘了仁宗亲自入朝将会出现的远景。不过，仁宗明确予以拒绝，他在回书中说：

孤臣事天朝，自祖至今，三十余年，岁贡不绝。虽两遭兵火，终始一心。所得罪者，独不能造朝耳。孤岂不知礼有"君命召，不俟驾"，然其如常情贪生畏死何？鸟高飞，鱼深逝，犹且惟生是怀，况人乎？若夫天下无不死之地，古今无不死之人，达此理者，惟有佛也，人谁能之？敝邑之去天朝，间关万里，相公谅已备知。设若孤以区区弱质，强为是行，其不死亡于道路者鲜矣。孤之死亡，固不足恤，得不伤乎圣朝爱人及物之仁也乎？②

仁宗的回信引经据典，而且将逼迫他入朝的元朝置于"伤乎圣朝爱人及物"的不仁境地。这样一来，梁曾、陈孚必须反驳，以扭转元朝在道义上的不利地位。二月二十一日他们的回书首先强调仁宗入朝的必要性：

---

① 陈孚：《元奉使与安南国往复书》，收入陈孚《陈刚中诗集·附录》，明天顺四年（1460）沈琮刻本，中国国家图书馆藏，善本书号 09078。引文见《附录》，第 8a~b 页。另外，《全元文》据文渊阁四库全书本《陈刚中诗集》也收录了这些书信，引文见《全元文》第 20 册，江苏古籍出版社，2000，第 566 页。
② 陈孚：《元奉使与安南国往复书》所附安南国王复信，明天顺刻本《陈刚中诗集·附录》，第 8b~9a 页；《全元文》第 20 册，第 567 页。

身亲入朝，臣子之职分也。……夫死生有命，大期将至，不出户庭死矣，岂独道途之远能死人哉？如其未也，惠徼天子之福，道途虽远，又何患焉？且以民人为念，而惮一己之跋涉，不思有以济之，非善于谋国者也。事固有一劳而可以永逸者。今趣严入朝，计道途往来，不过一岁。而永守其国，安若磐石，此策之上者也。①

在这封信中，梁、陈两位使者还谈到了"子弟入质"的问题。他们似乎在暗示，如果仁宗不能亲朝的话，至少要考虑派遣王室子弟入元为人质：

子者，身之贰也。昔南越在汉，曾遣子婴齐入觐矣，旋踵而还，绍父之绪，为贤诸侯。盖生于遐方，而见中华衣冠礼乐之盛，所益多矣。今闻世子之长子年几弱冠，与其居于深宫，长于妇人之手，孰若使之跃马万里，观上国光乎？尝读世子所上表，有曰："人有得面圣者，为千载一遇。"善哉言乎！夫身所以未往者，以国不可以无主故也。至于子，则又何辞焉？且人之有子，将以干父之蛊也。国有大事，身既未往，惟子可以代之。不以子代之，区区一介陪臣，可以回圣天子之意乎？否也。人孰不爱其子？世子思国之大事，则不可以姑息为爱。能遣其子亲诣阙下……祈哀请罪，天其或矜，朝廷从而矜之。必因其子，以封其父，亦必不使其子久淹恤在外。毕事反命，父子皆受宠荣而国定矣。此其次也。若夫奉琛饰币，从事虚文之末，不以骨肉近臣，而使异姓之卿备员以往，是欺天也。②

然而，陈仁宗对梁曾、陈孚的这个遣子以代的建议并不认同。他的回信首先表示，已经不想再就"亲朝"问题做更多的辩解，"如造朝一节，

---

① 陈孚：《元奉使与安南国往复书》，明天顺刻本《陈刚中诗集·附录》，第 10a～b 页；《全元文》第 20 册，第 568 页。
② 陈孚：《元奉使与安南国往复书》，明天顺刻本《陈刚中诗集·附录》，第 10b～11a 页；《全元文》第 20 册，第 568 页。

孤伏其辜矣。盖恃圣朝如天之仁，故每每陈情哀请。相公谅已知之，兹不复赘"，其厌烦不满的情绪已见于言表。接下来，他明确回绝了王子入质的建议：

> 且如入朝，臣子之荣事也。孤岂不欲以子往？奈其口尚乳臭，筋骨未壮，不习鞍马，不惯风霜，将如道路何？孤年逾而立，尚虑不保此身，况小子乎？若其视之以婴齐故事，则是又重孤之罪也。①

元朝使臣的信中以南越王婴齐（卒于公元前 113 年）为例，劝说安南国王以王子入质，举例并不恰当。南越质子婴齐回国继位后，一直拒绝朝见汉武帝。而且，他废长立幼，造成南越国内部的深刻矛盾，南越之亡与他不无关系。② 以婴齐为例，反映出元朝使臣思虑欠周。陈仁宗信中所说"若其视之以婴齐故事，则是又重孤之罪也"显然是有感而发。在这封信的最后，陈仁宗提出了安南可以接受的方案——派遣大臣朝见元世祖：

> 窃惟孤之身既不能造朝，孤之子又不能入朝，举国惊惶，莫知所措。惟有尽其心力，托其性命，强遣一介心腹老臣，代诣天阙陈罪。今相公所谕，且有骨肉、近臣之语，孤未审何若人。抑兄弟耶？抑宗族耶？抑心腹老臣耶？孤不肖，皇天不恤，凡兄弟、宗族皆无知之人，不通古今，不达时事。设以一人强为此行，不惟获罪于天朝，抑又恐贻祸于小国往辈是也。相公岂不知之？孤以为兄弟、宗族，名虽至亲，或为仇雠；心腹老臣，名虽人臣，实则父子。孤未审相公之意，将用名耶，用实耶？苟欲用虚名而不用实，不惟孤自负不能尽情

---

① 陈孚《元奉使与安南国往复书》所附安南国王复信，明天顺刻本《陈刚中诗集·附录》，第 11b~12a 页；《全元文》第 20 册，第 569 页。
② 司马迁：《史记》卷一一三《南越传》，中华书局，1982，第 2971~2972 页。

之罪，而相公亦有弃实取虚之累也。①

　　尽管梁曾、陈孚数次写信，从多个方面陈述利害，可陈仁宗始终找种种理由拒绝。作为对元朝诏书的正式答复，仁宗向元世祖上表，讲述不能亲朝的理由。表文写道：

　　　　跪读天诏……中国〔间〕谕以"有生之类，宁有长久安全者乎？天下有不死之地乎？"臣与一国生灵，惊惧失望，莫知所措。臣固知古今无不死之人、天下无不死之地，而所恃者有好生之天。圣天子以天为心，恤孤字小，一视同仁，则小国可以长久，可以安全，可以不死。否则，何往而非死地也。天诏又曰："徒以岁币虚文，巧饰见欺，于义安在？"臣伏读至此，精神遐漂，肝胆堕落，虽生若死，虽存若亡。臣此身不幸莫大，既不能生于天子之朝，又不能造于天子之庭，其所以表诚者，在乎土宜而已。臣岂不知圣朝天覆地载，梯航万方，奇货珍宝，靡所不有，何以臣小国进献为哉。然臣犹不顾其罪，而复为是冒昧者，诚为事君之义不可废也。在天诏虽以为于义安在，在臣下安敢废职耶。伏望皇帝陛下父母其心，乾坤其量，包荒含秽，曲赐矜存。②

　　除这道表文外，仁宗还向年届八十的元世祖上了一道贺寿表，即所谓"万寿颂"。他"谨斋沐，亲自撰写万寿颂一章，填以金册，封以金函，差陪臣陶子奇等奉表称贺以闻"。③ 表文极尽歌功颂德之能事，旨在取悦世祖，避免或拖延第三次战争的爆发。

　　从实际效果判断，梁曾使团的出使完全失败。

　　元世祖无法接受对安南的两次战败，安南国王柔中带刚的政治姿态、

① 陈孚：《元奉使与安南国往复书》所附安南国王复信，明天顺刻本《陈刚中诗集·附录》，第 13a~b 页；《全元文》第 20 册，第 570 页。
② 黎崱：《安南志略》卷六《表章》，第 140~141 页。
③ 黎崱：《安南志略》卷六《表章》，第 145 页。

拒绝执行"六事"命令的坚定立场，更激起元世祖的憎恶。他决定对安南发动新的战争。至元三十年八月，梁曾、陈孚带安南贡使陶子奇、梁文藻等回到元朝。① "廷臣以日燇终不入朝，又议征之。遂拘留子奇于江陵，命刘国杰与诸侯王亦里吉〔吉里〕觪等同征安南，敕至鄂州与陈益稷议。"八月，立湖广安南行省，"市蜑船百斛者千艘，用军五万六千五百七十人、粮三十五万石、马料二万石、盐二十一万斤，预给军官俸，津遣军人水手人钞二锭，器仗凡七十余万事。国杰设幕官十一人，水陆分道并进。又以江西行枢密院副使彻里蛮为右丞，从征安南，陈岩、赵修己、云从龙、张文虎、岑雄等亦令共事。益稷随军至长沙"。② 十二月，世祖"遣使督思、播二州及镇远、黄平，发宋旧军八千人，从征安南"。③ 一场大战即将打响。

至元三十一年正月，元世祖病逝。这为安南问题的解决提供了新的可能。事实上，世祖去世标志着元朝与安南的关系进入第三阶段。其主要特征是元朝彻底放弃了对安南的"六事"要求，基本上承认安南的独立地位，安南所需要履行的基本义务只是"三年一贡"。

至元三十一年四月，成宗即位，五月"命罢征。遣陶子奇归国。日燇遣使上表慰国哀，并献方物。六月，遣礼部侍郎李衎、兵部郎中萧泰登持诏往抚绥之"。④ 诏书内容如下：

> 先皇帝新弃天下，朕嗣奉大统。践祚之始，大肆赦宥，恩沛所及，无内外远迩之间。惟尔安南，亦从宽贷。已敕有司罢兵，陪臣陶子奇即与放还。兹命礼部侍郎李衍〔衎〕、兵部郎中萧泰登，赍诏往

---

① 《元史》卷一七《世祖纪十四》，第 373 页。
② 《元史》卷二〇九《安南传》，第 4650 页。标点有改动。同时又见《元史》卷一七《世祖纪十四》至元三十年七月，命刘国杰从诸王亦吉里台督诸军征交趾，第 373 页。吴士连《大越史记全书》本纪卷五《陈纪》记载，元朝立安南行省，以平章事刘二拔都（即刘国杰）等总兵，屯静江，候征进。参见第 307 页。
③ 《元史》卷一七《世祖纪十四》，第 375 页。
④ 《元史》卷二〇九《安南传》，第 4650 页。

谕。自今以往，所以畏天事大者，其审思之。故兹诏示，念宜知悉。①

诏书未提"六事"，甚至没有重申其中的部分要求，特别是元世祖一直执着要求并不惜发动战争的"君长亲朝"之事。实际上，安南对元朝臣服的义务，重归于原来的"三年一贡"。这一原则在大德五年（1301）被再次确认。这一年，元朝遣尚书麻合麻、兵部侍郎乔宗亮赍诏谕安南，依前三岁一贡。②

此后，除了偶尔出现的边界、边民纠纷外，这种状态一直持续到元朝灭亡。

中统元年、至元十五年、至元三十一年是元朝对安南政策发生变化的重要年份，在双方的外交文书中，政策转变及其影响有清晰的体现。

结　论

外交文书显示，蒙古在最初的征服活动中，逐渐对臣服的国家提出全面要求，"六事"之制是其集中体现。在处理对外关系时，这一原则并非不可改变，统治者会根据具体的时机与条件，对"六事"做适当调整。由于统治趋于稳固以及灭宋后国力增强，元朝的外交策略有较大转变。灭宋后，元世祖对外征服的计划在东、南两个主要方向上继续展开，对原来臣服的国家提出更严苛的要求。这是要求安南行"六事"的历史背景。忽必烈固执地要求安南履行"六事"之责，尤其是坚持安南国王亲自入朝。这一要求始终被安南拒绝。为了尊严，元世祖直到去世都没有放弃通过战争迫使安南屈服的执念。这就使元朝对安南的战略调整走入困境，直到世祖去世后元朝才有调整策略的可能。

---

① 黎崱：《安南志略》卷二《大元诏制》，第 53 页。《元史·安南传》也收录了这篇诏书的大部分文字，文字稍有差异，见第 4650 页。
② 黎崱：《安南志略》卷三《大元奉使》，第 76 页。

　　安南国王对元朝的"六事"要求总是找各种理由加以拒绝，未履行"六事"所规定的绝大部分要求。这在两国的外交文书中有反复博弈，双方争论的焦点在"君长亲朝"上。综合本文征引的资料分析，安南国王拒绝入朝的原因有以下几个方面：路途遥远，担心中途生病甚至亡殁；惧怕被元朝扣留，不能回国；往返耗时长久，忧虑国内政情变化，失去政权。安南国王被元朝扣留不能返国的畏惧心理在"甲申之战"击败元军后应更为严重。其最终结果是，在获得了两次战争的胜利之后，安南国王始终没有亲自入觐元世祖，甚至连派王室子弟入质也未执行。不仅如此，原来由元朝委派驻在安南的达鲁花赤也完全废罢。安南对元朝的态度和策略，体现了蒙古帝国时代力量相对弱小国家的一种独特的生存之道。

　　相对于元朝，安南虽然国力弱小，但是充分利用各种有利条件，赢得了两次战争的胜利。据两国外交文书的具体内容可知：在外交方面，安南以守为攻，对元朝的各项要求，在文书中常以绵里藏针的方式进行抵制和批评。文书的内容和表达方式说明，安南文臣的汉文修养和写作技巧很高，既不失臣服之国的恭谨，又不退让屈从，能够引经据典、据理力争。

　　研究元朝与安南的外交文书，可以增进我们对 13 世纪后期两国关系和政治文化的了解。

明代前中期"补本覆奏"制度补考[*]

申　斌[**]

摘　要　覆奏在唐宋时期指将已经作出的决策再次向皇帝汇报、请求确认的文书环节，但在明代主要指有关衙门将对皇帝旨意传达、处理的结果向皇帝汇报的反馈环节，而作为确认功能的覆奏主要集中在针对皇帝特旨的补本覆奏上。随着不同朝代皇帝、宦官、文官三者的关系变化，补本覆奏制度及其实践屡有变化，反映出明代中枢决策的某些特点。

关键词　传奉圣旨　补本覆奏　文书传递　明代

在明代，覆奏指皇帝旨意下发后，有关衙门对其传达、处理情况进行汇报的行为，是一个信息反馈环节。李福君对此已有专门论述，她指出，覆奏中有一种特殊情况，即对中旨等未经正常渠道下达的文书，需要补本覆奏。[①]　关于明代中旨及宦官在文书运作中的作用，学界已经有不

---

* 本文撰写缘起于清华大学阿风教授主持的《吏文》读书班和工作坊，读书班成员多有赐教，修改过程中得中山大学时坚副研究员、南开大学马子木副教授的批评指正，并承暨南大学陈新元讲师、山东大学曹金成副研究员、中国政法大学张一弛讲师指点元代和清代相关情况，一并谨致谢忱。

** 申斌，广东省社会科学院历史与孙中山研究所副研究员。

① 李福君：《明代皇帝文书研究》，南开大学出版社，2015，第187~192页。

少研究,① 但对与之相对应的补本覆奏,则仅止于附带提及。笔者在阅读古代朝鲜《吏文》时注意到"补本覆奏"一词,并对《吏文辑览》将"补本覆奏"解释为"谓补粘于奏本而再奏也"② 的说法产生疑问,故此搜集史料,汇为一编,对其变迁做一粗浅梳理,希望能为进一步专门研究提供一些资料线索。

一 《明史》《明会典》所见覆奏的两种情况

检索《明史》及正德、万历两部《大明会典》,我们可将其中覆奏一词的使用分为两种情况。

第一种,对皇帝下达的命令在执行前进行再次确认。洪武二十六年《诸司职掌》载通政使司"职专出纳帝命",具体为"凡有帝命,必当详审,覆奏允当,然后施行",③ 正德、万历《大明会典》均因袭之。④《明史·职官志》记述通政使司职掌时虽未出现覆奏一词,但所载洪武十年置通政使司时圣谕称"当执奏者勿忌避",⑤ 可知覆奏是洪武时通政使司的职责。《明史》所记六科职掌中有"凡制敕宣行,大事覆奏,小事署而颁之"⑥ 的说法,但《大明会典》中有具体规定的,只有刑科需要对皇帝

---

① 胡丹:《明代宦官制度研究》,浙江大学出版社,2018,第 66~92 页;陈时龙:《明代诏令的类型及举例》,《明史研究论丛》第 8 辑,紫禁城出版社,2010,第 130~151 页;马子木:《明代手敕考》,《历史档案》2021 年第 4 期;王晓明:《明代中旨研究》,硕士学位论文,陕西师范大学,2019。
② 前间恭作遗稿、末松保和编纂『訓讀吏文 吏文輯覽附』卷四、極東書店、1962、366 頁。《吏文》是朝鲜王朝承文院在 15 世纪后期为便于官员学习公文而编写的教科书,收录了 1370~1476 年明朝与高丽王朝、朝鲜王朝的外交文书及明朝内部文书。1539 年崔世珍奉命作《吏文辑览》,以解释《吏文》中繁难词语。参见金暎绿《朝鲜初期对明外交文书集〈吏文〉研究》,《明史研究论丛》第 11 辑,故宫出版社,2013,第 229~236 页。
③ 《皇明制书·诸司职掌》,杨一凡点校,社会科学文献出版社,2013,第 654 页。
④ 正德《大明会典》卷一六七《通政使司》,日本汲古书院影印本,1989,第 3 册,第 445 页;万历《大明会典》卷二一二《通政使司》,台北:新文丰出版公司,1976,第 2881 页。
⑤ 《明史》卷七三,中华书局,1974,第 1781 页。
⑥ 《明史》卷七四《职官志》,第 1805 页。

下达的死刑命令三覆奏这一件事。① 并特别强调，对宦官传奉的圣旨，在执行前进行确认。兵部武选"凡除授出自中旨者，必覆奏，然后行之"。② 光禄寺"传奉宣索，籍记而覆奏之"。③ 六科对"内官传旨，必覆奏，复得旨而后行"。④

第二种，对皇帝命令的执行情况进行汇报。最常见的是皇帝对题奏本章批下"该部议覆"圣旨后，有关部门、官员商议后"覆奏"。这一种情况，属于本文要讨论的"补本覆奏"。

根据政令形成的起点，可以把明代中枢决策流程分为两类，即因"臣下所奏"而起和因"朝廷所降"而起。⑤ "臣下所奏"的一般行政决策流程是：臣工奏事，皇帝降旨命有关衙门"议覆"即会议给出意见回报，有关衙门覆奏后，皇帝再次降旨给出最终决定。而"朝廷所降"的流程则是皇帝直接颁降圣旨。这两类情况下皇帝均会降旨，但当时对两类旨意是有所区分的。洪武六年定设给事中官制时，规定给事中"看详诸司奏本及日录旨意等事，凡省府及诸司奏事，给事中各随所掌，于殿庭左右执笔纪录，具批旨意可否于奏本之后，仍于文簿内注写本日给事中某钦记相同，以防壅遏欺蔽之弊。如有特旨，皆纂录，付外施行"。⑥ 这则材料将对"诸司奏本"进行批答的"旨意"与"特旨"对举。那么，什么是特旨？隆庆元年工科左给事中吴时来解释说："夫传奉者，特旨也，以其无前事而由中出者也。"⑦ "无前事而由中出"，即政令起于皇帝命令而非廷臣上奏，是特旨的内涵，而传奉则是颁布特旨的一种形式。这种情况下的覆奏属于"补本覆奏"。但"补本覆奏"并非仅针对内官传旨的一种

---

① 正德《大明会典》卷一六七《刑科》，第 3 册，第 454 页

② 《明史》卷七二《职官志》，第 1752 页。

③ 《明史》卷七二《职官志》，第 1798 页。

④ 《明史》卷七四《职官志》，第 1806 页。

⑤ 《大明会典》的《弘治间凡例》将明代事例按照来源分为"朝廷所降"和"臣下所奏"，此处借用之。

⑥ 《明太祖实录》卷八〇，洪武六年三月乙巳条，第 1450 页。

⑦ 张卤辑《皇明嘉隆疏抄》卷一，吴时来：《保泰九札》，《四库全书存目丛书》史部第 72 册，齐鲁书社，1996，第 335 页。

文书处理制度。下面就结合其他相关史料，对此制度在明前中期的变迁做简单梳理。

二　钦奉圣旨与传奉圣旨：明初四朝补本覆奏的两种情况

明初，"无前事而由中出"的特旨有两种形式，一是奉天门御门听政时面奉圣旨，① 二是通过内官等代为传宣圣旨。明初洪武、建文、永乐、洪熙四朝的补本覆奏，似主要用于针对早朝时所奉圣旨，也包括确认宦官向外廷衙门传达的圣旨以及一些宫廷内部日常开支事务。

这一时期，关于外朝政务的补本覆奏，主要针对御门听政时的"钦奉圣旨"。《吏文》五三《禁约贩卖番货》就是一例。洪武三十五年（实为建文四年）十一月初一日早，礼部左侍郎宋礼同刑科都给事中周璟等官于奉天门钦奉圣旨后，礼部的后续处理是"除覆奏外，今将圣旨事意，备榜条陈，前去张挂"。② 虽然其中没有明言"补本"，但从上下文可知属于针对"无前事而由中出"的特旨的覆奏。嘉靖时期编纂的《南雍志》记载了永乐三年的一个事例，其中明确出现了补本覆奏一语：礼部侍郎早朝时于奉天门钦奉圣旨，"将钦奉圣旨事意并学规备榜完备外，今照前事系干钦奉申明学规事理，拟合通行，补本覆奏"。③ 洪熙元年四月初二日，兵部尚书兼华盖殿大学士杨士奇奉天门口头奏事（"口奏"），得到皇帝圣旨"你取去养着"。这件事的起点虽然并非皇帝径直传旨，而是臣下奏事，但奏事形式不是文书而是口头，且可推知皇帝御门听政时所降圣旨亦为口谕，故此后续文书流程就是杨士奇"补本覆奏"。④

---

① 万历《大明会典》卷四四《礼部二》。关于明代的御门听政情况，可参见高橋亨「明代中国成化年間の『早朝』」東北史学会『歷史』2014 年 10 月、1～32 頁。

② 前間恭作遺稿、末松保和編纂『訓讀吏文』222 頁。

③ 黄佐：《南雍志》卷一〇，《四库全书存目丛书》史部第 257 册，第 269 页。

④ 尹昌隆：《尹讷庵先生遗稿》卷九，《四库全书存目丛书》集部第 26 册，第 500～501 页。

对已经面奉圣旨之事进行覆奏，这一规定与其说是为了再次确认，不如说是为了对政务处理存档记录。① 六科"每日接到各衙门题奏本章，逐一抄写书册，五日一送内阁，以备编纂"，② 负有给编纂实录、国史积累资料的责任。臣下口头上奏、皇帝口谕，只有通过补本覆奏手续，才能在六科留下记录，从而进入文书档案系统。这从正统时期一则史料中可得到佐证：

> 通政使司通政使李锡于辍朝日服绮绣，纠仪御史周文盛劾锡。上宥之。文盛录劾词及旨，补本备照，失于注日。礼科都给事中章瑾奏其违式不敬。③

无论是周文盛的弹劾还是皇帝宽宥的决定（圣旨），都已经发生了，但事后周文盛仍需要抄录弹劾奏文及皇帝圣旨，补本上奏，目的就是"备照"即存案。

"内官传奉圣旨"是另一种需要补本覆奏的情况。朱元璋开国战争过程中就开始派遣内官、内使承担军中传命工作。④ 这种传奉圣旨不一定有文本依据，口传圣旨应是常态。⑤ 最初，职能部门接到圣旨后即予执行，事后覆奏，这当是补本的本意。洪武二十六年正月初三日，大龙兴寺住持僧祖俊等赴京贺正辞回时，司礼监官鲁梯传圣旨"住持僧赏五锭，散僧每名二锭，教礼部补本"，"当即礼科给赏，本部补本覆奏"。⑥ "当即"一词意味着执行圣旨在补本覆奏之前。

由于圣旨多是口传，发生假传圣旨之事也就不稀奇了，这或许是补本程序被改在执行之前的原因。如下面这个例子：

---

① 感谢中山大学时坚副研究员指点。
② 万历《大明会典》卷二一三《六科》，第 2839 页。
③ 《明英宗实录》卷一三六，正统十年十二月丙午条，第 2698~2699 页。
④ 李建武：《内外制衡：明太祖管理内官的制度设想与政治实践》，《求是学刊》2020年第 5 期。
⑤ 王世贞：《弇山堂别集》卷八七，中华书局，1985，第 1661 页。
⑥ 葛寅亮：《金陵梵刹志》，南京出版社，2011，第 71 页。

（永乐二十二年十一月）内官马骐传上旨，谕翰林院书敕付骐，复往交阯闸办金银珠香。时，骐被诏召还未久。本院官覆奏，上正色曰："朕安得有此言？卿等不闻渠前在交阯荼毒军民乎？交阯自此人归，一方如解倒悬，今又可遣耶？遣之，非独诏书不信，将坏大事。此人近在内间，百方请求，左右为言再往当有利于国，朕悉不答。卿等宜识朕意。"遂止。①

从这段记载中，我们很难分辨究竟是内官假传圣旨，还是事后皇帝不认账。但可知似乎内官可以直接向外朝衙门口头传旨②，官员奉到内官所传圣旨后需覆奏确认。

此外，宫内的一应开销，都需要尚宫局上奏，发给内官监覆奏，才能到外朝部寺领取。"自后妃以下，至嫔侍女使，小大衣食之费，金银钱帛、器用百物之供，皆自尚宫奏之，而后发内使监官覆奏，方得赴所部关领。若尚宫不及奏而朦胧发内官监，监官不覆奏而辄擅领之部者，皆论以死。或以私书出外者，罪亦如之。"③

三　宣德、正统时宦官传奉圣旨程序的变动

宣德、正统时期，是内官传旨扩大化的阶段，也是补本覆奏制度的变动期。从内官向六科传旨，六科覆奏后向有关衙门行文，逐渐变为内官直接向有关衙门传旨，该衙门需要补本通过六科呈递覆奏。

宣德元年，朝廷重申内官传旨必须覆奏的制度：

（宣德元年）命六科给事中，凡内官、内使传旨诸司，皆须覆

---

① 《明仁宗实录》卷四上，永乐二十二年十一月庚辰条，第 138~139 页。
② 这一点，与后引《明宣宗实录》宣德元年七月己亥条对"中官奉旨，传之六科"的记载相矛盾。结合洪武时宦官于军中传令的记载，或许起初并无宦官只能向六科传旨的限制。
③ 《明太祖实录》卷五二，洪武三年五月乙未条，第 1017 页。

奏。时中官奉旨，传之六科，辄令径行诸司。上闻之，即下法司治，因谕给事中曰：尔官近侍，职在记注，凡朕一言一令，或令内使传出者，尔当备录覆奏，再得旨而后可行，庶几关防欺蔽。不然，必有诈伪者。尔等自今恪谨乃职，不许依阿随附。①

此时内官不能直接传旨给有关衙门，而是传旨给六科，六科覆奏再次得旨后，才给有关衙门行文，以防范欺弊。而且这则材料也再次确认，无论是内官传旨还是皇帝口头降旨（"一言一令"），都需要六科覆奏。可见覆奏责任在六科。

但也就是在宣德年间，开始出现宦官直接向有关衙门传旨的记录，负有覆奏责任的衙门也随之改变。下面的记载透露出宣德三年时宦官直接向有关衙门传旨似已合法化：

（宣德三年）上谕行在吏部、兵部臣曰：今后，凡中官传旨除授官员，不问职之大小、有敕无敕，俱要覆奏明白，然后施行。②

皇帝不谕令六科而谕令吏部、兵部，这说明宦官传旨对象已经变为具体的职能部门了。而不问"有敕无敕"的说法，再次说明宦官传旨时并无文书凭据的口传乃是常态，所以即便同时持有委任文书"敕"③，也需覆奏确认。

不过，宣德时期处于制度变动期，上述转变并未定型。因此，宣德五年，皇帝针对宦官假传圣旨释放囚犯的情况，"召六科给事中谕曰：此曹

①　《明宣宗实录》卷一九，宣德元年七月己亥条，第498～499页。此规定后被载入《大明会典》："凡内官、内使传旨，各该衙门补本覆奏，再得旨，然后施行。"见正德《大明会典》卷一六七，第3册，第457页。万历《大明会典》卷二一三《六科》同载。
②　《明宣宗实录》卷四五，宣德三年七月庚申条，第1102页。
③　明代皇帝颁发敕书进行人事任免，参见李福君《明代皇帝文书研究》，南开大学出版社，2015，第99～101页。

敢轻易犯法者，恃中官为之救解。自今但中官传朕言释有罪人，并须覆奏始行"。① 此史料显示宦官传旨对象是六科而非职能衙门，而且假传圣旨并不鲜见，补本覆奏之制遵行情况也不乐观。

但到了正统末年，内官直接向诸司传旨已经被视为旧制了：

> （正统十四年）旧制，凡传奉圣旨，诸司奉行者，以所得旨意具本覆奏送科，惟光禄寺但附录文簿。及奈亨得罪，言者谓亨常私馈太监王振，诈称奉上皇圣旨，日给振酒馔，法司查无覆本，当以诈传诏旨之罪，请自是每事覆本如诸司。本寺卿齐整言："所司事冗，中旨处分，日每十余。至若逐一覆本，不惟文书不胜其繁，抑且琐碎上烦听览，乞仍旧附录为便。"从之。②

此处所谓"旧制"，实乃宣德后的新变化，内官不通过六科直接向诸司传旨，奉旨衙门覆奏时须将所补本章"送科"，由六科进呈。

对这条史料中关于光禄寺的规定，需略作说明。按照"旧制"这一句，似乎当时制度是其他衙门遇到传奉圣旨必须具本覆奏，而光禄寺只需要"附录文簿"，存档备查。可是有人又以"查无覆本"为由，要治奈亨"诈传诏旨之罪"，并要求此后光禄寺"每事覆本如诸司"。据此我们可以推知，正统十四年之前，制度上传奉圣旨均需补本覆奏，但实践上光禄寺属于例外，只需要"附录文簿"即可，只是这一做法似乎没有在制度上明确下来，处于模糊地带。齐整针对这一建议的反驳意见得到皇帝认可，自此光禄寺接到传奉圣旨不必覆奏的做法正式得到明确，并在后来载入《会典》。③

---

① 《明宣宗实录》卷六六，宣德五年五月戊辰条，第 1568 页。

② 《明英宗实录》卷一八五《废帝郕戾王附录》第三，正统十四年十一月癸巳条，第 3692 页。

③ 正德《大明会典》卷一七一，第 3 册，第 480 页。万历《大明会典》卷二一七《光禄寺》同。

四　成化时期传奉的泛滥与"惟令司礼监官传旨"的努力

成化朝是宦官传奉圣旨现象最盛行的时期。虽然官员在奉天门"御门早朝"时领受皇帝圣旨后"补本覆奏"的情况仍时有记载，如成化二年二月二十二日礼部尚书姚夔等"于奉天门钦奉圣旨"，令其出榜申明服色禁令，礼部在出榜前需要"补本覆奏"；① 但整体上，如弘治元年吏科给事中回顾所说，"凡遇宣召，但使内官传奉诏旨，台部大臣一朝而退，频年不得面奉清论"②，面奉圣旨基本被传奉圣旨取代。因"取中旨授官"的"奉官"盛行，"传奉"一词甚至成为传奉官的省称，《汉语大词典》即将"传奉"一词狭隘地解释为传奉授官。传奉官的相关研究甚多，兹不赘述。③

面对传奉授官等传奉圣旨现象的泛滥，外廷朝臣开始试图加以约束，最主要的是要求将传奉圣旨的人员限定为司礼监官，以杜绝假冒。成化七年，吏部尚书彭时称"近来旨意行光禄寺、内府各衙门者，传奉不一，政出多门，人多诈伪"，故建议"皇上凡百事，宜惟令司礼监官传旨"。④ 结合宣德初年起司礼监开始管理章奏的情况，⑤ 或可推知司礼监自那时起已较多承担起传奉圣旨的工作，只是尚无严格的排他性制度。对彭时的建议，成化皇帝只是答复"朕自处置"，事实上并无效果。

五　弘治朝围绕补本覆奏的博弈与御前公议补本

这一时期，有三点值得注意。第一点，围绕"补本覆奏"，皇帝、宦

---

① 前間恭作遺稿、末松保和編纂『訓讀吏文』167~169 頁。

② 《明孝宗实录》卷一四，弘治元年五月辛未，第 333 页。

③ 赵晶：《明代传奉授官制度变迁考论》，《故宫学刊》2019 年第 1 期；方志远：《"传奉官"与明成化时代》，《历史研究》2007 年第 1 期。

④ 《明宪宗实录》卷九九，成化七年十二月庚辰条，第 1893 页。

⑤ 胡丹：《明代宦官制度研究》，第 76 页。

官和外廷朝臣展开博弈。第二点，弘治年间，传奉圣旨的人员从司礼监太监为主，变为主要是负责在会极门接本、到内阁散本的司礼监文书房的文书官。这一点学界已有研究，兹不重复。① 第三点，形成了御前公议结果也需补本的新规定。

先看第一点。在内官传奉圣旨成为常态并且影响到官僚体制正常运作的情况下，外廷官员一再强调补本覆奏的祖制，试图通过这个办法把中旨拉回外廷的"部议—内阁票拟"程序，以约束宦官权力，扩大自己在皇帝决策中的影响力。

如弘治六年九月初八日，司礼监太监韦泰向礼部传奉圣旨："四川光相寺国师琳沁珠克取来大慈恩寺住坐。礼部知道。"接旨后，礼部需要"补本覆奏，送科备照"，当礼部调查相关档案后，在覆奏题本中提出了不同意见，反对让琳沁珠克来京。从礼部覆奏题本末尾"缘系传奉事理，未敢擅便，谨题请旨"的表述可知，② 礼部正是利用传奉圣旨需要覆奏的制度来提出不同意见的。从文书流程上看，皇帝通过太监传奉圣旨，绕开了内阁票拟和部议程序，而补本覆奏制度则将皇帝命令又拉回常态的"部议—内阁票拟"政务处理流程。补本覆奏制度虽可使廷臣发表意见，但在君主的绝对权威下，结果还是取决于君主意志。比如上述阻止番僧来京的努力就告失败。③

因此，廷臣提出坚持补本覆奏程序的主要理由，还是覆奏可以定真伪、防矫托，防奸杜弊。正德元年皇帝派宦官监枪，兵科给事中杨一瑛就提出：

> （此事）司礼监未尝传旨到部，该部未尝补本到科。任用悉由于

---

① 文书官供职的文书房是司礼监下属机构，但文书官却在内官监借衔。关于文书官参与文书运作的情况，参见胡丹《明代司礼监文书房考》，《历史档案》2012 年第 4 期，第 61~67 页；陈时龙《明代诏令的类型及举例》，《明史研究论丛》第 8 辑，紫禁城出版社，2010，第 148 页。

② 倪岳：《青溪漫稿》卷一三《奏议》，《景印文渊阁四库全书》第 1251 册，台北：商务印书馆，1983，第 148~149 页。

③ 《明孝宗实录》卷八〇，弘治六年九月己亥条，第 1522 页。

内庭，是非不关于廷议。真伪无从而辨，矫托或因以生。恐非官府一体之义，祖宗防奸杜弊之深意也。①

但补本覆奏制度不仅对外廷官员有利，有时皇帝也利用这一制度，一方面以恩宠笼络内官，一方面在外廷朝臣前扮演深明大义的明君角色。弘治时"太监岑璋乞求不预选坐营近侍内官"一事就是典型例子：

> 司礼监太监陈宽等奉命拣选坐营近侍内官，上命刘尚书大夏往预其事。大夏对曰："国朝故典，外官不得干预此事。"候久不退。上笑曰："岂忧此曹他日害卿耶？有朕在上，何忧之有？"竟令英国公张懋与大夏同往。内有太监岑璋者，久恃宠眷，私乞不欲预选。上已许之，既而谕大夏曰："若岑璋临期不至，当据法处置。"大夏等对曰："既已有旨见容，难再别议。"上曰："朕虽一时情不能已许伊，然未尝传出令尔曹补本，何谓有旨？"及期，璋果不至，遂与陈宽等参伊方命。顷刻，即批出云："本当拿问，且饶这遭。"璋闻之恐惧。众近侍皆自此检束不敢肆。②

这一例子说明，皇帝也在利用补本覆奏制度，声称自己的口谕只要没有令外朝官员补本确认，就可以不认作"有旨"。这或许也是补本覆奏制度虽已弛废，但皇帝并不将之正式废除的原因之一。皇帝要保留这个制度，以外廷来对内官形成一定制衡；而如何运用制度、如何处置的终极权柄则握在君主手中，震慑力归于皇帝。

再看第三点。弘治三年，吏部左侍郎彭韶奏请在左顺门不定期举行的午朝只议论紧急政务，午朝前"各衙门先期具奏事由"，午朝时"各官就于御前公议"，"内阁辅臣亦同详论可否"，"议定，辄行口奏取旨，次日

---

① 《明武宗实录》卷一六，正德元年八月庚午条，第 496 页。
② 陈洪谟：《治世余闻》，中华书局，1985，第 23~24 页。

补本"。① 这种补本的作用只是对御前会议过程及结论的存档备案。② 但这一午朝制度不久因"无请对政事者"而废止了。

六 正德以降补本覆奏制度的具文化

随着宣德以后内阁议政体制的完善，朝会制度发生变革。③ 面奉圣旨的情况越来越少，相应的补本覆奏也就越来越少。另外，宦官向外廷官员传旨现象日渐普遍，司礼监传旨和补本覆奏两条规定虽存，但未严格执行。所以，正德以降，一方面皇帝"辄降中旨施行"，④ 而且在口传圣谕的同时，开始普遍地使用手敕、传帖、御札等文书，⑤ 但墨字传帖"难辩真伪"的问题并未解决；⑥ 另一方面，补本覆奏制度继续处于废弛状态。这从嘉隆时期廷臣屡屡建言强调"传奉旨意""各衙门必补具奏本"的"祖宗之制"可以得到反证。如：

> （嘉靖元年）刑科给事中刘世杨言，近接出都察院原送司礼监提取内官吴善良揭帖，面加浮帖，书写圣旨：吴善良等照前旨，免提问，司礼监奏请发落。臣等窃惟祖宗之制，凡旨意批于题奏本，或登闻鼓状，发六科抄行。凡重大事理，传奉旨意，各衙门必补具奏本，于早朝面进。此外，未有朱写旨意出承天门外者。所以重敕旨，防诈伪也。今累批浮帖，径从中出，六科不得抄行，诸司无从补本，轻亵纶音，更张旧制，此失政之最大也。伏望鉴成宪、重命令，今后旨意

---

① 《明孝宗实录》卷四六，弘治三年十二月壬申条，第 936~937 页。
② 天启元年，礼科给事中王志道为重整文书制度，引用祖宗成宪，提到"敬皇帝午朝之故事"时，就用"补本备照"来强调其意义。参见《明熹宗实录》卷六，天启元年二月甲寅条，第 292 页。
③ 王天有：《有关明史地位的四个问题》，《明清论丛》第 7 辑，紫禁城出版社，2006，第 1~4 页。
④ 《明武宗实录》卷一三，正德元年五月癸卯条，第 410 页。
⑤ 陈时龙：《论明代内阁的票拟——以泰昌、天启初年的内阁为例》，《史林》2017 年第 3 期；马子木：《明代手敕考》，《历史档案》2021 年第 4 期。
⑥ 《明世宗实录》卷三一，嘉靖二年九月戊子条，第 825 页。

俱遵祖宗旧制。疏下所司知之。①

在补本覆奏制度具文化倾向日益明显的同时，大臣们不但反复要求坚持该制度，而且对其进行的描述日渐理想化。如隆庆元年，工科左给事中吴时来称：

> 臣愚以为，今后传奉事例，必该衙门补本覆奏，拟议可覆，请旨定夺，然后施行。当必以部议为必可据，弗以内降为必可行，即覆议未当上心，亦必下之阁臣拟票安妥。②

本来主要为防范奸弊、记录存档而设的制度，被吴时来描述为大臣参与决策的渠道。但实际上，残存的补本覆奏制度的功能仅限于存档了。成书于万历四十一年之后的《吏部职掌》在文选清吏司之升调科下"进缴传帖"条载："本部奉到圣谕传帖，录出遵行，仍将谕帖封固，具本进缴，另补奏本，送科备照。"③

七 余论

覆奏是中国古代中枢文书行政的重要一环。据丁义珏研究，在唐宋时期，覆奏指"将已经作出的决策再次向皇帝汇报、请求确认的文书环节"。唐代三省格局下的覆奏，是在主要决策作出后、正式施行前，再次向皇帝回报，请其最终确认的步骤，重在体现慎重性，并非决策的重要环节。而唐代中书门下体制下的覆奏，有时也指针对皇帝付下的奏状检勘进覆取旨，从简单确认变为宰相机构参政的一种方式，在决策中的重要性提高。到了北宋二府制下，所有的决策方式中均引入了覆奏制度，试图兼顾

---

① 《明世宗实录》卷一二，嘉靖元年三月辛未条，第443~444页。
② 引文据张卤《皇明嘉隆疏抄》卷一，《四库全书存目丛书》史部第72册，第335页。
③ 李默、黄养蒙等删定《吏部职掌》，《四库全书存目丛书》史部第258册，第11页。

事由皇帝而出和谨密审慎；更重要的是，随着皇帝由禁中直接批出的指令在决策中的作用越来越大，覆奏成为外朝官员唯一的参政机会，同时制度重心向防范宦官欺蔽转移，① 并且发展出传旨宦官领受"传宣圣语本"、在"受圣语籍"登记的制度。②

元代并未形成常态化覆奏制度，但忽必烈曾要求臣下在对圣旨有疑问时覆奏，这主要与口传圣旨形式有关。③

及至明代，史料所见"覆奏"一词，绝大多数是对圣旨处理、执行情况的汇报，属于李福君所言的信息反馈环节。尽管洪武时期通政使司的职掌规定中确有对皇帝命令需要详审覆奏的条文，但随着时间推移，实践中显示慎重性的覆奏似只限于死囚三覆奏一事。《明史》所记六科职掌中有"凡制敕宣行，大事覆奏，小事署而颁之"之条，更可能是《明史》修撰者因袭欧阳修《新唐书》卷四十七对给事中职掌的记载"凡大事覆奏，小事署而颁之"导致的。针对面奉圣旨和宦官传奉圣旨的补本覆奏，与其说是确认以显示慎重或防范宦官诈伪，不如说备案存档的功能更强。至于廷臣参与决策的意味，则十分微弱了。

清代前中期，除了死囚三覆奏以外，史料中的"覆奏"一词绝大多数指向皇帝汇报自己确实接到了谕旨，同样属于信息反馈环节。像唐宋时期那样在决策正式下达、执行之前进行确认乃至对决策再检讨意义上的覆奏，似不存在。④

上述变化趋势，固然可以放在君主专制加强的脉络下解释，但是否另外有文书行政内在的技术性因素起作用？笔者认为，机密性或许是值得重视的一点。相对于经过内阁的谕旨，中旨或宦官传奉圣旨具有一定机密性，但是补本覆奏将其拉回外朝文书处理系统。而随着补本覆奏制度的废弛和伴随传奉圣旨而来的各类新型的、非正式的皇帝文书涌现，这或许成

---

① 丁义珏：《北宋覆奏制度述论》，《中华文史论丛》2013 年第 4 期。
② 丁义珏：《宋代宦官假传圣旨有多难》，《文史知识》2020 年第 1 期。
③ 陈新元：《元代怯薛制度新探》，博士学位论文，北京大学，2019，第 171 页。感谢暨南大学陈新元讲师、山东大学曹金成副研究员指点。
④ 感谢南开大学马子木副教授、中国政法大学张一弛讲师指点。

为保证机密性的一个办法，只是由于君臣空间上的分离，文书防伪问题仍有待解决。进入清代，大臣当面拟旨，解决了这一问题。经过漫长的过程，从暴露于朝堂公议的题奏等文书运行，转变为皇帝与亲信大臣秘密商讨，再到乾纲独断，决策的效率和机密性提高，但公开性降低，这或许是明清君主制运行的一个逻辑。而补本覆奏制度的兴废，正是自唐宋逻辑向明清逻辑演变中的一朵浪花。

明与高丽咨文的行移、传递
与礼仪秩序

——以《吏文》所收《祭祀山川立碑中书省咨》为中心

朱　玫[*]

摘　要　在明代中朝往来文书中，咨文具有特殊地位。《祭祀山川立碑中书省咨》收录于《吏文》卷二，是洪武三年明中书省发给高丽国王的咨文，其定稿至少经过八次文书行政过程。通过比照文书与其他史料，朝天宫道士徐师吴前往高丽代大明皇帝祭祀高丽国山川一事的经纬得以复原。该事反映了洪武帝将礼制改革的适用范围推广至藩属国，试图构建由天子掌管藩属国礼制、一视同仁的礼制秩序。高丽对明廷介入本国礼制之举的态度，随着两国关系的发展有着微妙的变化。咨文等外交文书在明初礼制秩序的实践过程中发挥着重要作用。

关键词　《吏文》　外交文书　文书行移　礼制秩序

一　明与高丽往来文书"咨文"的登场

朝鲜半岛作为东亚汉字文化圈的重要地区，其公文书制度受到中国历

---

*　朱玫，中山大学历史学系副教授。

代王朝公文书制度的影响。朝鲜王朝建立后，公文书制度从承袭高丽制逐渐转向依照明制，文字格式、行移体式受到《洪武礼制》的影响。《洪武礼制》是明代洪武年间（1368～1398）受朱元璋敕命而编纂的国家典礼书之一。①《洪武礼制》编纂后不久便传入朝鲜半岛，并影响高丽、朝鲜两朝。②在朝鲜重刊的朝鲜本《洪武礼制》包含了公文制度相关的"奏启本格式""行移体式""署押体式"等部分。朝鲜王朝实录最早关于《洪武礼制》的记载，是《定宗实录》定宗二年（1400）关于名山大川祭祀的讨论："愿自今，祀典所载名山大川，一依《洪武礼制》，尽诚致祭。"③据《太宗实录》太宗十五年（1415）记载，朝鲜初期官文书的文字格式依照明朝的《洪武礼制》，唯独户口格式依照高丽朝的旧制：

> 命礼曹详定户口之式。汉城府启："国朝一应文字格式，并依《洪武礼制》，独户口格式尚仍前朝旧制，似为未便。乞下礼曹详定。"从之。④

在《洪武礼制》影响下形成的朝鲜初期公文书体制，除了与国王有关的状申、启本、启目（启达文书）外，官衙之间的行移体式主要有札付、故牒、下帖（下达文书）、平关（平达文书）、牒呈和呈状（上达文书）等。⑤

随着 15 世纪中后期《经国大典》的完成，尤其是公文书行移体系关于"用文字式"相关法令的颁布，《经国大典》体制的文书行政体

---

① 张廷玉等：《明史》卷四七《礼志一》，中华书局，1974，第 1224 页。
② 金海荣：《朝鲜初期国家祭礼仪的整备和〈洪武礼制〉》，《清溪史学》第 9 辑，1992；金文植：《朝鲜时代国家典礼书的编撰样态》，《藏书阁》第 21 辑，2009；沈永焕：《朝鲜初期官文书的〈洪武礼制〉呈状式受容事例》，《藏书阁》第 21 辑，2009。
③ 《定宗实录》卷六，定宗二年十二月壬子条，《朝鲜王朝实录》第 1 册，韩国国史编纂委员会影印本，1955～1958，第 189 页。
④ 《太宗实录》卷三〇，太宗十五年十一月戊申条，《朝鲜王朝实录》第 2 册，第 91 页。
⑤ 朴竣镐：《〈洪武礼制〉与朝鲜初期公文书制度》，《古文书研究》第 22 辑，2003。

系宣告成立。《经国大典》体制下，官衙之间的行移文书以关（平达、下达文书）与牒呈（上达文书）为中心，简化了朝鲜初期的文书行移体式。①

无论是《洪武礼制》时期，还是《经国大典》时期，② 关于朝鲜时期公文书制度的具体研究多关注朝鲜国内的公文书或各级官衙之间的行移。不过，近年来对外交文书的研究有增加的趋势，研究者也开始关注外交文书的分类、性质与构造特征以及文书的编撰和传递等问题。③

在明代中朝之间往来文书中，咨文具有特殊地位。在中国的立场上，咨文只是国内文书的一环，即一般的行政文书（公文）。但从朝鲜的立场看，朝鲜国内官衙间的行移主要使用关文，不用咨文，咨文只适用于外交文书。不同于表笺文等"事大"文书，咨文通常指处理实际事务的外交文书。对于咨文作为外交文书的成立过程，学界已有一些讨论。金暻绿基于朝鲜时期多种外交文书资料，梳理了朝鲜时期咨文的格式与行移体系，并对朝鲜初期至朝鲜开埠后咨文的演变及其背景做了分析。④ 森平雅彦则利用高丽国王与元中书省之间的往复文书，勾勒出牒式文书转

---

① 依据研究者的研究，朝鲜初期行移文书中的"札付""故牒"渐渐消失，只保留了"关""牒呈""下帖"。朴竣镐：《〈经国大典〉体制的文书行政研究》，《古文书研究》第 28 辑，2006。

② 朴竣镐先生主张朝鲜时代公文书体系存在演变，其大体分为三个时期，即《洪武礼制》为中心的时期、《经国大典》为中心的时期、"甲午更张"以后的大韩帝国时期。参见朴竣镐《〈经国大典〉体制的文书行政研究》，《古文书研究》第 28 辑，2006。

③ 韩国学者的研究较为丰富，如全海宗《韩国近世对外关系文献备要》，首尔大学校文理科大学东亚文化研究所，1966；李善洪《朝鲜时代对中国外交文书研究》，博士学位论文，韩国学中央研究院，2005；金暻绿《朝鲜后期事大文书的种类和性质》，《韩国文化》第 35 辑，2005；金暻绿《朝鲜时代使行与使行记录》，《韩国文化》第 38 辑，2006；金暻绿《朝鲜时代事大文书的生产与传递体系》，《韩国史研究》第 134 辑，2006；金暻绿《朝鲜时代对中国外交文书的接收、保存体系》，《韩国史研究》第 137 辑，2007；金暻绿《朝鲜时代对中国外交文书和外交情报的搜集、保存体系》，《东北亚历史论丛》第 25 辑，2009；丘凡真《朝鲜时代外交文书：与明、清授受文书的构造分析》，首尔：韩国古典翻译院，2013；等等。

④ 金暻绿：《朝鲜时代外交文书咨文的行移体系与变化过程》，《古文书研究》第 46 辑，2015。

变为咨式文书的过程。① 森平雅彦的研究注意到高丽国王的特殊地位以及高丽与元之间咨文的往来，为明与册封国之间往来文书中咨文的成立过程，提供了重要线索和阐释可能。

过去关于咨文的研究，侧重明清与朝鲜、元与高丽的咨文往来，而对于明与高丽的咨文往来及所涉外交事件有待展开细致的个案分析。明朝建立初期与高丽的咨文往来，不仅体现了外交主体的关系设定，也承载着两国外交文书的传递、接收与保存。文书往来与信息传递，对明与周边国家的关系，尤其是明与高丽的礼仪关系至关重要。本文以朝鲜王朝《吏文》收录的一篇咨式文书《祭祀山川立碑中书省咨》（以下简称《祭祀咨》）为例，通过对文书的行移与传递过程的分析，以及文书与其他史料的比照，尝试复原朝天宫道士徐师昊前往高丽代大明皇帝祭祀高丽国山川一事经纬，在此基础上就文书往来与明初礼仪秩序的构建补充若干想法。

二　《祭祀咨》的文书结构与行移

《吏文》是朝鲜王朝成宗年间（1469～1494）由承文院编写，以供官员熟悉和学习公文为目的的汉语公文教科书，收录和保留了洪武二年至成化十二年（1369～1476）明朝廷与高丽、朝鲜两朝之间的外交公文书 52 篇（咨文 30 篇）和明朝廷内部的文书榜文 41 篇。② 《吏文》原为四卷，崔世珍（约 1473～1542）在朝鲜中宗年间将其编纂为吏文学官教材时，删除了卷一用汉文撰写的宣谕、圣旨部分，只保留了卷二至卷四的吏文体

---

① 森平雅彦「牒と咨のあいだ：高麗王と元中書省の往復文書」『史淵』第 144 辑、2007。

② 《吏文》卷二收录了高丽恭愍王十九年（1370）至朝鲜世宗二十三年（1441）与明往来的咨、奏、申、呈、照会等 32 篇文书。卷三收录了朝鲜世祖二年（1456）至朝鲜成宗九年（1478）与明往来的咨、奏、呈、题奏等 20 篇文书。明代榜文收录于卷四。关于《吏文》的编纂过程以及各卷的构成，参见金暻绿《朝鲜初期〈吏文〉的编纂与对明外交文书的性质》，《梨花史学研究》第 34 辑，2007。

部分，并作了注解，即《吏文辑览》。①

《吏文》收录了明与高丽往来的文书共 20 篇，包括咨（9 篇）、咨呈（2 篇）、呈（2 篇）、申（2 篇）、照会（4 篇）、帖 1 篇等不同类型（见表 1）。《吏文》在相当程度上保留了原文书文本，具有接近一手资料的一面，且所录外交文书大多标明了文书的传递过程。《吏文》是考察明与高丽往来咨文的宝贵史料，有助于了解两国外交关系建立初期外交文书的面貌。②

表 1　《吏文》所见明与高丽往来文书目录（1370～1391）

编号	日期	种类	发出主体	接收主体	文书标题
2－1	1370.1.10	咨	中书省	高丽国王	祭祀山川立碑中书省咨
2－2	1371.2.23	咨	中书省	高丽国王	前原平章刘益投顺中书省咨
2－3	1370.10.9	咨	中书省	高丽国王	兰秀山叛贼干连人高伯一回发咨
2－4	1371.5	呈	辽东卫指挥使司	高丽国王	前平章洪宝宝悖逆（呈）
2－5	1371.7	呈	辽东卫指挥使司	高丽国王	洪宝宝军马声息呈
2－6	1372.7.9	咨呈	定辽卫都指挥使司	高丽国王	逃军梢陈均祥等起取咨呈

① 依据郑东勋的调查，《吏文》现存版本 10 余种；张真全也对《吏文》的诸版本有过专门介绍和分析。郑东勋：《高丽—明外交文书书式与往来方式的成立及背景》，硕士学位论文，首尔大学，2009，第 6～7 页；张全真：《朝鲜时代汉语教科书〈吏文〉诸版本蠡测》，《中国语文学》第 61 辑，2012。

② 关于《吏文》的研究，过去多从语言学的角度对吏文的文体特征、吏文与吏读的关系等方面展开研究。近年来关注《吏文》史料价值的研究逐渐增多。如张存武《韩人保留下来的明代公牍——〈吏文〉誊录残卷》，《第五届中国域外汉籍国际学术会议论文集》，台北：《联合报》文化基金会国学文献馆，1991，第 111～120 页；陈辽《朝鲜〈吏文〉和明史研究》，《文献》2002 年第 2 期；金暳绿《朝鲜初期〈吏文〉的编纂与对明外交文书的性质》（部分内容翻译成《朝鲜初期对明外交文书集〈吏文〉研究》，载于《明史研究论丛》第 11 辑，故宫出版社，2013）；连启元《公牍范本与情报蒐集：朝鲜〈吏文〉的明代榜文收录特色》，《明史研究专刊》第 16 期，2008 年；荷见守义「明朝・高麗往来文書の研究—『吏文』所収档案を手掛かりに（1）」『中央大學アジア史研究』第 32 辑、2008、291～311 頁；郑东勋《高丽—明外交文书书式与往来方式的成立及背景》，硕士学位论文，首尔大学，2009；金顺子《高丽、朝鲜—明相关外交文书的整理与分析：以〈吏文〉〈高丽史〉〈朝鲜王朝实录〉所在的文书为中心》，《韩国中世史研究》第 28 辑，2010。另有不少专题论文利用《吏文》，不再一一列举。

编号	日期	种类	发出主体	接收主体	文书标题
2-7	1372.4	咨	中书省	高丽国王	贺平蜀兼请子弟入学咨
2-8	1374.5.8	咨	中书省	高丽国王	正朝礼物发回咨
2-9	1374.12.25	申	高丽国都评议使司	中书省	金义叛逆都评议使司申
2-10	1374.2.28	咨	高丽国王	中书省	请通朝贡道路咨
2-11	1374.9.2	咨	高丽国王	中书省	金甲雨盗卖马罪名咨
2-12	1375.11.9	申	高丽国都评议使司	中书省、礼部	济州行兵都评议使司申
2-13	1376.11.26	咨呈	留守卫亲军指挥使司	高丽国王	取发李绑帖里等人户高家奴咨呈
2-14	1379.9.12	照会	辽东都指挥使司	高丽国都评议使司	军人江才等告人命还辽东照会
2-15	1388.2.25	咨	辽东都指挥使司	高丽国王	铁岭等处榜文张挂咨
2-16	1389.3.23	帖	辽东都司委定辽前卫知会金事	高丽国义州万户府	杀害薛兴人捉获辽东都司帖
2-17	1385.1.15	照会	辽东都指挥使司	高丽国都评议使司	北清州万户金得卿生边衅辽东照会
2-18	1385.11.19	照会	辽东都指挥使司	高丽国都评议使司	再催金朵里不歹等人户辽东照会
2-19	1387.7.20	照会	辽东都指挥使司	高丽国都评议使司	运粮指挥马扒破船辽东照会
2-20	1391.8.20	咨	礼部	高丽国王	到换符验礼部咨

　　《祭祀咨》收录于《吏文》卷二[①]，《吏文》所附的《吏文辑览》对该文书中出现的若干词语作出了解释。[②] 咨文的发送主体为"中书省"，接收主体为"高丽国王"。为了更好地体现文书的整体结构，《祭祀咨》的断句、分段和缩进等根据该公文书的引用方式展开：

---

① 前间恭作遗稿、末松保和编纂『訓讀吏文』極東書店、1962、1~2 頁。
② 前间恭作遗稿、末松保和编纂『訓讀吏文·吏文輯覽附』317~318 頁。

祭祀山川立碑中书省咨①

中书省

据尚书礼部呈：

洪武二年十二月二十一日，本省杨右丞、陈参政、侯参政，礼部崔尚书，于金水桥中道，钦奉圣旨，内一款：

安南、高丽、占城，既来归附，其各国山川，合于洪武三年过正朝后，择日斋戒降香。

钦此。

开具该用祝版、香、币、金香合②、纻丝幡，并收买牺牲大牢猪羊、香烛、酒醴、段匹，及差出③人银两、衣服等物。

洪武三年正月初四日，文武百官于戟门中座，早朝，杨右丞、陈参政、侯参政，右司滕郎中，礼部崔尚书奏奉圣旨：

准。

钦此。

呈乞施行。

得此。

又据本部呈：

考究到安南、高丽山川名号，当日奏奉圣旨：

只写高丽山川之神、安南山川之神、占城山川之神，各于本处城南，设坛致祭。

钦此。

除钦遵外。呈乞施行。

得此。

都省除外。今差朝天宫道士徐师昊钦赍御香、祝币，并香合④、

---

① 首尔大学奎章阁藏《吏文》（想白古贵 411.1J773i）周廓线上的题目也是《祭祀山川立碑中书省咨》。
② 首尔大学奎章阁藏《吏文》（想白古贵 411.1J773i）里，此处为"盒"字。
③ 首尔大学奎章阁藏《吏文》（想白古贵 411.1J773i）里，此处为"去"字。
④ 首尔大学奎章阁藏《吏文》（想白古贵 411.1J773i）里，此处为"盒"字。

纻丝幡，及收买牺牲、香烛、段匹等，前去，钦依致祭外。合行移
咨，请照验，钦依施行。

须至咨者。

右咨

高丽国王

洪武三年正月初十日

该文书是洪武三年（1370，高丽恭愍王十九年）明朝中书省发给高丽
国王的咨文，内容与高丽山川祭祀立碑石有关。文书首行"中书省"是发
送文书的主体。文书的正文部分为"据尚书礼部呈……前去，钦依致祭
外"。最后"合行移咨，请照验，钦依施行。须至咨者"为咨文的结辞套语
部分。"右咨"后面的"高丽国王"是文书的接收者。如图1所示，这件文
书的程式与《洪武礼制》中《署押体式》的"平咨式"① 基本一致。

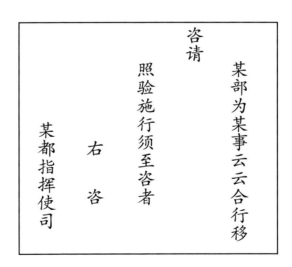

图1　《洪武礼制》中《署押体式》的"平咨式"程式

---

① 　佚名：《洪武礼制·署押体式》，《原国立北平图书馆甲库善本丛书》第439册，国
家图书馆出版社，2013，第320页。

《吏文》收录的咨文均采用这一程式。不过，《祭祀咨》有一处不同。依据《洪武礼制》咨文程式，文书发送主体后面通常写有"为某事"。洪武三年撰写的此道咨文没有标记诸如"为祭祀山川立碑事"等概括文书内容的字句。纵览《吏文》所载咨文，最早出现"为某事"程式的文书，是收录于卷二的第 20 篇文书《到换符验礼部咨》。该文书撰于 1391 年，正文中出现了"兵部咨为符验事"的字句。该文书以后的咨文，均采用"某部为某事"的程式。

再看《祭祀咨》的文书正文部分。正文部分首先引用了两件呈文。

1. 第一件呈文

第二行"据尚书礼部呈"，指文书发送主体中书省引用了礼部发给中书省的呈文，第三行"洪武二年十二月二十一日……呈乞施行"是呈文的内容。"呈乞施行"指洪武二年十二月二十一日，礼部将该呈文呈于中书省，请求施行。"得此"是中书省收到以上礼部呈文的意思。

根据呈文内容，可知该呈文的形成经过了三次文书行政运作。

第一次为"圣旨"。洪武二年十二月二十一日，中书省杨右丞、陈参政、侯参政，礼部崔尚书，于金水桥中道钦奉圣旨，圣旨内容为"安南、高丽、占城，既来归附，其各国山川，合于洪武三年过正朝后，择日斋戒降香"。之后的"钦此"，通常用于圣旨后面，表示中书省杨右丞、陈参政、侯参政，礼部崔尚书收到该圣旨的意思。这里的"洪武三年"，就是后文的洪武三年正月初四。之后是礼部开具的关于各国山川祭祀时明廷使者一行及携带物品的内容。

第二次和第三次分别为"奏"与"圣旨"。洪武三年正月初四日，文武百官于戟门中座早朝时，中书省杨右丞、陈参政、侯参政，右司滕郎中，礼部崔尚书奉皇帝"圣旨"，圣旨内容是"准"，之后加"钦此"。但"奉"之前加了"奏"，可知圣旨颁布之前，中书省杨右丞等人曾向皇帝提交了奏文，即第二次文书行政运作。圣旨批准的内容是之前奏请皇帝的内容，这里没有提及，可能包含了前文各国山川祭祀时明朝派遣使者及携带物品的内容。

2. 第二件呈文

"又据本部呈"至"得此"，说明中书省又引用了一件礼部发给中书省的呈文。呈文的内容为"考究到安南、高丽山川名号……呈乞施行"。

该呈文的形成，经过了"奏"与"圣旨"的文书行政运作。安南、高丽山川名号经过考证，当日奏请皇帝并奉圣旨，圣旨内容为"只写高丽山川之神、安南山川之神、占城山川之神，各于本处城南，设坛致祭"。

咨文的最后部分，是明廷中书省行咨文通报给高丽国王的内容，明朝将派遣朝天宫道士徐师昊携带"御香、祝币，并香合、纻丝幡，及收买牺牲、香烛、段匹等"前去致祭高丽山川。

《祭祀咨》文书的行移过程，复原后可以用图 2 表示。据图 2 可知，这件文书虽然是明廷中书省发给高丽国王的咨文，但该咨文的形成至少经过八次文书行政过程，时间从洪武二年十二月二十一日至洪武三年正月初十日，行移机构或主体涉及明皇帝、礼部、中书省和高丽国王。

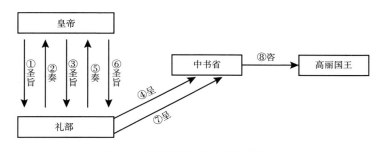

图 2　《祭祀咨》的文书行移过程

注：郑东勋在《高丽—明外交文书书式与往来方式的成立及背景》中也对这件文书的行移作了介绍，参见该文第 10~12 页。

简而言之，洪武三年，中书省通过该咨文的行移，通报高丽国王明廷将派遣朝天宫道士徐师昊携带御香、祝版等前去致祭高丽山川。通过该咨文可以了解到，这一决定是经过明朝皇帝、礼部、中书省之间多次文书往复而形成的。

《吏文》所见明与高丽往来文书的发出和接收主体中，出现最多的明廷官府衙门是中书省、礼部、辽东卫指挥使司、辽东都指挥使司，高丽国的往来文书主体是高丽国王和都评议使司。

明初洪武帝承元制，设中书省，置左右丞相（正一品）。平章政事（从一品）、左右丞相等统领众职，总管包括外交在内的政务。洪武十三年（1380），废中书省和丞相职，中书省的政务归六部分掌，以六部尚书管理政务。外交事务移交礼部统一管辖，礼部尚书从原来的正三品升至正二品，"掌天下礼仪、祭祀、宴飨、贡举之政令……凡传制、诰，开读诏、敕、表、笺及上下百官往来移文，皆授以程式焉"。① 洪武十五年（1382），礼部定诸司文移式，官衙之间的行移体式由礼部进行一元化管理。② 从《吏文》所收文书看，辽东都指挥使司（辽东都司）在明廷与高丽、朝鲜的交涉中，一直发挥着重要作用。洪武四年（1371）置定辽都卫（正三品），八年（1375）改为辽东都指挥使司，置都指挥使一人（正二品）。③

高丽往来文书的发出与接收主体为高丽国王和都评议使司。《吏文》所收文书中，明中书省、礼部作为一、二品衙门，与高丽国王之间的往来文书使用平行文书即咨文（《吏文》2-1、2-2、2-3、2-7、2-8、2-10、2-11、2-20）。辽东卫指挥使司作为三品衙门，对高丽国王使用上行文书即呈文（《吏文》2-4、2-5）。1375 年辽东卫指挥使司升格为二品衙门辽东都指挥使司后，对高丽国王用平行文书即咨文（《吏文》2-15）。在明《洪武礼制》规定的行移体式中，以咨呈、平咨为代表的咨文指二品以上官衙间的往来文书。④《吏文辑览》如此解释说："咨，二品以上官行同品衙门之文。又上项，各衙门、各与堂上官行。"⑤ 这意味着高丽国王与明廷的一、二品官衙同等级。

都评议使司，又称都堂，是高丽后期议论政事的宰枢会议机构，同时也是实际总领百僚、掌管庶务的最高政务机关。⑥ 高丽的都评议使司作为

---

① 张廷玉等：《明史》卷七二《职官志一》，第 1746 页。

② 俞汝楫等：《礼部志稿》卷六四《诸司文移式》，《景印文渊阁四库全书》第 598 册，台北：商务印书馆，1986，第 88 页。

③ 张廷玉等：《明史》卷四一《地理志二》，第 952 页；张廷玉等：《明史》卷七六《职官志五》，第 1872～1873 页。

④ 佚名：《洪武礼制·行移体式》，《原国立北平图书馆甲库善本丛书》第 439 册，第 316 页。

⑤ 前间恭作遗稿、末松保和编纂『訓讀吏文·吏文辑覽附』317 页。

⑥ 边太燮：《高丽都堂考》，《历史教育》第 11～12 辑，1969；金昌贤：《高丽后期都评议使司体制的成立与发展》，《史学研究》第 54 辑，1997。

文书发出主体，发给明正一品衙门中书省时使用上行文书即申文（《吏文》2-9、2-12）。明正二品衙门辽东都指挥使司发给高丽的都评议使司文书时，使用下行文书即照会（《吏文》2-14、2-17、2-18、2-19）。在明《洪武礼制》规定的行移体式中，照会是一、二品官衙对二、三品官衙的下行文书；而申文作为上行文书在中央和地方运用广泛，包括应天府上行五军都督府的报告文书和地方官衙上行六部的报告文书等，发文衙门均在三品以下。①《吏文辑览》解释说："照会，上司行下司之文。如五军都督府行六部、各布政司行按察使之类。""申，卑衙门及属司行上司衙门之文。"② 从吏文的文书往来看，高丽国从一品机构都评议使司被明朝认定其品阶相当于明廷的三品衙门（见图3）。③

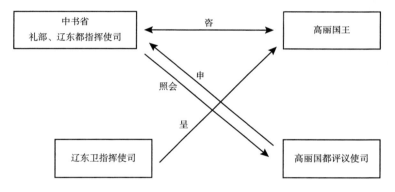

图3　《吏文》所见明与高丽外交文书的主要往来方式（1370~1391）

资料来源：转引自郑东勋《高丽—明外交文书书式与往来方式的成立及背景》，硕士学位论文，首尔大学，2009，第46页。

---

① 金曜绿：《明代公文制度与行移体系》，《明清史研究》第26辑，2006。

② 前间恭作遗稿、末松保和编纂『訓讀吏文・吏文辑覽附』317页。

③ 郑东勋认为高丽都评议使司与明中书省同为各国从一品官衙，在与明文书行移往来时依照了官品位阶递降两等的原则。郑东勋引用《高丽史》卷一三六禑王十二年八月丙午条的记录，认为高丽陪臣比中国臣下的衣冠礼制递降二等的原则，反映了服式、官品位阶的上下关系。因此高丽的官府衙门比明代同等级衙门递降两个等级。参见郑东勋《高丽—明外交文书书式与往来方式的成立及背景》，硕士学位论文，首尔大学，2009，第43~44页。

高丽与明的外交文书往来，是两国外交主体书面方式的直接接触，外交文书的体裁反映了外交主体的关系设定。《祭祀咨》的文书主体"明中书省"和"高丽国王"同为二品以上，故文书行移采用平行文书即咨文（见表 2）。

表 2　《吏文》所见明与高丽外交文书行移主体的上下关系

明的品阶	明的文书行移主体	上下关系	高丽的文书行移主体	高丽的品阶
／	皇帝	／	／	
一品	中书省（1380 年废止）	平级	国王	／
二品	礼部、辽东都指挥使司			
三品	辽东卫指挥使司	平级	都评议使司	一品

资料来源：转引自郑东勋《高丽—明外交文书书式与往来方式的成立及背景》，硕士学位论文，首尔大学，2009，第 46 页。

三　《祭祀咨》的内容与传递方式

从咨式文书的性质看，咨式文书是二品以上衙门与同品或二品以上衙门进行通报、请求、陈慰、陈情、感谢等的公文体式，内容涉及仪礼关系、经济交易、人口送还、军事关系等。[①]《祭祀咨》是明廷中书省以通报为目的的发给高丽国王的咨文，内容涉及国家间的礼仪关系。明廷中书省通过咨文想要通报给高丽国王怎样的信息，咨文又是如何传递到高丽国王的？

咨文提到明廷派道士徐师昊前往高丽祭祀山川之神、立碑的事实，在明与高丽、朝鲜的诸多史料中都可以确认。其中，《明史》对于"徐师昊往高丽代祀其国山川"事件的相关记载十分简略，只有两句话描述该事件：

---

① 沈载权：《朝鲜与明实务外交文书"咨文"分析》，《古文书研究》第 42 辑，2013。

（洪武）三年正月命使往祀其国之山川。是岁颁科举诏于高丽，颛表谢，贡方物，并纳元所授金印。①

与《明史》的记载相比，《明实录》《高丽史》的记载更加翔实。以下通过比较与补充中韩史料，尝试复原该文书所涉"徐师昊往高丽代祀其国山川"一事经纬。

例如，礼部考究所得的安南、高丽山川名号。《明太祖实录》洪武二年十二月二十一日壬午条记载：

> 上谓中书及礼官曰："今安南、高丽皆臣附，其国内山川，宜与中国一体致祭。"于是，礼部考其山川……高丽山有三，曰鲁阳、曰嵩、曰苇。水有四，曰川礼成、曰盐难水、曰浿水、曰马訾水（即鸭绿江也）。遂命著之祀典，设位以祭。②

这条记录与《祭祀咨》咨文所引用的第二条礼部呈文中"考究到安南、高丽山川名号"的内容形成呼应，并对咨文中未收录的礼部考证所得之安南、高丽山川具体名字做了补充。该记录的时间，与第一条呈文中"本省杨右丞、陈参政、侯参政，礼部崔尚书，于金水桥中道，钦奉圣旨"的时间都是洪武二年十二月二十一日，可知圣旨颁布之前，礼部已经上奏考究所得诸国的山川名号。

再如，洪武帝下赐此次遣官致祭的祭物、祝版等构成。据《明太祖实录》洪武三年正月十日庚子条的记载，御香盛以金盒，礼币一和绮幡二随其方色祝版，上面署有御名。除祭物外，另备白金二十五两，每位使者获赐白金十两和衣服。这条记录还显示，明廷要求使者到达各国后须立碑纪事，将明廷致祭各国山川之事刻碑，当使者返国时，需携带碑碣摹本

---

① 张廷玉等：《明史》卷三二〇《外国列传一》，第 8280 页。
② 《明太祖实录》卷四七，洪武二年十二月壬午条，中研院历史语言研究所校印本，1963，第 938~939 页。

以及各国山川图籍：

> 庚子，遣使往安南、高丽、占城，祀其国山川。先期，上斋戒，亲为祀文。是日，临朝，授使者香、币。香盛以金合；币一、文绮幡二，皆随其方色；祝版，上自署御名；给白金二十五两；具祭物。使者人赐白金十两及衣服而遣之。仍命各国，图其山川，及摹录其碑碣、图籍，付使者还。所至诸国，皆勒石纪其事。①

高丽方面关于"徐师昊往高丽代祀其国山川"的史料，主要来自《高丽史》，文集、地理志等也有一些相关记载。《高丽史》卷四二《世家》有两条相关记载。第一条记载了恭愍王十九年（洪武三年）四月二十二日洪武帝派遣的道士徐师昊来到高丽祭祀山川，并引用了祝文内容。祝文提到洪武帝遣使祭祀高丽山川的背景与正当性：洪武帝继承元代正统，混一天下，而高丽对其"奉表称臣"，获洪武帝封为王爵；又"考之古典，天子于山川之祀，无所不通"，故遣使携带牲币等前往祭祀高丽山川，以答神灵。

> 庚辰，帝遣道士徐师昊来祭山川。祝文曰："皇帝遣朝天宫道士徐师昊，致祭于高丽首山及诸山之神、首水及诸水之神。高丽为国，莫于海东。山势磅礴，水德汪洋，实皆灵气所钟。故能使境土安宁，国君世享富贵，尊慕中国，以保生民，神功为大。朕起自布衣，今混一天下，以承正统。比者，高丽奉表称臣，朕喜其诚，已封王爵。考之古典，天子于山川之祀，无所不通，是用遣使，敬将牲币，修其祀事，以答神灵，惟神鉴之。"②

---

① 《明太祖实录》卷四八，洪武三年正月庚子条，第 954 页。
② 郑麟趾等：《高丽史》卷四二《世家·恭愍王五》，西南师范大学出版社、人民出版社，2014，第 1293 页。

第二条记载，同为恭愍王十九年四月二十二日，记载了道士徐师昊立碑之事和碑文内容：

> 师昊又载碑石而来，问曰："都城南枫川，何地？"乃以会宾门外阳陵井对，遂立之。其文曰："洪武三年春正月三日癸巳，皇帝御奉天殿，受群臣朝，乃言曰：'朕赖天地祖宗眷佑，位于臣民之上。郊庙社稷以及岳镇海渎之祭，不敢不恭。迩者高丽遣使，奉表称臣。朕已封其王为高丽国王，则其国之境内山川，既归职方。考诸古典，天子望祭，虽无不通，然未闻行实礼达其敬者。今当具牲币，遣朝天官道士徐师昊前往，用答神灵。'礼部尚书臣崔亮钦承上旨惟谨，乃谕臣师昊致其诚洁以俟。于是，上斋戒七日，亲制祝文。至十日庚子，上临朝，以香授臣师昊，将命而行。臣师昊以四月二十二日至其国，设坛城南。五月丁酉，敬行祀事于高丽之首山大华岳神及诸山之神、首水大南海神及诸水之神，礼用告成。臣师昊闻，帝王之勤民者，必致敬于神。钦惟皇上，受天明命，丕承正统，四海内外，悉皆臣属。思与溥天之下，共享升平之治，故遣臣师昊，致祭于神。神既歆格，必能庇其国王，世保境土，使风雨以时，年谷丰登，民庶得以靖安，庶昭圣天子一视同仁之意。是用刻文于石，以垂视永久。臣师昊谨记。"师昊之来也，王疑道士行压胜之术，称疾不出，乃命百僚迎诏。①

这里有四点内容可以与《祭祀咨》咨文进行补充和对照。

第一，祭祀场所，即设坛立碑的具体位置。《祭祀咨》引用的洪武帝圣旨提到"各于本处城南，设坛致祭"，但没有说明城南的具体位置。《高丽史》提到徐师昊载碑石而来，先是咨询，然后确定在会宾门外阳陵

---

① 郑麟趾等：《高丽史》卷四二《世家·恭愍王五》，第 1293~1294 页。

井对面立碑。会宾门，"在罗城离方，俗称古南大门"。^① "罗城，即外城……离方，曰南大门。"^② 因此，罗城离方，即开城外城的南大门。阳陵井，"在府南八里"，即开城府府南八里。^③ 据曹臣俊等《松都杂记》所载，会宾门后来又称作碑篆门："由古南大门回顾碑篆门，转阳陵井，大明太祖遣徐师昊立碑于阳陵井。其称碑篆门，想以此也。"^④ 据后世文集载："阳陵井，在朝鲜开城府南八里会宾门外。水甚清冽，深费繘百余尺，犹不穷。刻石为甃，一名枫川。"^⑤ 综上，徐师昊立碑的准确位置就在开城府南八里的南大门（会宾门）外阳陵井。朝鲜时期提到阳陵井，都会提及洪武帝遣徐师昊立碑于阳陵井的史实，阳陵井由此成为古迹，此处所立之碑堪称高丽名碑之一。

第二，择日斋戒、降香的环节。《祭祀咨》中洪武帝圣旨提到"安南、高丽、占城，既来归附，其各国山川，合于洪武三年过正朝后，择日斋戒降香"，但对此次皇帝临朝和斋戒降香的具体内容没有收录。《高丽史》的这条记录引用了碑文，该碑文具体介绍了圣旨颁布和择日斋戒降香的过程。依据碑文，洪武三年正月初三，洪武帝御奉天殿正朝时，强调致祭高丽山川的正当性："朕赖天地祖宗眷祐，位于臣民之上。郊庙社稷以及岳镇海渎之祭，不敢不恭。"现在高丽归附明朝，高丽国境内的

---

① 林孝宪：《松京广考》卷五《门阙·会宾门》，19 世纪 30 年代笔写本，韩国首尔大学奎章阁藏（古 4790-14）。

② 金堉：《松都志》之《城郭·罗城》，仁祖二十六年（1648）木版本，韩国国立中央图书馆藏（古 2722-1）。

③ 李荇等：《新增东国舆地胜览》卷四《开城府上·山川·阳陵井》，光海君三年（1611）木版本，韩国首尔大学奎章阁韩国学研究院藏（奎贵 1932）。该条记录专门记载了明洪武帝遣使祭高丽山川一事："大明洪武三年，帝遣朝天宫道士徐师昊，祭高丽山川。师昊又载碑石而来，问都城南枫川何地。乃以是井对之。师昊致祭，遂竖碑而去。"并附有祝文与碑文。

④ 韩在濂：《高丽古都征》卷一《山水考·阳陵井》，纯祖年间（1800~1834）木活字本，韩国首尔大学奎章阁藏（古 4790-7）。

⑤ 成应海：《研经斋全集·外集》卷六三《古迹类·小华古迹·阳陵井》，《韩国文集丛刊》第 278 册，首尔：景仁文化社，2001，第 160 页；尹行恁：《硕斋稿》卷九《海东外史·阳陵井》，《韩国文集丛刊》第 287 册，首尔：景仁文化社，2002，第 163 页。

山川也归入版图，"高丽遣使，奉表称臣。朕已封其王为高丽国王，则其国之境内山川，既归职方"，"考诸古典，天子望祭，虽无不通，然未闻行实礼达其敬者"，故遣使携带牲币，前往致祭酬神。礼部尚书崔亮（即《祭祀咨》中的"礼部崔尚书"）奉旨安排徐师昊准备出发，直到七天之后洪武帝完成斋戒并亲制祝文，于正月十日正式任命徐师昊为使臣出使高丽。

第三，高丽祭山川诸神的内容。《祭祀咨》的落款日期是正月初十，即洪武帝临朝授香的当日。此后徐师昊何时到达高丽，如何致祭山川，致祭的对象等内容，在《高丽史》的这条记录中都可以确认。徐师昊于四月二十二日到达高丽，设坛城南；五月九日丁酉，敬行祀事。据《世宗实录》载，朝鲜王朝世宗年间闵义生、李坚基等人议风云雷雨祭祀，就提及洪武三年城南所设之坛的祭祀对象只有山川之神，无及于风云雷雨城隍之神，故称"山川坛"。①

第四，徐师昊到达高丽国后受到的接待。《高丽史》的这条记录提到高丽国王疑虑道士可能行厌（压）胜之术，"称疾不出，乃命百僚迎诏"。作为明朝直接派遣的使臣，徐师昊携带皇帝诏书而来，本应高丽国王亲自礼迎接诏，却只受到臣僚的迎接。

徐师昊到达高丽后的后续活动，还可以从朝鲜文人李穑（1328～1396）的《送徐道士使还序》中得到一些信息。② 李穑受中国性理学影响颇深，元朝末年曾多次以书状官的身份入朝。徐师昊来高丽时，李穑任三

---

① "山川坛，则洪武三年，太祖高皇帝遣道士徐师昊，设坛于松都南门之外，致祭立碑。其碑文曰：'大华岳神及诸山之神、大南海及诸水之神。'无及于风云雷雨城隍之神，故曰山川坛。不知何时，以风云雷雨城隍合而祭之。此则《洪武礼制》州县仪，非藩王事也。"《世宗实录》卷七二，世宗十八年四月辛酉条，《朝鲜王朝实录》第 3 册，第 676 页。《世宗实录》卷三二世宗八年四月乙酉条（《朝鲜王朝实录》第 3 册，第 672 页），以及《世宗实录》卷八三世宗二十年十二月己巳条（《朝鲜王朝实录》第 4 册，第 177 页）等，也载有类似讨论。

② 李穑：《牧隐稿·牧隐文稿》卷七《序·送徐道士使还序》，《韩国文集丛刊》第 5 册，首尔：景仁文化社，1991，第 57 页。

司右使。① 据《送徐道士使还序》，徐师昊在此次出使中不仅见到了高丽国王，还与李穑有过交往。徐师昊从金陵航海至王京，高丽群臣在郊外加以迎接和慰劳，并命礼曹准备祭祀所用物品，同知密直李成林负责监管。李穑当日也参加迎接。五月丁酉，百官陪位，在城南合祭山水之神。翌日，徐师昊原本计划返明复命，却遭遇强风，不得不在礼成江港口等待。高丽国王因徐道士来时未能以礼相待而心有歉意，召见徐道士专门慰问。李穑提到自己与徐师昊因祭祀之事有交流，又借此机会互相求诗。徐师昊在高丽期间与高丽臣僚交往的史实，通过郑梦周（1337~1392）的诗《送徐道士使还京师》也可略知一二。② 在高丽期间，徐师昊还周览山川，足迹远至朝鲜半岛东北部的悬德山。③

徐师昊祭祀完高丽山川并立碑后，明与高丽之间关于此次祭祀山川的文书往来并没有结束。《高丽史》恭愍王十九年六月十八日乙亥条，载有关于徐师昊返朝的记录。据该记录，徐师昊结束高丽之行，启程返国，高丽国王上表谢恩。表文提到，高丽国的海岳归附明朝，山川受望祭，百神受职，自己夏月以来因身患疾病无法处理公事，但已听闻朝天宫道士徐师昊依据中书省钦奉圣旨所作公文，携带香、祝版、幡、币等祭物和牺牲、缎匹前来；自己依照洪武帝的命令，选择吉日，差遣官员行祭，并下令将徐师昊所作备载圣训的记文刻于碑石。表文最后表示，朝廷遣使来高丽祭祀山川"古今之罕有"，明朝颁布的礼法影响到高丽，自己将"慎守世封，恭陈时祀"。④ 从这条记录看，高丽国王称臣上表，讲述高丽国的海岳与山川百神遵循洪武帝颁布的礼法并接受祭祀，列举徐师昊前来高丽祭祀所携带的文书与物品，确认其在高丽完成祭祀与立碑的事实，这与前述明廷中书省发给高丽国王的咨文形成呼应。

---

① 李穑：《牧隐稿·牧隐文稿》之《行状·朝鲜牧隐先生李文靖公行状》，《韩国文集丛刊》第 3 册，第 506 页。

② 郑梦周：《圃隐集·圃隐先生文集》卷二《诗·送徐道士使还京师》，《韩国文集丛刊》第 5 册，第 584 页。

③ 《正祖实录》卷四六，正祖二十一年六月癸巳条，《朝鲜王朝实录》第 47 册，第 26 页；尹行恁：《硕斋稿》卷九《海东外史·阳陵井》，第 163 页。

④ 郑麟趾等：《高丽史》卷四二《世家·恭愍王五》，第 1297 页。

通过文书与传世文献的比照与补充，《祭祀咨》所涉明廷中书省通过咨文想要通报给高丽国王的信息、咨文传递到高丽国王的具体经过更加清晰。洪武帝遣徐师昊往高丽代祀其国山川事件大致可以复原如表3所示。

表3 "徐师昊往高丽代祀其国山川"事件经纬

时间	经过
洪武二年十二月二十一日	礼部事先调查确定安南、高丽山川名号；定安南、高丽山川祀典
洪武三年正月三日	皇帝斋戒七日，亲制祝文；徐师昊洁身待命
洪武三年正月十日	皇帝临朝，授徐师昊以香、币等，命其前往高丽
	徐师昊从金陵启程，携带诏书、咨文以及皇帝所赐的祝文、礼币等前往高丽
洪武三年四月二十二日	徐师昊到达高丽，高丽国王不出，百僚迎诏；设坛城南
洪武三年五月九日	徐师昊告祭高丽山川诸神；立碑纪事
洪武三年五月十日	徐师昊原计划启程返回，因遇大风，在礼成江港口等候
洪武三年五月十一日至六月十七日	徐师昊周览高丽山川，与李穑、郑梦周等人交往；高丽国王召见徐师昊
洪武三年六月十八日	徐师昊结束高丽之行，携带图籍、高丽国王的谢恩表文等启程返国

《明实录》、《高丽史》、文集、地理志等的相关记载，极大丰富了该外交事件的诸多细节。

明廷中书省发出的《祭祀咨》，通过祭官徐师昊一行的使行传递到高丽国，由高丽国王接收。徐师昊等人的出使不仅传递了中书省发给高丽国王的咨文，还将洪武帝的诏书、祝文带到高丽。徐师昊一行到达高丽后，本应由高丽国王亲迎诏书，国王却疑虑道士行压胜之术而称疾不出，由臣僚代为接待。徐师昊返还时，携带了高丽国王的表文、碑碣与图籍。外交文书的传递成为出使之行的基本目的。徐师昊此行，明与高丽间的文书往来过程十分完整，高丽的表文、图籍与明的咨文、诏书、祝文内容相互呼应。在高丽、朝鲜两朝的对明关系中，承载两国外交主体意见的外交文书的传递显得尤为重要，这一过程往往通过使者之行和使臣接待等形式的外交活动实现。

本文所引的《祭祀咨》的文书传递，属于通过正式差定使臣去高丽传递文书的方式。① 该方式通常表现为中国使臣直接将文书传达给高丽，高丽按照一定的仪礼接收文书，报告给国王后保存在承文院。《吏文》卷二的《祭祀咨》便是承文院保存的诸多中朝外交文书之一，反映了明初与高丽之间外交文书的传递、接收与保存过程。

四　明初山川祭祀礼仪秩序的构建与高丽的反应②

洪武帝遣使往高丽致祭高丽山川并立碑的这一举措，于高丽、朝鲜两朝对明关系有着重要的象征意义。事件相关的内容反复转述于朝鲜王朝时期的各种史籍中，成为"事大"典故之一。不过，明朝初建时与高丽的关系迂回曲折，这在徐师昊的立碑事件中也得到体现。

恭愍王在位期间，元朝国内各地叛乱、政局动荡的消息传到高丽，恭愍王一方面借机推动反元运动，试图摆脱元的长期统治，另一方面任用李齐贤、李穑等性理学学者，积极改革国内政治。此后明朝初建，面对国内及周边极为复杂的形势，明廷采取拉拢高丽、速灭北元的策略。洪武帝即位伊始，便积极开展与高丽的交往，以确立王朝的正统性；高丽恭愍王也积极向明，两国相处较为融洽。③ 洪武帝即位后，立即将元、明更替的消息通报给高丽。洪武元年（1368）十二月，洪武帝派符宝郎偰斯奉玺书

---

① 依照金暻绿关于中朝文书往来方式的分类，中国对朝鲜发给文书的方式主要有四种：给朝鲜使臣看文书原件，使臣抄写内容后，复命后将抄写的文书提交给承文院；正式差定使臣去朝鲜发给文书；朝鲜使臣返回朝鲜时发给文书；通过明代辽东都司、清代盛京等官衙门发给文书。朝鲜接收中国文书的方式相应有四种：朝鲜使臣抄回来；从中国使臣处接收；朝鲜使臣接收文书正本返回；通过辽东等衙门接收。参见金暻绿《朝鲜时代对中国外交文书的接收、保存体系》，《韩国史研究》第 137 辑，2007。

② 关于明礼制改革与高丽的接受问题，本节受如后论文的启发。崔钟硕：《丽末鲜初明的礼制与地方城隍祭再编》，《历史与现实》第 72 辑，2009。

③ 金顺子：《丽末鲜初对元明关系研究》，博士学位论文，延世大学，2000；朴元熇：《明初朝鲜关系史研究》，首尔：一潮阁，2002；刁书仁：《论明初高丽王朝与明朝的关系》，《明清中朝日关系史研究》，吉林文史出版社，2001，第 30~42 页；屈广燕：《元明嬗代之际中朝政治关系变迁研究》，中国人民大学出版社，2021。

赐高丽国王王颛。① 洪武二年（1369）五月，高丽国王王颛派礼部尚书洪尚载等人奉表到金陵贺登极、请封爵、贡方物。② 八月，洪武帝遣符宝郎偰斯携带皇帝诏书及金印、诰文等往高丽，册封王颛为高丽国王。③

一方面，明朝建立后，对日常参见之礼、官民服饰以至天子祭天仪式等开展了全面的改制，并将礼制改革的适用范围推广至高丽等藩属国。礼制改革中有关祭祀的一系列改制占有重要位置。明初五礼，祭祀活动列于"吉礼"，分大、中、小三级。皇帝躬亲大祀，如祭太岁、星辰、风云、雷雨、岳镇、海渎、山川之祀，其他中祀及小祀遣官致祭。只有"天子"才有权代表国家与最高主神"天"以及最高等级的神进行沟通。洪武时期确立的国家祭祀体系中，山川祭祀是重要的组成部分。山川不仅为万民所瞻仰，乃财用之所出，也是天意的载体和疆土的象征。山川祭祀礼仪秩序的制度设计与实践，体现了洪武帝确认和维护现实中明与周边国家的权力秩序的努力。④

在洪武帝看来，高丽等国是明的藩属国，其国内山川应与中国境内一体致祭。洪武帝先命礼部调查考究各国山川名号，再遣使致祭。洪武帝关于藩属国山川祭祀的构想，在《明史·礼志》岳镇海渎山川之祀条里的"其他山川之祀"中有所体现。洪武二年，洪武帝强调"安南、高丽皆臣附，其国内山川，宜与中国同祭"。洪武三年，"遣使往安南、高丽、占城，祀其国山川"，后"遣官颁革正山川神号诏于安南、占城、高丽"。洪武六年，琉球等朝贡国也被纳入明朝祭祀外国山川的范围。洪武八年，礼部尚书牛谅上书质疑外国山川非天子应亲祀对象，"京都既罢祭天下山川，其外国山川，亦非天子所当亲祀。中书及礼臣请附祭各省"，明朝才

① 《明太祖实录》卷四四，洪武元年十二月壬辰条，第 749 页。
② 《明太祖实录》卷四四，洪武二年八月甲子条，第 858 页。
③ 《明太祖实录》卷四四，洪武二年八月丙子条，第 866 页。
④ 关于明朝国家祭祀体系，以下研究有专门讨论。滨岛敦俊：《朱元璋政权城隍改制考》，《史学集刊》1995 年第 4 期；赵轶峰：《明朝国家祭祀体系的寓意》，《东北师大学报》2006 年第 2 期；李媛：《明代国家祭祀体系研究》，博士学位论文，东北师范大学，2009；张勃：《明代国家山川祭祀的礼仪形态和多重意义》，《中原文化研究》2017 年第 2 期。

改外国山川为各省附祭。①

　　从明初关于山川祭祀的一系列举措可以看出，藩属国的山川和中国境内的山川在明朝看来并无差别，都是明朝皇帝致祭的对象。

　　洪武帝强调，以藩属国境内山川"悉归职方""天子望祭，虽无不通"② 的理论"考诸古典"。但在洪武帝之前，藩属国的山川从未载于天子国的祀典里。明朝初建之际，天子也并未参加诸侯国的山川祭祀，"洪武二年，太祖以岳渎诸神合祭城南……盖天子方望之事，无所不通。而岳镇海渎，在诸侯封内，则各祀之。秦罢封建，岳渎皆领于祠官。汉复建诸侯，则侯国各祀其封内山川，天子无与"。③ 在致祭高丽山川的碑文中，洪武帝也提到"未闻有遣使致祭于其境者"。④

　　遣使前往藩属国祭祀山川之神的举措史无前例，是洪武帝即位后的新创。明山川坛位于都城南门（正阳门）之外，臣附各国也"于城南设坛致祭"。⑤ 前文已考证高丽的山川祭祀位于开城府南大门（会宾门）外，与明山川坛的方位设置一致。高丽山川祭祀的择日、斋戒、降香等环节，以及祝文、礼币、牺牲等祭祀陈设，均遵照明朝规定的祭祀礼仪进行。所立碑文，亦是按照明规定的统一程式撰写的。对比载于《高丽史》中道士徐师吴立碑之碑文⑥与《明集礼》中所载针对安南、高丽、占城的《代祀外夷山川碑文》，两者基本一致（括号内为《高丽史》的记载）：

　　　　洪武三年春正月三日癸巳，皇帝御奉天殿，受群臣朝，乃言曰："朕赖天地祖宗眷佑，位于臣民之上。郊庙社稷以及岳镇海渎之祭，不敢不恭。迩者占城、安南、高丽并同遣使（高丽遣使），奉表称

① 张廷玉等：《明史》卷四九《礼志三》，第 1285 页。
② 《明太祖实录》卷四八，洪武三年正月庚子条，第 954~955 页。
③ 张廷玉等：《明史》卷四九《礼志三》，第 1283 页。
④ 《明太祖实录》卷四八，洪武三年正月庚子条，第 954~955 页。
⑤ 前间恭作遗稿、末松保和编纂『訓讀吏文』2 页。
⑥ 郑麟趾等：《高丽史》卷四二《世家·恭愍王五》，第 1293~1294 页。

臣。朕已封其王为占城国王，安南、高丽同（高丽国王），则其国之境内山川，既归职方。考诸古典，天子望祭，虽无不通，然未闻行实礼达其境（敬）者。今当具牲币，遣朝天官道士某人（徐师昊）前往，用答神灵。"礼部尚书臣崔亮钦承上旨惟谨，乃谕臣某（师昊）致其诚洁以俟。于是，上斋戒七日，亲为制（制祝）文。至十日庚子，上临朝，以香授臣某（师昊），将命而行。臣某（师昊）以某（四）月某（二十二）日至其国，设坛城南。某（五）月某日（丁酉），敬行祀事于某国（高丽）之某山（首山大华岳神）及诸山之神、某水（首水大南海神）及诸水之神，礼用告成。臣某（师昊）闻，帝王之勤民者，必致敬于神。钦惟皇上，受天明命，丕承正统，四海内外，悉皆臣属。思与普（溥）天之下，共享升平之治，故遣臣某（师昊），致祭于神。神既歆格，必能庇其国王，世保境土，使风雨以时，年谷丰登，民庶得以靖安，庶昭圣天子一视同仁之意。是用刻文于石，以垂视永久。臣某（师昊）谨记。某国王臣某、陪臣某官某。"①

《代祀外夷山川碑文》中提到"天子一视同仁"，勾勒出洪武帝时期基于礼制的秩序观，这一秩序观与明朝建国的重要势力金华学派的思想学术有密切联系。② 明学士宋濂（1310～1381）便是对洪武帝对外认识影响颇深的人物之一。遣使代祀外夷山川之神与宋濂是否有直接关联，此事有待考证，③ 但宋濂确实写过《代祀高丽国山川记》，专门记述洪武三年徐

① 徐一夔：《明集礼》卷一四《吉礼十四》，《景印文渊阁四库全书》第 649 册，台北：商务印书馆，1986，第 303 页。
② 李庆龙：《明初金华学派的华夷论形成与边境认识》，《明清史研究》第 24 辑，2005。
③ 金晓绿提到徐师昊携带的皇帝诏书是由宋濂撰写的，不过笔者尚未看到直接的史实来源。金晓绿：《洪武帝的对外认识和朝贡制度的整备》，《明清史研究》第 37 辑，2012。

师昊往高丽代祀山川之神的经过。① 这段文字进一步补充了洪武三年正月十日洪武帝降香的经过及五月九日摄行祀事的细节。《代祀高丽国山川记》后以《徐师昊往高丽代祀其国山川之神》为题，被收录于明人所著的《殊域周咨录》中，可见这一事件的重要性。②

洪武帝不仅通过遣使和咨文传达将藩属国的山川纳入天子致祭对象的礼制新规，其洪武三年反映礼制改革构想的诏书也通过使臣下达到藩属国。《明史·礼志》岳镇海渎山川之祀条提到，洪武三年明遣官赴安南、占城、高丽，颁布"革正山川神号"的诏书。这一举措同样反映了洪武帝将境内的礼制改革推广适用于藩属国的意图。据《明太祖实录》洪武三年六月六日癸亥条载，洪武帝"诏定岳镇海渎城隍诸神号"，并载有诏书内容，最后提到：

> 是日，上躬署祝文，遣官诣岳镇海渎，以更定神号，告祭……仍遣秘书监直长夏祥凤等颁章正神号诏于安南、占城、高丽。③

高丽史料也显示，夏祥凤确实将诏书带到了高丽。恭愍王十九年（洪武三年）七月十六日，"（洪武）帝遣秘书监直长夏祥凤降诏书"，并详细转载了诏书的内容，④ 内容与《明太祖实录》所载诏书内容基本一致。

明初，城隍及山川之神的封爵遵循旧制。⑤ 该诏书表示，明朝君臣"考诸祀典，知五岳五镇、四海四渎之封，起自唐世"，"渎礼不敬"，"今命依古定制，凡岳镇海渎，并去其前代所封名号，止以山水本号称其神。郡县城隍神号，一体改封。历代忠臣烈士，亦依当时初封，以为实号，后世溢美之称，皆与革去"。⑥

---

① 宋濂：《宋学士文集》，《銮坡集》卷一《代祀高丽国山川记》，浙江古籍出版社，2014，第466~467页。
② 严从简：《殊域周咨录》卷一《东夷·朝鲜》，中华书局，1993，第9~10页。
③ 《明太祖实录》卷五三，洪武三年六月癸亥条，第1035~1036页。
④ 郑麟趾等：《高丽史》卷四二《世家·恭愍王五》，第1301~1302页。
⑤ 徐一夔：《明集礼》卷一四《吉礼十四》，第294~297页。
⑥ 郑麟趾等：《高丽史》卷四二《世家·恭愍王五》，第1301页。

　　对明初通过山川祭祀改革以构筑的"天子一视同仁"的礼制秩序，高丽接受新儒学的新兴士大夫阶层持何态度？对本文所涉及的洪武帝首次派使者亲赴祭祀高丽山川立碑一事，《高丽史》可谓记载翔实。从史料记载看，当时高丽朝廷对明使臣前来祭祀高丽山川和立碑基本持合作协助态度，高丽文集资料也旁证当时的新兴士大夫阶层对此事给予认可。徐师昊与高丽新兴士大夫的代表人物有过交往，李穑、郑梦周等人专门作《送徐道士使还序》《送徐道士使还京师》。有待考证的一点是，高丽国王在徐师昊到达高丽后，并没有亲自迎接诏书，而是称疾不出。这一态度似乎有些缘由。直到完成在高丽的山川祭祀立碑，准备启程返国，因大风滞留高丽后，徐师昊才获得恭愍王的召见。

　　洪武三年六月，徐师昊结束高丽之行，启程返回。同年七月，高丽始行洪武年号。① 同月，恭愍王"遣三司左使姜师赞如京师，谢册命及玺书，并纳前元所降金印"。② 早在洪武元年十二月，洪武帝就派符宝郎偰斯赐玺书给高丽国王王颛，但直到洪武三年七月，高丽才奉明正朔。结合上述高丽国王在徐师昊到达高丽后称疾不出的态度，可以看出高丽对称臣于明似略带犹豫。

　　洪武初期与高丽的交往保持着基本的和睦状态，但洪武四年（1371，恭愍王二十年）四月以后，明与高丽的关系充满紧张感。洪武六年（1373，恭愍王二十二年），洪武帝致书高丽，围绕事明不诚、打探消息，历数其罪责。③ 洪武七年（1374，恭愍王二十三年），九月恭愍王被弑、十一月明使臣被杀等事件接连发生，高丽的国内外政治环境发生急剧变化。高丽恢复与北元的"事大"关系，亲元派禑王即位后，接受北元的册封，使用北元的年号。这期间高丽虽以"先王之政"为由，依然维持与明的"事大"关系，但在当时的政治环境下，明与高丽的关系已经发

---

① 郑麟趾等：《高丽史》卷四二《世家·恭愍王五》，第 1301 页。
② 郑麟趾等：《高丽史》卷四二《世家·恭愍王五》，第 1302 页。
③ 屈广燕：《元明嬗代之际中朝政治关系变迁研究》，第 64~66 页。

生了微妙的变化。① 两国关系的变化从徐师昊所立之碑被毁坏的事件也可以解读出来。禑王九年（1383）九月，禑王以徐师昊立碑之后兵革不息、水旱等自然灾害频发为由，命判书云关事崔融摧毁徐师昊所立之碑。② 这一举动体现的象征意义，与恭愍王时期接受明礼制改革的态度出现了相异的一面。

禑王十一年（1385），高丽与明关系得到恢复。九月，明诏书使张溥、谥册使周倬等发现徐师昊所立之碑被毁，命高丽复立此碑。③ 在告庙焚黄礼之后，明使臣问罪高丽人致膰肉过程中的非礼行为；使臣还要求检查高丽的祀典，加入遗漏的祭祀环节，并往观社稷坛和城隍。④ 这些举措都延续了恭愍王时期明廷介入高丽国礼制的政策。

综上，洪武帝礼制改革中国家祭祀体系不仅仅涉及本文所探讨的山川祭祀，其实包括了岳镇海渎、天下山川、城隍祭祀等方面。本文所探讨的"徐师昊往高丽代祀其国山川"事件，反映了洪武帝将礼制改革的适用范围推广至藩属国，构建由天子掌管藩属国礼制、一视同仁的礼制秩序的构想。高丽对明廷介入本国礼制之举的态度，随着两国关系的发展有着微妙的变化。

洪武帝的这一礼制改革不止于理念，极富实践性。派官致祭外国山川立碑不仅在高丽，在安南也确有实行。越南史料对此事件也有记载：

> 春，正月，明帝亲制祝文，命朝天官道士阎原复赍牲币，来致祭于伞圆山及泸江诸水神。夏四月，阎原复入国都，敬行祀事毕，刻文于石纪其事，然后辞归。⑤

---

① 金成俊：《高丽末的政局与元明关系》，国史编纂委员会编《高丽后期的社会与对外关系》（《新编韩国史》第 20 辑），果川：国史编纂委员会，1994。
② 郑麟趾等：《高丽史》卷一三五《列传·辛禑三》，第 4065 页。
③ 郑麟趾等：《高丽史》卷一三五《列传·辛禑三》，第 4089 页
④ 郑麟趾等：《高丽史》卷一三五《列传·辛禑三》，第 4089 页。
⑤ 陳荊和編校『（校合本）大越史記全書』「本紀·藝宗皇帝·庚戌紹慶元年」東京大學東洋文化研究所附属東洋學文獻中心、1984、438 頁。

对于明廷遣使前来祭祀本国山川之神并立碑的举措，安南国是如何反应的，这也是值得进一步探讨的问题。

结　语

以上选取了朝鲜王朝编纂的《吏文》卷二第一篇咨式文书《祭祀咨》，分析了这件咨文的结构，并结合其他史料复原了朝天宫道士徐师昊前往高丽代大明皇帝祭祀高丽国山川一事的经纬。通过分析咨文的结构与行移过程，传世文献中关于明使前往藩属国祭祀山川的外交决策过程得以还原。文书与传世文献之间的对照与补充则丰富了该外交事件的诸多细节，明中书省通过咨文通报给高丽国王的信息、咨文传递到高丽国王的经过显得更加清晰与完整。以往的研究很少讨论文书传递与明初礼制体系之间的关系。从本文所举个案可以看到，咨文、诏书等外交文书在明初礼制秩序的实践过程中发挥着重要作用。外交文书的往来与信息传递，也是理解明与周边国家关系、明初礼制秩序构建过程的重要视角。

《吏文》收录保留的外交公文书 52 篇中，仅咨文就有 30 篇。这些咨文不仅有礼仪秩序相关的文书，还有通报辽东和中原政局变化的文书，以及有关国境侵犯和刷还、使行、贡物、印章、下赐物、马匹贸易、漂流人送还等内容的文书，内容涉及广泛。这些文书的结构与传递方式、承载的信息情报都有待展开细致的个案分析。明与高丽朝鲜之间频繁的咨文往来在两国关系中发挥了何种作用等问题值得更多关注。

合作与遏制：清政府与大北、大东电报公司关系探析[*]

合作与遏制：清政府与大北、大东电报公司关系探析[*]

薛轶群[**]

摘　要　19世纪70年代，大北电报公司与大东电报公司敷设的海底电缆将中国纳入全球通信网络。清政府虽然最初对引入电报采取拒绝态度，但在边疆危机的影响及李鸿章的建议下，自19世纪80年代成立中国电报总局，通过赋予大北、大东公司通信专利权的方式实现了利用其水线收发国际电报，并以此阻止外国电报公司插手国内电信业务，这一合作与遏制策略在初期的确取得了一定成效。承认两公司拥有国际通信垄断权的构想，并非列强单方面强加。19世纪90年代，薛福成已提出与两公司合作的构想，甲午战争后盛宣怀与大北、大东公司签订含有排他性条款的密约，其真实目的是联合两公司阻止日本或他国侵蚀中国电信利权。但义和团运动的爆发使清政府原先的设想落空，不仅两公司以电信借款染指中国国内的电信事业，扩大了在华权益，且国际通信垄断权也成为束缚中国电信主权的桎梏，其负面效应进一步凸显。

关键词　大北电报公司　大东电报公司　中国电报总局　通信专利权

---

*　本文是中国社会科学院近代史研究所创新工程研究类项目"近代中国国际通信网的构建与运用（1870~1930）"的阶段性研究成果。

**　薛轶群，中国社会科学院近代史研究所副研究员。

绪　言

本文考察 19 世纪末至 20 世纪初清政府与大北、大东电报公司关系的嬗变过程。19 世纪中期电报技术的发明，实现了远距离信息的迅速传递，并加速了世界市场一体化的进程，这被视为全球化的滥觞。① 推动通信网覆盖全球的最大动力，原为促进通商贸易。但以美西战争时美军切断西班牙的通信电缆及第二次布尔战争时英国对电报进行审查为契机，确保战时通信畅通、摆脱对外国电信线的依赖成为列强面临的重要课题，电信作为"看不见的武器"这一政治特性日益强化。②

19 世纪 70 年代，丹麦大北电报公司（Great Northern Telegraph Co.，下文简称"大北公司"）与英国大东电报公司（Eastern Extension Australasia & China Telegraph Co.，下文简称"大东公司"）相继敷设海参崴—长崎—上海—香港与上海—香港—印度—欧洲的海底电缆，中国自此被纳入全球通信网络。此后，以赋予大北、大东公司专利权的方式，清政府准许外国电报公司经营中国的国际电报业务。③

考察近代中外关系时，清政府与外国电报公司的互动是一个重要方面。有别于国与国之间的条约交涉，清政府在 20 世纪初推动电信事业国有化之前，对外的电信交涉主要依托官督商办企业中国电报总局。而作为主要的交涉对手，大北、大东公司虽然是商业公司，但背后有着俄国、丹麦、英国等国的影子，除了电报网络带来的经济利益，政治、外交因素在

---

① Dwayne R. Winseck and Robert M. Pike, *Communication and Empire：Media，Markets，and Globalization，1860–1930*，Durham，N. C.：Duke University Press，2007.

② Daniel R. Headrick, *The Invisible Weapon：Telecommunications and International Politics，1851–1945*，New York：Oxford University Press，1991.

③ 日本于 1871 年通过大北公司敷设的海参崴—长崎—上海线开始收发国际电报，1882 年为委托大北公司敷设长崎—釜山海底电缆，向该公司许以 20 年日本与亚洲大陆之间的国际通信专利权，至 1900 年，又允诺延长 10 年。而清政府赋予外国电报公司的专利权包括水线敷设权、水线登陆权、国际通信专利权等多层含义，且涉及的具体条款签署于不同时期，彼此之间的关联性将于下文详述。

清政府与外国公司的交涉中带来的影响也绝不可忽视。[①]

对于清政府赋予大北、大东公司通信专利权，时人及研究者通常认为是帝国主义列强侵略中国电信利权的产物，而利权的丧失也成为长期束缚中国国际通信的桎梏。[②] 近年来，对清政府在抵制外国电报公司侵略、维护电信主权方面的努力，给予肯定的研究逐渐增多。[③] 其中夏维奇以水线为例，考察了清政府、北京政府、南京国民政府与列强围绕电信主权的破坏与修复展开的交涉，指出电信权益包括水线敷设权、专利权、登陆权、

---

① Ahvenainen 关注远东在全球电报网络的定位，考察了大东、大北公司在该地区展开业务的过程，指出 19 世纪末电信已成为国际政治的重要工具，性价比不再是优先考虑的要素。参见 Jorma Ahvenainen, *The Far Eastern Telegraphs*: *The History of Telegraphic Communications between the Far East, Europe and America before the First World War*, Helsinki: Suomalainen Tiedeakatemia, 1981。关于 19 世纪末对华关系中电报网络与英国外交的关系，参见 Paul M. Kennedy, "Imperial Cable Communications and Strategy, 1870 – 1914," *English Historical Review*, Vol. 86, Issue 341, 1971, pp. 728 – 752; Ariane Knüsel, "British Diplomacy and the Telegraph in Nineteenth-Century China," *Diplomacy and Statecraft*, Vol. 18, Issue 3, 2007, pp. 517 – 537。关于大北公司的在华活动及与大东公司在华的竞争合作关系，参见 Erik Baark, "Wires, Codes and People: The Great Northern Telegraph Company in China 1870 – 1890," in Kjeld Erik Brødsgaard and Mads Kirkebæk (eds.), *China and Denmark*: *Relations since 1674*, Copenhagen: Nordic Institute of Asian Studies, 2001, pp. 119–152; Kurt Jacobsen, "The Great Northern Telegraph Company and the British Empire 1869 – 1945," in Jørgen Sevaldsen, Bo Bjørke and Claus Bjørn (eds.), *Britain and Denmark*: *Political, Economic and Cultural Relations in the 19th and 20th Centuries*, Copenhagen: Museum Tusculanum Press, 2003, pp. 206–213。

② 袁德宣：《交通史略》，北京交通丛报社、长沙铁路协会，1927；葛绥成：《中国之交通》，中华书局，1927；谢彬：《中国邮电航空史》，中华书局，1928；张心澂：《中国现代交通史》，良友图书印刷公司，1931；金家凤：《中国交通之发展及其趋向》，正中书局，1937；邮电史编辑室编《中国近代邮电史》，人民邮电出版社，1984；上海电信史编委会编《上海电信史（1871~2010）》，上海人民出版社，2013。

③ Alebert Feuerwerker, *China's Early Industrialization*: *Sheng Hsuan-huai（1844 – 1916）and Mandarin Enterprise*, Cambridge, Mass: Harvard University Press, 1958；王尔敏：《盛宣怀与中国电报事业之经营》，易惠莉、陈吉龙主编《二十世纪盛宣怀研究》，江苏古籍出版社，2002，第 279~329 页；韩晶：《晚清中国电报局研究》，博士学位论文，上海师范大学，2010；王东：《盛宣怀与晚清中国的电报事业（1880~1902）》，硕士学位论文，华东师范大学，2012；夏维奇：《晚清电报建设与社会变迁——以有线电报为考察中心》，人民出版社，2012。

接线权、电报收发权、报价协定权等多个方面，虽然清政府主权观念渐次明晰，维权意识不断增强，但国力有限是电信主权屡遭破坏的根本。[①] 列强对中国电信利权的侵害固然无可置疑，但这一视角将其置于简单对立的框架下，似乎无法全面理解相互之间错综复杂的关系。这源自国际通信网作为一项基础设施体现了互通互联的特征，建设与运用过程中在资金、技术、人才方面都无法完全排除外国的因素，可说是一种特殊的"共存"关系。

因此，本文拟从中国构建电报通信网的视角出发，梳理清政府与大北、大东公司的关系演变，着重考察清政府的应对，借此分析其采取的合作与遏制策略及其影响。如此，将不仅有助于洞悉萦绕在其背后的国际政治的角力过程，深入理解围绕中国的国际关系中中国因素的定位，也可全面认识近代中国在融入全球通信网过程中的努力与挫折。

一　大北、大东公司与电报的引入

1869 年 6 月 1 日，丹麦—挪威—英格兰电报公司（Danish-Norwegian-English Telegraph Co.）的经营者、丹麦人卡尔·弗雷德里克·蒂特根（Carl Frederick Tietgen）合并了丹麦—俄罗斯电报公司（Danish-Russia Telegraph Co.）和挪威—不列颠电报公司（Norwegian-British Submarine Telegraph Co.），新成立大北电报公司。大北公司最初的设想是敷设连接欧美的水线以扩张事业，但由于新建成的大西洋水线在技术及稳定性方面已领先一步，转而决定经由俄罗斯的陆线开拓远东市场。1870 年，蒂特根设立子公司大北中日电信公司（Great Northern China & Japan Extension Telegraph Co.），准备开始敷设连接香港—上海—长崎—海参崴的水线。[②]

同一时期，英国的东方电报公司（Eastern Extension Telegraph Co.）

---

① 夏维奇：《近代中国电信主权的破坏与修复——以外商在华沿海水线之纠葛为考察中心》，《学术研究》2021 年第 7 期。

② 大北電信株式会社編、室井嵩監訳『大北電信株式会社：1869～1969 年會社略史』国際電信電話株式会社、1972、12～17 頁。

已自伦敦敷设水线至印度，设立大东电报公司，计划敷设连接新加坡—香港—上海的水线。1870 年 4 月 30 日，英国驻华公使威妥玛（Thomas Francis Wade）照会总理衙门，要求准许自香港敷设水线至广州、汕头、厦门、福州、宁波、上海，并在通商口岸登陆。5 月 7 日，恭亲王奕訢回复称："中国沿海内洋，亦可听其在水底安放，惟线端仍不得上岸，俾与通商口岸陆路不相干涉，庶界限分明，或可免生缪辕。"对此，威妥玛认为水线"系在内洋海中水底安设，其安设线端船只，自必在沿海埠口向来停泊外洋船码头之外近海处停泊"，并不与中方要求冲突。5 月 19 日，恭亲王再次照会威妥玛，表示如发生损害，中国将不负赔偿责任。[1]

然而，大东公司在开工敷设水线前，已与大北公司就合作事宜达成一致。5 月 13 日，两公司签署合同，约定上海以北归大北公司经营，香港以南归大东公司经营，上海至香港之间由两公司共同经营，大北公司负责敷设上海—香港线，双方平分收益。[2] 半年后的 11 月 25 日，大北公司的水线敷设船"大北（Great Northern）号"抵达上海吴淞口，因清政府不允许水线登陆，遂决定先选择在长江口的大戢山岛设立报房，再将水线沿长江直通黄浦江底，在浦东红庙登陆设立报房，并向工部局申请在公共租界的登陆权。[3]

1871 年 4 月与 8 月，上海—香港线、上海—长崎线先后开通。长崎—海参崴线虽然于该年 11 月竣工，但由于西伯利亚陆线进展缓慢，直至

---

① 大北、大东公司据此主张中国已承认敷设水线，且未规定期限，因此意味着获得了永久登陆权。但从恭亲王奕訢的意图来看，非但没有许可登陆权，实际上是拒绝了水线登岸，即便允许敷设水线，也意在让其变成一纸空文。6 月 1 日文祥致总理衙门的函中，也表示应拒绝英方的要求。随后总理衙门通告沿海地方官，须严禁外国人的水线登陆。中研院近代史研究所编《海防档　丁·电线》，编者印行，1957，第 79~87 页。

② Overenskomst med The China Submarine Telegraph Company af London angaaende Anlæget og Driften af et Telegrafkabel mellem Hongkong og Shanghai（《与中国海底电报公司在伦敦有关香港与上海之间电报电缆运作与经营的协议》），中国电信公司上海分公司档案馆藏大北公司档案，转引自韩晶《晚清中国电报局研究》，第 27 页。

③ Kurt Jacobsen ed., *The Diary Kept by Rasmus Petersen: Aboard the S. S. Great Northern from August 2, 1870 to January 4, 1871*, Copenhagen: G. N. Great Nordic, 1994, pp. 50-52；上海市档案局编《上海租界志》，上海社会科学院出版社，2001，第 140 页。

1872 年 1 月 1 日远东的电报网络才正式形成。通过大北公司敷设的水线，中国与日本均被纳入全球的通信网。①

　　电报最初的主要用户是生活在租界的外国人，大北公司为扩大中国人用户，设计了以四位数字对应一个汉字的电码本，使汉字电报也可通过莫尔斯电码收发（参照图 1）。由此，中国商人也可便捷地使用电报应对

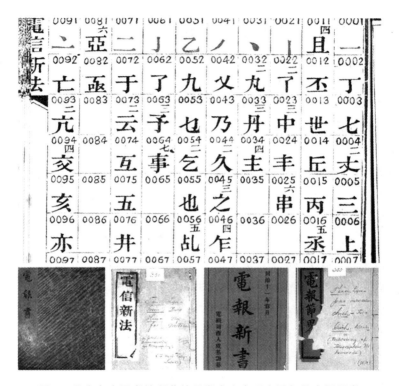

图 1　丹麦皇家图书馆所藏的早期中文电码本及相关电报图书

---

① 该敷设作业的负责人史温生（Edouard Suenson）1873 年在哥本哈根发行的杂志《世界各国来鸿》上发表了一篇题为《丹麦在东亚的电信网建设》的长文，对敷设水线一举称："在东洋长达数千年的鸿篇历史中，有别于迄今西方列强那些血腥暴力的国家，丹麦将会因敷设电线作为怀有深虑和善意促进东洋发展的国家而写下被铭记的一页。"史温生原为海军军人，幕府末期曾到访日本。后被蒂特根赏识，提拔为大北公司的首任专务董事，1877～1908 年任董事长。E・スエンソン著、長島要一訳『江戸幕末滞在記—若き海軍士官の見た日本』講談社、263～267 頁。

海外市场的变化，这大大促进了贸易的发展。英国驻上海领事麦华陀
（Walter Henry Medhurst）在 1872 年度贸易报告中称赞："苏伊士运河的开
放和电报线路的建成，为东方的贸易开辟了新的时代。"[1] 尤其是 1872 年
创刊的《申报》，敏锐地捕捉到电报给人们生活带来的影响，刊发竹枝词
来表现电报引起的反响，对电报的迅捷便利起到了广为宣传的效果。

二 通信专利权与清政府的由"拒"转"迎"

自 19 世纪 60 年代开始，俄国、英国、美国等国多次向清政府提出在
中国境内架设电报陆线的请求，但均被拒绝。尽管当时正值兴办洋务运
动，专门的技术及知识可从外国引进，但是清政府迟至 1880 年才正式开
办电信事业。究其原因，周永明指出，对电报所带商业之"利"的低估
和可能失去通信控制之"权"的担心，导致了清朝统治者迟迟没有同意
创办电报。[2]

1874 年的日本侵台事件成为清政府转变态度的一个重要契机。1874
年 5 月，日本以漂流的宫古岛民被中国台湾居民杀害为由，悍然出兵台
湾。清政府任命沈葆桢为钦差大臣，派往台湾整顿海防。沈葆桢当即提出
"欲消息常通，断不可无电线"，并得到中枢的正式批准。但随着之后日
本的撤兵、沈葆桢转任两江总督等，台湾—福州敷设水线的计划中断，由
大北公司承担敷设的电信线也只完成了福州—马尾段。[3] 尽管当时政府内
部仍有许多反对修建电报的意见，但清政府以上谕的形式批准敷设电信
线，意味着其已认识到电报的价值，极具象征意义。

继沈葆桢之后推动电信线敷设的重要人物，是 1875 年底就任福建巡

---

[1] 李必樟译编《上海近代贸易经济发展概况：1854~1898 年英国驻上海领事贸易报告
汇编》，张仲礼校订，上海社会科学院出版社，1993，第 270 页。

[2] Zhou Yongming, *Historicizing Online Politics: Telegraphy, the Internet, and Political
Participation in China*, Stanford, C. A.: Stanford University Press, 2006, pp. 26-32.

[3] 黄嘉谟：《中国电线的创建》，《大陆杂志》第 36 卷第 6~7 期合刊，1968 年，"中华
复兴运动推行委员会"主编《中国近代史论集》第 10 编《自强运动（五）》，台
北：商务印书馆，1985，第 292~293 页。

抚的丁日昌。1876 年 3 月，丁日昌在福州创办近代中国首个电信人才培养学校——福州电报学堂，并从大北公司聘用技术人员，开始培养本国电信技术人才。丁日昌 1877 年视察台湾后，上奏论述铁路与电报的互补关系，提出了敷设贯通台湾南北电信线的计划。得到朝廷批准后，丁日昌命电报学堂的学生负责，完成了自旗后（现高雄）经台湾府（现台南）至安平的线路，但因资金不足，未能延伸至台湾北部。这段线路虽然距离并不长，但作为首条中国人自身敷设、管理的电信线，其开创意义仍然受到高度评价。①

　　然而，上述的尝试无论从规模还是影响来说都极为有限，清政府真正迫切感到电报在信息传递中的必要，是在处理伊犁危机之时。1880～1881年，曾纪泽远赴圣彼得堡与俄国就改订《交收伊犁条约》展开交涉，面对俄方的苛刻条件，历经艰苦谈判，终于收回伊犁。② 但在改约谈判过程中，通信不便、消息阻隔使中方谈判人员极为被动。虽然清政府破格允许曾纪泽"由电径达总理衙门代奏请旨"，但因"自沪至京，无电线以资迅速，故虽由电请旨，非旬日所能往还，敌廷之询问益多，专对之机权愈滞"。③ 1880 年 9 月 16 日，李鸿章奏请敷设天津至上海的电信线，开篇即指出电报在军事层面的重要性，并举中、俄在圣彼得堡谈判的例子，力陈开办电报的必要性。

　　　查俄国海线可达上海，旱线可达恰克图，其消息灵捷极矣。即如曾纪泽由俄国电报到上海只须一日，而由上海至京城，现系轮船附寄，尚须六七日到京，如遇海道不通，由驿必以十日为期。是上海至京仅二千数百里，较之俄国至上海数万里，消息反迟十倍。倘遇用兵

① 夏维奇：《近代福州电报学堂探略》，《重庆邮电大学学报》（社会科学版）2013 年第 6 期；《中国近代邮电史》，第 52～53 页。

② 关于曾纪泽在谈判过程中的作为及采取的策略，详见李峻杰《虎口如何索食：曾纪泽在中俄伊犁改约谈判中的道、术与气（代前言）》，曾纪泽、庆常等《金轺筹笔》，李峻杰整理，上海古籍出版社，2020。

③ 《改订俄约办事艰难情形疏》（光绪七年正月二十八日），《曾纪泽集》，喻岳衡校点，岳麓书社，2008，第 45～46 页。

之际，彼等外国军信速于中国，利害已判若径庭。①

李鸿章的建议得到了清政府中枢的首肯，两日后光绪帝正式批准兴办电报，中国电信线的敷设也宣告启动。1880 年 10 月，郑观应、盛宣怀等设立天津电报总局，并在临清、济宁、清江、镇江、苏州、上海六处设立分局，由盛宣怀任天津电报总局总办，郑观应任上海电报分局总办，同时在天津设立电报学堂，道员朱格仁任总管。同年 12 月，电报总局与大北公司签署敷设天津至上海陆线的合同，委托大北公司购置必要的器材及具体施工。1881 年 5 月，南北两端开始施工架线，11 月在山东境内完成南北接线，全长共计 2736 里（双线）。1881 年 12 月 28 日，津沪线沿线各局正式开始营业，中国的通信系统迎来了一次大变革。②

1881 年 6 月，在创办电报方面提供技术、人员支持的大北公司为扩大自身权益，向李鸿章提出了六条要求：

（1）大北公司之海线，现已经设立在中国地面者，中国国家允可独享其利。倘大北公司再添设海线，必请中国国家允准方可。自此次奉准之日起，此海线以二十年为限，不准他国及他处公司于中国地界内另立海线，在此年限之内，凡中国租界及台湾等处亦不准他国设立海线。

（2）以二十年为限，中国国家欲造海线或旱线，凡大北公司已经设立之处，有与相碍者中国官商不便设立，其无碍于大北公司者尽可自行设立。

（3）凡以后中国欲再设电线，如大北公司所索之价较他人便宜，中国国家准其包办。

（4）中国总理衙门、南北洋大臣、出使大臣及总领事往来之电

① 《请设南北洋电报片》（光绪六年八月十二日），顾廷龙、戴逸编《李鸿章全集》第 9 册，安徽教育出版社，2008，第 158 页。
② 夏维奇：《晚清电报建设与社会变迁——以有线电报为考察中心》，第 99～102 页；千葉正史『近代交通體係と清帝国の変貌—電信・鉄道ネットワークの形成と中国国家統合の変容』日本経済評論社、2006、67～68 頁。

报，在中国、日本、泰西等处，凡从大北公司自家电线寄发者，大北公司情愿奉让，二十年限内均不取费。设有大北公司电线不到之处，须从他国公司电线转寄，仍应出他国公司费用若干。惟所有来往之电报，必须各署盖印送去，以为凭信，大北公司方能免费。

（5）大北公司之海线，由香港与泰西相连者曰南线，由日本与俄国相连者曰北线。日后中国电线设成，凡中西商民之在中国者，寄电信前往外洋，从中国电线交大北公司转寄。倘其电报内不指明从南线寄往外洋，大北公司均从北线转寄较为迅速。

（6）嗣后如有争辩之处，以中国文字为凭。①

对于大北公司要求的排他性通信专利权，李鸿章认为第一条、第二条可"于权宜之中，稍有限制"，第四条"自应分别咨行照办"，基本都予以了批准。1881 年 12 月 1 日，中国电报总局与大北公司签订《中国与外洋彼此收递电报办法合同》，规定了收发国际电报的具体方法。② 合同中写入了大北公司提出的第四条与第五条要求，但未提及排他性通信专利权。③

---

① 《津沪电线由丹国大北电报公司代办并议定与海线联递互惠办法》（光绪七年五月十五日收），《海防档　丁·电线》，第 267~269 页。

② 王铁崖编《中外旧约章汇编》第 1 册，生活·读书·新知三联书店，1957，第 391~393 页。王铁崖依据清代颜世清编纂的《约章成案汇览》，认为该合同签署日期为 1881 年 2 月 26 日，误。该线的正式开业日期为光绪七年十一月初八日，按照合同签署日期即光绪七年十月初十日计算，应为西历 1881 年 12 月 1 日。

③ 对于李鸿章批准大北公司通信专利权一事，英、法、美、德等国驻华公使向总理衙门提出抗议。李鸿章在致总理衙门的复函中指出，大北是唯一在中国境内敷设水线的公司，且历时已久，为借助大北的技术力量发展国际电报业务，"不得不曲意笼牢"。他还列举法国、俄国、日本等国例子，认为大北的要求"无甚窒碍"。而总理衙门致各国公使的照会则声称此为李鸿章个人与大北公司的协议，"并非奏案"。实际上，李鸿章已预料到各国会致抗议，称"各使如再来搅扰，钧处或径谂之北洋与相驳辨。鸿章既创设电报，其事理相因而至，亦不得不独任其咎也"。以其个人名义批准，而未签订明文的合同，可视为李鸿章采取务实灵活的态度，并与总理衙门达成了某种程度的默契。1884 年中国自建上海—广州段陆线后，大北公司以与自己的水线形成竞争为由，取消了中国官电免费的优待，李鸿章也函告总理衙门，将给予大北的通信专利权作废。参见《海防档　丁·电线》，第 271、291、1057~1058 页。

大北公司得到李鸿章许可的通信专利权一事，意味着大东公司在进入中国市场方面丧失了先机。自 1882 年起，英国驻华公使以 1870 年恭亲王奕䜣承认敷设水线的照会为由，多次与总理衙门交涉，并加快了敷设上海—香港线的进程。与此同时，大东与大北公司于 1883 年 1 月 12 日在海外密议，再一次划分势力范围，并共享水线登陆的专利权，双方一致同意由大东公司增设一条香港至上海的水线。① 1883 年 3 月，大东公司与中国电报总局也签署了收发国际电报的合同。②

不管是面对大北公司还是大东公司，清政府都极力避免将国际电报的收发地点直接设在上海，大东公司的水线登陆地点被指定在大戢山岛对岸的洋子角，洋子角至上海的陆线则被纳入中国电报总局的管辖范围。此前大北公司、大东公司都擅自将水线一端登陆至吴淞，又各自敷设吴淞至上海的陆线连接自己的报房收发国际电报业务，清政府多次抗议两公司侵害中国主权，要求撤去陆线。1883 年 3 月与 5 月，清政府先后与大东公司、大北公司签署合同，由中国出资白银 3000 两收购吴淞—上海段陆线，解决了水线登陆问题。③

在清政府看来，在中国境内敷设电信线涉及中国的主权，水线一旦登陆即必须纳入中方的管辖，这与 19 世纪 60 年代以来坚拒列强要求的论据是一脉相承的。④ 而清政府最为重视的是如何保全国内的电信主权，其具

---

① 《上海电信史·第 1 卷 1871~1949》，第 79 页；Jorma Ahvenainen, *The Far Eastern Telegraphs: The History of Telegraphic Communications between the Far East, Europe and America before the First World War*, pp. 91-96. 曾纪泽在获知此事后，于 1883 年 4 月下旬将两公司合同全文函呈总理衙门，提醒这将影响中国的通信利权，"宜先阅之以考其情伪"。参见《海防档 丁·电线》，第 661 页；《曾纪泽日记》第 3 册，光绪九年三月十六日，刘志惠整理，中华书局，2013，1305 页。

② 《上海至香港电报办法合同》（光绪九年二月二十三日），王铁崖编《中外旧约章汇编》第 1 册，第 417~418 页。

③ 《续订上海香港电报章程》（光绪九年四月初一日）、《收售上海吴淞旱线合同》（光绪九年四月十三日），王铁崖编《中外旧约章汇编》第 1 册，第 425~426、427~430 页。

④ 1867 年 4 月，总理衙门拒绝美国提出敷设香港—上海、上海—天津水线的要求时声称，"缘地方系中国地方，一切兴废，均当由中国自主，听凭中国之意"。1869 年 9 月，对于美、英等 11 国驻上海领事联名照会请设电线之举，总理衙门致函两江总督马新贻，表示"中华有自主之权，既系中国之地，一切事宜愿办与否，外人不能干涉"。参见《海防档 丁·电线》，第 66、77~78 页。

体对策是在水线与陆线之间设定明确的界线，与主权相关的陆线部分拒不让步，这一精神也体现在1870年奕䜣致威妥玛的照会中。由此可以看出，清政府认为水线的敷设权、登陆权与国际通信的专利权是不同的概念。在总理衙门与李鸿章的来往通信中，李鸿章多次强调"海线非中国所阻"，但登陆权涉及国内的电报事业及收发国际电报发生的连接问题，应"权自我操"，坚决拒绝外国电报公司染指。

大东公司开通上海—香港线后，大北公司、大东公司都可收发国际电报，这又带来了两者的激烈竞争。另外，清政府在积极构筑国内电信网的同时，也与法国、俄国联系，通过连接越南、俄国边境的陆线，扩大国际通信的途径。1884年，云南腾越与缅甸周岗实现接线，1888年同法属越南在越南同登与广西镇南关、越南芒街与广东东兴、越南保胜与云南蒙自三处实现接线。1888年与法国交涉连接边境电线时，李鸿章表示：

> 只须章程严密，中国界内不准该国陆线侵越尺寸地步，亦不准该国设立电局，无事时不妨接线，以收利益；有事时仍可断线，以示隔绝，自无窒碍。①

尤其是当时中国国内敷设至珲春的电信线，与俄国境内陆线的距离仅有20里，如若敷设北京至恰克图的电信线，再与俄国乃至欧洲的陆线相连，则中转地点少、传递速度可比水线更快，费用也更为低廉，政府与商人均对此寄予极大期待。② 但大北公司的大股东俄国皇室声称已赋予大北公司通信专利权，接线事宜清政府须先与大北公司协商。

意识到中俄接线必将大大影响自身的业务，大北、大东公司从共同利

---

① 《中法接线折》（光绪十四年十一月十二日），顾廷龙、戴逸编《李鸿章全集》第12册，第513页。
② 《海防档　丁·电线》，第1043页。

益出发，再次转为合作关系。① 1887 年 7 月 7 日，中国电报总局与大北、大东公司签署《会订电报根本合同》，规定无论是水线还是陆线，中国各地至欧洲（俄国除外）的国际电报费设定为 1 字 8.5 法郎，且两公司在上海、福州、厦门三处电报局与欧洲各国往来报费收益的 10% 须付给中国电报总局。根据该合同的主旨，经三方进一步协商，同年 8 月 10 日三方正式签署《会订电报齐价摊分详细合同》（下文简称"齐价合同"）。②该合同除了保留两公司在上海、福州、厦门三处电报局与欧洲各国（俄国除外）往来报费收益的 10% 须付给中国的条款，中国各地至欧洲的国际电报费也降为 1 字 5.5 法郎。另一条新增的条款是第十三条，规定："此合同中所载之电报生意，电报局、两公司不得与其他旱线或水线公司另有干涉，或订立合同并各章程，以致有损电报局或两公司之权利。"该合同的期限也与上述上海—吴淞线陆线收购合同保持一致，有效期至 1903 年 5 月 13 日。该合同确认了两公司享有中国国际通信的专利权，部分研究据此认为两公司因此垄断了中国的国际通信。③

然而，总理衙门最终没有批准该合同，并命中国电报总局总办盛宣怀与两公司协商重订合同。总理衙门的反对意见主要集中在两点。第一，19 个通商口岸中，上海、福州、厦门三处的报费收入最多，中国只分得 10% 的收益"有失公平"；第二，16 年的期限太长，应定为 3 年或 5 年。④

作为具体交涉的责任人，盛宣怀主要考虑的是如何保护陆线的利益。

---

① 关于两公司战略转换的背景，参见 Jorma Ahvenainen, *The Far Eastern Telegraphs：The History of Telegraphic Communications between the Far East, Europe and America before the First World War*, pp. 65 – 108; Kurt Jacobsen, "The Great Northern Telegraph Company and the British Empire 1869 – 1945," in Jørgen Sevaldsen, Bo Bjørke and Claus Bjørn (eds.), *Britain and Denmark：Political, Economic and Cultural Relations in the 19th and 20th Centuries*, pp. 206 – 213。

② 《会订电报根本合同》（光绪十三年五月十七日）、《会订电报齐价摊分详细合同》（光绪十三年六月二十一日），王铁崖编《中外旧约章汇编》第 1 册，第 517 ~ 522 页。

③ 堀内竹次郎『満洲の電政　前篇』南満洲鉄道株式會社、1930、46 頁；須永徳武「中国の通信支配と日米関係—三井・双橋無電台借款とフェデラル借款をめぐって」『経済集志』60 巻 4 期、1991 年 1 月、160 頁。

④ 《海防档　丁・电线》，第 1426、1434 页。

按照盛宣怀的说明，原本通商口岸及内地的国际电报收入全部归这两家公司所有，该合同明确规定上海、福州、厦门三地以外的国际电报收入悉归中国所有，每年可得到 10 万元以上的收入，实际上挽回了部分利权；关于上海、福州、厦门三处国际电报费用的分成，这两家公司不接受 10%以上的条件，10%已是尽力交涉的最佳结果。合同的期限问题很难推进，缘于这两家公司担心中俄陆线接线将导致报费收入锐减，拒绝接受中方的 3 年或 5 年提案，最终达成的 16 年期限是为了与收购上海—吴淞陆线合同保持一致。① 因总理衙门坚持要对合同进行修改，盛宣怀依照重新交涉的指示，采取分别进行中俄接线与报费收入摊分合同交涉的策略，终于于 1889 年 11 月取得总理衙门的同意，准备与这两家公司签署《续订电报齐价合同》。不料俄国提出经由该国陆线传递至欧洲的过线费太低，反对签署齐价合同。由于相关各方意见分歧巨大，该合同最终未能生效，中国电报总局与两公司的交涉也暂时中断。②

僵持的局面直至 1891 年 11 月中旬喀希尼 （Arthur Pavlovitch Cassini）出任俄国驻华公使才出现转机。喀希尼对经由恰克图的中俄接线持积极态度，在与李鸿章多次协商后，于 1892 年 8 月签署了《中俄陆线接线条约》，1893 年 7 月和 8 月分别在海兰泡、珲春实现了中俄接线。③ 受北京—恰克图段陆线施工的影响，大北公司通过喀希尼向清政府表示了重新

---

① 《海防档　丁·电线》，第 1451、1454 页。徐元基指出，总理衙门旨在向两公司征收海线登陆税，因利益分配不合理，未批准该合同是正确的。但盛宣怀的申辩也有一定根据，不失为慎重而切合实际的考虑。参见徐元基《论电报齐价合同》，《学术月刊》1989 年第 10 期，第 18~24 页。

② 《电线合同事由》（光绪十五年十月初十日发）、《电线合同事由》（光绪十五年十月十九日收），中研院近代史研究所藏总理衙门档案，档案号：01-09-016-01-020、01-09-016-01-021；《寄译署》（光绪十五年十月初四日）、《寄烟台盛道》（光绪十五年十月初七日）、《寄译署》（光绪十五年十月初九日）、《盛道来电》（光绪十五年十一月初九日），顾廷龙、戴逸编《李鸿章全集》第 22 册，第 540~542、544~545、558 页；《寄烟台盛道》（光绪十六年闰二月十一日）、《盛道来电》（光绪十六年闰二月十三日），顾廷龙、戴逸编《李鸿章全集》第 23 册，第 30~31 页。

③ 《边界陆路电线相接条约》（光绪十八年七月初四日），王铁崖编《中外旧约章汇编》第 1 册，第 559~562 页；参见徐元基《论电报齐价合同》，《学术月刊》1989 年第 10 期，第 22 页。

修订齐价合同的愿望，盛宣怀与大北、大东公司磋商数月，于 1896 年 7 月签署了新的齐价合同。该合同的主要内容如下：

（1）中国与欧洲（俄国不在其内）并美国以及欧洲过去诸国（经过欧洲）来往各报，由中国与亚细亚之俄国各接线处，或由公司之印度（孟达赖斯）线、亚细亚之俄国线传递者，其总价须一律照此合同第十一条价目表内所定之法郎克办理。

（2）电局并两公司允将于总价内各得之本线报费，不论由何条线路传递，照此合同第十一条电价目表内核定三分，悉归公款之内。此公款应照以下分派：局得三分之一，两公司各得三分之一，惟一切日用经费，均由自备。

（3）电局并公司于上海、福州、厦门、香港四处互相往来各报，价须一律。凡有该四处互相往来电报交到电局或公司，均应随时收递，所收之费照以下分派：电局得上海、福州、厦门三处互相来往之报费，公司得香港与上海、福州、厦门往来之报费。外洋电报，除此合同第二条内指明外，经过以上四局者，各归各收，不在三公司公款之内，但允收一律之报价。

（4）公司即停向来所收九龙界至香港水、旱线费，电局即停向来所收上海至吴淞、川石至福州水、旱线费。

（5）公司之线路，除电局允准外，不得再在中国界内推广。

（6）此合同即于核准后之次月一号起，至一千九百十年十二月三十一号为止。期满后，仍照旧办理。倘欲更改或停止，彼此须在六个月前关照。①

由于甲午战争的影响，北京—恰克图段的陆线工程推迟，直至 1897 年才开始动工。为防止中俄间电报被陆线吸收，影响上海—长崎—海参崴

---

① 《电报合同》（光绪二十二年六月初一日），王铁崖编《中外旧约章汇编》第 1 册，第 654~660 页。

水线的收益，大北公司于 1897 年 5 月与中国电报总局又签署了新的合同。新合同规定中俄往来电报无论经陆线还是海线传递，所收本线报费应设定一致，而所收本线费悉归公款之内，由电局、公司各得一半。[1]

1896 年的齐价合同与翌年中国电报总局和大北的电报合同，相较 1887 年总理衙门未批准的合同，在条款方面对清政府更为有利，大北、大东公司的国际电报收入分成及中俄陆线相接为电报总局的收益提升作出了重要贡献。据徐元基统计，1896 年之后中国电报总局因齐价合同获取的报费十分丰厚，七年平均占报费收入总额的 19%，尤其是恰克图线通报后，比例显著提高，达 20% 以上。之前向股东发放的官利最高为八厘，1893 年开始发足官利一分。中国电报总局从 1895 年起还投资汉阳铁厂、萍乡煤矿、中国通商银行等，成为市场歆羡的投资对象。[2]

如上所述，清政府与大北、大东公司通过签署一系列合同，先后许可了水线敷设权、运用权、登陆权，但未赋予国际通信的垄断权。日本政府 1882 年允准大北公司敷设长崎—釜山线时，曾许可其享有日本与亚洲国家之间的国际通信垄断权，但清政府至少在 1898 年前未有类似的许可。李鸿章 1881 年许可大北公司通信专利权的行为只是其个人承诺，并非"奏明定案"，且该权利于 1884 年经大北公司的同意已经作废。1887 年的齐价合同中有近似国际通信垄断权的条款，但总理衙门未予批准，合同未正式生效。1896 年新的齐价合同中尽管有条文规定"以后再设接线传递者，电局与公司彼此允为竭力保护此合同订定三公司之利益"，但这并不带有排他性的垄断含义。

三　三方结盟构想与国际通信专利权密约

然而，19 世纪 90 年代初清政府内部已萌生了与大北、大东公司合

---

① 《电报合同》（光绪二十三年四月十二日），王铁崖编《中外旧约章汇编》第 1 册，第 698~702 页。
② 徐元基：《论电报齐价合同》，《学术月刊》1989 年第 10 期，第 24 页。

作，抵制他国侵害中国电信利权的构想。1890 年 12 月，驻英公使薛福成在伦敦与大东公司总办本特、大北公司驻伦敦总办尼尔生等人协商后草拟了一份合同，以保护两公司的在华权益为名，一方面阻止他国的水线在中国境内敷设、登陆，一方面中国政府官电可享有免费的待遇。[①] 该合同的草案如下：

（1）大东、大北两公司素为中国出力，今明认其在上海、福州、厦门办理电报事务。其吴淞口、川石山、鼓浪屿及吴淞口外之大戢山四处，向有登岸之水线头，允其仍享应有利益。

（2）自合同批准之日起，以十五年为期，准两公司独享利益。除中国电报局外，不准别国公司在中国海边安设水线。期满后，中国与两公司或照行原订合同，或酌量修改，半年前互相知照。

（3）允两公司与中国电报局自行商订各项章程，只须无碍国家应有之权利，均可准其通行。

（4）两公司如未禀经中国核准，不得于向有海线之外在中国别处海边安设海线，并担保查看所发电报，如有损碍中国之事均即停阻。

（5）中国六部、海军、总理衙门、各省将军、督抚、钦差大臣、海军提督、统领、出使大臣、领事官、代办使事之参赞所发官电及答复此电之电报，两公司均不取资，惟经过别线之费两公司实在付出者，中国允照数偿还。

（6）两公司应将中国电报所经别线之价单随时送中国官员察阅，倘该线有减价之处，亦即照减。

（7）两公司允将现在电价相机酌减，俾商民广用电报，振兴中国商务。俟减定后，所有与上海、福州、厦门往来之电价，无论水线、旱线，一体遵照。

---

① 《薛福成日记》，蔡少卿整理，吉林文史出版社，2004，光绪十七年十一月十八日电、十一月二十六日电，第 595~596、598 页。

（8）无论中国与何国动兵，或似欲开战之时，中国国家可将该公司电报馆看守，或派员住局监察，或径自管理其寄电等事，或全行禁止，或占据其电馆暂用，以寄中国电报，均听中国之便。

（9）订立合同应缮成华文、英文各两分，仍以华文合同为凭。如有应办事件，在中国由南、北洋大臣行知两公司，在外洋由出使大臣行知两公司，以便遵办。①

对于薛福成所拟的草案，盛宣怀认为让步太大，不利于中国电报总局与两公司的交涉，且对赋予两公司垄断权是否能阻止他国在中国敷设水线提出疑问。② 总理衙门也根据李鸿章的意见，告知薛福成：第二条可能引起各国抗议，第三条的条款需要修改。

薛福成解释称：第二条关系到合同成败，赋予两公司15年垄断权的首要意义在于"永保自主之权"，可与两公司合作抵制他国的不当要求；第三条的修改，将与两公司磋商以加入保护中国电报总局利益的内容。薛福成还强调，一旦发生战争，中国政府可有审查国际电报之权，同时官电免费也可节省巨额报费开销，且这并非两国交涉，中国有与公司交涉的自主之权，不会给予各国利益均沾的口实，力主应尽快签署合同。③

但李鸿章指出，中俄如实现陆线接线，因陆线报费低于水线，两公司无法独享国际电报时，转而可能以此为由要求中国赔偿损失。而大北公司

---

① 《英京薛使来电并致译署》（光绪十六年十一月二十七日亥刻到），顾廷龙、戴逸编《李鸿章全集》第23册，第135~136页。该电报虽然享受了两公司官电免费的措施，但因无法优先发送，发自1890年12月29日（光绪十六年十一月十八日）的电报十日后才到达天津。薛福成担心电报不能及时送到，于1891年1月8日又向总理衙门和李鸿章分别拍发了内容完全相同的电文《论大东大北电报两公司订立合同书（庚寅）》和《十一月二十八日递北京天津（电报）》。参见薛福成《出使公牍》卷3第22~25页，卷10第1~4页，台北：华文书局，1969。
② 《盛道由济南来电》（光绪十六年十一月二十九日），顾廷龙、戴逸编《李鸿章全集》第23册，第136~137页；《复总署论大东大北公司合同》（光绪十六年十二月初三日），顾廷龙、戴逸编《李鸿章全集》第35册，第149~150页。
③ 《论大东大北电报两公司订立合同书（庚寅）》《再论电报两公司订立合同书（庚寅）》，薛福成：《出使公牍》卷3，第22~26页。

与俄国暗中通气，若此为圈套贸然签署合同，反而会贻人口实，得不偿失。总理衙门也接纳了李鸿章的建议，致电指示薛福成"电线合同务从缓办"。①

薛福成的尝试虽然未果，但最终实现与大北、大东公司合作构想的是最初持反对意见的盛宣怀。其转变态度的重要契机是 1898 年日本收购淡水—川石山线。甲午战争后，日本于 1898 年 12 月与清政府签署合同，以白银 10 万两收购淡水—川石山线。日本意在完成收购后，将川石山一端的水线登陆与大东公司的电报局相连，不仅可以增加台湾收发国际电报的线路，且鉴于大北公司与俄国的密切关系，还可在非常时期确保已有的上海—长崎—海参崴线之外的通信手段。② 但在协商收购的过程中，中方责任人盛宣怀已洞悉谈判对手小田切万寿之助的意图，苦心积虑寻求如何阻止川石山一端的水线登陆。盛宣怀预想到一旦日本强行将水线登陆，单凭清政府难以阻止，遂试图与大北、大东公司及其背后的俄国、丹麦、英国合作禁止他国水线在中国沿海登陆。大北公司的远东地区总经理恒宁生（Jakob Henningsen）在得到盛宣怀秘示的淡水—川石山线售让合同后，于 1899 年 1 月 5 日通过总理衙门照会日本驻华公使，声称淡水—川石山线虽归日本所有，但为避免损害大北公司利益，如未获中国电报总局与大北、大东公司许可，不得转递与台湾往来之外的电报。之后俄国驻华公使格尔思（M. de Giers）也照会总理衙门，表示将来如日

---

① 《复总署复议大北大东公司合同》（光绪十七年二月十一日），顾廷龙、戴逸编《李鸿章全集》第 35 册，第 185~186 页；《译署寄薛使》（光绪十七年二月二十二日申刻到），顾廷龙、戴逸编《李鸿章全集》第 23 册，第 166 页。对于薛福成不通过中国电报总局，直接与两公司磋商一事，此前一直主导与两公司交涉的盛宣怀恐自己的努力或付诸流水，直接向李鸿章吐露不满："薛自诩深通洋务，其如电务隔膜何！……若非中堂主持，商务一日难办。"参见《盛宣怀上李鸿章》，王尔敏、吴伦霓霞合编《盛宣怀实业函电稿》（上），香港中文大学中国文化研究所，1993，第 285~286 页。

② 林于威：《闽台海底电线与中日交涉之研究（1895~1904）》，硕士学位论文，台湾政治大学，2010，第 68~69 页；贵志俊彦「植民地初期の日本—臺灣間における海底電信線の買収・敷設・所有権の移転」『東洋史研究』70 巻 2 号、2011 年 9 月、311 頁。

本与台湾利用水线与欧美联络，部分电报通过淡水—川石山线转送福州
传递，不仅将影响中国通商口岸的报费收入，也会有碍大北公司的利
益，要求清政府保护大北、大东公司的利益。① 同时，盛宣怀与恒宁生
就保护中国电报总局、大北公司、大东公司三者权益的协定文案多次交
换意见，意在排除他国水线在沿海地区的登陆权。1899 年 1 月 29 日，
中国电报总局与大北、大东公司签署了有关国际通信专利权的合同，其
规定如下：

> 兹为保护中国电报局与大东、大北两水线公司利益起见，除中国
> 电报局与大东、大北两水线公司允准外，自订合同日起至一千九百一
> 十年十二月三十一号止期内，一概不准他人在中国沿海一带地方，或
> 在中国洲岛各处，安设电报水线，引登岸上，或将该水线与中国电线
> 相接，或另设法传递各报，以致与中国电报局暨大东、大北两水线公
> 司现在所有电线争夺生意利权。惟若中国国家内地各处置设水线，非
> 与订约各造争利者，不在此例。而福州、台湾水线既归日本，自不应
> 阻其台湾与各处来往电报。此外所有电报，非经中国电报局与大东、
> 大北两水线公司允准，该水线不得传递。②

据此，清政府正式赋予了大北、大东公司国际通信垄断权。两家公司
无疑希望凭借此专利权确保经营自身水线的利益，盛宣怀也意在利用这一
点笼络俄国、英国、丹麦，牵制日本或是今后他国水线登陆的行动。后世
的论述多认为国际通信专利权的赋予是"帝国主义列强侵害中国的电信
主权"，但往往忽视了隐藏其中的中方的主动意图。须注意的是，清政府
利用电报公司的通信专利权与相关各国形成了微妙关系，试图从中保持一
种势力均衡，这与笔者在其他文章中论述的民国时期无线电合同纠纷案中

---

① 《海防档　丁·电线》，第 2014、2019～2020 页。
② 《续议电报条款》（光绪二十四年十二月十八日），王铁崖编《中外旧约章汇编》第
　 1 册，第 848～849 页。

的手法有相似之处。①

此后，由于日本的国际通信仍受到大北公司垄断权的限制，小田切万寿之助照会盛宣怀，声明淡水—川石山线只用于传递台湾与海外的往来电报，不会转递日本经由台湾与海外往来的国际电报，川石山一端的登陆事宜也委托当地大东公司的电报局代为处理。②

四　义和团运动与大北、大东公司垄断体制的强化

19 世纪末的义和团运动给清政府的统治带来了巨大危机，也对电信事业造成了极大破坏。尤其是中国北方的电信线被切断后，南北地区的电报联络被阻断，南方各省的督抚一方面无法及时获知朝廷的动向，另一方面彼此又密切沟通，推动了"东南互保"局面的出现。③ 再次痛感通信重要性的清政府随后推出"电报国有"政策，试图加强中央的集权化管理。与此同时，与电信事业有关的另一重要事件，是大北、大东公司通过借款合同将 1899 年获取的国际通信专利权有效期限延长至 1930 年底，两公司进而敷设上海—烟台—大沽水线、借用大沽—天津—北京—恰克图陆线等，对此前未能染指的中国国内电报业务加强了干预。本节将梳理义和团运动与两公司强化垄断体制之间的关系。

电信线作为西洋传来的"舶来品"，成为义和团的攻击对象之一。经多次破坏后，南至天津、大沽，北至张家口，西至保定，东至山海关，千

---

① 参见薛轶群《民国初期的无线电合同纠纷与对外通信权：论 20 世纪 10 年代列强在华筹设大无线电台的交涉》，金光耀、栾景河编《民族主义与近代外交》，上海古籍出版社，2014。

② 参见林于威《闽台海底电线与中日交涉之研究（1895~1904）》，第 86 页。

③ 关于义和团运动对清政府通信体系及政治统合的影响，参见千葉正史『近代交通體係と清帝国の变貌—電信・鉄道ネットワークの形成と中国国家統合の変容』第 4 章「通信體係の近代化による政治統合の変容—義和团事件を事例に」201~258 页。张文洋通过细致考证宣战前后清政府中枢与地方督抚经由电报收发谕旨的情形，探讨庚子事变期间的重复宣战问题，揭示出新旧信息媒介导致的时间差中，朝廷与地方在电报意识、信息使用与管控上展开的博弈。张文洋：《电报、谕旨与时间差：庚子事变期间的重复宣战问题》，《新闻与传播研究》2021 年第 4 期。

里以上的电信线被破坏殆尽，南北电报通信处于完全隔断的状态。[①] 这不仅给电谕、电奏制度行之有年的清政府带来极大不便，也阻断了驻京外国公使馆与本国政府的有效联络，造成了一定的恐慌。上述情况直至八国联军进占京津地区后才有所改变。联军占领天津后，由美军于 8 月 2 日率先敷设了塘沽—天津段的军用电信线。随着北京攻城战的开始，联军着手延长该电信线，至 1900 年底已敷设了至北京的军用线。[②] 但联军要与各国首都来往通报，还需从天津派快船将电报送至烟台，由烟台的中国电报局拍发至上海，再通过大北、大东公司的水线才能送至各国首都，信息传递十分不便。[③] 为改善通信，大北、大东公司受联军委托，于 7 月开始敷设上海—烟台—大沽的水线。

得知该计划的盛宣怀担忧，如置之不理，"不特和战未定之时，彼灵捷而我隔阂，相形见绌，且事权一失，利益随之"。[④] 他提出的对策，是以中国电报总局的名义委托两公司敷设该水线，确保该线的所有权归属清政府。1900 年 8 月、10 月，中国电报总局与两公司相继签署《沪沽水线合同》《沪沽新水线合同》，以借款 21 万英镑、年息 5 厘、偿还时间 30 年的条件由两公司敷设该水线。在合同期限内，两公司拥有该水线的使用权，且之前与中国签署的其他合同有效期均延长至 1930 年 12 月底。[⑤]

采取与沪沽水线相同的手法，盛宣怀委托大北、大东公司重建了大沽—北京的陆线。10 月 26 日，三方签署《会订京津沽陆线暂行合同》，清政府允许这两家公司在天津、北京设立电报局，并约定联军撤兵后将收

① 盛宣怀：《愚斋存稿·卷8·奏议8》之《电商添设水线各线悬恩保护折》（光绪二十八年九月），台北：文海出版社，1975。
② 千葉正史『近代交通體係と清帝国の変貌—電信・鉄道ネットワークの形成と中国国家統合の変容』229 頁。
③ 《中国近代邮电史》，第 72 页。
④ 《电商添设水线各线悬恩保护折》（光绪二十八年九月），盛宣怀：《愚斋存稿·卷8·奏议8》。
⑤ 《沪沽水线合同》（光绪二十六年七月初十日）、《沪沽新水线合同》（光绪二十六年九月初四日），王铁崖编《中外旧约章汇编》第 1 册，第 970~973 页。

回该线。① 1899 年北京—恰克图陆线完工后，为便于传递国际电报，有必要将上海至大沽水线、大沽至恰克图陆线接通，于是同日电报总局又与大北公司签署借线合同，将大沽—天津—北京—恰克图段的一条陆线免费借给该公司使用，有效期至 1925 年 12 月底。②

《辛丑条约》签订后八国联军撤兵，大北、大东公司却拒绝归还京津的电报线路。大东公司进而主张应享受与大北公司同等的待遇，要求获得北京至大沽陆线的运营权。英国驻华公使萨道义（Ernest Mason Satow）对此表示支持，并提出加入由沪沽水线、大东公司水线传递京津国际电报，在京津地区的大东公司电报局须由英人管理，大东公司可派驻核查人员等条款。

中国电报总局洋参赞宋纳（C. Chr. Sonne）及众商董反对此议，认为或引发他国以此为例要求利益均沾，主张应采取强硬态度，若大北、大东公司不愿归还，可宣布现时所有合同均予作废，除不受两公司通信专利权束缚外，也可借重订合同争取更多权益。③ 盛宣怀一方面与正在进行商约谈判的英国代表马凯（James Lyle Mackay）协商，许诺可允大东公司自设福斗岛（又名粗芦岛，与川石山隔海相望）至福州段电信线，以此特别密约换取英国让步；另一方面，又将英国的要求告知大北公司驻华总办白伊尹，促其通过双方总公司交涉达成谅解。④

大东公司原坚持与英国及英属地的国际电报必须经其水线传递，正是出于担忧往来电报会受到与俄国关系密切的大北公司审查，而大

---

① 《会订京津沽陆线暂行合同》（光绪二十六年九月初四日），王铁崖编《中外旧约章汇编》第 1 册，第 975～976 页。

② 《会订沽津京恰借线合同》（光绪二十六年九月初四日），王铁崖编《中外旧约章汇编》第 1 册，第 976～977 页。

③ 《海防档 丁·电线》，第 2227 页；《光绪二十八年三月初十日萨道义致盛宣怀电》《光绪二十八年四月二十九日宋纳致裴克函》《光绪二十八年五月初四日朱宝奎致盛宣怀函》《光绪二十八年东北线公司京沽陆线事条陈》，上海图书馆编《盛宣怀档案选编》第 60 册，上海古籍出版社，2015，第 300～301、305、307～309、358～368 页。

④ 《光绪二十八年五月十一日朱宝奎致盛宣怀函》《光绪二十八年七月初五日马凯与盛宣怀拟定电报合同稿》《光绪二十八年霍必澜致英国外务部电》《光绪二十八年马凯致盛宣怀函》，《盛宣怀档案选编》第 60 册，第 310～311、312～313、330、373 页。

北公司则忌惮中国电报总局若宣布与两公司的所有合同作废，不仅重新协商费时费力，现有权益也有可能受损，权衡之下同意大东公司水线传递所有英国国际电报及发报人指定该线收发者，但为避免影响京恰线收发国际电报的权益，拒绝增加大东公司可利益均沾的条文。[①] 经过多次交涉，盛宣怀最终允准两公司可各借用北京至恰克图陆线一条及北京至大沽陆线一条，以及英国国际电报须交由大东公司线传递，在京津地区的大东电报局可由英人管理，至 1902 年 12 月 1 日中国才正式收回京沽陆线。[②]

　　虽然大北、大东公司获得了中国国际通信的专利权，但 1903 年美国

---

① 关于英国大东公司与英国外交部、邮政部及大北公司的协商过程，详见 Jorma Ahvenainen, *The Far Eastern Telegraphs*：*The History of Telegraphic Communications between the Far East, Europe and America before the First World War*, pp. 149～156。允准大北公司借线一事对中国并非全无益处，中国电报总局驻沪总办朱宝奎指出，齐价合同签订后国际电报报费收入中国电报总局与大北、大东公司各得三分之一，由于欧美电报由大东公司线传递者占据九五成，中国电报总局与大北公司坐享其利，实有互为唇齿的关系，而大东公司其实颇有怨言。因此 1900 年大北公司提出借线后，中国力表赞成的背后，也有整顿北路线路，以分大东公司之利、塞大东公司之口的意图，即便将来齐价合同期满也可与大东公司争衡。且日本与欧美往来电报，由俄线传递较大东公司线每字便宜二角，只是因珲春至恰克图一段的俄线时有阻断，而不得不利用大东公司线，"若俄恰之线果能畅通，日电断无舍北就东之理"，中国电报总局将来也可摊分此项利益，因此"于电局大势"可谓"有益无损"。从中可看出，中国电报总局、大北公司、大东公司三者之间存在复杂且微妙的利益关系，时有相互牵制与妥协之举。参见《光绪二十八年八月初五日朱宝奎致盛宣怀函》，《盛宣怀档案选编》第 61 册，第 84～88 页。

② 根据《中外旧约章汇编》，中国电报总局分别与大北、大东公司签订借线合同的日期为光绪二十八年九月二十一日（1902 年 10 月 22 日），实际上因与俄、英两国驻华公使及大北、大东公司调整相关条款表述一波三折，旷日持久，正式签署合同日期为光绪二十八年十月十九日。盛宣怀一度考虑在送呈外务部及英、俄驻华公使核准前改签合同正本日期，但因英、法文本的日期已填妥，如要改须分别由英、俄外交部及两国公使核准，更费时日，因此作罢。《修订沽津京恰借线合同》（光绪二十八年九月二十一日）、《北京大沽借线合同》（光绪二十八年九月二十一日），北京大学法律系国际法教研室编《中外旧约章汇编》第 2 册，生活·读书·新知三联书店，1959，第 132～135、141～143 页；《光绪二十八年十月十八日朱宝奎致盛宣怀函》《光绪二十八年十月十九日朱宝奎致盛宣怀函》《光绪二十八年十月三十日朱宝奎致盛宣怀函》《光绪二十八年朱宝奎致盛宣怀函》，《盛宣怀档案选编》第 60 册，第 351～357、374～376 页。

的太平洋商务水线公司（Commercial Pacific Cable Co.）① 敷设了马尼拉至
上海的水线，1905 年德荷电报公司（German Dutch Telegraph Co.）敷设了
雅普岛至上海的水线，这些势力的出现也给中国的国际通信环境带来了新
的变化。为应对这些情况，清政府于 1903 年与大北、大东公司就美线导
入后的措施进行协商，1904 年签署了允许美线登陆的合同。② 太平洋商务
水线公司的地位得到了承认，但原先的齐价合同已不再适用，为重新计算
报费摊分额度，相关各方展开了新的谈判。1904 年 6 月 26 日，东方电报公
司、大东公司、东非·南非电报公司（Eastern & South African Telegraph
Co.）、大北公司、太平洋商务水线公司、德荷电报公司、印欧陆线电报公
司（Indo-European Telegraph Co.）、中国电报总局及俄国等相关各方签署了
包括登陆权、报费摊分的合同、备忘录、交换公文等共 17 项一揽子协定。③

---

① 太平洋商务水线公司由美国人麦凯（John William Mackay）设立。19 世纪末，大北、
大东公司曾计划敷设横跨太平洋、连接远东与美国的水线，因与美国的法律规定相
抵触，转而接触麦凯，游说其合资设立新公司。1901 年，麦凯出资 300 万美元设立
太平洋商务水线公司，其股东构成为大东公司占 50% 的股份、大北公司与麦凯各占
25% 的股份（该事实最初秘而不宣，直至 1921 年美国国会召开水线登陆权专利问
题的听证会才首次公之于世，引起公众哗然）。1906 年，该公司完成敷设旧金山—
檀香山—中途岛—关岛—马尼拉—上海的水线，同时自关岛敷设支线至小笠原群岛
实现与日本的连接。日本電信電話公社海底線施設事務所編『海底線百年の歩み』
電気通信協會、1971，66～67 頁；《中国近代邮电史》，第 75～76 页；土屋大洋
「太平洋における海底ケーブルの発達—情報社會を支える大動脈」慶應義塾大學
JSPワーキングペーパー、2012 年第 2 号、16～17 頁；Jorma Ahvenainen, *The Far
Eastern Telegraphs*：*The History of Telegraphic Communications between the Far East,
Europe and America before the First World War*, pp. 158–174；Kurt Jacobsen, "The Great
Northern Telegraph Company and the British Empire 1869–1945," in Jørgen Sevaldsen,
Bo Bjørke and Claus Bjørn（eds.）, *Britain and Denmark*：*Political, Economic and
Cultural Relations in the 19th and 20th Centuries*, pp. 211–213。
② 《大东大北公司联合美线办法章程》（光绪二十九年）、《太平洋商业公司沪岸接线
合同》（光绪三十年），《中外旧约章汇编》第 2 册，第 225、276～277 页。
③ 其中的部分合同曾被定为绝密级别，合同完整版收录于丹麦国家档案馆所藏的大北
公司档案。Jorma Ahvenainen, *The Far Eastern Telegraphs*：*The History of Telegraphic
Communications between the Far East, Europe and America before the First World War*,
pp. 181–185；Kurt Jacobsen, "The Great Northern Telegraph Company and the British
Empire 1869–1945," in Jørgen Sevaldsen, Bo Bjørke and Claus Bjørn（eds.）, *Britain and
Denmark*：*Political, Economic and Cultural Relations in the 19th and 20th Centuries*, p. 227。

这些合同的全貌仍有待进一步探究，而与此相关的中文资料有 1905 年 4 月 5 日中国电报总局与大北、大东公司签署的《续订联合齐价摊分合同》。[①] 根据该合同，德荷电报公司水线未开业前，中国的报费摊分额度为 13.54%，开业之后的额度为 12.38%，有效期至 1930 年 12 月底。[②]

结　语

本文通过梳理中国电报总局与大北、大东公司的关系，分析三者签订的相关合同内容，厘清了清政府对于通信专利权的认识。清政府赋予大北、大东公司水线敷设权、登陆权、国际通信专利权是一个渐进的过程，而承认垄断性通信专利权的构想并非列强单方面强加，1890 年驻英公使薛福成已提出类似的方案，并经过清政府内部的慎重讨论。虽然当时采取了暂时搁置的处理方式，但 1899 年为阻止日本或他国的水线将来强行登陆，盛宣怀主动联合大北、大东公司，将排他性条款写入合同，试图借助与两公司的合作守护国内的电信主权。这一策略与之前薛福成的提案有相通之处。但在义和团运动的影响下，大北、大东公司反而借机通过一系列合同稳固了自身的权益，并通过电信借款等染指中国国内电报网的运营权。这与清政府的初衷南辕北辙，背负巨债的中国电报总局也失去了与两公司周旋的筹码，有效期限延长至 1930 年 12 月底的垄断性国际通信专利权遂成为长期束缚中国电信主权的桎梏。

从相关合同的交涉过程，也可窥知三者之间相互制衡关系的演变。最初清政府对电报的引入一直持抵触态度，1870 年恭亲王奕䜣致英国公使威妥玛的照会中虽然认可敷设水线，但严禁水线登陆，并采取了种种限

---

① 《续订联合齐价摊分合同》（光绪三十一年三月初二日），《中外旧约章汇编》第 2 册，第 294~299 页。
② 第一次世界大战时，德荷电报公司的上海至雅浦岛水线被英国切断，而中国境内的青岛—烟台—上海线也被日本接收，其材料被用于敷设青岛至佐世保的水线。交通部铁道部交通史编纂委员会编《交通史电政编》第 5 章，交通部总务司，1936，第 87 页。

制，这也是清政府保持"自主之权"方针的具体体现，在之后的对外交涉中也一直坚持了这样的立场。换言之，合作与遏制正是清政府在与外国电报公司的交涉中一贯采取的策略。尤其是 19 世纪 80 年代以降，清政府正式开办电报，积极建设国内电报网，并与大北、大东公司交涉收回水线登陆地至公司报房的陆线等，在技术与实力均无法阻止列强敷设水线的情况下，这可谓最为现实的选项。而清政府与大北、大东公司的关系，并不只限于单纯的"侵略—利权丧失—利权回收"这一对立关系，如有时候利权的丧失看似是被动接受的结果，但不可否认其中也有清政府自主判断的一面。如清政府通过中俄接线牵制两公司，1899 年赋予国际通信专利权意在联合两公司构筑排他性体制，及 1900 年允准大北公司借用大沽—天津—北京—恰克图陆线，这些行动的背后都呈现了时有对立、时有合作的复杂面向。

信息沟通与属国管理：晚清在朝鲜 半岛构筑中朝电报通信网研究

郭海燕[*]

摘 要 19世纪80年代中期，面对朝鲜局势的复杂化，中朝之间的传统信息沟通系统——驿站传递已经难以应对，构筑快捷的信息沟通渠道成为晚清加强中朝宗藩关系的重要举措。为此，清政府决意在中国与朝鲜之间架设跨境电报线，开通电报通信，以"通紧要信息，免驿递之迟误"。自"壬午兵乱"之后，清政府以宗主国身份，运用传统中朝宗藩关系与缔结近代条约相结合的策略，与朝鲜签署了4个电信合同，费时8年，架设完成了贯通朝鲜南北国土、覆盖东西两岸、与中国境内电报线连通的中朝电报通信网，实现了中朝信息沟通的快捷化、多元化。从此，电报沟通成为驻朝大员袁世凯与清政府之间不可或缺的信息沟通手段，有力地支持了清政府在19世纪80年代加强中朝宗藩关系的对朝政策。中朝电报通信是以日本侵占朝鲜电信权为契机，在宗藩体制下构建完成的，伴随中日两国在朝鲜势力消长之变化，经历了竞争、掌控和丧失的过程。甲午战争后，中朝宗藩关系宣告结束，清政府丧失了在宗藩体制下构筑的朝鲜电报通信网，东亚国际秩序进入条约体制的全新时代。

关键词 信息沟通与传递 属国电报通信网 电信合同 代办与独占 中朝宗藩关系

---

* 郭海燕，日本大学理工学院教授。

一 绪言

本文通过考察晚清在朝鲜与中国之间架设跨境电报线、开通电报通信网的过程，探究属国电报通信线路的架设原则与管理模式，展现宗藩关系下中朝电报通信网的全貌，阐明清政府构筑中朝电报通信，是加强中朝宗藩关系、巩固传统东亚秩序的过程，以期从信息沟通层面，深化对 19 世纪 80 年代中国对朝鲜政策的研究，进而思考信息沟通在国际关系与国际政治中的影响。

古往今来，拥有和掌握快捷的信息沟通手段，是在军事与政治外交活动中占据主动地位的关键之一。而军事与政治外交上的主动，又为争取话语权和维护国家利益提供了强有力的实力保障。

19 世纪 70 年代以来，中朝传统宗藩关系受到来自外部与内部的双重挑战，陷入危机状态。美、法、日、俄等国，接连对朝鲜沿海和陆地边境进行武力侵犯；日本公然否定传统中朝宗藩关系；朝鲜政权内部要求摆脱"事大"、追求独立自主的声音日渐高昂。① 总之，围绕朝鲜的国际情势错综复杂，危机随时随地都会发生。如何应对这种局面，是中国面临的一大外交难题。为解决这一外交难题，首先需要及时掌握朝鲜政情，只有这样才能迅速制定对策，应对情势。但是，中朝之间传统的信息沟通系统——驿站传递，已经不能应对瞬息变化的朝鲜局势。因此，在中国与朝鲜之间架设跨境电报线，构筑快捷的信息沟通渠道，成为清政府摆脱朝鲜危机、强化中朝关系的重要举措之一。

---

① 较重大的史实，如 1866 年至 1871 年美国商船入侵大同江的"舍门将军号事件"、法国海军舰队登陆江华岛的"丙寅洋扰"事件、美国军舰武力入侵朝鲜的"辛未洋扰"事件、1875 年日本炮轰江华岛事件和 19 世纪 60 年代以来俄国对朝鲜领土的武力入侵事件。1876 年日朝签订《江华条约》，日本视朝鲜为独立之国，公然否定中朝宗藩关系。1884 年朝鲜发生"甲申政变"，开化亲日派宣扬"反清国、求独立"，提出"朝贡虚礼议行废止，称雄自主，不受制中国"，中朝宗藩关系受到来自内部的威胁。

　　鉴于信息沟通乃军国大计，学界在甲午战史、中日韩三国关系史以及电信通信史和殖民地史等领域的研究中，皆不惜笔墨讨论朝鲜电报通信问题。① 至近年，有关这一问题的个案研究和专著逐渐增多，② 笔者也曾就19世纪80年代中日围绕朝鲜电信争端的问题作过论述。③ 有鉴于此，本文将在吸收学界研究成果的基础上，针对既往研究中显露的对朝鲜电报通

---

① 林明德：《袁世凯与朝鲜》，台北：中研院近代史研究所，1970，第227~237页；金文子『朝鮮王妃殺害と日本人』高文研、2009、68~71、121~125、343~360頁；王如绘：《近代中日关系与朝鲜问题》，人民出版社，1999，第332~335页。在近代国际电信通信史、日本产业发达史、明治海外电信发展史、朝鲜殖民地史的研究中，日韩学界也对该问题有所涉及，具体有石原藤夫『国際通信の日本史』(東海大学出版會、1999、109~120、123~128頁)、「わが国海底線通信の沿革明治時代」シリーズ第2回（日本電信電話公社海底線施設事務所編『海底線百年の歩み』電気通信協會、1971）；大韩民国递信部编《电气通信事业八十年史》（大韩民国递信部出版，1965，第466页）；松村一郎『現代日本産業発達史』第22卷「陸運・通信」現代日本産業発達史刊行會、1965、387~388頁；石井寬治『情報・通信の社会史－近代日本の情報化と市場化』有斐閣、1994、83~85頁；島田勝也「明治政府の沖縄への海底電信線敷設に関する考察—沖縄丸の軌跡」沖縄大学地域研究所『地域研究』10、2012年9月；松田裕之『明治電信電話ものがたり－情報通信社会の「原風景」』日本経済評論社、2001、25~41頁。

② 个案研究的主题，多以中日争夺朝鲜电信通信权为主，如史斌《从甲午前后中日电信争端看两国政治关系变迁》（《兰州学刊》2010年第7期），俯瞰了甲午战争前后中日两国关于朝鲜电线、闽南海线、辽南电信争端的大概经纬，指出中日电信争端体现了中日两国掌控该地区权力的政治意图。王东《甲午战前中朝关系与朝鲜电报线的建设》（《史学月刊》2016年第6期）进一步细化了中日围绕朝鲜电信线的争夺问题。但是二者关于中日争端的观点，基本沿袭了郭海燕《从朝鲜电信线问题看甲午战争前的中日关系》（《近代史研究》2008年第1期）的观点。山村義照「朝鮮電信線架設問題と日朝清関係」（日本歷史學會編『日本歷史』587、吉川弘文館、1997）围绕19世纪80年代中、日、朝鲜电信线架设问题展开论述，试图通过这一问题再现19世纪80年代三国的复杂关系。专著以有山輝雄『情報覇権と帝国日本』系列Ⅲ『情報覇权与帝国日本—东亚电信网与朝鲜通讯支配』(吉川弘文館、2016)和在日韩国学者李穗枝《朝鲜的对日外交战略》（法政大学出版局，2016）为主。从情报史角度，有山輝雄以朝鲜半岛的信息殖民地化和信息管制为论题，阐述了近代日本获取东亚情报霸权的过程；李穗枝考察了朝鲜政府在交涉日韩电信问题上的外交政策，展现了朝鲜追求自主独立、摆脱中国控制、抵制日本侵权、维护朝鲜权益的具体过程。

③ 郭海燕「1880年代朝鮮をめぐる日中国際関係－朝鮮電信線を中心に」『お茶ノ水史學』1997年1月；《从朝鲜电信线问题看甲午战争前的中日关系》，《近代史研究》2008年第1期；《李鸿章与近代中朝军事通讯网的建立——以架设朝鲜半岛电报线为中心的研究》，《聊城大学学报》（社会科学版）2015年第6期。

信问题整体脉络把握不足，对中国构建中朝电报通信之背景、方针及具体模式的分析有待深化的现状，置讨论重点于展现全貌、澄清事实层面，以期弥补既往研究中的缺憾，加深理解构筑信息沟通手段与清政府对朝鲜政策的关系。不足之处，请诸位方家指正。

二　背景与契机：信息沟通系统的落后与电报登陆朝鲜半岛

1. 骤变的朝鲜局势与迟缓的驿站传递

骤变的朝鲜局势与迟缓的驿站传递，是清政府决意架设中朝跨境电报线的根本原因。朝鲜，这个被称为"隐士之国"的东亚国家，[①] 自 19 世纪 60 年代开始，越来越受到西方的关注。欧美各国为扩大通商贸易范围，相继到达朝鲜半岛沿岸，要求其开放门户；邻近的日、俄两国更是不断侵扰朝鲜国土。19 世纪 80 年代以后，在欧美和日本的威逼及清政府的不断劝说下，朝鲜政府放弃了锁国政策，于 1882～1885 年，相继与欧美各国缔结通商修好条约，[②] 开始步入近代条约成员国行列，"隐士之国"的历史宣告结束。与此同时，中国继续因袭"朝鲜久列藩封"之传统，于 1882～1883 年与朝鲜签订《中朝商民水陆贸易章程》《奉天与朝鲜边民交易章程》《吉林与朝鲜商民随时贸易地方章程》，将中朝传统宗藩关系以近似近代条约的形式明文化。历史的进程使朝鲜的国际地位发生巨变，成为东亚传统宗藩体制与近代条约体制的汇集点。

---

① 称朝鲜为"隐士之国"的，是美国人威廉·埃利奥·特格里菲斯（William Elliot Griffis, 1843-1928）。威廉是日本学和东洋学学者，1882 年出版 *Corea The Hermit Nation*，在西方引起反响，先后在英、法、德、西班牙等国出版发行，至 1911 年共再版 9 次。

② 1882 年 5 月 22 日签订《朝美修好通商条约》，6 月签订《朝英修好通商条约》，7 月签订《朝德修好通商条约》；1883 年，与日本、意大利、俄国、法国、奥地利等国签约；1884 年，与俄国缔结修好通商条约——这些条约的签订，标志着朝鲜开始进入以国际法为基准的国际秩序，身处近代条约体制与传统宗藩体制之中。

　　1884 年 12 月，汉城发生"甲申政变"，朝鲜局势出现空前危机。先是英国未经朝鲜政府允许，在"甲申政变"后武力占领朝鲜半岛南端的巨文岛，直接插手争夺控制朝鲜主导权的争斗；① 日、俄鼓动朝鲜脱离清政府，走所谓独立自主之路；朝鲜国内亲俄势力密通俄国，求其"保护"。之后中日签署《天津条约》，规定两国从朝鲜同时撤兵。诸多因素汇集于朝鲜半岛，一方面加剧了域外国家对朝鲜主导权的争夺，另一方面使围绕朝鲜的国际局势更加复杂化。其中，中、日从朝鲜同时撤兵的现实，导致朝鲜半岛出现军事真空局面，清政府掌控朝鲜的力度极其弱。此刻，构筑快捷的信息沟通手段成为前方与中枢的当务之急。

　　在电报尚未登陆朝鲜半岛的年代，中朝区域之间的信息沟通主要依靠传统的驿站系统。驿站有水上和陆地两条线路。陆地线路依靠驿站快马，使来自朝鲜的信息"自鸭绿江入辽沈、广宁，达京师"。马匹的传递速度一般为每天 300~400 里，② 从汉城到北京需 7 天到 10 天。水路传递实际上是水、陆结合，自义州渡过中朝界河鸭绿江到盛京，经过海城、牛庄在营口上船，经旅顺、烟台到达天津，再转陆路送到北京，所需时日与陆地传递相差无几，若遇天候不良，则需时无定。除水上和陆地两条线路外，还有官船线路。清政府购置军舰之后，遇有十万火急的信息，则专门拨火轮官船送至朝鲜仁川，再由仁川通过驿站送至汉城。即使这样，中朝之间的信息沟通最快也需一日。显然，这样的传递速度已经难于应对瞬息万变的朝鲜局势。李鸿章对此也早有忧虑，他在 1880 年《请奏南北洋电报片》中指出：

　　　　数万里海洋欲通军信，则又有电报之法……近来俄罗斯、日本国

---

① 详细内容见郭海燕《"巨文岛事件"与英国东北亚政策》，《安徽史学》2018 年第 1 期。

② 一般每隔 20 里设置一个驿站传递公文。若公文上注明"马上飞递"字样，则需每日按 300 里的速度进行传递。遇紧急情况，传送速度可达每日 400 里、600 里，最快可达 800 里。驿站系统有步递、车递、马递、船递、信鸽等方式。据学者考证，陆路传递公文的速度，慢的每日行 160 里左右，加急可达每日数百里。

均效而行之，故由各国以至上海，莫不设立电报，瞬息之间，可以互相问答……独中国文书，尚恃驿递，虽日行六百里加速，亦已迟速悬殊……即如曾纪泽由俄国电报到上海只须一日，而由上海至京城，现系轮船附寄，尚须六七日到京，如遇海道不通，由驿必以十日为期。是上海至京仅二千数百里，较之俄国至上海数万里，消息反迟十倍。倘遇用兵之际，彼等外国军信速于中国，利害已判若径庭。且其铁甲等项兵船在海洋日行千余里，势必声东击西，莫可测度，全赖军报神速，相机调缓。是电报实为防务必须之物。①

由此而言，李鸿章已经充分认识到驿站系统与电报在信息传递效率方面的悬殊，既会造成军事上的被动，又会危及国家防务与藩属安危。

为了在中朝之间实现"通紧要信息，免驿递之迟误"，电报成为清政府的首选。选择电报，首先是基于清政府兴办中国电报事业之经验。自 19 世纪 70 年代开始，清政府虽未正式开办电报事业，但是电报已成为总理衙门与驻外使臣之间进行联系的重要渠道。1881 年 12 月，清政府自建津沪电报线开通，与全球电信网连通，电报更是成为信息沟通中不可缺少的手段。正如李鸿章所言："中国创办电报，南北洋消息往来瞬息互答，实于军务、洋务大有裨助。"②

1882 年 7 月 23 日，汉城发生"壬午兵乱"，在朝鲜的日本军事教官遭杀害，日本公使馆被朝鲜民众围攻，大院君重掌政权。8 月 7 日，清政府发布上谕，决定派兵入朝，平定兵乱。有研究表明，"壬午兵乱"是清政府兴办电报后应对的第一个突发事件，此次清政府能迅速作出派兵决定和调遣军队入朝，主要原因之一就是电报发挥了信息传递优势。③ 李鸿章

---

① 《请奏南北洋电报片》（光绪六年八月十二日），顾廷龙、戴逸编《李鸿章全集》第 9 册，安徽教育出版社，2008，第 158~159 页。
② 《光绪八年八月十六日署北洋通商大臣李鸿章折》，中国史学会主编《洋务运动》(6)，上海人民出版社，1973，第 338 页。
③ 薛轶群：《日本破译清政府外交密电考——以"壬午兵变"为例》，《军事历史》2020 年第 5 期。

事后高度评价电报的作用，"此次朝鲜内讧，及臣等往返筹商，调派水陆兵勇，赴机迅速，刻期戡定，得力于电报者为多"，① 称赞正是驻日公使黎庶昌运用电报与北洋大臣张树声、总理衙门进行紧密联系，才使得中国"与倭争胜，惟在一先；庙算戎机，悉由信使"。② 这样的体验，使清政府认识到电报在"保藩固边"中的重要性和必要性，为中国架设过境电报线、构筑中朝电报通信网埋下伏笔。

2. 日本的捷足先登与中国的针锋相对

促使中国加快架设过境电报线步伐的契机，是1883年日本铺设日朝海底电信线之举。③ "壬午兵乱"后，为解决日朝之间的善后问题，外务卿井上馨训令驻朝鲜公使花房义质向朝鲜提出"荣誉赔偿"和"损失赔偿"。除此之外，要求在朝鲜的"京城、釜山、元山、仁川"以及"其他各开放港口和地区架设电报线"，指示花房义质"必须让朝鲜政府明确认识到，电报线对日朝两国贸易来说是必不可少"的事业。④ 同年12月26日，井上馨委任竹添进一郎为日本驻朝鲜办理公使⑤，负责与朝鲜交涉长崎至釜山浦之间海底电信线的敷设问题。⑥ 1883年1月15日，竹添进一郎照会朝鲜礼曹判书李秉文，希望就"两国之间布设海底电报线一事"立刻展开商谈。⑦ 朝鲜最初未接受日本的要求。但是，竹添进一郎不断劝

---

① 《创办电线报销折》（光绪八年八月十六日），顾廷龙、戴逸编《李鸿章全集》第10册，第86页。

② 转引自薛轶群《日本破译清政府外交密电考——以"壬午兵变"为例》，《军事历史》2020年第5期；参见顾廷龙、戴逸编《李鸿章全集》第35册，第135页。

③ 19世纪70年代以来，鉴于中日两国在朝鲜问题上的利害关系，日本政府高官们一致认为，建设一条日本本岛至朝鲜半岛的电报通信线路十分必要。1875年，曾担任递信大臣和第一任电气学会会长的榎本武扬向政府建议，在"朝鲜海峡敷设日韩海底电报线"，这是日本首次就日朝电报通信问题提出具体方案。

④ 「花房公使ヘノ訓令草案」明治15年8月27日、外務省編纂『日本外交文書』第15卷、日本國際連和協會、1962、241~243頁。

⑤ 办理公使是位于特命全权公使和代理公使之间的常驻外交使节。

⑥ 《釜山海底电线条款에 대한协商提议》，高丽大学校亚细亚问题研究所、旧韩国外交文书编纂委员会编《旧韩国外交文书》第1卷《日案1》，高丽大学校出版社，1965，第73页。

⑦ 附《上件의竹添公使委任状》，《旧韩国外交文书》第1卷《日案1》，第72~73页。

说，称电报费可增加财政收入，朝鲜遂给予同意。就这样，在日本的积极推动下，日朝两国于 1883 年 3 月 3 日签订了《日朝海底电信线设置议定书》①。这是日朝之间签署的第一个电信条约，也是朝鲜与外国签署的第一个电信条约。② 主要内容有：日本委托丹麦大北电信公司，铺建一条自日本九州西北岸起，经对马至朝鲜釜山海岸的海底电报线；该线到达釜山海岸后，由日本政府修建电报局，并在海岸至日本人居留地之间架设陆地电报线；海底电报线敷设完成后，自通信日起 25 年之内，朝鲜政府不得允许其他任何国家和公司在此地架设电报线，不得与日本电报线利益发生冲突。③ 条约签订后，日本即刻出资委托丹麦大北电信公司进行施工。同年 11 月该线建成，名为釜长线（长崎—对马—釜山）。1884 年 2 月，日本在釜山盖建电报局，开始电报接收业务。釜长线是第一条联结日本本土与朝鲜半岛的电报通信线路，是"日本在利益与外交策略上不可缺少的"重要手段，它的建成使日本在信息沟通方面抢先占据了优势。釜长线建成后，日本计划进一步扩大电报通信范围，试图将海底电报线扩展到釜山以北地区，再建一条釜山—仁川海底电报线。

针对日本在朝鲜的行动，无论是负责朝鲜事务的李鸿章，还是驻日公使黎庶昌，包括奉诏带兵入朝处理"甲申政变"的吴大澂，均认为日本此举已经侵犯了朝鲜的电信自主权，中国"不可视之度外"，应该加快架设中朝电报线的步伐。李鸿章指出：

> 朝鲜设电之权力已为日本所侵攘，幸所设止釜山一口且系水线，尚未展至陆路。若不紧代为筹办，唯恐日先我为之，将由釜山经达汉城水陆线索，尽落他人之手，中韩气脉不能灵通……朝鲜为辽沈屏

---

① 也称《釜山口设海底电线条约》。

② 关于日韩、中韩之间签订的电报线条约，中日韩史料记载中名称各有不同，有"条约""条款""合同""议定书"之表述，目前学界引用时，尚处于混乱状态。对此，权赫秀在其论文《韩国藏 1891 年中朝元山电线合同原本及其史料价值》（《安徽史学》2010 年第 3 期）中有简单论述。本文使用史料原文用语。

③ 「日鲜海底電線架設議定書」明治 16 年 3 月 3 日、『日本外交文書』第 16 巻、289～292 頁。

蔽，比连俄日边境，内患外侮，在在可虑，须及时接设电信线，通信息而便调拨。①

驻日公使黎庶昌提醒说："日本于朝鲜仅只通商，尚尤经营若此。况在我为属邦门户所系，而可度外视之乎。"建议"设立电线一道，由天津经达旅顺、仁川至王京"，提出"若托公司承办，不过三数月即可告成，足胜千兵之用。至天津之电线，似亦宜直接衙门通信，较为灵捷"的实施方案。② 吴大澂也向清政府请求"筹款添设电线自旅顺至凤凰城边门外交界，再直达朝鲜境内的陆地电报线"。③ 他说，此次能将政变及时平息，全得益于迅速掌握了朝鲜各方面的情况。今后如欲迅速从海（旅顺）、陆（东北）两方面向朝鲜派兵，及时掌握信息至关重要。

以上史料表明，以日本构筑日朝海底电报线为契机，清政府内外在朝鲜电报通信问题上达成共识，将迅速架设天津—旅顺—仁川—汉城电报线的事宜提到日程上来，④ 以抗衡日本的捷足先登，扭转被动局面，从信息沟通方面为"保藩固边"提供保障。

三　筹备与订约：中朝电报通信网的初步形成

1. 架设属国电报线的方针与管理模式

达成共识之后，如何在属国朝鲜架设电报线，是清政府面临的直接问题，毕竟这是前所未有之举。从着手准备到第一条电信线开通使用，前后用了近半年时间，具体经过如下。

---

①　《直督李鸿章奏请拨款筹办朝鲜至奉天电线折》（光绪十一年五月十二日），王彦威、王亮编《清季外交史料》（二）卷58，台北：文海出版社，1963，第17页。

②　中研院近代史研究所编《清季中日韩关系史料》第3卷，编者印行，1972，第899页。

③　吴大澂：《朝鲜善后事宜》《清光绪朝中日交涉史料》上册第7卷，台北：文海出版社，1963，第4~6页。

④　有人建议在中国与朝鲜半岛之间敷设海底电报线，李鸿章以中国敷设海线经验不足，且"如安置海线经费过多，且易触坏"为由，未予采纳。

首先，李鸿章上奏皇帝，陈述中朝电报通信的必要性与重要性。1885年 6 月 24 日，李鸿章在奏折中剖析《日朝海底电信线设置议定书》的影响，指出日本侵占朝鲜电信权之危害，建议尽快架设中朝电报线，以实现信息沟通的快捷化。朝廷同意李鸿章的建议，并令其着手负责此事。①

其次，致书朝鲜国王，详陈架设中朝电信网的意义与实施方法。李鸿章接到朝廷旨意后，翌日即致书朝鲜国王，就架线问题做了三点说明：其一，目的是便于中朝两国"通紧要信息，冀免驿递之迟误，而省驻防之靡费"；其二，具体形式为朝鲜"商请"中国"代办"；其三，两国签订电报条约。在此，值得注意的是，李鸿章强调由朝鲜"商请"中国"代办"，主要是为了避免欧美列强和日本的猜疑与干扰。这样做，既合乎情理，又达到了彰显宗主国政治优势地位的目的。依照旧制惯例，对"属邦"的商请，"上国"有责任和义务回应。而要求签订条约，目的是通过近代条约的形式，保护中朝两国权益，抑制日本对朝鲜电信权的进一步侵占。

朝鲜国王接到信函后，按照李鸿章的说明回复清政府，表示朝鲜"拟自仁川港起，安设陆线。由汉城至义州达凤凰城，共一千三百里，国家财力一时难办，请由北洋筹备垫借，限年归款"。② 就这样，朝鲜国王以财政困难为由，请清政府帮助架设电报线；清政府以"屏藩所寄，休戚相关"为据，接受国王之请，由此拉开了构筑中朝电报通信网的序幕。清政府这一步没有犹豫，没有争论，更没有如中国电报事业那样在兴办之前就多有议论与挫折，先后经历了"初拒、争论、转变、试办"等过程，它从开始就目标明确，意志坚定，行动果断。

最后，委任盛宣怀拟订电报条约。这是确定架设属国电报线的基本方针与管理模式的重要环节。李鸿章鉴于"北洋经费枯竭，而奉省亦无款可筹，工料浩繁，开办不易"的现实，结合国内兴办电报事业的经

---

① 《直督李鸿章奏请拨款筹办朝鲜至奉天电线折》（光绪十一年五月十二日），王彦威、王亮编《清季外交史料》（二）卷 58，第 17 页。

② 《直督李鸿章奏请拨款筹办朝鲜至奉天电线折》（光绪十一年五月十二日），王彦威、王亮编《清季外交史料》（二）卷 58，第 17 页。

验，经与朝廷商量后决定，将具体事宜交由中国总办电局道员盛宣怀办理。①

盛宣怀接到指示后，从"筹款""定章""分任""善后"四个部分拟订了筹备方案，并将筹备方案提交李鸿章。②"筹款"是关于预算与费用来源的内容。盛宣怀参照架设津沪陆线所花费用，试算出朝鲜电报线"共需银是十四万两"，具体为沈阳至凤凰城四百八十里，凤凰城至边门一百里，此段线路"计需银四万两"；仁川至汉城，达义州，再至中国边门，共一千三百里，"计需银八万五千两"；"另备添设马山行军电线及常年修理各项银一万五千两"。③ 对此，李鸿章回复："惟北洋与奉天实难筹款，似舍沪关出使经费外无可取资。"遂决定从"出使经费"中筹出所需十四万两，并得到朝廷批准，就这样经费问题得到解决。④"定章"主要规定了属国电报管理权归中国。盛宣怀指出，"朝鲜陆线中国官为代办，易启猜忌"，中国可在朝鲜国王商请的前提下，"援照壬午年招商局代借办法，拟由中国电报总局代朝鲜政府筹借公款银十万两，分二十年，按年由朝鲜归还银五千两，仍由电报总局催收转解北洋，免其计息"，该线既然"由中国电局代为借款创造，朝鲜还款未清之日，应由中国电局代为管理，以期款项有着"。⑤ 换言之，以官督商办的形式管理属国电报，期限为二十年。"分任"明确职责，即中国境内约六百里电报线，从筹款中拨四百两，由北洋电报官局选熟手妥员造办；仁川至边门一千三百里电报线，责成中国电报商局与朝鲜政府立约，选员办理。其中"测量、打报学生，均由电报学堂随时拨用"。⑥"善后"规定护线维修和培养属国电报人才的计划，"以期长远"。盛宣怀忧虑朝鲜境内电报线"造易守难，商

---

① 《光绪十一年五月初十日直隶总督李鸿章奏》，《洋务运动》（6），第 367 页。
② 《光绪十一年五月初十日直隶总督李鸿章奏》，《洋务运动》（6），第 367~368 页。
③ 此时，中国在京津、东北地区的电信发展已初具规模。至 1884 年 9 月，北塘至山海关电信线已经延伸至营口、旅顺，具备连接朝鲜电信线的条件。具体经过，参见薛轶群《日俄战争后的中日东三省电信交涉》，《近代史研究》2018 年第 1 期。
④ 《光绪十一年五月初十日直隶总督李鸿章奏》，《洋务运动》（6），第 367 页。
⑤ 《光绪十一年五月初十日直隶总督李鸿章奏》，《洋务运动》（6），第 367~368 页。
⑥ 《光绪十一年五月初十日直隶总督李鸿章奏》，《洋务运动》（6），第 368 页。

报甚少，财力竭蹶"，因此建议除尽量节省经费外，维护费"应由朝鲜另筹津贴"。同时考虑到朝鲜电报人才短缺，建议"各局董事、司事、学生、工匠人等，目前暂由中国电报局代为延雇，以资熟手"，除此之外还要"遴选朝人到局学习，以冀逐渐换撤，俾垂久远"。①

盛宣怀的筹备方案，日后成为中朝电报条约的主体内容。在此，有两点值得注意：其一，"定章"中关于"朝鲜陆线中国官为代办，易启猜忌"的判断，体现了清政府"朝鲜为属国，内政外交自主"的原则；其二，以借款方式得到朝鲜电报线 20 年的管理权，扭转了被动局面。对筹备方案，李鸿章表示，"所议各条，尚为切实周密"，② 总理衙门亦给予肯定，光绪帝朱批："电线为自古所未有，今议自奉省设至朝鲜，尤属创举。该督既任此事，即当妥为布置，毋贻笑于外藩也。经费一项，着即照议提拨。"③ 由此可言，属国电报线不仅是中朝信息沟通和"保藩固边"的重要手段，亦被视为宗主国对外彰显近代产业的窗口。

2. 签订电报线合同：实现信息沟通手段的多元化

经与朝鲜交涉，④ 1885 年 7 月 17 日，中国电报总局在汉城与朝鲜政府签订《中国代办朝鲜陆路电线合同》。⑤ 中国督办电报总局盛宣怀为合同方，陈允颐代押。中国总办电局工程佘昌宇、陈允颐，朝鲜督办交涉通商事务金允植，协办交涉通商事务徐相雨、申献求参加画押仪式。这是清政府作为宗主国与属国签订的第一个电信合同，共八条内容。它是了解中

---

① 《光绪十一年五月初十日直隶总督李鸿章奏》，《洋务运动》（6），第 368 页。
② 《光绪十一年五月初十日直隶总督李鸿章奏》，《洋务运动》（6），第 368 页。
③ 《议展朝鲜电线折》（光绪十一年五月初十），《李鸿章全集》第 11 册，第 108 页。
④ 虽然朝鲜政府按照李鸿章意图，同意商请中国帮助架线，但是在具体交涉中，由于对旱线不了解，态度不积极，并另外提出采用海线。中国以建造旱线既可节省经费又有经验为由，坚持建造旱线。几经交涉之后，朝鲜同意按照"自仁川港起，安设陆线，由汉城至义州达凤凰城，共计一千三百里"的陆路电报线。《清德宗实录》卷二〇一，光绪十一年正月上，中华书局，1987，第 861 页。
⑤ 也称《中韩电线条约》。日本史籍协会编『東亜関係特種条約彙纂』二、東京大学出版会、1979、807～809 頁；《中国代办朝鲜陆路电线合同》（光绪十一年六月初六日），王彦威、王亮编《清季外交史料》（二）卷 59，第 12～14 页。

国构建属国电信网的重要史料，现将内容摘录如下：

第一条　中国督办电局商局现奉北洋大臣李中堂奏明，以朝鲜国王咨商：自仁川港起，由汉城至义州，达于凤凰城，请设陆路电线，共一千三百里，并请筹借经费，赶速设置，所有经费，应由朝鲜限年归款。特此饬由华电局代筹借款，派员办理。

第二条　朝鲜创办陆路电线，系朝鲜国王商请中国借款设造，特由华电局代借公款关平银十万两。五年之后，由朝鲜政府分作二十年，每年归还五千两，不取利息。并派熟悉电线之董事、学生、工匠人等妥为承办，以备缓急，而通呼吸。

第三条　朝鲜政府因中国电局垫款创设电线，有裨朝鲜政务不浅，订准水陆电线工竣后，自通报之日起，二十五年之内，不准他国政府及各国公司在朝鲜地面、海滨，代设电线，致侵本国之事权及损华电局之利益。如朝鲜政府有欲扩充、添设之处，必须仍由华电局承办，以免纷歧。

第四条　此项代造电线，所有中西材料、机器、什物，以及华员、洋匠、司事、学生、工头人等之薪水、工食、川资各项，均在借款内核实开支。惟所需朝鲜木料及夫役人等，由电局咨会朝鲜政府就近采办、雇用，电局毋庸给发价值，以期撙节借款。至一切应用材料等物，入朝鲜境内，概免纳税。

第五条　电局董事、学生、工匠人等，必非熟手不办。朝鲜政府订定借款未清之日，仍由中国电局代为管理，仍一面遴选朝人到局学习，以冀逐渐谙练。惟此线商报无几，每月局费、巡费应由电局开单，向朝鲜政府支取。中国及朝鲜政府官报盖印送局者，不取报费，余则皆归商报。

第六条　此项借款银十万两，画押之后，由电报局代存天津汇丰银行，陆续取用。工竣，由电局开具清帐，送呈北洋大臣暨朝鲜政府查核。如有余剩银两，仍存汇丰，不准挪作别用，以备修理各费，仍由局汇开清帐。用完为度，修费亦须归朝鲜筹给。

第七条　电线开工之始，应由朝鲜通饬沿途地方官，妥为照料弹压，无许军民人等阻挠损害。嗣后，如有此项情弊，电局董事咨会朝鲜政府，严行究办，以期永远保护。

第八条　电线造成，以修巡为第一要义。照中国例，每二十里派巡兵一名，每百里派巡弁一名。开工之际，即须送到工次，随同学习。由工次分派住所，常川巡修，并归电局节制。所有巡修章法以及局内收发电报规例，悉照中国电局章程办理，另行刊布。①

可以看到，该合同对筹款款数、朝鲜还款年限、款项用途、架线工程、完工时间、电报线权限、护线维修、中朝各自职责、电报人才培养等进行了详细规定。总体而言，这是一个尽显宗主国立场、确保宗主国对属国电信权益的合同。特别是第三条，中国独占朝鲜海、陆两种电报线的代架权与管理权的规定，彻底拆解了《日朝海底电信线设置议定书》第二条的规定，扭转了中国的被动局面。第五条中国官报享有免费的规定，体现了宗主国拥有的特权。第八条提出照搬中国电报线维修条例，体现了宗藩体制下中朝电报线管理的一体化。可以说，构建中朝电报通信网本身，成为中国强化中朝宗藩关系的手段。此后，中国在朝鲜扩大架线范围时，基本都是仿照该合同，订立各线合同。

合同签订后，清政府于 1885 年 8 月派技师赴朝鲜架线施工。在中国的主导下，经中朝共同努力，11 月竣工，线路取名义州线。该线由朝鲜境内和中国境内两部分组成，② 朝鲜境内自仁川—汉城—平壤—义州，进入中国境内边门—凤凰城—沈阳—山海关—天津—北京。朝鲜境内沿途设汉城、仁川、平壤、义州四个电报局，即朝鲜"电报四局"，11 月开通使用。③ 至此，由朝鲜国王"商请"、中国"筹资代办"的近代中朝第一条电报沟通线诞生了。它的诞生，标志着中国与朝鲜半岛的信息沟通进入驿

---

① 《中国代办朝鲜陆路电线合同》（光绪十一年六月初六日），王彦威、王亮编《清季外交史料》（二）卷 59，第 12~14 页。
② 中国境内段线路长 600 里，朝鲜境内段线路长 1300 里，全长共 1900 里。
③ 《光绪十四年四月二十七日直隶总督李鸿章片》，《洋务运动》（6），第 403 页。

站与电报并存时代，两国之间初步实现了信息沟通渠道的快捷化、多元化。

1885 年 10 月，"清朝驻扎朝鲜总理交涉通商事宜"全权代表袁世凯抵汉城上任，至 11 月得知义州线竣工投入使用后，立即电报李鸿章"朝电已通"，并告知朝鲜政情和俄国驻朝鲜公使的动向，电文称："'海镜'午后进口。穆（朝鲜顾问穆麟德）改十六日附'超勇'行。俄使昨入汉城，尚安静。"① 由此开启了袁世凯、李鸿章之间近十年的电报通信联络。② 11 月 26 日，袁世凯再次连发两封电报给李鸿章，告知俄国公使与朝鲜高官的动向，电文称："两晤俄使韦贝，尚无他意。金允植病，俄亦未议他事。穆既去，伊似无能为。……前查俄凭事竣，韩王已备送礼部、总署、宪署三咨文申谢，并由供贡使赴都谢恩。咨文俟便船寄。"③ 两份电报虽然简短，但囊括了当时传闻中的朝俄密约情况，成为李鸿章回复 11 月 2 日总署询问"韩俄立约何款，速即电闻"的依据。④

此后的历史发展证明，义州线实际上是一条由汉城直通李鸿章的政治外交生命线。据笔者统计，自 1885 年 11 月 20 日袁世凯电告李鸿章"朝电已通"，至 1894 年 7 月 18 日袁世凯接到李鸿章电告"本日奉旨，袁世凯着准其调回。希将经手各事，交唐守绍仪代办，即回津"⑤ 的近十年间，袁世凯发给李鸿章的电报千封以上，⑥ 凡遇紧急情况，基本都是先用电报告知，然后再送函报告详情。由此可言，在清政府制定对朝政策和应对突发事件时，电报通信与传统驿站系统共同扮演了重要角色，特别是在

---

① 《致北洋大臣李鸿章电》，骆宝善、刘路生主编《袁世凯全集》第 1 卷，河南大学出版社，2013，第 64 页。
② 《致北洋大臣李鸿章电》，骆宝善、刘路生主编《袁世凯全集》第 1 卷，第 64 页。
③ 《致北洋大臣李鸿章电》（光绪十一年十月二十日），骆宝善、刘路生主编《袁世凯全集》第 1 卷，第 65 页。
④ 《附录　总署致北洋大臣李鸿章电》（光绪十一年九月二十六日），骆宝善、刘路生主编《袁世凯全集》第 1 卷，第 65 页。
⑤ 《附录　北洋大臣李鸿章来电》（光绪二十年六月十六日），骆宝善、刘路生主编《袁世凯全集》第 3 卷，第 406 页。
⑥ 笔者粗略统计了《袁世凯全集》第 1~3 卷中收录的袁世凯发给李鸿章的电报，大致有 1180 封，其中包括附录中李鸿章所发电报，但后者只占其中一小部分。

快速获取朝鲜信息方面，前者成为主要沟通手段。

3. 陷入经费困难的属国电报线：政治军事利益大于经济价值

电报线架设完成之后，线路的管理与维护成为重中之重，而经费又是其中的关键。袁世凯 1888 年 5 月给李鸿章的报告显示，中朝过境电报通信线路自奉天凤凰城边门，经朝鲜义州、平壤、汉城而达仁川，沿途设立的电报四局归中国代管。维持该线路所需费用包括相关人员的薪水，即"四局委员、司事、华洋工匠、通事、测量、值报、翻译各生、巡线弁兵、送报夫役薪工"和油烛、纸张、房租等项，每月共需银一千二百余两。按合同规定，朝鲜政府每月应贴银四百余两，也就是说"实计尚短银七百余两"。①

究其原因，主要有四。其一，"朝鲜各物皆贵，银价极贱，虽竭力节省，乃较中国电局费用为多"。其二，朝鲜"商务初兴，中西商报无几。每月所收报费，只敷零星杂用"。其三，日本在汉城另设陆线电报局，西报悉归釜山线，不经仁川陆线接发，中朝电报线仅能收到甚少的华商报费。其四，朝鲜财政贫瘠，四百余两月贴之举已于 1888 年 3 月停止。为解决经费问题，袁世凯虽然"于设线余款项下暂行挪借"，但是到了 5 月"余款告罄"，仁川、汉城、平壤、义州四局的养线经费无出，请求朝廷另行筹发经费。② 面对经费短缺、朝鲜政府月贴停供的局面，李鸿章于 1888 年 6 月 6 日上奏：

> 仰体朝廷"字小"之议，实难默置不问。况借款设线，既已曲成于前，尤不得不维持于后。袁世凯驻韩经理交涉通商事宜，关系要紧，与出使外洋事同一律，其因公电报，亦与出使大臣电报应行给费者无殊。既据盛宣怀等筹议，自本年三月起，每月于沪馆出使经费项下拨给银七百两，再设法催收朝鲜贴款，以为此线常年用

---

① 《光绪十四年四月二十七日直隶总督李鸿章片》，《洋务运动》（6），第 403 页。
② 《光绪十四年四月二十七日直隶总督李鸿章片》，《洋务运动》（6），第 403 页。

项，所费尚属无多。而遇事赴机迅速，实于中韩大举有俾。①

　　由此，清政府管理属国电报线的费用得到解决。之所以不惜倒贴经费管理维护过境电报线路，是因为属国电报通信，事关中朝关系大局，宗主国不能"默置不问"，这正是清政府管理属国电报通信艰难，也是重要之所在。但是，清政府极力管理和维护的这条奉天—凤凰城—义州—平壤—汉城—仁川—元山—釜山的过境电报通信线路，未与国际电信网相连，对在汉城、仁川的欧美商人来说没有实际的利用价值，进而导致商业电报收益极少。加之中国官报免费、朝鲜财政困难等原因，该线路经常处于经费不足的困境中。尽管如此，对于中国而言，这条电报通信线路是确保中国与朝鲜半岛之间进行快捷信息沟通的生命线，其在政治和军事上的意义远远大于经济价值，正如李鸿章所言："中国控制保护朝鲜，必有电线，以通消息。否则，机务阻滞，事事尽落人后。"② 因此，即便财政困难也要维护下去，李鸿章甚至曾挪用北洋海军经费中的一部分来填补此线的亏损。

四　竞争与独占：属国电报通信网的扩大

1. 围绕京釜线的中日朝三国交涉：朝鲜自建、中国代管

　　京釜线（仁川—汉城—釜山），即汉城以南的电报线，是中国在朝鲜拥有管理权的第二条电报线。此线的架设亦由于日本，既是日朝交涉的结果，又是中国力争主导权的成果。

　　中朝签订《中国代办朝鲜陆路电线合同》之后，日本以该条约违背了《日朝海底电信线设置议定书》第二条规定为理由，向朝鲜提出抗议。日本认为：如果义州线与中国东北的电报线联结，再与烟台、北京通往外国的电报线联结，发报者向海外发送电报时，将不再利用日本的釜长线。

---

① 《光绪十四年四月二十七日直隶总督李鸿章片》，《洋务运动》（6），第 404 页。
② 《光绪十四年四月二十七日直隶总督李鸿章片》，《洋务运动》（6），第 404 页。

这样的话，釜长线的利益将受到严重损害。① 面对日本的抗议，朝鲜政府以"义州线以北的电报线为中国架设，与朝鲜无关"为由，驳回了日本的抗议。同时声明：朝鲜认为中朝电信合同没有违反《日朝海底电信线设置议定书》，所以同意中国在朝鲜架设电报线。②

围绕釜长线利益问题，日本与朝鲜多次交涉，但始终未见结果。无奈之下，日本制定了一个电信补偿法，即要求朝鲜在半年之内另外架设一条汉城至釜山的电报线，并使此线与釜长线联结，以保护釜长线的实际利益。③ 表面上，日本争夺的是釜长线的利益，实际上，却是与中国争夺控制朝鲜的主动权。正如井上馨所言，釜山至汉城、仁川之间的通信网不仅关乎利益问题，更是外交战略中不可缺少的手段。④ 日本工部大臣佐佐木更是明确指出：

> 军事要地釜山—汉城—仁川至日本北九州的电报线，将是日本的军事生命线，在战略上具有重要地位。若支那在山东至此地之间建设海底电报线，或从旅顺架陆地电报线，那么我国将丧失良机而使局面无可挽回。⑤

可见，日本对获取釜山以北地区的通信线路势在必得。此刻，正好借朝鲜之手，实现这个计划，且不花分毫。此后，围绕釜长线受损补偿问题，日本与朝鲜多次交涉，于 1885 年 12 月 20 日签订了第二个电信条约，史称《海底电线条约续约》。该条约共有四条，主要内容就是要求朝鲜 6

① 「清韓電信約定ハ條約違反ニ付金督辦ヘ抗議ノ件」明治 18 年 7 月 21 日、『日本外交文書』第 18 卷、145 頁。
② 「電信約定ニ関シ抗議申入レノ件」附属書、明治 18 年 9 月 16 日、『日本外交文書』第 18 卷、149～150 頁。
③ 「朝鮮政府ヘノ交涉振ニ関シ回答ノ件」明治 18 年 11 月 2 日、『日本外交文書』第 18 卷、161 頁。
④ 「義州線存置ノ代償トシテ朝鮮政府ヲシテ京釜間ニ電信架設セシムル方得策ナラザルヤ照會ノ件」明治 18 年 10 月 7 日、『日本外交文書』第 18 卷、155～156 頁。
⑤ 「釜山仁川間海底電線架設ノ儀ニ附伺ノ件」明治 18 年 1 月 19 日、『日本外交文書』第 18 卷、142 頁。

个月之内动工架设京釜线；动工后，6 个月之内竣工。① 条约的签订，使日朝两国围绕京釜线的交涉告一段落。

可是，条约签订之后，朝鲜因经费不足，迟迟没有动工。日本三番五次督促未见效果。本来，朝鲜计划用义州线余下的经费架设京釜线。不料义州线建成后，经费所剩无几。政府财政困难，向外国借款之权又被中国掌控着，② 无奈之下，朝鲜向日本请求推迟工期。日本虽表示不满，但容忍了朝鲜的请求。③ 此后，日朝双方在动工问题上虽然反复交涉，但始终未见成效。面对此状，日本一方面督促朝鲜尽快解决经费问题，早日动工，一方面请袁世凯出面协调。

李鸿章一直忧虑日本借机贷款给朝鲜，以此占有京釜线的代架权和管理权，因此早在日朝交涉京釜线时，就指示朝鲜在条约第二条中加上"任朝鲜政府自行设置"的内容，为中国代朝鲜架设京釜线埋下伏笔。当日本请袁世凯出面帮助督促时，李鸿章欣然接受，即刻致函朝鲜统理衙门（朝鲜外务省），指示其"请中国代办京釜线"。朝鲜接到信函，依照李鸿章指示，发函至中国，请求代办。

1886 年 3 月 24 日，中国按照《中国代办朝鲜陆路电线合同》的模式，与朝鲜签订了第二个电信合同，史称《中韩釜山电报条约》。④ 该合同由六条构成，声明"此项续订各条，如有未尽事宜，均照上年合同办理。至两公司遇有关涉利权之事，应由彼此自行筹商"；朝鲜"咨请北洋大臣，仍饬由华电局代办"架设京釜线，经费因"朝鲜筹款维艰，拟动用义州线余款"；"一切局务仍由华员主持，秉承汉局总办，以一事权"。如同第一个电信合同一样，中国通过"代办"，取得了京釜线的代架权与管理权，将过境电报线延长至汉城以南地区。同时日本也能在釜山至汉城

---

① 「海底電線設置條約續約ノ旨報告ノ件」明治 18 年 12 月 22 日、『日本外交文書』第 18 卷、168~169 頁。

② 「釜山電線架線延期請求アリタル件」『日本外交文書』第 19 卷、335 頁。

③ 「釜山電線架設期限ニ關スル件」『日本外交文書』第 19 卷、333–334 頁；「架線八四個月犹豫スベキ旨回答ノ件」『日本外交文書』第 19 卷、335 頁。

④ 中研院近代史研究所编《海防档　丁·电线（四）》，第 1283~1284 页；日本史籍协会编『東亜関係特種条約彙纂』二、809~810 頁。

区域进行电报通信。

但是，签约之后，朝鲜国王鉴于朝鲜商民向政府提出自愿筹款、自行架设电报线的要求，便向中国提出准备自建京釜线。围绕该问题，两国经商议后，于 1887 年 4 月 18 日签订了第三个电信合同，史称《中国允让朝鲜自设釜山至汉城陆路电线议定合同》，① 主要内容有两点：允朝鲜自设釜山至汉城电报线路，该线管理权归属中国。其中，第一条称："釜山电线应照原章，由华电局承办。现因朝鲜商民情愿出力，助政府筹财自办架设等事，仍为官商和局，非他国政府及各国公司代设侵权之比。华电局认其不悖原章，准由朝鲜政府自设，则此局永远不准他国侵权代设。"第四条规定："釜山电线虽由朝鲜自设，仍归华电管理，以符原章。"②

就京釜线架设权和管理权问题，王东指出，"中方并非坚持要求釜山线建设权，之所以不断与朝方进行交涉，主要目的还是在于防范外国势力，尤其是日本渗入朝鲜电报通信领域。在盛宣怀、袁世凯等人的积极干预并和朝鲜亲华官员金允植的配合下，釜山线建设问题虽历经波折，但最终以朝鲜自建、中方代管的方式妥善解决"。③ 换言之，宗藩体制下的属国"自办"，成为中国管理属国电报线的又一个特点。1888 年 6 月，持续交涉三年之久的京釜线终于完工，并投入使用。④ 此线的完成，意味着到1888 年为止，依靠电报运作的中朝信息沟通系统覆盖了天津—奉天—凤凰城—义州—平壤—汉城—仁川—釜山区域，基本实现了清政府"以期中韩气脉灵通，遇事便于调拨"的目的。⑤

2. 订立《元山电线合同》：阻止朝鲜自主架设

至 1888 年，清政府通过"代办"架设完成了贯穿朝鲜半岛南北的义州线、京釜线，并且成为电报线的管理者。清政府所举，使属国电信权不

---

① 《海防档 丁·电报（四）》，第 1382~1384 页。
② 《海防档 丁·电报（四）》，第 1382~1384 页。
③ 转引自王东《甲午战前中朝关系与朝鲜电报线的建设》，《史学月刊》2016 年第 6 期。
④ 郭海燕：《中日朝鲜通讯权之争与清朝外交政策的转变》，《文史哲》2007 年第 1 期。
⑤ 《光绪十四年四月二十七日直隶总督李鸿章片》，《洋务运动》（6），第 403 页。

再受日本或他国侵占。但是，对追求独立自主的朝鲜开化派来说，清政府所举侵犯了朝鲜电信自主权。19 世纪 80 年代中叶至 90 年代初，随着朝鲜追求独立自主思潮的高涨，自主架设电报线、收回境内已有的电报线权，成为维护本国电信权利的标志。① 1889 年，朝鲜驻天津官员成岐运面告北洋官电总局总办佘昌宇，称其奉到统署（朝鲜外务省）之令，电报线借款已筹齐，即欲偿还。朝鲜此举，意图有二：其一，还清借款之后，收回在朝鲜境内的电报线权；其二，自主架设新的电报线。特别是继京釜线之后，朝鲜自行架线的主张变得更为积极，朝鲜半岛的第四条电报线元山线，正是在这种形势下产生的。

元山位于朝鲜半岛东北部，邻近俄国远东地区，是朝鲜北方的重要商埠。1889 年，朝鲜计划自架汉城至元山电报线。4 月 7 日，袁世凯向李鸿章禀报，内称："今春，王将以南路所余之线料，加购百余里，添设汉城至元山之电线。或谓将由元山设至俄界。"② 朝鲜自架电报线，事前未与中国商量，显然违反了中朝电信合同。

就元山线架设问题，美、俄、日也纷纷介入其中，以期借此机会，扩大各自在朝鲜的权益。支持朝鲜独立的美籍顾问德尼③与俄使韦贝早在 1888 年 2 月，就开始筹议"架设从汉城至元山的北路电报线，并计划将其与俄国电报线相接"。为实现此目的，德尼首先与支持朝鲜独立的日本进行交涉。④但是，日本驻朝鲜代理公使近藤真锄，担心元山线

① 朝鲜还款，始于光绪十四年底，参见《袁道来电》（光绪十四年十二月二十七日辰刻到），顾廷龙、戴逸编《李鸿章全集》第 22 册，第 430 页。
② 《禀北洋大臣李鸿章文》（光绪十五年三月初八日），骆宝善、刘路生主编《袁世凯全集》第 2 卷，第 72 页。
③ 德尼（Owen W. Denny，1883~1900），美国法律学家，1877~1880 年任美国驻天津副领事，与李鸿章私交甚密。1880~1883 年任美国驻上海领事。1886 年 3 月，经李鸿章举荐，接替德国人穆麟德出任朝鲜外交政治顾问，后被封为"嘉善大夫协办内务府事兼外衙门掌交司堂上"。著有《清韩论》一书，宣扬"清韩平等论""朝鲜独立论"，揭露批评清政府干预朝鲜内政外交，支持朝鲜追求独立自主。
④ 近藤真锄代理公使与大隈外务大臣函「朝鮮北路電線架設計劃ニ関シ我カ政府ノ意向問い合わせノ件」『德尼氏北路電線架設ノ件』明治 21 年 7 月 16 日、『日本外交文書』第 21 卷、208~209 頁。

为俄人所操纵，认为"德尼与俄国公使关系甚密，其支持朝鲜自主架设北线，意图实属难测"，遂向外务大臣大隈重信建议："北线占有重要地位，我政府应该出资、派遣人员帮助朝鲜架设元山线，以断绝朝鲜与俄国之关系。"①大隈重信随即指示近藤与德尼保持接触并探测实情，以备制定对策。但是，德尼除了告知元山线与俄国电报线相接的计划之外，拒不透露其他消息。无奈，近藤将交涉对象转向朝鲜，向朝鲜国王表明：

> 日本赞成并支持朝鲜自主架设电报线之举。若朝鲜财政困难，架设费用，可由日本借款给朝鲜。其他事宜更是可以相商。②

面对日本的提议，朝鲜国王迫于清政府施加的压力，给予了拒绝。近藤见直接参与交涉元山线无望，遂改变交涉内容，以"元山线与俄国电报线联结"违反了《日朝海底电信线设置议定书》第三条"朝鲜邮程司官线架设时，海外电报必须与釜山的日本通信局通联办理"为理由，向朝鲜和德尼提出抗议。③ 朝鲜并不为其所动，反而派洋员哈氏对"沿途地形进行勘查"，表明自架的决心。④ 此后，由于清政府的介入和朝鲜的坚持，日本最终既没有获取元山线的架线权和管理权，也未能参与此线的借款事宜。

清政府高度关注朝鲜自架元山线之举。盛宣怀忧虑元山线若与俄线相

---

① 近藤真鋤代理公使与大隈外務大臣函「朝鮮北路電線ヲ架設シ之ヲ露国電線ニ接續セントノ計劃ニ関シ報告ノ件」明治 21 年 3 月 18 日、『日本外交文書』第 21 卷、200~201 頁。

② 近藤真鋤代理公使与大隈外務大臣函「朝鮮北路電線ヲ架設シ之ヲ露国電線ニ接續セントノ計劃ニ関シ報告ノ件」明治 21 年 3 月 18 日、『日本外交文書』第 21 卷、200~201 頁。

③ 近藤真鋤代理公使与大隈外務大臣函「朝鮮北路電線ヲ露国線ニ接續スルハ日鮮海底電線設置條約ニ违背スル旨回訓ノ件」明治 21 年 8 月 11 日、『日本外交文書』第 21 卷、209~210 頁。

④ 近藤真鋤代理公使与大隈外務大臣函「朝鮮北路電線ヲ元山迄架設スルコトニ内定シタル旨報告ノ件」明治 21 年 8 月 14 日、『日本外交文書』第 21 卷、210 頁。

连，会给中国带来政治和经济上的双重危害，他说：

> 袁函谓：韩请华线悉归韩管，每局只留学生一人。断不可允。元山线成，西报尽数归俄。所留华线，以通缓急，失其利，犹当存其权。①

李鸿章指示道："韩设元线已备料，姑未定期开工。照合同，韩应先请华允，否则当封禁。"② 换言之，"应先请华允"是清政府在属国电报线问题上的原则，是强化中朝宗藩关系的手段，不可动摇。架线既是解决中朝电报通信问题的途径，更是中朝宗藩关系实体化的重要构成部分。

为阻止朝鲜自主架设元山线，实现清政府"代办"架设并取得对元山线的管理权，清政府采取了两个对策。

对策一是劝告朝鲜放弃自主架线计划。1889年4月23日，李鸿章令袁世凯告知朝鲜国王，朝鲜架线务必遵照《中国代办朝鲜陆路电线合同》的规定，否则将按违反合同处置。事实上，朝鲜国王在德尼的怂恿下，已经下令对架线所经地区的地形进行了勘探，并购置了架线的各种器材，只因清政府的干涉尚未动工。拖到1891年，为了开工，朝鲜不得不接受李鸿章的劝告，"商请中国自设"元山线，并申明元山线一切事宜将依照《中国代办朝鲜陆路电线合同》规定办理。对此，李鸿章以可"格外通融"为由，答复"暂准"朝鲜自行架设。"暂准"的前提，是朝鲜承认了中国电报局对元山线的管理权。

对策二是订立条约，抑制朝鲜电信自主。为彰显宗主国权力所在，1891年3月24日，在清政府的干预和要求下，朝鲜与清政府签署了第四个电报合同《中国允让朝鲜自设咸境总营、元山、春川至汉城陆路电线合同》（又称《元山电线合同》），由袁世凯、总办朝鲜电报局务李毓森

---

① 《附录　北洋大臣李鸿章来电》（光绪十五年三月二十四日），骆宝善、刘路生主编《袁世凯全集》第2卷，第87页。

② 《致北洋大臣李鸿章电》（光绪十五年三月二十五日午刻），骆宝善、刘路生主编《袁世凯全集》第2卷，第87页。

与朝鲜督办交涉通商事务闵种默在汉城签订。[①] 该合同共九条，内容按照中国意图制定而成。其中第一条、第二条、第四条和第七条最为重要，现摘录如下：

> 第一条　元山电线本应照光绪十一年中国代办朝鲜设立水陆电线创始原议，由华电局承办，现因朝鲜商请自设，不得不格外通融。惟朝鲜应于华电局凡合同内有益之事必须遵办，不得侵占华局（中国）利权。
>
> 第二条　原议合同第三条内载，二十五年内不准他国政府及各国公司在朝鲜境内代设电线。又釜山合同第一条内载，永远不准他国侵权代设等语。此次元线自应遵约办理，且不得与他国水线、陆线相接，亦不得与附近地方之他国水陆电线接通。
>
> 第四条　釜山线合同内，有釜山电线虽由朝鲜自设、乃归华局管理一条，此次元山电线亦应照办，且不能有名无实。所有拟设各处电局来往电音及薪水费，必须按月开单，移送华电局存案。倘华局所察各款内有与韩局所报情实不符之处，必须准由华电局从重议罚。
>
> 第七条　此次元线归朝鲜自设，系格外体谅，暂与通融。嗣后无论何处再设电线，或即添设枝线，均应查釜山线合同第三条，办理其余未尽事宜，均查汉义及釜山两次合同照办。[②]

以上四条内容表明，清政府处理朝鲜自主架线的前提是"不得侵占华局利权"；准则是依照"原议合同"即中朝签署的第一个电报线合同；目的是管理朝鲜电报权，以进一步加强中朝宗藩关系的实体化。合同中，明确表明元山线"系格外体谅，暂与通融"，今后朝鲜无论是"再设电

---

① 『東亜関係特種条約彙纂』二、811～812 頁；权赫秀编著《近代中韩关系史料选编》，世界知识出版社，2008，第 43～46 页。『東亜関係特種条約彙纂』二收录的是日文版，本处引文参考日文及权赫秀的中译本。

② 转引自权赫秀《韩国藏 1891 年中朝元山电线合同原本及其史料价值》，《安徽史学》2010 年第 3 期。

线"，还是"添设枝线"，皆依照"原议合同"办理。换言之，无论中国"代办"，还是朝鲜"自架"，其权限皆归中国。

除此之外，条约其他各条，事实上也是限制朝鲜"自架"的内容。如第三条规定："春川、元山、咸境总营三处设成后，所有局内章程及一切报费价目，乃应遵照釜山线合同第五条，均由华电会商妥定，不得有碍华局权力。"第五条规定，中国对朝鲜自主架线进行彻底监督和限制。第九条规定，续立合同二十五年内，朝鲜如果违背条约所议各条及原议各条，则从轻重议罚，均听华局自便。显然，清政府从管理层面控制了元山线，朝鲜自主架设的意义荡然无存。特别值得一提的是，第六条中"华官报亦应如釜山线不收费"的规定，充分显示了宗主国的特权。

合同签署后，元山线终于迎来开工。工程由朝鲜电报局主事赵汉根主持，进展颇为顺利，1891年5月下旬竣工。花费近三年时间建成的元山线，名义上是朝鲜自主架设，实为清政府管理的又一条属国电报线。至此，清政府管理下的义州线、京釜线、元山线，虽然架设经纬有所不同，但清政府在其中的权益和地位是相同的，它们在19世纪80~90年代有效地支持着中国加强中朝宗藩关系的政策，同时遏制了日、俄对朝鲜电信权的渗入和扩张。

令人遗憾的是，清政府自1891年签订《元山电线合同》后，就再没有与朝鲜签署任何电报合同。甲午战争爆发后，随着战事的推进和日本军事行动的冲击，清政府相继失去京釜线、京仁线、元山线以及相应地区的电报局，花费巨资架设的朝鲜电报通信网被日本强行占取，转而成为日本对华作战的通信工具。中日在电报通信领域的势力格局，以甲午战争为节点，逐渐形成日本强势的局面。甲午战争后，伴随《马关条约》的签订，中国不仅丧失了朝鲜电报线的架设权、管理权，在电报通信上也完全处于劣势地位。[①]

---

① 有关甲午战争前后日本在朝鲜的设线详情，参见郭海燕《甲午战争前后日本构筑朝鲜电信网的军事行动与对外交涉》，《抗日战争研究》2014年第4期。

结　语

通过梳理 19 世纪 80~90 年代初期，清政府构筑中朝电报通信网的历史事实，可以得出以下几点认识。

第一，清政府在中朝之间架设过境电报线之举，是以摆脱传统驿站系统信息传递迟延的弊端，实现中朝信息传递的快捷化，加强和稳固中朝宗藩关系为目的而展开的。为实现这一目的，清政府制定了以企业经营为主体、实则国家掌控，以朝鲜"商请"为前提、实则宗主国"代办"的方针，运用传统宗藩关系与缔结近代条约相结合的方式，控制了朝鲜电报线主权。前后费时八年，清政府完成了贯通朝鲜南北国土、覆盖东西两岸、与中国境内电报线相连通的中朝电报通信网。此举实现了中朝信息沟通渠道的快捷化，有力地支持了清政府在 19 世纪 80 年代强化中朝宗藩关系的对朝政策。1891 年 8 月，李鸿章在回顾电报事业的发展时提到：

> 北洋本无电报，自光绪十年创办以后，接续经营，周环渤海，直达朝鲜，计设线三千余里。内而调度防军，外而保护藩属，呼应灵捷，若在户庭，有裨军国要政。①

可以说，甲午战争前中国构筑中朝电报通信网的过程，就是加强中朝宗藩关系实体化的过程。

第二，清政府在中朝之间架设过境电报线之举，开辟了甲午战争前中朝信息沟通的多元化渠道，形成了传统驿站、电报通信相呼应的格局，改变了长期以来中国在信息沟通层面的被动局面。1885 年 10 月，袁世凯受命"驻扎朝鲜总理交涉通商事宜"，清政府进入全面干涉朝鲜内政时期。同年 11 月 20 日，中朝第一条电报线开通。此后，在袁世凯驻扎朝鲜的十年间，电报通信与传统驿站一起，在清政府制定对朝政策和应对突发事件

---

① 《光绪十七年七月二十八日直隶总督李鸿章奏》，《洋务运动》（6），第 428~430 页。

时共同承担了重要责任，特别是在快速传递朝鲜信息方面，电报通信成为主要沟通手段。

第三，朝鲜半岛的电报通信网是在宗藩体制下建设完成的。无论从技术还是维权方面，它都得益于宗主国电报事业的发展经验。从建设之初，它就与中国的海防、国防密切相连。无论架线动机还是权限控制、经营管理，其政治意义和军事意义都远远超过经济利益。清政府为确保电报通信的正常运行，在经费上给予全面支持，从资金方面控制属国电报线权。日本为了获取本岛与朝鲜半岛之间的电报通信手段，也不得不受限于此进行应对；朝鲜虽然想通过自主架线彰显自主志向，但是最终在清政府的干预下，不得不遵循宗藩体制下的电报发展模式。可以说，以架设朝鲜电报线为契机，中朝宗藩关系以及东亚宗藩体制得到了巩固。

总之，中朝电报通信网建设既是甲午战争前推动中朝信息沟通的重要手段，也是中国维护中朝宗藩关系和传统东亚秩序的重要内容。1889年11月24日李鸿章上奏称："窃维中国电报创造未及十年，现已东至东三省；南至山东、河南、江苏、浙、闽、两广，缘江而上，至皖、鄂，入川、黔，以达云南之极边；东与桂边相接。腹地旁推交通，几于无省不有。即隔海之台湾、属国之朝鲜，亦皆遍设。"尽管如此，随着甲午战争的爆发和战局的变化，清政府接连失去义州线、京釜线、京仁线、元山线以及相应地区的电报局，费心经营的属国电报通信设施在战争中逐步被日本夺占，转而成为日本侵略中国的通信工具。

全面抗战时期美英涉华舆情的变奏[*]

郭奇林^{**}

摘　要　全面抗战时期，美、英人士在如何看待中国抗战的问题上，先后出现了两次较大的舆情变化。抗战初期，当国民党政府军队一路退却的时候，该舆情多宣扬"中国必胜"；而到了1944年，在世界反法西斯战争形势一片大好，日本战败的前夕，却认为中国抗战前途未卜，甚至认为"中国政府会垮台"。美、英记者和驻华实地观察人员在这一舆情认知变化过程中起了关键的作用，他们将敌后抗战的实际情况传播到美、英国家，极大地推动、深化了外媒记者甚或一些情报人员对战时中国特别是国共两党抗战差异的探究和认知。从宣传中国"必胜"到称国民党政府"要垮台"，两次舆情口径变化与美、英国家的战略利益和现实需求密切关联，其实质是在战争情势需求下对中国抗战力量的重新评估，也是对国共两党的政治动员、组织效率以及对日军事战斗力的重新认识。这一舆情的变化，一方面从外界客观舆论的视角，还原了中国共产党领导的人民战争在抗击日本侵略过程中所发挥的重要作用；另一方面也从中国抗战与世界联动的视角，反映了中国自身在抗战中的蜕变对美、英人士及其国家客观认识中国的深度影响。

关键词　美、英舆论　国民党政府　中共敌后抗战　旅华观察人员

＊　本文为2017年教育部人文社科资助项目高校示范马克思主义学院和优秀教学科研团队建设项目"抗战时期美、英等国对中日战争走向的舆论观察研究"成果，项目编号：17JDSZK078。

＊＊　郭奇林，广东韩山师范学院马克思主义学院副教授。

　　有关抗日战争的研究成果和著述已经很丰富了，但从国外时论舆情报道的视角来做分析和研究者还有待深入。①作为近代亚洲乃至当时世界上最大的半殖民地国家，中国自身就是20世纪初期国际政治形势的晴雨表。因而，从1931年日本发动九一八事变，至1937年七七事变日本全面侵华，日本的战争动向无不与在华攫有殖民地利益的欧美列强国家及世界政治发生着千丝万缕的联系。中日战争自然受到了世界舆论的广泛关注。这一关注，不仅为我们在中日战争之外提供了解读和理解战

---

① 目前，通过中日之外的第三方视角，研究中共敌后抗战历史及整个中国抗战历史发展走向的成果中，有代表性的论文有张钰《抗战时期美方人士对中国共产党的报道和宣传》（硕士学位论文，重庆大学，2010）、姜晓燕《抗战时期来华美方人士对中共的传播》（硕士学位论文，重庆大学，2013），两文从传播学角度探讨了来华美方人士对中共的传播策略，意在为当代中国对美宣传寻求启示；王睿恒的《太平洋战争时期美国对华宣传中的中国形象》（《历史研究》2016年第4期），着重研究美国战争信息署对华宣传的意图，认为美方的目的是塑造一个符合其战略意图和战后东亚政治预设的所谓"理想"中国；崔玉军的《抗战时期到访延安的美国人及其"延安叙事"》（《齐鲁学刊》2017年第5期）梳理介绍了"史丹利"（Margaret Stanley）小册子所列举的抗战时期到访延安的一些美国人，并归纳了这些美国人对延安产生良好印象的要旨，但认为其"赞美共产党和要求美国改变对华政策"而"批评国民党政府"的原因，是受到中共的"热诚接待"和"积极宣传"，后者或为这些美国人的到访"创造条件"，未能从战略高度和时代作用上认识中共领导的敌后抗战对美国及其来华人员的深刻影响。这方面的代表专著，则有：1986~1988年新华出版社出版的"外国人看中国抗战"丛书，收录了贝特兰、卡尔逊、费正清等10位英、美记者所写有关中国抗战的回忆性纪实；张功臣的《外国记者与近代中国（1840~1949）》（新华出版社，1999）一书第六章介绍了抗战时期一些外国记者对中国的舆论宣传活动，并从新闻学角度阐述了其对中国新闻工作的启迪和意义；张威《光荣与梦想：一代新闻人的历史终结》（清华大学出版社，2012）在考察著名中外新闻记者个案经历的同时，也介绍了抗战前后活跃在中国各地的一些美国新闻记者；陶文钊、杨奎松、王建朗《抗日战争时期中国对外关系》（中国社会科学出版社，2009）从政治、政策和外交的视角，分析了各国对华外交工作与其国家政治、政策间的关系。综合地看，当前涉及第三方对中国抗战的报道研究仍存在明显的不足：一是偏重于用传播学的方法论解读，历史研究不足；二是视角和定位失之偏颇，对中国自身变化，特别是对中共敌后抗战的作用及其对国际舆论的深刻影响这一本体性因素，缺少必要的关注。其时美、英国家舆论界的对华观察和报道，不仅有战略"理想"的预设，更有客观现实的考量。综合探讨国际舆论的舆情走向，能更好地认识中国抗战发展大趋势与中共敌后抗战及民主边区新迹象的互动关系。

争变化走向的材料，亦从第三方视角，提供了一种相对客观和能够综合理解历史真相的研究思路。其中，作为西方舆论主要代表的美、英舆论①是这一舆情观察的重要组成部分，也是研究抗战历史可以借鉴的重要史料资源。但翻阅这些舆情资料，会发现一组奇怪的现象，即在1938 年抗战形势极为不利的时候，或者说，当国民党政府军队一路退却的时候，美、英舆论宣扬"中国必胜"；②而到了1944 年，在世界反法西斯战争形势一片大好、日本战败的前夕，却认为中国抗战前途未卜，甚至认为"中国政府会垮台"。也就是说，针对当时中国的抗战前途和抗战能力，美、英的舆情口径出现了较大的变化。这一变化，与中日战争发展趋势，国共关系变化，世界反法西斯战争的进程，以及美、英国家与国民党政府联合的前景有关，但根本上又与中国自身的变化，特别是中共领导的敌后抗战带给中国的巨变这一本体性因素，以及因之催生的美、英情观察对中国抗战力量在认识上的转变密不可分。考察这一舆论变化的脉络、原委，有助于从第三方的客位视角进一步地呈现中国抗战的历史面貌。

一 "中国必胜"：美、英舆情的第一次变奏

抗战时期，美、英对华舆情的一个较明显变化大致发生在 1938～1940年，该舆情的特点是：对坚持抗战的中国基本持高度赞扬和充分肯定的态度。从近代西方对华殖民统治和侵略历史的视角看，其变化是鸦片战争以来西方对华认知的一次重大转折。

近代中国在西方世界话语体系中被贴上"落后"和"失败"的标签，这种认识随着中国陷入半殖民地化和无政府化的深渊而被固化。尤其在一些关键的时间点上，如战争失利时，舆论和负向报道更将这种认

---

① 按：本文"美、英舆论"的说法，是基于在抗日战争报道方面美、英记者和实地观察人员所持立场大体一致或相近的认知。

② Nathaniel Peffer, "China Must Win," *Harpers*, September 1938.

识推向了高潮。① 这类著述流传于英、美等国，并成为西方看待中国的
"一手材料"，也让一些西方媒体潜移默化地喜欢戴着"文明"的有色眼
镜来看待东方发生的事件。进入 20 世纪，随着西方报刊业在中国的驻足，
相对客观的报道开始代替以前的臆测。但在一些重大问题上，尤其是关系
国家利益时，各类报道仍每每烙有帝国主义的印记。如 1915 年 12 月 19
日，在袁世凯称帝的前夕，《纽约时报》刊发了美国远东事务专家乔治·
T. 莱德（George Trumbull Ladd）对中日关系以及"二十一条"的看法。
莱德称"日本在其卷入的三次对外（中国）战争中，每次都并非自己情
愿……这都是因为清政府的软弱和欺骗"，并赞扬"二十一条"是日本外
交的杰作，因为"以西方文明世界通行规则衡量，日本外交传统和近期
行为仍堪称文明国家的典范"。② 即使到了日本全面侵华之际，支持中国
的报道在西方舆论中亦未形成主流，因为"世界上的国家似乎都觉得，
让中国获得同等的国家尊严是无法想象的"。③ 但就在侵华日军侵占中国
半壁河山的时候，这一切却发生了变化——美、英媒体把"必胜论"送
给了"退却"的中国。原因归纳如下。

第一，对日本侵华"战果"的反应。

1937 年 12 月 13 日，侵华日军攻陷国民政府首都南京。16 日，日本
政府发表声明："今后不以国民政府为对手，而期望与日本帝国合作之中
国新政权邦交……"④ 日本以此声明意欲昭告世人，侵华战争已取得"全

---

① 例如，参与了第二次鸦片战争的英、法亲历者通过书信和个人回忆录描绘了一个
因"衰败"而"蒙受屈辱"的中国形象。见埃斯凯拉克·洛图尔《中国和中国
人》，应远马译，中西书局，2013。经历了"庚子事变"的一名英使馆官员把外
国"征服"看作医治中国"落后"的良药，并期盼"1900 年可以成为更好开始
的起点"。见密福特《使馆官员在北京——书信集》，叶红卫译，中西书局，
2013，第 21 页。

② 乔治·T. 莱德：《美国远东事务专家谈中日条约》，原载于《纽约时报》（1915 年
12 月 19 日），转引自郑曦原编《共和十年·政治篇：〈纽约时报〉民初观察记
（1911～1921）》，当代中国出版社，2011，第 182～183 页。

③ Philip Jaffe, "China's War of Resistance against Japan is the Victory of Human Will,"
New York Times, March 30, 1941.

④ 日本防卫厅战史室编纂《日本军国主义侵华资料长编》，四川人民出版社，1987，
第 409～412 页。

面的胜利"。但令日本惊讶的是，美、英媒体对于"日军在华取得辉煌战绩后远东出现的新现实毫无察觉"。①

1938 年 4 月 9 日，伦敦路透社电讯称"最后胜利将属于中国"。② 同年 5 月（日军取得徐州会战胜利的前夕），英国《曼彻斯特卫报》刊文直言"日本不能征服中国"，因为，中国统一了，其决心和战斗力是历史上空前的，用中国红军的话说，"我们是鱼，人民是水，我们在人民内活动"，而日军将深陷其中。③ 同一时期，路透社还报道了一位旅华记者在中国的见闻，结尾称日本"在中国的前途，已日趋黯淡"。④

日军占领徐州后，美国著名国际政治观察家威廉·亨利·查默林（William Henry Chamherlin）在《当代历史》杂志撰文指出，日军看似可以占领中国任何一个地区，"但是想征服中国，那真是一个绝大的疑问"。⑤《密勒氏评论报》对此有进一步的剖析：日本对中国这样的大国发动侵略战争，其本身亦遭受着来自国内政治和经济两个方面的重大压力，为避免演变成大战，日本追求"速战速决"，但"因为它在时间和空间上不能对战事有以限制"，这一目标"现已经整个地失败了"。⑥

1938 年 10 月下旬日军攻陷武汉之际，《亚洲》杂志刊登了英国记者约翰·田不烈（H. J. Timperley）对中日战况的报道。在这篇报道中，田不烈认为第一个值得西方关注的事实"就是中国拿着几乎不能使人置信的武器来进行抗战，且终究不能屈服"。田不烈是英国《曼彻斯特卫报》的驻华记者，早在 1921 年就来到中国，并在中国开始了他的新闻记者事

---

① 巴巴拉·塔奇曼：《史迪威与美国在华经验》上册，陆增平译，商务印书馆，1985，第 274 页。
② Reuters（London），April 9，1938.
③ Edgar Snow，"Japan Can't Conquer China," *Manchester Guardian*，May 2，1938.
④ 《我对日抗战已获得国际同情》，《申报》（香港）1938 年 5 月 13 日，第 3 版。
⑤ William Henry Chamherlin， "Where is Japan Going," *Current History*，July 1938. 威廉·亨利·查默林（1897~1969），美国历史学家，《基督教科学箴言报》记者，在有关共产主义、冷战和美国外交政策方面多有著述，著有《俄国革命（1917~1921）》。
⑥ Edgar Snow，"On Japanese Strategy," *China Weekly Review*，July 2，1938，p. 141.

业。日本发动侵华战争后，他奔波于中日战场前线，向英国发回了大量相关的报道。1937 年 12 月，目睹了日军制造的骇人听闻的南京大屠杀后，田不烈返回英国，向英国各界民众做了旅华见闻的演说，并播放了录有日军南京暴行的视频，极大地改变了当时英国人士对日本的印象。其时，日本在华已攫取了大量的侵略"战果"，但田不烈认为，从中日交战之外的第三方角度看，即使是研究国际政治"最高的权威者，都真诚地相信中国民族精神的高潮"，而日本征服中国，"是绝无可能的事"。①

在仅仅一年之前，中国的抗战形势并不被西方看好。英、美人士一般"都以为中国这次能够做到的应付，不是装腔作势的反抗，就是依靠外力的援助，打上几个星期的仗"，结果将与 1931 年后发生在中国东北和华北的景象没什么两样。② 但在日本侵占中国首都南京，继而又侵占国民政府临时军政驻地武汉后，英、美媒体反而断言"日本不能征服中国"。从前后舆情的这种反差可以看出，此时的西方舆论对中日局势的判断已经发生了明显的变化。

第二，对中国军事力量的新认识。

美、英媒体"忽视"日军的"辉煌战绩"，却对战事之初不被重视的敌后力量产生了兴趣。随着战争的白热化，许多曾习惯待在城里的西方记者开始深入战地甚至到日军的后方，去"发现"那些开战一年来令"日军无法击败的"中国军人的真实品质。英国《曼彻斯特卫报》驻汉口记者发回了他对中国国民革命军第八路军的考察："几乎所有的人都承认，不管八路军的政治方针如何，它具有第一流的战斗力。"他们"纪律严明"，"军官和士兵们吃一样的伙食"，"具有坚定的自觉性和高尚的道德水平"，这是最令外国观察者们赞赏的地方。③

---

① H. J. Timperley , " New Lines Form in East Asia," *Asia*（*New York*）, October 1938.

② 勒底马:《日本愈强大，利益愈丧失》（原发表于《大西洋杂志》1938 年 7 月号），分上下篇连载于《申报》（香港）1938 年 9 月 4 日、1938 年 9 月 6 日，第 2 版。

③ 《中国人民的战士——外国报刊述评》（1938 年 6 月 19 日），《苏联〈真理报〉有关中国革命的文献资料选 1937 年 7 月~1949 年》第 3 辑，四川省社会科学院出版社，1988，第 340~341 页。

在武汉会战期间，美国《亚洲》杂志亦刊登了英国记者关于中国游击队员和八路军战士的报道。这位名叫詹姆斯·贝特兰的记者同山西地区的一支游击队共同度过了几个星期，观察他们的生活，参加他们的操练，并与他们的指战员进行交谈。这支游击队拥有 100 多人，他们的武器各异，惯于夜袭。当被问到子弹的来源时，年轻的游击队队长解释说："正规部队发给我们一些，但大部分是从日本人那里缴获来的。"这样的例子很多，比方说附近的一支部队就曾离奇地"搞到"了"二十万发步枪子弹和七千发炮弹"，还有"九辆日本载重汽车"。在一个小村庄，贝特兰还遇到了驻扎在那里的八路军三五九旅的一支部队。这是一支年轻的军队，"团政委二十刚出头"，"团长还不到三十岁"，"连长看样子也很年轻"。但他们的战斗经验令人敬佩，"这一周他们打了四天仗"，"敌人总想占领这个据点，因为它离铁路很近"。连长还向这位外国记者展示了他的战利品——一挺可以打飞机的高射机枪，这是他的小分队在一次袭击中缴获的"四十枝步枪、两挺机关枪和大量军服"等战利品之一，那次战斗他们击毁了敌人 60 辆汽车，打死 200 多名日本士兵，自己也损失了二十来个人，但"日本人变得特别谨慎了，一到夜晚他们就躲进岗楼"。贝特兰在报道的最后写道：

> 当了解到中华民族独特的生活能力时，我毫不怀疑斗争的最后结果：一个完全是另一个中国的新中国，必将在抗日战争的暴风雨中和苦难中诞生。①

1939 年 4 月，纽约《今日中国》在一篇总结中国抗战近两年形势的文章中指出：在东西方同时受到侵略势力攻击的时候，"中国现在是站在为保卫人类文明而战斗的第一线上"，尽管极度缺乏支援，但其"团结日

---

① James M. Bertram, "With the Chinese Guerrillas," *Asia*（*New York*）, June 1938, pp. 355-357.

固，愈战愈强"，"假以时日，最后胜利必属于中国"。①

美、英媒体缘何认为"退却"的中国终将胜利？这可从两个方面展开分析。

一方面，可从西方的立场分析。1938 年中日战争进入相持阶段，中国战局和欧洲局势均发生了巨大的变化。在远东，日本已无法在短期内赢得对中国的侵略战争，"北进"西伯利亚的计划因诺门坎战役②的失利以及苏德协定而受阻，于是推出了"南进"东南亚和太平洋，争夺英法荷美在这些地区的殖民地及资源的作战计划。这使得日本与美、英的矛盾激增，远东战事与欧美利益不断交合。美、英媒体对中国的抗战给予了高度的赞扬，呼吁支持中国、打击日本侵略，显然是与此时东西方反法西斯主义的政治立场相似及彼此间同仇敌忾的共情心理密切相关，这是一个较直观可见的现实。

同时也要看到，抗战初期，美、英政府着力维持与日本的正常关系，对中国提供的实质性援助非常有限。作为公共舆媒的美、英报刊，其言论必然要与国家利益保持一致，但也会一定程度地受其"独立意识"的驱使，发出看似与本国政府行为"不协"甚或"相左"，实则意欲为本国利益建言献策的舆论诉求。它虽然是美、英国家相关政策在舆情上的一种反馈，但也会一定程度地超越现实的政治政策，意在唤起关注、引起共鸣进而影响国家政策。

其时，美国借口"中立"对中日战局基本持观望态度。按照美国驻日公使格鲁（Joseph C. Grew）1937 年 8 月 27 日致电国务卿赫尔时给出的建议，"阻止日本在华政策不会产生好的效果"，美国明智的做法应该是"避免卷入（中日战争），全力保护美国在华财产和权益，并在保持中立的同时维持与交战双方的友谊"。格鲁相信，日本对美国的这种"善意"必然会投

---

① Phillp Jaffe，" China—Our Defense Against Fascism," *China Today*，April 1939，pp. 15-17.
② 诺门坎战役又称哈拉哈河战役，是 1939 年 5～9 月日本与苏联在中蒙边界诺门坎地区进行的一场战役。日本关东军企图从诺门坎一带发起进攻，进而占领蒙古哈拉哈地区，作为下一步入侵苏联远东地区、实现蓄谋已久的"北进计划"的跳板，但最终以惨败而告终。

桃报李，在必要的时候兑现其好意。① 在东西方法西斯侵略势力急剧蔓延、威胁日甚的情势下，美国政府所谓的表面"中立"，实则对日绥靖并与日本维持着大宗战争物资贸易的政策，受到了国内舆论的质疑和谴责。

例如，1938 年 6 月 14 日《纽约时报》刊登的一封读者来信措辞严厉，内容直指美国政府"牟取战争暴利"的不道德行为。作者称，"报纸在报道对平民的狂轰滥炸，而政府与日本的贸易却同时不断增加"，将大量的战略物资供应给日本，"如果没有这些美国提供的物资，日本将不得不一两个月就结束战争"，日本对中国的轰炸也将偃旗息鼓；对目前的中国局面，美国负有"不可推卸的责任"。② 作为美国最重要的舆论媒介，《纽约时报》的这种态度实际上也反映和代表了众多媒体日趋一致的心理和看法，极大地影响着其受众对日本侵华的认知。

盖洛普公司（Gallup）当时针对美中关系展开的民意调查显示，受媒体影响，支持中国抗战的公众舆情数据正在急速上升。例如，1937 年 8 月的调查中问道："对当前的中日战争，你同情哪一方？中国、日本或者都不同情？"43% 的反馈者认为应该同情中国，而同情日本的比例只有 2%。同年 10 月的第二次调查显示，同情中国的比例上升到 59%，同情日本的下降到 1%。到了 1939 年 5 月，同情中国的比例快速上升至 74%。③ 随着这一舆情关注的升温，美国众多媒体纷纷向中国派出驻外记者，以深入对中国战局的新闻采访和报道。以《纽约时报》为例，该报最多时派出了 50 多名驻外记者。④ 该群体成为涉华舆情传递的重要推手。

另一方面，可从中方的立场分析。抗战初期美、英媒体对中国抗战的声援和看好，除了有其同情的心理、彼此相似的政治立场等这些因素

---

① Jpseph C. Grew, *Turbulent Era: A Diplomatic Record of Forty Years, 1904-1945*, Vol. 2, Boston: Houghton Mifflin, 1952, pp. 1116-1118.

② Margaret G. Di Giovanne, G. Ashton Oldham, Bishop of Albany, "Letters to the Times," *The New York Times*, June 14, 1938, p. 20.

③ George H. Gallup, *The Gallup Poll: Public Opinion, 1935 - 1971*, Vol. 1, N. Y. : Random House, 1972, pp. 69-72, 159.

④ 苏珊·蒂夫特、亚历克斯·琼斯：《报业帝国——〈纽约时报〉背后的家族传奇》，吕娜、陈小全译，华夏出版社，2007，第 179 页。

起作用外，本着客观唯物的视角分析，还应看到在争取民族独立、抗击日本野蛮侵略的进程中，中国自身变化给抗战形势带来的巨大转机。从该舆情形成的过程看，这恰恰是促发美、英舆情变迁的本体性因素。由于历史的原因，中日两国孰强孰弱在当时是较明显的。然而，这一强弱对比与日本不能彻底击败中国，且正愈来愈深陷中国的现实存在巨大的"反差"。这一"反差"促使美、英记者和观察人员将注意力转向了那些曾经被忽略，但对中日双方力量的转化起着关键作用的新因素。

第一，美、英记者注意到统一战线凝聚了抗战力量，使中国抗战的面貌一新。

抗日阵线的联合统一，是传统中国在应对危机走向现代的变迁中最引人瞩目的现象之一。这一度被认为是在分裂的农业社会难以完成的事情。如《密勒氏评论报》揭露说，日本"大陆政策"的实施，其预谋"设想"的依据，即中国不会产生太大的"反应"，因为日本已经透彻地研究了"侵略史和外族侵入中国的"历史，这些研究完全支持中国将一如既往的"混乱"和不会形成稳固的政治"核心"的结论。[1] 斯诺（Edgar Snow）认为，日本的侵略加速了"中国人民的民族意识"的强化，"并消灭了以往分裂、仇视的现象"。[2]这是出人意料的，尤其是它所引爆的力量，超出日本基于先前历史经验的任何判断。正如美国人勒底马在美刊《大西洋杂志》上所言：

> 日本所以发动对华全面侵略，以彻底实现所谓的大陆政策，其动机完全是基于过去几次劫取尝试的成功……认为中国永远是一个漫无组织的人民集居的区域……
>
> 日本以为，今日中国仍是这样涣散的国家，以为中国是东方永不进化的大国，以为中国的军阀、政治巨头，对中央政府敌对的态度较

---

[1] Haldore Hanson , "The Situation in the Central Hopei ," *The China Weekly Review* , May 7 , 1938 , pp. 274-275.

[2] Edgar Snow , "Japan Can't Conquer China ," *Manchester Guardian* , May 2 , 1938.

之于对外族的侵略者的憎恶还要厉害，以为只要承认保存他的私人权力，便可以成为外族侵略者的鹰犬。①

勒底马总结说，在战况至为激烈的 1937 年，日本期望的上述情形均未出现，这是因为令"日本失望之最大者，乃是国民党和共产党在中央政府之预期的冲突未能实现"。②

《新苏黎世报》对此评论道：先前军阀各自为政的现象正在发生改变，旧制度下的军官们"已经明白，他们仅仅是最高军事委员会新建立的国防总体系中的一环"，士兵"与从前那些不学无术的雇佣兵"大不相同，现在到处充满了"过去不敢想象的奋发图存的激情"，"所有的居民都沉浸在这种气氛中"。③

其时，随着国共两党由对立走向合作，全国抗日救亡运动蓬勃发展起来。各界人士踊跃参加各种抗战救亡组织，甚至数千年来一直被排斥于社会和政治之外的中国妇女，在民主政治力量的动员下，也以群体的姿态加入抗击日本侵略者的行列。④ 如国民参政会中出现了妇女的身影；在敌后边区，妇女们则通过民主选举成为地区或组织中的领导成员。⑤ 此外，妇女还通过接受新式教育来提高自身素养，从而参加到抗战

---

① 勒底马：《日本愈强大，利益愈丧失》。
② Edgar Snow, "On Japanese Strategy," *China Weekly Review*, July 2, 1938, p.141.
③ 《中国人民的战士——外国报刊述评》（1938 年 6 月 19 日），《苏联〈真理报〉有关中国革命的文献资料选编 1937 年 7 月~1949 年》第 3 辑，第 338~341 页。
④ 据《东方杂志》刊载的一篇文章统计，抗战初期各地妇女组织即达 400 多个，其中"晋察冀边区的妇女抗日救国会有会员七十万人"（李泽珍：《建国三十年与中国妇女运动》，《东方杂志》第 38 卷第 2 号，1941 年）。
⑤ 根据 1939 年 4 月 4 日陕甘宁边区第一届参议会通过的《提高妇女政治经济文化地位案》的规定，"各级参议会应有 25% 的女参议员，各机关应大量吸收妇女工作"。另外，《选举条例》规定："凡居住在陕甘宁边区区域的人民在选举之日，年满 16 周岁的，无论男女、宗教、民族、财产、文化的区别，都有选举权和被选举权。"在第二次参议会选举中，有 17 名妇女当选为边区一级参议员，167 名妇女当选为县一级参议员，2005 名妇女当选为边区乡一级参议员。1940 年晋察冀边区民主选举时，共有 1926 位妇女当选为村长、乡长、区长，有 5052 名妇女当选为村代表。转引自张文灿《解放的界限——中国共产党的妇女运动（1921~1949）》，中国政法大学出版社，2013，第 252 页。

的社会实践中去。时任《密勒氏评论报》编辑的埃德加·斯诺就报道了他在中国后方看到的这一"令人难以置信"的情形：延安这个"与世隔绝"的村镇竟"成了全国最大的教育中心之一"，女学员几乎来自全国各地，甚至还有"几个美国女郎"，她们"跋涉五百英里，去进一个窑洞的大学"，"在那里还得种植自己的菜蔬"，而这些学员表现出的"精神比美国大部分的女子学校好得多了"。①

目睹了战时中国的这些变化，《密勒氏评论报》刊文预言，中国现在的团结是 1912 年以来所仅见的，中国的人民和她的军队"都确信拿他们无尽的人力及不可辱的爱国精神，必定可获得胜利"，这种力量甚至在无法获得援助的情况下，亦可独立地"把久悬在远东的可怖大祸消灭了"。②

第二，美、英记者在日本侵华占领区的后方"发现"了中国抗战的新力量。

在这一"发现"之旅中，一个重要人物是埃德加·斯诺。1937 年 10 月，伦敦戈兰茨公司出版了一部引发西方对华探寻潮流的著作——《红星照耀中国》，该书翔实地记述了斯诺对中共中央所在地——陕甘宁边区的采访。在那里穿行游历了 4 个多月后，作者确信，他看到了中国的未来。③ 斯诺的文章很快出现在《密勒氏评论报》、《亚美》杂志、《新共和》、《太平洋事务》、《星期六晚报》、纽约《太阳报》以及英国的《每日先驱报》等英文报刊上。④ 美国《时代生活》杂志以接近创纪录的价格购买了他在"中国的禁区"——陕甘宁边区拍摄的 75 张照片。⑤《伦敦每日邮报》聘请斯诺为远东首席记者，并在其主版面上隆重介绍他的系列

---

① 《斯诺文集》Ⅲ，宋久译，新华出版社，1984，第 227~230 页。

② Nugent Rugge，"China and Japan after a Year of War，" *China Weekly Review*，October 8，1938，p. 188.

③ "First Pictures of China's Roving Communists，" *Life*，January 25，1937，pp. 9~15.

④ 斯诺的报道之后大多被整理成书，通过英国和美国的出版公司出版。斯诺主要的文集作品有四卷，其中《西行漫记》由英国伦敦戈兰茨公司于 1937 年 10 月出版，《为亚洲而战》1941 年由美国兰多姆公司出版，《复始之旅》和《大河彼岸》分别于 1958 年、1962 年在美国出版。

⑤ Edgar Snow，*Journey to the Beginning*，New York：Random House，1958，p. 191.

文章。①

在改善西方对华偏见、重塑西方舆论对中国的认识上，这些报道产生了重大影响。它激发了一大批西方人士去主动了解中国，重新认识中国，尤其是那些在中国广阔后方极具可塑性的农民以及他们组成的军事队伍。该行动的佼佼者，当数美国海军上尉卡尔森（Evans Fordyce Carlson）②。

作为现役军人，卡尔森是第一个进入红色边区的美国军官。1937 年 12 月，他辗转于上海和西安，后进入八路军在山西的作战区域。在那里他停留了 51 天，与八路军和游击队一道行军作战，行进距离超过了 1600 千米。艰苦的行军让这位美国军人"感觉像奥运会运动员"，但该经历却令其振奋。③ 1938 年 3 月 7 日，从敌后区返回汉口的卡尔森对聚集在那里的欧美记者说：

> 《时代》杂志说，日本人控制了以北平为中心的周围 700 英里以内的所有领土。但是，我走到了距离北平 150 英里以内的地方，仍然属于中国人的领土。我穿过了日本人控制的同蒲、正太两条铁路线。我亲眼看到，同蒲、正太、平汉、平绥四条铁路以内的所有地盘也都在中国人的手里。除此以外，游击队还控制了平汉路以东、河北省中部的 17 个县。在五台山，我看到了学校、医院、工厂和无线电台……④

---

① "First Pictures of China's Roving Communists," *Life*, January 25, 1937.
② 埃文斯·F. 卡尔森（1896~1947），美国海军陆战队军官，曾任富兰克林·罗斯福总统的卫队长、美国驻华使馆武官。抗日战争时期，他第一个深入华北敌后抗日根据地，1938 年 5 月在延安受到毛泽东的接见。根据该段经历，他撰写了《中国军队》（*The Chinese Amry: Its Organization and Military Efficiency*）和《中国双星》（*Twin Stars of China: A Behind-the-Scenes Story of China's Valiant Struggle for Existence by a U. S. Marine Who Lived and Moved with the People*），是较早认识到敌后游击力量发展前景及重要意义的美国军官。
③ "Carlson to Miss Le Hand," March 4, 1938, *Roosevelt Papers*, New York: Franklin D. Roosevlt Library.
④ Evans F. Carlson, *Twin Stars of China: A Behind-the-Scenes Story of China's Valiant Struggle for Existence by a U. S. Marine Who Lived and Moved with the People*, New York: Dodd, Mead & Company, 1940, p. 226.

在卡尔森的描述中，中国活跃着一支区别于国民党军队，广泛活动在日军占领区的作战力量。而当时的美国人对此情形几乎毫无概念，以致草率地认为，如果蒋介石国民党政权在中日战争中失败，那肯定意味着中国的失败。但事实并非如此，对中共领导的抗日力量敌后战斗生活的调查"揭示了中国抗战中的新的潜力"。卡尔森认为，应对日本现代化战争机器的答案，将来自这种"新的潜力"，因为"日本人的战争机器，在受到坚持抗战的激发和训练、准备忍受种种困难的民众面前，很难占优势"，"它不可能摧毁一支在持久的游击战中以其行军速度和智力超过其对手的军队"。①

同一时期，纽约先锋出版社出版了一部记述中国抗战的著作——《中国在反击》（China Fights Back）。②该书的写作建立在与八路军广泛而直接接触的基础上，确切地说，是作者艾格尼丝·史沫特莱（Agnes Smedley）③从1937年8月19日至1938年1月9日跟随八路军在山西前线采访经历的记录。这是一份典型的战争报道，其特殊意义在于，它向中国之外的世界揭示了这样一个事实：在日本侵略者宣称"中国占领区"的后方，有一支英勇奋战的部队正卓有成效地战斗着，并将失去的土地重新从敌人手中一点点夺回来。④史沫特莱的著述让外界进一步认识了中国，也进一步了解到中国共产党在极端艰苦的条件下所进行的艰苦卓绝的抗战。

对敌后根据地的深入采访和报道，在西方社会产生了巨大的反响。越来越多的美、英媒体有意识地尝试越过国民党的新闻封锁，将探寻的触角伸入中国内地，像美联社、合众社、路透社、《纽约时报》、《巴尔的摩太

---

① Evans F. Carlson, *Twin Stars of China*, p. 105.

② Agnes Smedley, *China Fights Back: An American Woman with the Eighth Route Army*, London, 1939 (first published in 1938 by the Vanguard Pressof New York City).

③ 艾格尼丝·史沫特莱（1892~1950），出生于美国密苏里州的奥斯古德，1928年底来华，对中国的报道是她一生最重要的著述内容，著有《中国红军在前进》《中国在反击》《中国的战歌》《伟大的道路》等专著，为德国《法兰克福报》、美国《时代》杂志、英国《曼彻斯特卫报》等撰写了大量中国报道，客观真实地向世界介绍了中国军队尤其是中国共产党领导的八路军和新四军浴血抵抗日本侵略的英勇事迹。

④ Thomas Arthur Bisson, "With the Eighth Route Army," *Nation*, July 9, 1938, p. 48.

阳报》、《纽约先驱论坛报》、《泰晤士报》、《每日先驱报》、《曼彻斯特卫报》等美、英主要新闻机构纷纷派出常驻记者搜集中国敌后抗战消息。大量的美、英杂志也加入这一报道群体，著名的有《当代历史》、《今日中国》、《亚洲》杂志、《大西洋月刊》、《世界回顾》、《亚美》杂志、《国家杂志》（纽约）、《时代》周刊、《生活杂志》、《伦敦工人月刊》、《世界文摘》、《读者文摘》、《远东观察》等，它们共同汇聚为一股观察和传播中国抗战情况的舆情力量。

随着中日战争进入相持阶段，加之对中国敌后抗战认识的深入，美、英媒体开始不再仅仅关注中日间武器装备的简单对比，而是把目光转向了以人为中心的组织动员，以及有别于西方传统军事思想的游击战的作用——显然这是一种智慧的力量，它使战局评估依据中人的因素超越了钢铁的数量。在这一转变下，中国军民的"顽强"和"豁达"成为报道的重点，晚清以来那种"小辫子""鸦片鬼"的颓废形象荡然无存，代之以一种热血战斗的新形象。美、英媒体借助现代摄像器材及时捕捉了许多这样的影像，如浴血战斗中的中国部队、出没在敌后的游击队员以及吃苦耐劳的中国农民，这些人物乐观、幽默，并具有超常的毅力品质，是"贯彻战斗意志""坚持持久战"真正重要的元素。

第三，美、英旅华人士认为中国在经济方面的变革将支撑其长期抗战。

首先，从中共领导的敌后边区看，边区政府实行了自给自足的战时经济政策，目的是不受日本人所控制的市场的制约，同时"改善人民生活，并保证向游击队源源不断地供应食品和装备"。其合理性在于，"如同军事、政治制度一样，边区的每一件事都建立在组织群众发挥主动性的基础上"。①

美联社记者霍尔多·汉森（Haldore Hanson）为边区的这一经济政策作了如下归纳：其一，逃亡地主的田地由新政府暂时借用，分给穷人和无

---

① I. Epstein, *The People's War*, Beijing: Foreign Languages Press, 2003, pp. 232 – 233 (first published by Victor Gollancz LTD, London, U. K., 1939).

家可归的难民耕种。田租由政府代收，如果原田主回来了，政府允许将租金交还给他们。其二，大部分地方都实行"二五减租"，有的地方少减点，有的地方多减点。其三，所有欠债都展期三年偿还，年利不得超过一分。其四，凡没有牲口的农民，八路军不但提供军用的马匹帮助其耕种，而且军队也加入帮助农民耕作。其五，对区域内的难民，粮食如有不足，则由动员委员会设法筹措供给。其六，动员委员会征发军粮的办法很有系统和组织，此种负担绝对不会落到穷人身上。[1]

这些政策很快就取得了明显的效果。如 1938 年夏季第一次收割的谷物比上个年度增产七成，而秋季的增产更高一些。[2] 汉森认为，敌后边区政府的经济制度是一种创举，它以"不违背国民党同意的取消激烈政策的允诺"为前提，通过"合理负担"政策，来处置那些在土地分配、征粮收租中出现的棘手问题，"很成功地得到最大部分贫农的拥护"。[3]

其次，从国民党方面看，其经济动员亦见成效。这一方面表现于货币政策的稳定，如实行法币改革，连日本方面亦承认，"上海及南京那样经济中心的都市，纵然陷落，仍然能继续保持住它的对外价值"；[4] 另一方面表现于物质生产，尤其是军工产品的自我供给能力上。中日战争爆发后，中国很快丧失了主要的工业和经济中心地区。此时，苏联通过两次贷款协定，向中国提供了价值 1 亿美元的军用装备，[5] 但仍无法解决巨量的消耗和一般性物质缺乏的问题。这迫使中国不得不自己发展工业，以实现

---

[1]　Haldore Hanson，"The Situation in the Central Hopei ," *The China Weekly Review*，May 7，1938，pp. 274–275.

[2]　I. Epstein，*The People's War*，p. 234.

[3]　Haldore Hanson，"The Situation in the Central Hopei ," *The China Weekly Review*，May 7，1938，pp. 274–275.

[4]　木村増太郎「中国は征服できない」『日本評論』1938 年 9 月。

[5]　两次贷款协定分别指：1938 年 3 月中苏第一次协定签订后苏联向中方提供的 5000 万美元，以及 7 月第二次协定提供的 5000 万美元。1939 年 6 月中苏第三次协定签订后，又提供了 1.5 亿美元的军事贷款。按照 1937 年 8 月 21 日签订的《中苏互不侵犯条约》精神，苏联从 1937 年 8 月至 1941 年 6 月共计向中方提供了 2.5 亿美元的军事贷款。参见杜宾斯基《抗日战争时期的苏联对中国的援助》，《国外中国近代史研究》第 11 辑，中国社会科学出版社，1988。

持久抗战的基本供给。在这种极端不利的情况下，中国依靠人力跨越大半个国家，从沿海地区向内地抢运了一批工业设备，并在后方的崇山峻岭之间重新建立起自己的工业生产。① 时任《亚美》杂志编辑的拉铁摩尔（Owen Lattimore）赞赏中国工业转迁的这一伟大成就，并认为中国正依靠自身地理和人民的特点，独立自主地完成抗击日本侵略的解放事业，因为"假设中国为生存而要另寻新出路的时候"，这一生产特点——不依赖现代设备、在山区开展经济活动，反而是中国能够独立于原有经济区域继续生存的一种能力。②

此外，广泛开展于中国后方的工业合作运动③也取得了较大的发展。《亚美》杂志的一篇文章写道：在一年的时间里（1938～1939），"中国工业已经分配和扩展到所有内地，有三千个工业合作社现在执行职务"，其

---

① 到 1940 年，后方已形成了以重庆为主的 11 个工业中心区域、1354 家工厂以及 21 座兵工厂（黄立人：《抗日战争时期国民党政府开发西南的历史评考》，《云南教育学院学报》1985 年第 4 期）。这些兵工厂不仅生产迫击炮、轻重机枪和各种型号的弹药，"空军二厂"还能生产飞机。该厂从 1939 年迁入川南，至 1945 年抗战胜利，共生产仿苏 I-16 式驱逐机 3 架、仿苏 I-16 式教练机 30 架、仿 H-17 式滑翔机 36 架、木结构运输机 2 架（行政院新闻处：《我们怎样自制飞机》，1947 年 7 月）。"在珍珠港事变以前，所有兵器弹药均恃自力供应"，"珍珠港事变"后，"盟邦始逐渐加以援助，但延至三十三年，始有一部分取给于盟邦之租借互助或贷与。但运输困难，大部分仍赖兵工厂产量之增高，方得维持此史无前例之八年艰苦抗战"。参见《国民政府政绩总报告》，中国第二历史档案馆藏，卷号二-2-2869。

② Owen Lattimore, "Japan Hung Up on the Hypotenuse," *Amerasia*, *New York*, December 1938, pp. 478-479.

③ 这里所称的工业合作运动，简称工合，是一场以"增产""抗战"为目的，通过合作生产来支援战时的军需和民用供给，同时部分地解决难民安置问题的大规模生产自建运动。该运动于 1938 年 3～4 月由各界爱国人士在上海发起，发起人有艾黎、海伦、斯诺、刘湛恩、胡愈之、萨空了、梁士纯、徐新六、卢广绵、林福裕、吴去非等 11 人。1938 年底，工合总会在重庆成立，孔祥熙任理事长，宋美龄任名誉理事长，实际工作主要由艾黎承担。工合首先在西北边区发展起来，之后推广到东南、西南等地。1942 年高峰时，合作社有 3000 多个，社员达到 25 万人之多。但随着国内外政治、经济形势的变化，尤其是国民党的破坏，工合经济力和规模开始衰减。由于受到国民政府的猜忌和限制，艾黎不得不辞去工合技术顾问一职。到 1949 年，工合只剩山丹培黎工艺学校偏居西北。见齐福霖、南山《中国工业合作运动简史》，卢广绵等编《回忆中国工合运动》，中国文史出版社，1997，第 1～18 页。

数量仍在剧增。① 纽约《今日中国》报道称中国工业合作社已经收容了
3000 万无家可归的难民：

> 在这大敌当前的时候，哪个国家能够像中国这样组成三万个工业
> 合作社，一面用此收容千百万难民，一面为抗战和重建打下工业的坚
> 固基础！②

作者以欣喜的口吻评论说："这些工业合作社现正转变着中国人民的
社会和提高他们的生活标准……它对团结人民、抵抗侵略的意志的重要性
是不可被低估的。"③

综上所述，抗战初期美、英舆情对华认识的这样一种变化趋势反映出
两个本质现象。第一，是在世界反法西斯战争不断深入的时代背景下，
西方媒体从反侵略的共同立场出发，对中国战胜强敌日本的一种期待。
它以惯常的政治口径将中国视为一个一元的抗战整体，且赋予国民政府
更多的主导性、代表性。其时也正值中国在反抗日本帝国主义侵略的斗
争中，政治、经济、军事、社会结构乃至社会思想意识上发生重大转变
的时期。这些转变引起了西方的注意和探寻。在这一过程中，一些如埃
德加·斯诺这样的驻华记者，以及负有政治使命的观察人员，为推动欧
美各界客观认识中国发挥了积极的作用。他们通过实地考察和走访所形
成的报道、报告，不仅客观地展现了敌后抗战在政治动员和经济建设方
面所展现出的可以坚持长久的诸多积极面貌，也掀起了西方社会"重新
认识"中国的一股新潮。也就是说，美、英舆情对中国抗战胜利的前途
给予肯定或"预判"，抛却政治因素及其主观因素，中国自身因抗战发

---

① Evans F. Carlson, "European Pacts and Chinese Prospects," *Amerasia*, October 1939,
p. 348.

② Philip Jaffe, "China is Fighting for Democracy and Freedom," *China Today* (*New York*), June 1939.

③ Evans F. Carlson, "European Pacts and Chinese Prospects," *Amerasia*, October 1939,
p. 348.

生的蜕变是支撑他们形成"必胜"论的本体性原因，此即美、英舆情对华认识的上述变化趋势所反映的第二个本质现象。

二 "国民政府将垮台"：美、英舆情的 第二次变奏

美、英舆情中显现出的第二次转变趋势，主要发生在 1941～1944年，表现为对代表中国的国民党政府的前途明显看"衰"，对其评论、报道转向了批评，1943～1944 年，这种批评甚至发展为公开的质疑和不信任。在这一过程中，对中国抗战力量的认知也出现了区别看待国、共双方的"二元性"表述，并对后者给予了更多的正面评价和期待。

随着国共"摩擦事件"的增多，尤其是国民党在 1941 年初制造了袭击江南一带敌后抗战力量新四军的"皖南事变"后，美、英有关中国的报道和评价再次出现了变化。事实上，国民党政府的弊端显而易见，其统治现状更在失去民心，但出于共同对日作战的政治考虑，美、英媒体对其公开指责多少留有余地。比如旅居中国多年的美国著名作家赛珍珠（Pearl S. Buck）[1]，把重庆日益严重的腐败问题归咎于美国对中国战场的轻视，以及"反民主分子在中央政府中占主导地位"。[2] 因为"中国的坏消息，对日本来说就是好消息"，所以斯诺认为，正是这种思想使最有责任心的记者不泄露有关国民党的最具破坏性的事实。[3]

然而形势逼人。对美国倾向于只看到国民党统治下的中国"光明"

---

[1] 赛珍珠（1892～1973），美国作家、人权和女权活动家。在中国生活了近 40 年，她把中文称为"第一语言"，把镇江称为"中国故乡"。她以自己的亲身经历写下了描写中国农民生活的长篇小说《大地》（*The Good Earth*），凭借这一著作 1932 年获授普利策小说奖，1938 年时又因之而获得美国历史上第二个诺贝尔文学奖。1934年，赛珍珠告别了中国，回国定居。1942 年创办了"东西方联合会"（East and West Association），致力于亚洲与西方的文化理解与交流。

[2] Pearl S. Buck，"A Warning about China：A Great Friend of the Chinese People Points to Dangers That May Lose Us a Valuable Ally，"*Life*，May 10，1943，pp. 53-54.

[3] Edgar Snow，*Journey to the Beginning*，p. 225.

的一面，越来越多的美、英人士表示反对。美国国务院一位官员称，1943
年，批评国民党政府的文章如"小洪水"般出现在美国媒体上。① 从当时
美国《时代》周刊记者白修德（Theodore H. White）的报道，以及美国驻
华情报官员谢伟思（John S. Service）向美国国务院发回的情报材料看，
对国民党政府的不信任并不仅仅源自国民党对统一战线的破坏；发生于
1942~1944 年的河南大饥荒，是引发这场信任危机的催化剂；而紧随河南
大饥荒之后的另一个事件——"豫湘桂大溃败"，则让这场危机达到了
顶峰。

从其时的舆论焦点看，以下四个方面的因素与该舆情的转变关系
密切。

第一个方面，对国民党放弃抗战、企图发动内战的警惕。

事实上，这种警觉在 1939 年国共"摩擦"初露端倪时即已显示。如
纽约《今日中国》刊文强调了反对分裂"统一战线"的立场和态度，指
出国民党制造的"分裂与摩擦不会增强抗战的力量，相反，只是便利了
敌人的进攻"，同时提醒人们注意，国民党政府意欲打击的对象——中共
是一支重要抗战力量，"也唯有这股新生的力量，才使中国进行了举世震
惊的长期抵抗"。② 然而国民党政府刻意制造"摩擦"的行为不仅没有收
敛，反而愈演愈烈。到了 1941 年，正值美日矛盾激化，国民党制造了震
惊中外的"皖南事变"。对此，多数西方观察人员深感失望，许多人在心
理上开始远离蒋介石政府，并对其针对中国共产党的政策产生了质疑。③

这年 10 月，《纽约时报》专门刊登了一篇文章，尖锐批评了重庆国
民政府蓄意破坏抗日战线、践踏民主合作精神的两面政策，并揭露道：
"近几个月来，成千上万的年轻人突然失踪，迫使我们承认，过去腐朽的

---

① *Foreign Relations of the United States: Diplomatic Papers, 1943. China*, Washington,
D. C., 1957, p. 98.

② Philip Jaffe, "China is Fighting for Democracy and Freedom," *China Today* (*New
York*), June 1939.

③ Buhite, *Nelson Johnson and American Policy toward China, 1925 - 1941*, East Lansing:
Michigan State University Press, 1968, p. 131.

在无起诉的情况下随意拘捕的旧制，已在中国大部被恢复。"它敦促并警示说，一个标榜民主、合作精神的"先进政府"，除非"在公认的苦战"下击败日本，同时"能够保证言论自由并愿意倾听考虑不同观点，否则，中国的民主运动，乃至整个民族的抵抗事业都会受到损害"。①

从美、英媒体的措辞看，对国民党政府的质疑曾经一度比较隐晦。但太平洋战争爆发后，这种质疑开始公开化。如按照赛珍珠对当时美国社会和舆媒界存在问题的揭露：美国对日作战急需中国战场的支持，赢得中国政府的信任和合作是当务之急，然而美国国内盛行一种与这一需求格格不入的"怪象"——以"讥诮蒋介石并说他的势力衰落为时髦"，或指责蒋介石是法西斯主义者的现象。② 赛珍珠的担忧，从政治与舆情关联的角度反映出，在远东时局变化的背景下，美、英对华政策与国民党已经有了明显的分歧。

同一时期，出于对国民党在统一战线立场上大步后退的担忧，美国国务院驻华情报官员谢伟思在给美国国务院的报告中断言，中国的内战似乎比以往任何时候都近。他指出：国民党"一面打着与中共谈判的幌子，应付国内的批评、谴责"，一面加紧准备内战。他提醒美国高层注意：如此险恶的趋势严重影响了美国在华抗战的努力。③

第二个方面，对国民党政府的腐败及其统治危机的担忧。

国民党政府无处不在的腐败在当时已是一个无法掩饰的事实。征兵和征粮更是腐败最为集中的领域，民众与政府矛盾尖锐，甚或激起民变事端。④ 在美、英记者和观察人员看来，这都是诱发统治危机的信号。

如美国作家安娜·路易斯·斯特朗（Anna Louise Strong）所看到的，

① Soong Ching Ling, "MME. Sun Analyzes China's Struggle—Holds County Has Earned Place with Democraes in Fight for Freedom," *New York Times*, October 9, 1941, p. 6.

② Pearl S. Buck, "A Warning about China: A Great Friend of the Chinese People Points to Dangers That May Lose Us a Valuable Ally," *Life*, May 10, 1943, pp. 53–56.

③ Joseph W. Esherick ed., *Lost Chance in China: The World War II Despatches of John S. Service*, Beijing: Foreign Language Press, 2004, pp. 138–57.

④ 参见 Theodore H. White, Annalee Jacoby, *Thunder out of China*, New York: H. Wolf, 1946, pp. 173–177。

在国统区抓丁拉夫形如绑架的行为，当时已是司空见惯。国民党政府允许这种潜规则运行，即富人可以出钱购买一个替代者，这笔钱原本应提供给应征者家属过活，但实际上往往被征兵者中饱私囊，而缺额则通过"绑架"来的穷人充数。这些所谓的"应征者"通常被牢牢地绑缚着，像囚徒一样被押往部队。与之形成鲜明对照的是，在中共领导的部队中，每一名士兵都骄傲地宣称他们是自愿加入的。① 谢伟思对此也有深刻的印象，他在汇报稿中写道，八路军被视为解放者，他们把农民从日军部队的魔爪下解救出来：

> 与之相对照，对于国统区后方的农民来说，这场战争带来的就是整天害怕被抓丁、当炮灰，苛捐杂税，还有半饥的散兵游勇无休止的强取盘剥。②

而这一切再加上日军的残暴，更使人们对国民党满腹怨恨，同时增强了共产党的感召力。

最为典型的例子是对河南大饥荒的处理。这场世纪性灾难在酿成一出人间惨剧的同时，更让河南——中国北方最为重要的粮食和兵员供给区的百姓离心离德。1942 年 10 月中旬，谢伟思考察了从西安到洛阳沿途的一些受灾区域。他的调查结论是：这是一场"人为的饥荒"，确切地说，是"农民自己的政府和军队对他们实行的残暴压迫"的结果。

根据考察，谢伟思以五个原因论证了自己的结论。原因之一是人为造成"黄泛区"：1938 年 6 月，为迟滞日军西进的攻势，国民政府密令守军炸开了位于河南中牟的赵口和与之距离 30 公里的花园口黄河堤坝，

---

① Anna Louise Strong, *The Chinese Conquer China*, Beijing: Foreign Languages Press, 2003, p. 177 (first published by Haldeman-Julius Publications, Girard, Kansas, USA, 1949).

② John S. Service, *The Amerasia Papers: Some Problems in History of U. S-China Relations*, Berkeley: Center for Chinese Studies, University of California, 1971, p. 150.

让数以百万计的中国平民毫不知情地被淹没于迅猛而来的洪水中。这一事件在造成惨痛的生命财产损失的同时，也给苦难的旧中国平添了短期内难以根除的社会性灾难。此后的数十年，豫、皖、苏三省成为黄河侵蚀的重灾区。到 1942 年春，黄河再次决堤，二十几个县区被洪水淹没。原因之二是无视人民疾苦的强制征召，尽管发生饥荒，国民党政府在当地的征兵仍在继续，"拉夫"现象极为普遍。原因之三是超负荷提供给养。按照国民党政府的战时区划，河南除了本省，还要向驻守陕西的军队提供给养，但陕西的 40 万驻军（指胡宗南部）的主要任务不是抗日，而是"警戒"共产党人。原因之四是与实情不符的税率及超额征粮。国民政府的税率本来是按正常年景的粮食产量确定，而不是按当年的实际收成。因而，收成越少，从农民那里搜刮征收的比例就越大。此外，向农民征收的军粮往往是超过实际需要的。这是国民党部队中一个由来已久、盛行不衰的惯例，即向上级报告的部队人数超过实际人数。这样，军官就可以吃空额、谋私利。原因之五是征粮征税负担分配不公平，导致人口逃亡。承担地方事务的保长、甲长优先维护切身利益，使得各地征兵、征粮出现极度不公平的现象。河南的情况如此之糟，以致此前数年就一直有人口逃荒到陕西、甘肃和川北等地的现象。结果是河南的人口不断减少，而留下来的人的赋税负担相对加重了。这种恶劣情形在 1942 年发展到了顶点。①

河南是屏障中国北翼、紧靠前线的重要战略地区，大饥荒不仅造成河南地区军事势力广泛瓦解和士气下降，在社会民心上的影响更是令人沮丧。

次年 2 月，《时代》周刊记者白修德与《泰晤士报》记者哈里森·福尔曼（Harrison Forman）一起在河南地区进行了数个月的走访，得出了与谢伟思一致的结论。他的结论更进一步地证明了国民党政府及其军队的腐败是造成这一惨祸的人为因素。白修德在考察的结尾写道：

---

① John S. Service, "The Famine in Honan Province (November 5, 1942)," Joseph W. Esherick ed., *Lost Chance in China*, pp. 9-20.

有一种暴怒，要比死亡本身更酷烈……政府的勒索，已使农民的忠诚化为乌有。①

第三个方面，对国民党政府抗战决心和抗战能力的质疑。

1944 年 4~12 月，日本发动了"一号作战"（中方称"豫湘桂会战"），企图打通联结中国北、南的平汉和粤汉线路，截断国民党政府与东部沿海区域的联系，并占领河南和湖南这两个当时中国最主要的粮食产区，同时用武力打击国民政府，使其丧失坚守的意志。国民党政府在该战役中的拙劣表现被称为"豫湘桂大溃败"，几乎使在抗战初期曾一度对国民党抱有期望的第三方观察人员丧失了信心。当时驻防河南的是战区新任司令长官蒋鼎文和汤恩伯，指挥着大约 50 万军队，日军在进攻时所用兵力大约有 6 万人，然而仅仅几周的时间日军就占领了河南全省。日军在稍作休整之后，又一路向南进攻，8 月侵占湖南，之后沿粤汉线南下，将中国截成了两半。1944 年 12 月，日军已基本实现了战略意图。整个中国沿海地区完全被割断，重庆国民政府此前直接控制的八个省份和数千万的人口几乎被剥夺一半。

国民党军队的"豫湘桂大溃败"，使太平洋战争爆发以来美中联合对日以尽快实现胜利的前景立时蒙上了阴影。尽管在事后看，此次攻势只是日军没落命运的最后挣扎，但是在 1944 年，"前途似乎还有多年艰苦的战斗"。日军这一攻势的成功几乎成就了日本的政治宣传，日本宣传家大肆吹嘘说日本已在中国打通了一条由北向南"不可攻克的走廊"。随着桂林、柳州的失陷，通往昆明之路大开。"如果昆明失陷，重庆国民政府将

---

① 白修德提到一个有代表性的例子：一个县试图向中央政府求援，求援报告书中呈诉了"全县 15 万人中，11 万人已什么吃的东西都没有了"，"死掉的人每天也有 700 人左右"。而他们仅有的土地收获的谷物不过"每亩 15 斤"，抽税却高达"每亩 13 斤"。然而，这一严重的灾难并未对国民党政府官员们的生活和心理造成任何不适，他们的餐桌上依旧"蒸腾着""新鲜肉类的热气"。见 Theodore H. White, Annalee Jacoby, *Thunder out of China*, pp. 175-177。

命悬一线，由此引发的恐惧向四下迅速传播。"① 形势危机已毋庸置疑。

谢伟思在这一年 6 月 20 日发给美国国务院的报告中写道：

> 由于失去了河南和湖南两个主要产粮区，中国正面临着经济崩溃……中央政府的权威正在削弱……农民对滥肆征兵、征税和其他形形色色的强制性摊派的不满，已经广为发展，且正在演化为一场对中央政府不信任的政治危机……国民党不仅证明了它没有能力改变它的行动所造成的崩溃，相反，它的政策正在加速危机的发展。②

"豫湘桂大溃败"造成的不利影响，是如此多方面，而且如此重要，以致中外人士顺理成章地产生了一个疑问：中国政府会垮台吗？谢伟思的看法是，国民党军队在这一战役中的失败是彻底的，其造成的恶劣影响是自 1937 年卢沟桥事变以来所未有的，失败主义情绪再次向全国弥漫。所有这一切，无不反映出国民党民心士气日趋低沉、中央政府的权威正在自我削弱的事实。中央政府控制的省份只剩下贵州、云南、四川、陕西和甘肃，尽管统治能够维持下去，但是，"它的衰落看来会加剧，而它的垮台虽然还不会很快到临，但是这可能只是一个时间问题"。那么，国民党和它的军队是否还能被称为美国击败日本的有力助手？谢伟思指出，从国民党政府各方面的腐败情形和失去人民支持的事实看，这已不值得期待，他的结论是："作为一个能起作用的军事盟国，这样一个政府的用处和潜力都是非常小的。"③

谢伟思发至华盛顿的报告，受到了美国国务院及其同事的高度重视。此时，日本在华发动"大扫荡"的消息、报道跃上美国各大报纸的头条，

---

① Akira Iriye, *The Chinese and the Japanese-Essays in Political and Cultural Interactions*, New Jersey: Princeton University Press, 1980, p. 290.

② John S. Service, "The Situation in China and Suggestion Regarding American Policy（June 20, 1944），" Joseph W. Esherick ed., *Lost Chance in China*, pp. 141–143.

③ John S. Service, "The Situation in China and Suggestion Regarding American Policy（June 20, 1944），" Joseph W. Esherick ed., *Lost Chance in China*, pp. 136–138.

相关消息也在报章中频频出现：美国在华东的空军基地正受到日本的威胁；由于通货膨胀失控，本来就不稳定的中国经济更是跌跌撞撞……华盛顿当局正在焦急地寻找解决办法。在国务院，谢伟思的报告成为热议的话题。美国财政部官员阿德勒（Solomon Adler）给他的上司寄发了一份谢伟思的简报，还特别提到美国驻华大使高斯说过："凡是和中国有关系、打交道的人，都应该从头至尾读读这份简报。"①

在谢伟思将他的报告发回美国的同时，对重庆国民政府及其军队的不信任之辞亦正在美国报刊上被公开发表。有的刊物公然讥诮蒋介石，并说他的势力已然衰落；有的则大胆指责说蒋介石是中国的法西斯主义者；有的则对国民党政府的"抗战经验"大加挞伐。② 如《纽约时报》毫不客气地批评道：

> 在中国，没有比何应钦将军领导的全国军事委员会更无能的官方机构了。这个机构应该对今年发生在河南和湖南的军事灾难承担罪责，它的无能指挥令中国军队分崩离析。

《纽约时报》评论说，上述失败的根源是"在重庆的最高统帅部是中国军事组织中最为薄弱的环节"，并大胆地揭露说，中国目前的不足"有些是不可避免的和无法补救的，而另一些则是由于无能的政府视自己的政治安全高于对日作战而造成的"，呼吁美国应以"现实的态度"认清中国的抗战形势。③

该报 10 月 18 日的社评更是明示日本在中国中部和南方获取的这场胜利将迫使美国对华政策做出调整："日军在中国东南地区发起的攻势已经达到

---

① 琳·乔伊纳：《为中国蒙难——美国外交官谢伟思传》，张大川译，当代中国出版社，2014，第 57 页。

② Pearl S. Buck, "The Darkest Hour in China History," *New York Times Magazine*, December 17, 1944, pp. 45-46.

③ Brooks Atkinson, "Realism is Urged in Judging China," *New York Times*, November 21, 1944, p. 12.

这样的一个状况，即迫使盟军必须就当前战局的被动局面进行深刻的反思……（最近）罗斯福总统不止一次提到过这点。"问题的关键"不仅在于中国是否在这场战争中被彻底击败，以及人们对中国抗战的信心是否能够坚持"，更为重要的是，日本的这场胜利以及新打通的陆路补给通道，使其在太平洋战区的阵地"能够坚守相当长的一段时间"。① 即一个最令美、英担忧的现实正在生成，它的负面影响是：国民党军队的溃败给力求避免远东和太平洋战场两翼作战的盟军造成了巨大的战略压力，同时，亦使希望尽早结束对日战争、减少美英士兵伤亡的西方舆情诉求和社会心理感到挫败。

第四个方面，对中共领导的敌后抗战力量的需求。

随着国民党政府信任危机的加剧，一个鲜明的对照正在悄然形成。此时，美、英对中共及其领导的敌后抗日边区的报道和评论公开化了，这与几年前的情形大不一样。抗战的中国已经不再如中日战争初期那样被描述为一个整体，国民党政府与中国共产党在抗战表现上的差异，成为人们公开讨论的话题。

1944 年 9 月《纽约时报》指出："事实上，生活在边区的人民看上去要比中国其他地区的人们更加健康和幸福。"② 同年 11 月，纽约《时代生活》刊文称，国民党称共产党不抗日，这种说法"完全不正确"，共产党不仅有力地打击着日军，更"有着群众支持的坚实基础"，其采用民主方法的主张"毫无疑问是正确的"。③

对中国政治结构的二元性讨论也不再像先前那样讳莫如深，一些观察者甚至公开建议，应在国共之间选出能与美国并肩抗日的、真正可以倚重的力量。因为国民党已"失去了人民的敬重和支持"，它"不再是中国社会中统一和进步的力量，将不再起它过去曾经起过的作用"。美国"必须

---

① Bertram Hulen, "Japanese Victory Forces China to Adjust Its Policies," *New York Times*, October 18, 1944.

② Brooks Atkinson, "Yan'an Is Well Fed with Big Harvest," *New York Times*, September 25, 1944, p. 9.

③ Theodore H. White, "Inside Red China," *Life*, December 18, 1944, pp. 39-42.

把国民党的政策视为已经破产"，在中美联合抗日这一问题上，美国应放弃此前一直依赖国民党的政策，而应将注意力和援助投向对日作战方面能够为美国提供真正支持的力量——中共。①

可以看出，美、英舆情中显现出的第二次变化，实际上是在远东、太平洋局势背景下，美、英对日作战陷于胶着且不断地出现大量伤亡，对国民党政府奉行"消极抗战"的一种舆情回应。该舆情回应以"危机建议"的形式建言美、英政府重新审视中国战场，改变不符合实际需求的政策，寻求真正的抗战力量，尤其对一度被遮蔽的敌后抗日战场给予符合实际的认识和评估。

三　"胜""衰"之间：美、英观察人员　"倾向"中共的舆情传递

全面抗战爆发以来，尤其进入相持阶段后，种种迹象表明，在抗战路线上，国民党已无法真正地代表中国。而太平洋战争的紧迫性要求美、英方面必须从中国战场上获得强有力的对日牵制和打击。美、英舆情前后所呈现的盼（中国）"胜"和看（国民党政府）"衰"的差异，是对这一现实的反映。在这一舆情转变的过程中，中共领导的敌后抗战愈来愈成为美、英舆情关注的对象。该舆情关注，看似"倾向"中共，实则是为美、英在远东、太平洋面临的战略危机寻求出路。

这一舆情变奏，从传播形式看，离不开美、英舆论平台的作用；但从其形成的脉络看，更要归功于那些敢于突破国民党和日军的封锁，冒险进入中国敌后抗战区域的观察人员的采访和记录。正是这些实地考察，让敌后抗日战场上一度被遮蔽的实情得以廓清，同时也引起美、英政府的关注。其形成传播路径大致分为以下三类。

第一类，自发式的个体探索。

这类探索的肇始有很大的个人因素和偶发性。出于对中国革命诸多未知问题的兴趣，斯诺于 1936 年 6 月冒着生命危险造访了被国民党严密封锁

---

① John S. Service, "The Situation in China and Suggestion Regarding American Policy（June 20, 1944），" Joseph W. Esherick ed. , *Lost Chance in China*, pp.141-143.

的陕甘宁边区，四个月的采访改变了斯诺对中国革命的认识，也引发了西方世界对中国红色政权的探秘。由于国民党政府长期的新闻管制并对中共进行妖魔化宣传，斯诺的红色边区报道爆炸性地揭露了中国政治生态鲜为人知的一面。如果说他为遥远的西方重新认识中国打开了一扇窗户的话，那么斯诺的后来者，诸如史沫特莱、韦尔斯（Nym Wales，斯诺夫人）、基恩（Victor Keen，《纽约先驱论坛报》记者）、利夫（Earl H. Leaf，合众社记者）、杰斐（Philip Jaffe，《亚美》杂志主编）、拉铁摩尔（《亚美》杂志编辑）、毕森（Thomas Arthur Bisson，《亚美》杂志编辑）、汉森（美联社记者）以及斯特朗等人，则为这种认识从多种视角拓展了路径，更通过他们长期的亲身体验拉近了认知距离，并产生了明显的国际影响。①

自发式的个体探索，主要集中在国共合作政治氛围相对温和的抗战初期。1939 年 1 月国民党五中全会出台"溶共、防共、限共、反共"政策后，边区再次遭受国民党政府的高压和封锁，使这类探索急剧变少。但也有例外，一个突出的例子是英国人林迈可（Michael Lindsay）长达四年的敌后边区经历，② 及其对美国副总统华莱士的影响。

林迈可是 1940 年后为数不多的通过公开出版物③向外界提供敌后游

① 史沫特莱延安行之后出版了《中国在反击》（1938 年）、《中国的战歌》（1943 年）以及《伟大的道路》（1956 年）。基恩是《纽约先驱论坛报》记者，在访问延安后于 1937 年 6 月 6 日在该报发表了题为《年轻的苏维埃军队》的报道。利夫是美国合众社记者，他撰写了题为《充满生机的毛泽东式生活》的报道，发表于《华北之星》1937 年 6 月 5 日。杰斐、毕森和拉铁摩尔是《亚美》杂志的记者，延安行之后，杰斐出版了《亚洲新前沿：一个西方要面对的挑战》（1945 年），毕森写了《1937 年 6 月，在延安与中共领导人的谈话》（刊于加利福尼亚中国研究中心出版的《中国研究专著》第 11 卷，1973），拉铁摩尔撰写了《来自延安的报道》，发表于《大西洋月刊》1945 年 4 月号。美联社记者汉森 1938 年 3 月进入晋察冀抗日根据地，之后赴延安进行了采访，根据这些经历撰写了《高尚的努力：中国战争的故事》（1939 年）。斯特朗于 1938 年初探访了西北前线，据此撰写了《人类的五分之一》，1946 年再赴陕甘宁进行采访，并与毛泽东进行了谈话，1949 年出版了《中国人征服中国》。

② 参见 Kenneth E. Shewmaker, *American and Chinese Communists, 1927–1945*, Itaca and London：Gornell University Press, 1971, pp. 131–139。

③ Michael Lindsay, *The Unknown War：North China 1937–1945*, London：Bergstrom & Boyle Books Limited, 1975.

击区真实情形的外国人之一，也是在 1936~1945 年所有探访中共领导的抗日根据地的外国人中停留时间最长的一个。他离开根据地的时间是 1945 年 11 月，也就是抗战结束后。在生活于边区四年的多数时间里，林迈可的角色是一名无线电专家，1943 年他被正式任命为晋察冀军分区通讯科顾问。1944 年春，他从晋察冀边区来到了延安，为延安通讯总部设计、制造了一部大功率无线电发报机，并协助新华社进行了英语国际广播的工作。① 最终，林迈可的报告登上了《亚美》杂志特刊，之后又印刷成册再版发行。他的文章成为继埃德加·斯诺的《为亚洲而战》之后，第一部通过长期亲身经历和体验记述下来的综合观察、分析边区的著作。②

在边区生活和战斗的四年中，八路军在军事、政治、经济乃至社会组织上所取得的进步，深深地触动了林迈可。他向封锁区之外的世界传递了这样的信息：日军在华北只控制了主要的铁路线和一些中心城市，而乡村则控制在游击队的手里；在游击队干部的积极动员下，农民加入了民主性质的群众机构；边区政治机关是经过普选产生的，在这一领导机关中，中共将自己的名额限制为全部代表人数的 1/3（三三制）；教育上，他们大力发展初级教育和成人教育；经济上，开始推行累进税制，工农业发展也有了一个可喜的开端。他评价说，最明显的是政府腐败基本上被消除了：

> （从 1937 年以来）北部省份已经从最为落后的区域变为中国最为先进的区域之一……这些进步是在如此艰难的条件下取得的，这无法不令人印象深刻。③

林迈可的传奇经历由一些后来者传播了出去，使其在当时就颇具影响力。1942~1943 年，沿着他的足迹，十几个外国人先后来到晋察冀边区，

---

① U. S. Senate, *Institute of Pacific Relations: Part 14*, pp. 5369-5370.

② Michael Lindsay, "The North China Front: A Study of Chinese Guerrillas in Action," *Amerasia*, Ⅷ, March 31 and April 14, 1944, pp. 100-125.

③ Michael Lindsay, "The North China Front," *Amerasia*, Ⅷ, March 31 and April 14, 1944, pp. 101-102, 105-107, 117-118, 120-125.

其中一名叫霍尔（G. Martel Hall）的美国人把他的部分日记和影像材料带到了重庆。在重庆，他和别人讲述了自己以及林迈可等人的经历，并与埃德加·斯诺、来华访问的美国副总统华莱士做了交谈，给后者留下了深刻印象。1944 年 6 月 22 日在与蒋介石的一次会谈中，华莱士专门提到了霍尔对中共的高度评价。① 回到美国后，华莱士给总统罗斯福写了一份正式的出访报告。这是一份为美国重新评估对华政策提供颇有分量的意见和参考的报告，其中总结说：

> （蒋介石只是）一项短期投资……无论渐进的变化，还是激烈的革命，都会推出新的领导者来执掌战后的中国……目前看来，后一种情况出现的可能性很大。②

第二类，富有政治使命的考察。

由于国民党严密防范中共与外界可能的政治性接触，这类考察并不多，但所起的作用不可忽视。典型的例子是上文提到的卡尔森。

卡尔森的中国之行（1937 年 7 月~1938 年 12 月）肩负着美国总统罗斯福赋予的特殊使命——"以私人的形式秘密报告中国发生的实情"。其时的国际背景是：在欧洲，"柏林—罗马轴心"已经建立，以《反共产国际协定》为核心的德、意、日正加紧联合，法西斯主义甚嚣尘上，战争的阴霾日渐加重，美、英国家张皇无措；在远东，日本正沿长江和陇海线向中国内陆进攻，国民党内部则出现了以汪精卫为中心的主和派。世界局势急转直下，"华盛顿越来越担心中国的抗战可能崩溃"，掌握一手情报，尤其是"敌后战场"的真实情形，而不是听信国民党的说辞变得极为重要。③

---

① Department of State , *United States Relations with China*：*With Special Reference to the Period 1944-1949*，Washington，D. C. ，1949，p. 553.

② Tang Tsou，*America's Failure in China*：*1941-1950*，Chicago：University of Chicago，1963，p. 163.

③ Harold L. Ickes，*The Secret Diary of Harold L. Ickes*：*The Inside Stuggle*，*1936-1939*，Vol. 2，New York：Simon and Schuster ，1954，pp. 327-329.

　　为了弄清中国敌后抗战的"奥秘"，卡尔森两次进入华北敌后区域，第二次（1938 年 5 月 5 日～8 月初）他抵达了延安。三个月后，当卡尔森再次返回汉口时，他难以抑制自己激动的心情，"要把自己看到的所有情形告诉人们"。① 按照约定，卡尔森将他根据中国之行撰写的书稿和论文寄给了白宫，罗斯福看过后，将卡尔森的文章又转交给国务卿科尔德·赫尔（Cordell Hull），叮嘱后者"阅读并返回"。②

　　卡尔森叙述说，红军是无私的爱国者，而边区以人民利益至上的民主显然才是真正的、仁慈的民主。③ 调查得出的这种结论，与美国的政治意识形态显然格格不入，开始挑战抗日战争爆发以来美国一贯奉行的倚重国民党的对华政策。但卡尔森并不孤单，在他之后，美国驻华外交官戴维斯（John Paton Davis）和谢伟思都得出了类似的结论。他们建议美国应尽快与中共取得联系，出于对日作战的考虑，应将联合和支持的重点转向中共及其领导的力量。这类情报和建言最终打动了美国总统，④ 罗斯福决定派一个美军观察团去延安，他要和共产党人打交道了。

---

① Evans F. Carlson, *Twin Stars of China*, p. 226.

② 参见 President Roosevelt's Memorandum for the Secretary of State, Decemer 4, 1939, Roosevelt papers, New York: Franklin D. Roosevlt Library。

③ Rodney Gilbert, "When the Japanese Came," *New York Herald Tribune Books*, October 27, 1940, p. 22.

④ 1943 年 1 月 23 日，谢伟思在回国述职报告中向美国政府提出"中共军队的价值不容忽视"，"美国应要求国民党解除封锁，并将租借物资分配给共产党"，"应当派代表访问中共根据地"，了解中国共产党人控制的地区。1944 年 1 月 15 日，戴维斯将他对中国国内事务的备忘录，以建议的形式递交给中国战区美军总司令史迪威将军，并将副本交给了罗斯福总统的助手霍普金斯等人，希望他们能提请总统注意中国局势。在报告中，戴维斯表示："我们需要趁着还受欢迎的时候，立即派一个军政代表团到共产党（控制的）中国（地区）去搜集情报，协助并准备从那个地区开展一些活动。蒋介石对共产党人搞封锁，从而使他们处于孤立无援的境地，这就迫使他们逐渐依附于俄国。要是美国派一个观察团到延安去，那就会打破这种孤立无援状况，削弱依附俄国的趋势，同时又能遏制蒋介石试图以内战消灭共产党的愿望。"1944 年 2 月 19 日，罗斯福致函蒋介石，向其提出了向抗日根据地派遣观察组的要求，但被拒绝。1944 年 6 月，美国副总统华莱士访华时，当面向蒋提出该要求，蒋介石才被迫同意。参见《1945 年毛泽东想见罗斯福》，《环球时报》2002 年 4 月 1 日，第 14 版。

第三类，公开的接触和评估。

与前两类相对个体的、较隐秘的调查不同，这类接触是官方的、大规模的公开造访。其意图也很明确，即试图对中共及其领导的敌后抗战实力给予直观评估。而这一切的背后，凝聚的是驻华记者和实地观察人员对敌后抗战客观报道的功劳。为了打破自 1939 年以来国民党政府对西北敌后边区的军事封锁，获知中共敌后边区的真实信息，美、英方面与国民党政府进行了多次谈判，最终促成了两个成果。

第一个成果是中外记者西北参观团的成行。1944 年 5 月 17 日，由 21 名中外记者组成的西北参观团由重庆飞抵陕西宝鸡。他们当中包括外国记者 6 人、中国记者 9 人、国民党官方指派的 2 名领队和 4 名随员。6 名外国记者分别是：英国记者斯坦因、美国《时代》周刊的爱泼斯坦、伦敦《泰晤士报》的福尔曼、路透社的武道、塔斯社的普金和美国天主教《信号》杂志的沙纳汉神父。由于国民党政府刻意阻挠，参观团几经辗转于 1944 年 6 月 9 日抵达延安。在延安期间，记者们参观了边区的机关、学校和各生产部门，参加了各种集会，访问了陕甘宁边区的英雄模范人物、作家、艺术家以及各阶层知名人士。在一个多月的访问时间里，记者们拍发了大量电讯，报道了他们在陕甘宁边区的所见所闻。这些见闻对中共武装力量在抗战中的地位和作用予以较大的肯定。一些记者后来还撰写了系统介绍边区的著作，如福尔曼于 1945 年出版的《北行漫记》，斯坦因于 1945 年出版的《红色中国的挑战》，以及爱泼斯坦于 1947 年出版的《中国未完成的革命》。这些报道和专著不仅在外国发表和发行，而且大都被译成了中文，在中国国内广泛传播。

第二个成果是代号"迪克西使团"的美国军事观察组赴延安考察。[①]与此前美、英记者自发的、秘密性质的探索不同，迪克西使团由美国战略情报局主导，进行了美、英官方情报系统与中共的一次主动、官方的接

---

① 1944 年 7 月 22 日和 8 月 7 日，美军观察组分两批到达延安。从 1944 年 7 月 22 日到 1946 年 4 月 11 日，"迪克西使团"被称为延安美军观察组。1946 年 4 月 13 日至 1947 年 3 月 11 日最后一个成员离开，后面这个观察组被称作延安美军联络组。

触。在国民党军政行将"崩溃"之际，其使命是对当前和今后"共产党在对日作战中的贡献"做出评估。① 负责该项工作的重要人物是谢伟思。

作为迪克西使团的组织者和美国驻华情报力量的核心人员，谢伟思在造访延安的 6 个星期里向美国国务院发回了数十封报告，就美国最关心的事项做了较全面的分析，主要涉及边区的经济生活和各项政策，中共控制地区的民主，中共取得群众支持的方法，中共在军队中的政治运用，政府组织和工作方法，根据地的教育规划、法律制度以及经济发展等。其重点是分析共产党的军事实力和"实际成就"，以及当前的"政策和将来可能的发展"。② 1944 年 8 月 29 日，谢伟思在第 16 号报告中着重对共产党的军事情况做了如下报告：共产党部队控制着长江以北所有的日军交通线沿线及其相邻地区的战略阵地据点（其阵地地图也说明了这一点），从这些据点出发，他们可以进入主要城市并切断铁路线，"如果我们在华南任何地点登陆……他们对向日军进击都会是极其重要的力量"；共产党部队善于作战，运动战和游击战经验丰富，"并且有进行这类作战的士气和决心"；这些部队得到了人民的广泛支持，这是大规模持久战所必需的；这些作战人员作风优良，个人物品和军事必需品简单轻便，"凭着这些可以长途行军"。③ 谢伟思还特别讲述了共产党控制地区不存在盗匪活动，这和国民党统治下的区域形成了显著的对比。在谢伟思看来，共产党在肃清盗匪活动方面取得的成就，是"共产党的民主和经济改革的有力证明"。④

由此，谢伟思形成了一条结论，"共产党赢得了人民群众的支持"，这是其在目前的对日战争中"取得的军事成就和这些成就赖以取得的政治基础"；⑤ 而"最重要的、无可争辩的事实是，共产党军队，从抗日战

① David Barrett, *Dixie Mission: The United States Army Observer Group in Yan'an, 1944*, Berkeley: Center for Chinese Studies, University of California, 1970, p. 27.
② Joseph W. Esherick ed., *Lost Chance in China*, pp. 328-329.
③ John S. Service, "Desirability of American Military Aid to the Chinese Communist Armies (August 29, 1944)," Joseph W. Esherick ed., *Lost Chance in China*, pp. 329-332.
④ 参见 Joseph W. Esherick ed., *Lost Chance in China*, pp. 192-196。
⑤ Joseph W. Esherick ed., *Lost Chance in China*, p. 328.

争开始几乎一无所有，在华北、华中一个很大的地区里，不仅保存下来，而且极大地增强了他们的实力"，"牵制着大量日军"。他建议，"考虑到一切政治、军事因素"，"有理由把美国的军事援助扩大给予中国共产党军队"，如果他们得到供应，"即使不多"，但在"阻断交通、破坏工业和供应，以及击毙日军方面……将会有效得多"。①

在迪克西使团赴中国西北执行其政治使命之际，延安这座东方的"红色圣地"正式登上了美国报刊的醒目位置。《纽约时报》以《中国的乐土——延安》为题，介绍了战时延安的生活、窑洞里的大学，以及报纸和印刷业。② 这是一片洁净的土地，与国统区那种随处可见的因吸食鸦片穷困潦倒的景象迥异，这里看不到一根烟枪、一个烟鬼。③

在对八路军敌后作战和民兵训练情况做正面的报道时，引述了一名深入敌后的美国记者的观察记录。这名美国记者发现，八路军教授了民兵基本的作战知识和要领，但民兵在实际作战和斗争中又发挥了创造性，"最初只在他们村庄周围 20 英里的半径内战斗……现在，他们逐渐获得了与八路军正规部队一样的待遇，承担同等的战斗任务"。印象最为深刻的是八路军对敌后区域的控制，他们"带着自己的武器在敌人封锁线上出来进去，如入无人之境"，而这些武器中，"64% 的步枪和 47% 的迫击炮以及所有重机枪，都是从日伪军那里缴获的"。在八路军和游击队的打击下，该区域伪军投降，"汉奸的士气十分低落"。根据地人民斗志却很旺盛，例如晋西北一个只有 9.5 万人的抗日根据地，在 1943 年秋季作战中提供了超过 2.6 万名支前民工，还消灭了日军一个大队 1000 多名士兵。④

1945 年 2 月，美国《自由世界》刊文称，美国虽然已经为国民党政

---

① Joseph W. Esherick ed., *Lost Chance in China*, p. 332.

② Brooks Atkinson, "Yan'an, a Chinese Wonderful City on 3 Kind of Time, Has One Clock," *New York Times*, October 6, 1944, p. 12.

③ Israel Epstein, "No Opium Poppies on Way to Yan'an," *New York Times*, August 14, 1944, p. 5.

④ "China Communists Train Big Militia," *New York Times*, October 15, 1944, p. 30.

府训练并装备了 50 万人的队伍，但是实际作战中这些队伍实在不足以对付日本。该文认为，为美国在亚洲大陆上打垮日本提供巨大帮助的，或许不是国民党政府军队，而是敌后游击队，这些活动"在敌人后方的中国人力将来必然是美国的大帮手，等到我们追击敌人的时候，八十万的游击队将成为一支有力的队伍"。①

由美、英记者和军情观察人员进行的上述三类探索，尽管情况各异，但反馈的信息却基本一致，即中共领导的敌后抗战在对日斗争的策略、动员组织效率以及牵制日军等方面均卓有成效。这些信息的传递和发酵，一方面与在法西斯阴霾下美、英反侵略的心理相契合，另一方面在美日关系逐步恶化直至最终爆发太平洋战争的背景下，中共开创的敌后抗日新局面于美、英对日战略来说无疑是一个重大利好，而在国民党政府一路败退甚至难以为继的情势下亦不啻是雪中送炭。

结　语

全面抗战时期美、英舆情的两次转变，并非偶然，它不仅反映了战时中国自身的变化，也表现出与世界反法西斯战线的紧密关联。

第一，该舆情显现的变化，是中国被外界重视的过程。我们看到，不论是美、英舆情的第一次变化还是第二次变化，驻华记者和实地观察人员的探索和反馈都发挥了重要的作用，但这只是事物变化的外部促成因素。激发外来者深入调查的根本内因是中国抗战自身的"变化"——人民战争的勃兴。由于国民党政府在正面战场上的接连失利，改变中国战场战略形势的那些"新的潜力"——中共敌后游击力量成为美、英观察人士重视并努力探寻的对象。尽管国民党政府在 1939 年之后对敌后边区设置了重重封锁，但坚守统一战线的中国共产党还是赢得了民众的广泛支持。其高效的军事动员能力和在抗日斗争中所取得的战果，在艰苦条件下开创的敌后根据地、域内经济管理和发展的

---

① John Goette, "Ways to Attack Japan," *Free World*, February 1945.

成绩，以及先进的政治思想教育和在社会治理上展现的时代进步特性，使得敌后根据地在地域控制和政治影响上逐步形成迥然有别于沦陷区、国统区的优势。美、英记者和军情观察人员的实地调研反映了这一历史事实。

第二，该舆情显现的变化，也是外界为中国改变的过程。辩证地看，美、英舆情的两次转变，是美、英国家利益需求借助舆论的一种外延。该舆情显现的第一次变化，发生在日本侵华军事进攻不断推进之际，但在遏制日本崛起的既定战略下，抗战中国的进步和变化本身即符合美、英在远东的利益需求；同时，国民党主政下战后中国的走向也符合美、英政治和意识形态上的愿景。然而，反法西斯作战的残酷和巨大损耗，时刻提醒着美、英国家从政治和意识形态的偏好回到现实主义的立场上来。这也使得美、英在看待"抗战中国"这一问题时，前后出现了唱"胜"、看"衰"的差异。1941~1944 年，国民党政府在抗战态度上的"消极"与其在反共政策上的"积极"，恰与中共在抗日斗争中的巨大付出和维护统一战线立场上的坚定执着形成了鲜明对照。这促使抗战后期美、英对中共的抗战实力不得不给予更多的重视，并对与国民党合作的前途做出新的评估。

第三，该舆情前后显现的两次演变，其核心是美、英国家在客观形势逼迫下不得不对中国共产党领导的人民力量勃兴的一种重视。它印证了历史发展的一条客观规律——历史进程是社会物质条件与个人意志及其合力作用的统一。① 它强调物质条件和经济因素作为社会发展决定因素的同时，更强调人作为历史主体在社会历史发展中的积极能动作用。

敌后抗战"打击敌人""解放人民"的战略性作用不仅为美、英观察人士所见证，也为日本方面所印证。日方调查材料显示：1939 年 6 月至 1940 年 5 月，为了弄清楚抗战中国的实力，日本成立了中国抗战力

---

① 即恩格斯所指出的"按不同方向活动的愿望及其对外部世界的各种各样作用的合力"，这就是历史。参见《马克思恩格斯选集》第 4 卷，人民出版社，1995，第 248 页。

调查委员会，专门对中国抗日力量进行调查研究，主要调研主题一是国民党和中国共产党的社会基础及其动向，二是蒋介石政权的政治、军事等政策。[①] 调查委员会最终形成报告书，主要观点包括以下三个方面。其一，"中国抗战力的据点在农村"，"动员的基本阶级是农民";[②] 其二，中共领导的军队的动向"使我们注意到，中共独特的抗战方式是倾注深刻的努力抓住广泛的农村社会";[③] 其三，"华北形势的发展，是中日战争整个形势发展的缩影，并且先行于其他地区近半年"，"华北游击区的发展，由对日作战的意义，正在逐渐转向对内革命的意义"。[④]由此可见，在对中国抗日力量的分析上，特别是在对比中共和国民党的抗战能力、动员方式等后所形成的结论上，日本方面与美、英亦有着同质的认知。

　　总之，全面抗战时期美、英舆情显现的两次转变，反映了抗战中国在日本帝国主义侵略下的一系列的进步，美、英实地观察人员注意到了这一历史趋势，并对之进行了深入的探索和调查，反过来又进一步推动了该舆情的传播和发展。在这一认知过程中，是否能客观反映事物发展的本来面貌，是决定其发展方向的关键。美、英记者及涉华观察人员的贡献即在于，他们较为如实地反映了在全面抗战阶段中共领导敌后抗战的客观事实，看到了民心的向背和历史发展的趋势，在一定程度上为打破西方对华

---

① 満鉄調査部支那抗戦力調査委員会『昭和 14 年度総括資料』二之 1、南満洲鉄道株式会社、1940、22~23 頁。该报告分析了抗战前后中国国民党和中国共产党等党派的动向，解释了因战争而动摇了的社会根基，和在这个根基之上的中国社会出现了更加深刻的复杂性，重点是"民众动员和中国政治"。报告明确指出："中国的民众动员存在性质不同的两条道路：一是国民党的方向；另一是中国共产党指导的方面。"前者包括国民党政府战时编成的 300 万新军，完全是强制性的和义务性的，而且土豪劣绅从中舞弊，不仅难以收到战时动员之效，而且造成广大农民的离心。"相反，中国共产党把群众动员理解为群众自身的运动。也就是，根据群众的直接利益组织群众，与此同时以此种组织力将群众向政治（抗日）、军事（游击战）、生产等方面动员。"
② 満鉄産業資料室『満鉄資料彙報』第 6 巻第 4 号、南満洲鉄道株式会社、1942、9 頁。
③ 『満鉄資料彙報』第 6 巻第 4 号、10 頁。
④ 『昭和 14 年度総括資料』二之 2、160~163 頁。

的传统认知和偏见，重新认识中国做出了积极的贡献。然而，由于敌视中国共产党和革命政权，美、英政府在抗战胜利前夕走向了中国历史发展的对立面。中国人民最终靠自己掌握了命运，这也是该舆情两次转变中所反映和预见到的历史趋势。

"中古信息沟通与国家秩序"序言[*]

邓小南[**]

信息沟通与国家秩序之间的关系，是一个贯穿古今的恒久议题。在本论集主要关注的中古时期[①]，人们心目中的信息，主要指各类音讯、消息。不同身份类型的人都是信息源，参与信息的生产与传播；与此同时，信息亦是世间众人得以辨识的依据，人本身即是信息的承载与集合体。社会上的往来、互动，信息往往是其关切的枢纽；历代国家的各类决策事项、制度运行，都建立在相关信息的基础之上。从这一意义上说，特定的社会秩序、国家秩序，无不与信息沟通相关。

历史学研究的意义在于反思。历史作为已经完成并影响着"当下"与"未来"的"过去"，对深化认识具有特殊价值。研究中古时期的信息沟通在国家秩序的构建、维护、破坏、瓦解、重建当中如何发挥作用，不仅将加深我们对历史进程的理解，而且将为今天社会秩序的和谐稳定提供帮助。这是历史学者面对现实的责任。

[*] 本文是教育部人文社会科学重点科研基地项目"7~16世纪的信息沟通与国家秩序"结项成果论集的序言，项目编号：17JJD770001。

[**] 邓小南，北京大学历史学系教授。

[①] 对于中国历史上"中古"时期涵盖的时段，学界有不同理解。本课题关注的范围相对宽泛，大体包括唐、宋、元、明各代，而以唐宋时期为主，亦收录个别项目参与者对于其他断代的研究。

一

历史上的信息流通问题，关系到政治史、社会史、文化史诸多方面，是极富研究价值的课题。信息是连接"人"与"制度"的重要通道：制度的形成与运行，依靠不同渠道的臣民提供信息，也依靠各类机构各层官员研判和处理信息。信息产生的政治效应，在一定程度上决定着内外多方的互动态势，是任何朝代、任何政权都无法忽视的。信息的延续性、流动性，使其贯穿于不同时段的各个领域。以信息为线索，有助于实现跨越、连通，有助于认识过去世界的整体样貌。

历史上任何时期，都有关于信息的强烈焦虑。信息是历朝历代决策的依据，在国家政治事务中更是如此。对于信息的搜集、处理、掌控、传布，统治者从来不曾掉以轻心。在历代朝野长期持续的"热点"议题中，有关防范壅蔽、穷尽实情、言路通塞等话题，始终处于聚焦的中心。历代都有建设"言路"的努力，所谓"言路"，狭义是指特定官员上呈消息、意见的途径，广义则是指传统社会实现下情上达的制度化渠道。就中古朝廷而言，获取信息并在此基础上决策，进而下达、反馈，是一复杂系统；它牵涉整体的层叠式布局、内外机构的设置、相关人员的选用、政务文书的运行、多途消息的汇总核验、文牍邸报的散发、上下之间的互动沟通等。诸如此类现象，与主政者的意图、官僚体系的运转机制、制度运作背后的制度文化皆有紧密的关联。

过去十多年中，围绕信息的研究一直是历史学的前沿领域之一，学界进行了卓有成效的探索。研究者关注的，不仅是信息所包含的内容和知识；也包括这些内容与知识流动的途径，构成流通链条的诸多环节，以及流通途径中枢纽与终端的彼此关联——这就是我们所说的信息沟通。关注这一问题，其意义不仅在于对情报、信息搜集获取途径的把握；同样重要的，是让学者得以观察信息流动、沟通过程中，相关行为主体如何参与，如何形成特定的政治话语及多方的互动方式。

古代信息沟通涉及方方面面，本论集诸篇论文从信息沟通与国家秩序关联的角度，聚焦于国家治理的核心议题，具有鲜明的问题意识。作者们将信息渠道的研究，视为探讨中国古代治国理政方式的重要抓手，在广泛搜集整理史料、精心研读辨析的基础上，致力于从不同断代、不同学科的研究中汲取思路、融汇观察、综合讨论，充分呈现不同学术背景的研究者对于同一议题的多维度思考。

通过研讨互动，我们认识到：所谓信息，天然具有流动性质，是研究者讨论"运作"、追踪"过程"的题中应有之义。信息是流动且难以预期的；而制度是相对稳定的，希望提供可预期的秩序。二者之间存在张力和空间：目标是确定的，现实是复杂的；规则是确定的，实践却有不确定性。一方面，信息会被纳入制度中；另一方面，制度与信息又可能双向塑造。信息具有多元性，不完备，不均衡，非中立；其来源不同，性质不同，呈现的面向也不同。信息一词，英文是 information，"in-form"正提示我们，在制度建构中，信息不断被融入、收纳。特定秩序依靠制度维系，制度建立在信息基础之上，也会有自身的尺度和界限。制度应对特定信息带来的问题，在某种程度上也限制信息的内容及流通，影响信息的汇聚、处理方式。对于不同类别信息的采纳、约束乃至排拒，都反映出中古时期朝廷对于国家秩序建构的认识及其理政趋向。

信息与制度之间的关联与张力，使得中古中国的信息沟通与国家秩序之间，亦呈现出明显的关联与张力。其研讨空间，既体现在政令文书的流转、进言渠道的通塞、政权之间的互动等显而易见之处；也充溢于信息掌控者的抉择，以及制度文化环境的演变等深层背景中。以上方面都是本论集所关注的重点。

中国古代官方的信息传达，基本依靠政令文书。文书的上行下达，实际上就是情报或指令的流动，构成帝国时期的行政与信息网络。文书的流程实际上反映着政治秩序，反映着权力的格局。这一网络中的关节点，体现着层级性的政治地位；在各个关节点上处理批复文书、发布指令的权力即政治权力。行政文书的类型、内容、形成及传递，文书载体背后的国家政务系统及其信息流转，是本论集多篇论文关注的内容。

不同朝代都有建设多层多途信息渠道的努力，包括臣僚进言的途径。突出的范例，是贞观年间唐太宗李世民的"兼听则明"。而翻检史料不难注意到，当时的诤臣魏征对太宗说："人君兼听广纳，则贵臣不得拥蔽，而下情得以上通也。"① 防范壅蔽，实质上是君王的统治术，而非简单的"政治开明"。官员谏诤在一定程度上代表着舆论清议，在社会上有其影响。南宋名臣魏了翁曾经列举宋代的各类进言途径，在他笔下，宰相执政官员、辅佐皇帝的侍从官员、经筵课堂中的宣讲臣僚、秘书班子中的翰林学士、记言记事的史官、外地回京的群臣、在京轮流进奏的官员等都有制度性的进言安排，"盖无一日而不可对，无一人而不可言"。② 这当然有其依据，但总体上看只是一种理想状态，事实上渠道并非如此通畅。而且，在帝制时期，进言者一方面是君主的耳目，另一方面也可能被用作君相的鹰犬，尤其在政治"非常"时期。本论集多篇论文讨论言事官员、信息通传以及君臣之间的信息博弈等问题。

孟子说："徒善不足以为政，徒法不能以自行。"③ 王安石也说："制而用之存乎法，推而行之存乎人。"④ 制度的规定始终会有操作的空间，信息沟通总是在具体情势之下依靠人来运转。参与信息搜讨与传递的官员如何理解、执行相关的制度，直接影响到特定"秩序"的形成。换言之，信息渠道的各个环节都有阀门，阀门是关还是开、开到何种程度，有赖于掌控阀门的人。体制内的官员对其个人作为通常有所选择，会考虑到仕途前景与政治风险：既包括体系风险——渠道的开放与管控对于政治秩序的影响，亦包括个人风险——官场生态给个人平稳升迁"秩序"带来的压力。从预期"秩序"出发，朝廷上下会对各类信息进行评估与把控，由此形成信息渠道的"通"或"塞"。

---

① 司马光：《资治通鉴》卷一九二，中华书局，1956，第 6047 页。
② 魏了翁：《鹤山先生大全文集》卷一八《应诏封事》，《全宋文》第 309 册，上海辞书出版社，2006，第 127 页。
③ 《孟子注疏》卷七上《离娄章句上》，阮元校刻《十三经注疏》，中华书局，2009，第 5909 页。
④ 王安石：《周官新义·自序》，上海书店出版社，2012，第 297 页。

传统中国的信息传布受到多种因素制约。就帝制王朝的信息收集与政令传布制度而言，通常有刚性的条款与规则，有鲜明的价值取向、惯用的组织方式与内在的行为特质；而延伸笼罩于条规之外，无固定形式，却又无处不在，影响制度生成及其活动方式的"软"环境亦发挥着重要作用。不同社会阶层对信息的认知与态度、制度运行过程中发挥作用的社会关系，以及与制度实施"互动"的政治文化效应，无不渗透于相关制度的运行之中，决定着制度实施的基本前景。纵观历史上的各个时期，几乎没有任何制度是按照某一设计模式原样施行的；调整、修正甚至于走形、变异，大致是其常态。信息传布的实际效应，是信息的提供者、扭曲者，制度的设计者、执行者、漠视者与抗拒者互动而成。从信息渠道的运作情形，可以观察到帝制时期制度运行的特质。

政权之间的信息沟通，历来是军政形势判断与重大决策的基础；不同政权辖下族群、民庶之间的信息往来，也是文化交流过程中的重要依托。9～13世纪，亚欧大陆曾长期处于多元并立的政治格局之下，尤其在其衔接地带，呈现出权力结构的流动化现象。北族王朝的强势崛起，突破了东亚区域体系原有的政治格局。不同政权间的碰撞、交流，不同文明间的冲突、融汇，呈现出前所未有的复杂面向；彼此的戒惕与陌生感、了解的欲望与尝试，成为该时期不容忽视的状况。跨越政权边界的信息流通（包括谍报）愈发成为历史的常态，在国际秩序的构建与维系中发挥着举足轻重的政治功能，也构成人们对异域他国的认知来源与想象素材。研究者立足于对多种语言历史文本的扎实分析，从多个侧面考察了不同政权间信息的生成、传递、流变、定型过程及其与现实政治网络的关系。

以上种种，都是本论集作者共同关注、共同讨论的议题。

二

本论集作者对于中古时期信息沟通与国家秩序的探讨，自2017年持续至今，先后举办了10次专题工作坊，来自海内外10余所高等院校和科研机构的数十名学者积极参与，先后发表了 139 篇报告及论文。不同年龄段、不同学术背景的学者彼此切磋，进行了高质量的学术对话与交流，也培育锻炼了一支年轻的学术队伍。

历次研讨皆自材料的辨析解读开始。文本是信息流通的重要载体，也是特定历史时期人们对于流通中的信息进行搜集、诠解、整理的结果。研究者注意到信息的生成、流传，与特定的历史记忆相连，特定国家秩序下的历史编纂显然倾向于遵循特定的叙事纲领。大家在研究中不仅参考了不同性质的传世汉文史籍，也利用了简牍、石刻史料、出土文书，以及相关的考古发掘报告，多方质证辨析，以期"逼近"历史实态。在讨论 9～13 世纪各政权互动的论文中，青年作者利用了突厥文、回鹘文、蒙文、波斯文等多语种文献，在资料搜集、史事考证和研究视域方面取得了明显的突破。种种新文本的出现与利用，使一些耳熟能详的"故事"变得层次复杂，也使今天的研究者不断跟踪思考新的问题。

本论集的作者们注重传统历史学过硬扎实的研究方法，努力厘清我国历史上不同时段中各类政务信息的形成过程、流转路径与调整方式，考察其实际功能与效用，希望从根本上理解传统的制度运行方式。36 篇论文对于中古时期信息沟通与国家秩序的诸多方面，尤其是中央行政中的文书流转与信息传递、帝制朝廷的监察机构与进言制度、军情速递与军事指挥、官民之间的沟通与博弈，乃至不同民族政权之间的信息往来等关键性议题，对其进展演变、利弊得失进行了细致分析和深入研究。以信息沟通为核心线索，研究者关注信息的传递方式与国家秩序的构建"过程"，注重历史事件中各类"关系"的冲突与磨合，力图呈现出古代社会的关键细节和整体样貌。对于原本零散的材料与内容，研究者在集体观照研讨下，视野延展，上连下通，对特定时段和整个帝制中国的运行实态，获得了更为真实深入的理解。

研究者的深层思考，不限于个别历史事件，更加关注历史事件背后的一般性规律。作者们关注制度形成和演变的过程、信息沟通中各方取舍、反馈中的"互动"，关注"非常"也关注"日常"；大家亦关注信息壅塞、制度"空转"等现象背后的原因，关注制度运作过程中的政治文化因素等。参与讨论的社会科学研究者指出，"制度过程中的信息机制，可以说是一种治理术"。"因为信息具有弥散化与集约化、多重化与系统化的二重特性，所以制度与运行制度的人都要最充分地利用它。而且，信息可以形成各种动态的流变状态（信息流，information flux），具有超强的传染性，因而对制度的运行可以造成极为隐蔽也极富冲击力的效果。在信息机制的作用下，上述提及的制度与人的关系，会更显得精彩纷呈，扑朔迷离。"①

汲取多方滋养，推进多学科互动，是本课题参加者的共同追求。众所周知，史学与社会科学之间存在某种"良性紧张"，学科交叉不是要消除学科界限，而是要"强强对话"，展现学科特色，激发潜在的研究活力。"虽然学科间的学术标准不同，但社会科学和史学间交融互动有助于更好地利用不同领域中的研究成果"，我们要努力"通过这些差异引起的紧张和互补来推动思想的碰撞、知识的深化"。②

我们相信，对于信息沟通与国家秩序的讨论，能够促进学界对历史上治国理政方式的综合理解与认知。作为具有前沿、交叉性质的研究领域，这一课题仍然存在深入研究的广阔空间；以具体研究为基础的理论探索，亦有待进一步拓展。希望本论集的问世，能够吸引学界更多关注，推动相关研究不断延展与深化。

---

① 渠敬东：《制度过程中的信息机制》，《北京大学学报》（哲学社会科学版）2021 年第 6 期，第 84 页。
② 周雪光等：《历史视野中的中国国家治理》，《中国社会科学》2019 年第 1 期，第 98 页。

《财政集权的技术基础——赋役全书形成与明清财政治理》序

刘志伟[*]

明朝崇祯初年，辽东战云密布，后金大兵压境，崇祯皇帝再次用袁崇焕督师蓟、辽，朝廷上下对抵御后金重燃希望，袁崇焕甚至在崇祯元年（1628）七月十四日在皇帝面前夸下"五年全辽可复"的海口。但是，十天后，辽东宁远就发生了一次因欠饷四个月引起的兵变，史载：

> （崇祯元年七月二十五日）甲申，辽东宁远军哗。以军粮四月不得发，因大噪，执巡抚、右佥都御史毕自肃。自肃尝为奏请，户部不之发。悍卒露刃排幕府，自肃及总兵官朱梅、推官苏涵淳置谯楼上，捶击交下，自肃伤殊甚。括抚赏金及朋桩，得二万金，不厌，益哗，遂借商民足五万始解。自肃草奏引罪，走中左所，八月丙申（八日）自经。①

有点戏剧性的是，在这次因缺饷而起的兵变中，辽东巡抚毕自肃因兵变受辱自尽的时候，毕自肃的嫡亲兄长毕自严正在从南京到北京赴任户部尚书的路上。本来，早在六月十二日，毕自严已接到户部尚书的任命，但

---

*　刘志伟，中山大学历史人类学研究中心教授。
①　《崇祯实录》卷一，《明实录》，中研院历史语言研究所校印本，1962，第33页。

他不愿就任，故意延宕不行。崇祯皇帝再三催促，颁下几道圣旨，强令"不准辞"，"火速前来任事，勿得延缓"。毕自严无奈，才于七月中动身。八月初，他行至邻近京城的河间府时，再以患病为由，上疏请辞。他自己明言不愿就任的原因，是当时明朝的财政已经陷入"兵氛未靖于东西，民力已穷于输挽。欲蠲征而九边之呼庚足虑，欲措饷而百姓之剜肉堪嗟"的境地。曾在天启朝就任户部右侍郎，督辽饷数年的毕自严深知此任之艰难。

但是，他万万没有想到的是，当自己磨磨蹭蹭在路上走了大半个月的时候，弟弟竟蒙此大劫。当他在崇祯皇帝一再催迫下抵达京城履任户部时，首先获知的，竟然是弟弟因户部拖延发饷遭变身亡的噩耗，顿时"五内愦乱，四大支离，恨不能与臣弟相寻于地下耳"。哀痛中，他继续执意请辞，以"辽饷窘急"，自己"当衰朽摧毁之际，岂能精心而料理"为由，请求皇帝"罢官削籍"，"别选贤能，以充厥任"。崇祯皇帝的回复也非常决断："以国事为重，即出料理，不必再陈。"在这种处境下，毕自严肩任起这个令他勉为其难、"腼颜而视事"的苦差。①

毕自严甫一到任，摆在案头的，想必就是那份弟弟被殴重伤后的"授意草疏"，疏中苦苦哀求："皇上轸念安危，介在呼吸，亟救部不拘何项钱粮，凑发五六十万，差官星夜攒运，前来给散，解救急迫。"② 在他眼前，也一定还有弟弟在兵变前频频发出的一份份告急奏疏，请求"皇上速救该部，立查余银之在库者，尽数催发，星夜出关，早苏数万军士之困"。③ 据毕自严自陈，这个八弟比他小 11 岁，自小跟他读书，昆仲情深，"恩义又笃"。可以想象，毕自肃在生命最后日子发出的这些"泣恳哀号，几于一字一血"的声音，必令这位兄长悲愤万分。④ 从他后来

---

① 以上引文俱见毕自严《度支奏议·堂稿》卷一《宁远兵变束躬待罪疏》，上海古籍出版社，2008，第13~15页。

② 毕自肃：《辽东疏稿》卷四《军丁鼓噪甚酷疏》，《四库未收书辑刊》第1辑第22册，北京出版社，1997，第62页。

③ 毕自肃：《辽东疏稿》卷四《东信旦夕告急军战守俱难疏》，《四库未收书辑刊》第1辑第22册，第60页。

④ 毕自严：《度支奏议·堂稿》卷一《辽变原因缺饷互讦渐至失实疏》，第31~36页。

为弟弟撰写的行状以及一再为弟弟上疏申辩的言辞中，可以真切地体会到弟弟屈死对他的巨大刺激。面对崇祯皇帝的信任和决意，承受着辽饷供应紧迫的压力，他别无选择，唯有殚精竭虑地着手处理边饷供应问题。

在这个背景下，毕自严采取了一个过去研究明清财政史者对其意义没有给予足够重视的行动，即从崇祯二年初开始，经过数月反复讨论，从制度化层面要求各省将各自分别纂修的《赋役全书》上报户部并进呈御览。① 这一个举措，当时可能只是为了裁扣地方经费以助饷的权宜措施，而且由于涉及中央与地方以及中央各衙门之间非常复杂的利益矛盾，还有一系列复杂的行政运作体制的障碍，最终还没有形成一种完善的正式制度，明朝就亡国了。但是，如果我们将这一举措放到明代财政体制乃至国家体制的长期演变过程中，并将视线向后延伸至清朝的财政体制，可以发现，毕自严此举标志着王朝财政体制的一个重大转折。这个转折并不体现在其作为一种救急权宜举措的实际效果上，而是体现在这个措施其实是王朝财政体制长期衍变趋势的必然结果，并由此开启清代以后新体制格局的意义上。

作一篇序文，一开头先讲述一大段明代末年的史事，似乎不太合序文套路。对于"宁远兵变"，熟悉晚明史的学者并不生疏，这次兵变在波澜曲折的明金战争进程中，并没有产生多大影响；而毕自严也只不过是明代后期处理棘手的边饷问题的计臣之一，他处理明末财政问题的一系列措施，似乎也没有对改变明朝末年军事和政治形势产生多少实质性的影响。那么，为什么要先从这段史事下笔？如果读者会产生这一疑问，我建议不妨先放下这篇序文，去仔细读读申斌这部著作，从他精详的缕析考辨，贯串由明及清数百年制度衍变的论述中，或许能找到解开这个疑惑的答案，明白我以这个在明末波澜迭起的历史中并不起眼的情节为引子的用意。

---

① 具体经过，参见申斌《明代徭役管理考：以地方财政册籍为中心》，硕士学位论文，中山大学，2012，第 47~60 页。

本来，话说到这里，惯常应该先概括介绍一下申斌此书的基本结构和主要内容。但我相信，用几个简化语句去概述申斌以研精阐微的分析展开的复杂历史过程，会因失去细节而显得枯燥，不免陷于鹦鹉学舌之拙，非但难表其睿见，更必失其紧要，倒不如让读者自己直接去读书中那些看似冗繁但意味淳深的论述。我在这里只谈一点自己读书稿时的联想。

40年前，我始入明清社会经济史门墙，受梁方仲先生研究的影响，以明清户籍赋役制度为主要着力之题。那个时代，明代文献大多深藏在各图书馆管理森严的善本库中，今天唾手可得的大部分明代文献，我们都难得一阅。因此，在今天明史研究中，学者们熟悉的奏议文集、典章则例、账册簿录等文献，很少能为研究者所用。除了实录、会典这类基本史籍外，研究者主要利用地方志来探讨明代的户籍赋役制度。所以，在我的研究中，所利用的史料以地方志为主。在研读明清地方志的赋役卷时，获得的较深刻的印象是，明代方志和清代方志中关于赋役的记载从内容到形式都有非常明显的区别：明代方志的赋役内容，基本上是以户口、田土、夏税秋粮、课钞、土贡的数额为主体，清代方志则除了田土、粮额外，还大多会详列分类征解的细项。到20世纪90年代以后，我逐渐看到了《万历会计录》和一些地方的《赋役全书》，才明白明代方志的赋役记载与会典、会计录一类出自户部掌握的史籍簿册属于同一体系，而清代方志的赋役内容则基本上是出自《赋役全书》的系统。我的这种认识，只是一种非常表面的初步印象，并没有真正去细究其中的关系和演变的脉络。

在明代中期以后的方志中，户口、田土、税粮数额之外，我们常常还能看到大量关于差役的内容（这部分内容，在清代一些地方志中常常也被抄录保存下来），或详或略地记录了明代中期以后地方差役的演变，可以了解到地方的差役逐步规范化、定额化、货币化和赋税化的过程。我们从这些记载入手，在省府州县层面得以探明明代从以夏税秋粮为主体的赋税系统，到"一条鞭法"赋税系统演变的过程和机制，大致能够了解到明代的赋役数字系统与清代的赋役数字系统之间的关系。然而，要真正清楚地解释这个演变，如何反映到中央王朝的财政体制，在整体上引致财政结构的根本改变，进而究明在地方上发生自下而上的变革，如何引发中央财政制度乃至王朝国家体制的转型，认识仍然是非常模糊的。我的知识中一直存在一个很明显的罅隙，这个罅隙成为我以地方文献为主，入手研究明代国家转型时难以跨越的一道鸿沟。

申斌的这部著作，研究的是明朝国家财用预算会计形式和技术的发展演变，这个演变其实是明代中期王朝国家财政体制发生的根本性转变的一种表征和实现方式，对于理解为什么视"一条鞭法"为现代财政制度的开始，有着非常重要和关键性的意义。为什么这么说？我们不妨从中国王朝国家财政体制的基本结构谈起。

关于秦汉以来历代王朝的国计财用体制的基本结构，顾炎武在《日知录·财用》篇有这样一段议论：

> 财聚于上，是谓国之不祥。不幸而有此，与其聚于人主，无宁聚于大臣……唐自行两税法以后，天下百姓输赋于州府，一曰上供，二曰送使，三曰留州。及宋太祖乾德三年，诏诸州支度经费外，凡金帛悉送阙下，无得占留。自此，一钱以上，皆归之朝廷，而簿领纤悉，特甚于唐时矣。然宋之所以愈弱而不可振者，实在此。昔人谓古者藏富于民，自汉以后，财已不在民矣，而犹在郡国，不至尽辇京师，是亦汉人之良法也。后之人君知此意者鲜矣。

> 自唐开成初，归融为户部侍郎兼御史中丞，奏言："天下一家，何非君土？中外之财，皆陛下府库。"而宋元祐中，苏辙为户部侍郎，则言："善为国者，藏之于民，其次藏之州郡。州郡有余，则转运司常足。转运司既足，则户部不困。自熙宁以来，言利之臣，不知本末，欲求富国，而先困转运司。转运司既困，则上供不继。上供不继，而户部亦惫矣。两司既困，虽内帑别藏，积如丘山，而委为朽壤，无益于算也。"是以仁宗时，富弼知青州，朝廷欲辇青州之财入京师，弼上疏谏。金世宗欲运郡县之钱入京师，徒单克宁以为如此则民间之钱益少，亦谏而止之。以余所见，有明之事，尽外库之银以解

户部，盖起于末造，而非祖宗之制也。①

　　这段议论提示我们，历代王朝财政体制存在一个基本问题，就是国家之财虽然理论上都属于君主，但并不必定都聚于中央。以往关于历代王朝财赋制度的讨论，研究者着眼点多聚焦在国与民的关系上，而顾炎武此论提醒我们，历代财用制度要从国—州郡—民三个层次的关系去把握。从奠定了后世中央集权国家制度基础的汉朝开始，国家财政体制的基础就建立在处理中央王朝与郡国之间的关系上，汉武帝时期的财政措施，其实质就是加强中央财政的控制能力。但是，"犹在郡国"与"尽辇京师"之间的关系，始终是历代王朝财政运行的基本架构，不管具体的制度设计有什么变化，其核心都是要理顺财用分掌于各级官府还是集中在中央的问题。财用在朝廷与地方官府之间及中央政府各衙门之间的分配掌管的关系变化，是秦汉以来王朝财政运转的一条主要线索。在顾炎武看来，汉代财政之良，在于财"犹在郡国，不至尽辇京师"，而宋代理财之失，在"一钱以上，皆归之朝廷，而簿领纤悉"。这个问题放在现代财政结构中看，似乎可简单地从中央财政与地方财政关系的角度去理解。但如果我们从王朝国家"普天之下，莫非王土"这样一种国家性质出发去讨论，唐代归融所言"天下一家，何非君土？中外之财，皆陛下府库"的观念，提醒我们王朝时期朝廷与州郡之间的财政关系，与现代国家中央政府和地方政府的财权划分概念有不同的性质。藏于州郡之财，甚至藏于民之财，都是君主的，因为所谓"民"本身也是君主之臣民，而地方政府也不过是朝廷的执役。但是，在王朝财政体系下，朝廷与州郡之间分掌财用的关系，仍然是财政问题的关键。要理解这一点，需要从王朝贡赋体制基本原理出发去思考。

　　我国古代的"财用"体制②，历代制度变迁不一，但基本原理，一直

---

①　顾炎武著，黄汝成集释《日知录集释（全校本）》，栾保群、吕宗力校点，上海古籍出版社，2014，第693~698页。

②　为了讨论方便，下面特指王朝财政时，用"财用"（或"财赋国用"，或"国计财用"）一词，而泛指一般的国家财政时用"财政"一词。

是以《周礼》中设计的架构为基础的。所以，我们讨论制度原理，也需从《周礼》入手。释读《周礼》经典文本，非我学力所能及，这里只借《周礼》设计的国计财用体制架构，谈我对古代王朝财政原理的一点理解。为免烦琐，我只从《周礼》关于古代财政体制架构最为要略的一段文字引出讨论，即《周礼·天官·冢宰下》所载：

> 司会，掌邦之六典、八法、八则之贰，以逆邦国、都鄙、官府之治。以九贡之法致邦国之财用，以九赋之法令田野之财用，以九功之法令民职之财用，以九式之法均节邦之财用，掌国之官府、郊野、县都之百物财用。凡在书、契、版、图者之贰，以逆群吏之治，而听其会计。

这段文字虽然不是关于这套制度的完整表述，但理解中国王朝时期财政体制的几个关键内容都提到了。这里提到的"九贡""九赋""九功""九式"，在"大宰"条下的表达是，"以九职任万民""以九赋敛财贿""以九式均节财用""以九贡致邦国之用"，其中"九功，谓九职也"。明人郝敬《周礼完解》言，此四节"皆生材制用之法"。[1] 而所谓财用，分为邦国、官府、都鄙等不同的层级。掌财用会计的司会的职掌，是在这个体制下执行的。

这个体制在原理上与现代财政之间有很多值得深究的重要区别，就这段话所涉及的内容而言，我想特别指出三点。

第一点，国计财用以"以九职任万民"为基础。郝敬云："国计民生，莫重于财。天官主水，为生物之源，财用属焉。职，业也；任，责成也。民有常业，然后财赋出，故先责任以职业。"[2] 就是说，王朝获取财赋国用的法理依据，是臣民基于对君主的从属身份而被赋予的责任，《汉

---

[1] 郝敬：《周礼完解》卷一，万历四十五年刊本，第 13 页。
[2] 郝敬：《周礼完解》卷一，万历四十五年刊本，第 13 页。

书·食货志》将这个原理表述为"圣王量能授事，四民陈力受职"。[1] 在这个基础上，国家财用资源的获取和调配，以"九赋、九贡、九功、九式"来实现。其中，财入分别为"赋""贡""功"几种形式，是获取财力资源的物质形态和输送方式，构成了不同财用来源的范畴。今日学界习惯将王朝财政收入分为赋与役，或实物、力役、货币的方式，并以现代财政概念去理解，可能会掩盖其中最具原理性的本质。在中国古代王朝体制下，君主取于民者为九赋，基于民之经营兴作所征敛收获之财贿；邦国供于上者为九贡，基于郡国对君主的臣属关系承担供应上用之物的义务；民为国家提供的服务为九功，基于臣民所从事职业而需承担的责任。[2]

第二点，在这个架构下，国用之财的获得和运用，不只是国家行政及公共事务所需与编户私人生计所系的资源如何分配的关系，同时也是各层级官府之间的财用分割和转手。因此，国家财用体制的运作很重要的一点，是处理宫廷及王朝各官署以及地方各衙署之间的财用分配与调控机制。在财政体制上，国与民之间的资源征集主要实现于地方官府层面，而朝廷与地方官府之间的财用输送，则是中央财政体制的主要机能。

第三点，基于以上原理，中央财政体制的运作，需要依赖一套行之有效的会计体制来进行核算和监督。会计在中国王朝国家的财政运作制度中占有重要位置。关于设计这套会计机制的基本用意，前引《周礼·天官·冢宰下》文后继曰："凡上之用，财用必考于司会，三岁则大计群吏之治，以知民之财器械之数，以知田野夫家六畜之数，以知山林川泽之数，以逆群吏之征令。"对于这一点，宋人叶时论《周礼》中关于掌财与会计之职的关系时，有颇为清楚的解释：

> 合掌财之官与会财之官考之，太府为财官，仅有下大夫二人；司

---

① 《汉书》，中华书局，1962，第1118页。

② "以九贡之法致邦国之财用，以九赋之法令田野之财用，以九功之法令民职之财用，以九式之法均节邦之财用。"见郑玄注《周礼》卷二，《四部丛刊》明翻宋岳氏相台本。

会为会官长，有中大夫二人，下大夫四人。掌财何其卑且寡，会财何其尊且多也。盖分职以受货贿之出入者，其事易；持法以校出入之虚实者，其事难。以会计之官，钩考掌财用财之吏，苟其权不足以相制，而为太府者，反得以势临之，则将听命之不暇，又安敢校其是非。不惟无以遏人主之纵欲，而且不足以防有司之奸欺也。

今也，以尊而临卑，以多而制寡，则纠察钩考之势，得以行于诸府之中。又况司会等职，皆职之于天官，而冢宰以九式节财，以岁终制用，司会又不以欺之也。掌之以下大夫之太府，计之以中大夫之司会，又临之以上卿之冢宰。如此，则财安得而不均，用安得而不节，国计安得而不裕哉？故曰成周理财之法，不在取财，而在出财，不在颁财，而在会计。观此，亦可见矣。①

由此可见，在这套财用管理体制中，会计制度及相关技术之重要，在于处理君主及朝廷各种机构与邦国县都之间财用出入的关系。了解了这个原理，我们不妨将视线移回申斌本书讨论的明代，看看这个原理在明代制度实践层面发生了何种演变。

朱元璋是在宋元以来形成的国家体制基础上建立明王朝的。如前引顾炎武所言，在国家财用体制上，宋朝改变了中唐以后地方官府享有较大财用支配权的规制，全国的财赋支用完全听命于朝廷三司使等。元朝在草原蒙古传统之下沿袭了两宋的体制，财赋高度集中于中央，路府州县支配权甚小，中央以严格的岁终上计和钩考理算对地方财用进行管制。② 明朝立国之初，继承了这个体制的基本架构，国计财用基本上掌握在中央。洪武二十六年（1393）制定的《诸司职掌》明确规定：

凡各处秋夏税粮，已有定额。每岁征收，必先预为会计，除对拨官军俸粮，并存留学粮廪给、孤老口粮，及常存军卫二年粮斛，以备

---

① 叶时：《礼经会元》卷二，清刻通志堂经解本，第 28 页。
② 参见李治安《元代政治制度研究》，人民出版社，2003，第 531~549 页。

支用外，余粮通行定夺立案具奏。①

凡所在有司仓廪储积粮斛，除存留彼处卫所三年官军俸粮外，务要会计周岁关支数目，分豁见在若干、不敷若干、余剩若干，每岁开报合干上司转达本部定夺施行。仍将次年实在粮米，及该收、该用之数，一体分豁旧管、新收、开除、实在开报。②

在这种体制下，户部通过会计制度管理国家财用。《明会典》载："天下粮草等项，国初命有司按季开报。后以季报太繁，令每岁会计存留、起运申报上司，转达户部，俱从户部定夺。"两税和仓储都在户部的严格管控下，"凡征收税粮，律有定限。其各司府州县，如有新增续认，一体入额科征"。③ 无论起运还是存留税粮，负责征收送纳的粮长都需要在"毕日赴各该仓库，将纳过数目于勘合内填写，用印钤盖。其粮长将填完勘合，具本亲赍进缴，仍赴部明白销注"。④ 这些中央政府控制下的财用核算机制，主要体现的是中央财政资源的控制模式。

中央政府直接支配了国家财政资源，地方官府除了官员的微薄俸禄、师生廪饩、赈济孤老等小额开支可以在存留税粮中开支外，几乎没有什么地方可支配的正额财源。我们在《大诰》四篇中，看到朱元璋发布多篇斥责地方官员非法科敛的诰文，一方面可以看到总有一些地方官员设法自筹地方经费，另一方面也可以看到这些做法在明初属于非法行为，被朱元璋严厉禁止，以重罪惩处。例如《大诰》中有这样一条：

陕西布政司、按察司官府州县官王廉、苏良等害民无厌，恬不为畏。造黄册，科敛于民；朝觐，科敛于民；买求六部宽免勘合限期，科敛于民；征收二税，促逼科敛于民；造上、中、下三等民册，科敛于民。其赃官赃吏，实犯在狱，招出民人官吏，指定姓名，各寄钞

---

① 《皇明制书·诸司职掌》，杨一凡点校，社会科学文献出版社，2013，第436页。

② 《皇明制书·诸司职掌》，第420~421页。

③ 《皇明制书·诸司职掌》，第419页。

④ 《大明会典》卷二九，广陵书社，2007，第557~558页。

银、毡衫、毡条、毡褥、毡袜、头匹等项，各照姓名坐追。其布政司
府州县闻此一至，且不与原指寄借姓名处追还，却乃一概遍府州县民
科要，平加十倍。如此害民，其心略不将陕西百姓于心上踌躇，民人
苦楚。且如西凉、庄浪等处，河州、临洮、岷州、洮州军人缺粮，着
令民人攒运。地将盈雪尺余，深沟陡涧，高山峻岭。庄农方息，劳倦
未苏，各备车辆，重载涉险。供给军储，中路车颓，牛死者有之，人
亡、粮被盗取者有之。若牛死车存，人在中途，进退两难，寒风凛
冽，将欲堕指裂肤。上畏法度，谨遵差期，虽死不易，苦不胜言。设
若到卫交纳，淋尖踢斛，加倍输纳，无敢妄言。如此艰辛，布政司府
州县官、按察司官果曾轸念于民？为此，法所难容，各科重罪。①

朱元璋在这里列举的罪状，其实很可能是地方官员在行政运作和地方
公共事务缺乏资源的处境下采取的应对措施。从后来各地都普遍各自为政
科敛，而朝廷也默许的事实来看，这是一种自然而然会发生的常态做法。
朱元璋斥责为非法科敛，固然可以看到这种敛财方式本来不属于朱元璋观
念上的体制内财政渠道，但同时也清楚地记录了在明初没有专门的地方财
用来源的制度性架构下，地方官员实际上是如何在法外获取财用资源的。

在王朝贡赋体制的原理上，这种财政资源其实也并非完全没有合法性
的理据，这种合法性就是基于王朝国家对编户齐民的支配关系，具体实现
方式是里甲制度的运作。对于明初里甲的责任范围，学者有不同的理解，
就朱元璋的立法用意来说，里甲的任务主要限于"催征钱粮，勾摄公
事"。这里的"催征钱粮"责任，是基于保障王朝国家财赋国用的经制收
入衍生出来的，这个负担是里甲编户提供正赋之外的服务和完成该项责任
的额外负担的合法性依据，后来向里甲派办的很多负担，都由这一责任衍
生出来。而所谓的"勾摄公事"，本来主要指拘传人犯，后来也由此衍生
出应付各级衙门派下的种种差使。这个格局注定了里甲体制顺理成章地成
为地方官府一种逻辑上可以无限扩充的财用资源。在此基础上，基于国家

---

① 《皇明制书·御制大诰》，第 50 页。

赋予里甲的这些责任，中央各部寺监所需的物料和地方各级衙门运作所需的各种开销，本来是中央或上级衙门向下派办的财用获取，也顺理成章地最终成为里甲编户身上的负担。于是，在中央统制的财政之外，生出越来越多本来不受中央支配的财源。但是，随着中央政府因财用匮乏，需向地方寻求新的财用资源，这些本来只是里甲编户对地方衙门承担的无限责任，也逐渐转变为中央可以管控调用的财政资源的新渠道。

虽然从朱元璋奠定的明朝政治伦理的理念上看，这些不断增加的负担都应该被视作非法或法外的苛派，但在儒家经典所表述的王朝贡赋体制的结构性原理上，其实是内在于其中的。前引《周礼》提到国家财用来源的渠道，在"九贡""九赋"之外，还有"九功"。《周礼·天官》贾公彦疏云："以其九职任万民，谓任之使有职事，故大宰云九职；大府敛货贿，据成功言之，故云九功；其本是一，故云九功，九职也。"① 所谓"九功"，是基于王朝国家抚育万民"使有职事"的原理，也即基于编户齐民在王朝国家体制下的身份义务。由职事而成之功，当无一定之规制，也无一定之定额，丘濬说明代的差役征派"不拘于一定之制，遇事而用，事已即休"，② 本质上就属于这种责任负担。如果说赋和贡有一定的常额，而基于"民职"之任的"功"则不由财用经制之货贿额度所限。

如果我们把这个财用结构生硬地套用来理解明代的财赋国用的构成，赋相当于以田赋为主体的各色赋税，贡相当于上供物料，功则为承担各级衙门委派的职事差役。明代里甲正役承担地方公费，性质上体现了这种由"九功"演绎出来的范畴。本来属于"九贡"范畴的上供物料，由于在明代本来是中央向地方官府派办的上供，原来官为支解，复给所输银于坊里长，责其营办。后来给不能一二，甚至无所给，实际上对于里甲编户来说，也演变成为属于"九功"性质的征派。明代中期以后，这种由差役负担衍生出来的无定制数额的征派，在王朝财用结构中占有越来越多的比

---

① 孙诒让：《周礼正义》卷一一，王文锦、陈玉霞点校，中华书局，1987，第445页。
② 丘濬：《大学衍义补》卷三一，《景印文渊阁四库全书》第712册，台北：商务印书馆，1986，第405页。

重，尤其是当王朝国家亟须解决财政困难的时候，这一部分资源顺理成章地成为王朝国家扩展财源的目标。根据前引叶时所论掌财与会计的关系，随着这种本来属于"九功"性质、编户对政府承担的职事衍变为定额化和可核算的国家财用收入后，把这类收入项目纳入国家财赋国用核算的会计体系，就成为在中央财政管理体制中建立新财政体制的重要一环。明代中期以后，先是各州县编修种种形式的赋役册籍，既而各省编纂《赋役全书》，再到明末户部要求各省上报《赋役全书》并进呈御览，到清代编纂《赋役全书》成为一种全国性的制度，是王朝国家财政体制这个演变过程的主要实现方式。

这样一种转变，在中国王朝国家体制变化的历史上具有深远的意义。秦汉以后历代王朝的中央集权国家体制，其实长期维持着《周礼》"九赋""九贡""九职""九功"的结构；国家运作的资源获取和分配的格局，一直都交织着中央与地方、实物或货币支付与服务提供、可核算收支与不可核算派办的区分、转换和消长关系。其中进入一般财政史视野的，主要是纳入国家会计体制的中央财政收入，这部分可核算的收入，需要由基于王朝对编户齐民的控制而发生的服务来获取；与此同时，郡国以及州县政府运作的财用资源，也主要由来自编户齐民以差役方式承担的职事责任来维持。这些属于"九职"（"九功"）范畴的资源，并不进入国家财政核算体系内，但一直是贡赋体制的重要组成部分。

明代以后，州县乃至省府衙门面对编户大量逃亡的现实，需要通过改革赋役征派方式实现均平目标，逐渐趋向于以货币核算和支付方式实现义务的解除，其实现方式是编制赋役册籍，并与王朝国家的经制收入挂钩摊派，从而在实际上改变了经制收入的结构。这个转变，通过自下而上的赋役册编造来纳入核算机制，令大量本来不可计算的财政资源得以纳入国家财政的会计系统，完成了财政结构的转型。国家财赋国用，逐渐统一为以赋税形式获取的经制收入。

清代以后，虽然地方行政运作和公共事务的资源获取，并没有真正取消差役方式，但以户籍制度为基础的差役，不再成为国家财政体系内的收入来源，而是逐渐与国家财政的经制收入脱钩。地方政府的运作资源，则在结构上纳入国家财政范畴。这个转型得以实现的途径和表现方式，就是明末到清初国家财政管理会计体制发生的根本性改变。

因此，申斌的这个研究从国家财政管理的技术入手，揭示的是国家财赋国用运作体制的转型，进而呈现出明清国家结构转变的根本性特征。梁方仲先生早年在《一条鞭法》一文中，已经涉及"一条鞭法"下会计方法与册籍设立和国家转型的问题。学习梁方仲先生的著作时，我在直觉上意识到这个题目具有重要价值，但一直都没有着手做成专门的研究。现在有机会为一部在这个课题下做了很出色研究的著作写序，自然只能杂乱地谈一些想法。不自量力，妄言胡说，说多必定错多，还是就此打住，让读者去仔细读书吧！

超越"王在法上"与"王在法下":
论马克垚的政治史书写[*]

王　栋^{**}

摘　要　马克垚先生初以法律史入经济社会史研究,继而从经济社会史研究延伸到政治史研究,最终在比较史学的视域下重新书写了前现代世界政治史。在此过程中,他首先挖掘了中国历史"王在法下"的观念和细节,继而提出了"王在法下"抑或"王在法上"的学理论争,并最终化污名化的"专制"概念为分析性概念,重新书写了前现代世界政治史,为构建中国学术主体性和话语权做了大胆、坚实且极具可重复性的学术探索。

关键词　马克垚　王在法下　王在法上　专制　政治史

马克垚先生是我国著名历史学者,近十年来出版了一系列重要著作。① 概而论之,《封建经济政治概论》是《西欧封建经济形态研究》《英国封建社会研究》的理论升华,全面总结了对封建社会的认识;《困

---

* 本文系深圳大学教学改革研究项目"文化史视域下的中国法制史教学研究"(编号:JG2022064)阶段性成果。

** 王栋,深圳大学法学院助理教授。

① 马克垚:《封建经济政治概论》,人民出版社,2010;《困学苦思集:马克垚自选集》,首都师范大学出版社,2016;《古代专制制度考察》,北京大学出版社,2017;《学史余瀋》,商务印书馆,2020。

学苦思集》勾勒了作者三十多年来的研究脉络，集中呈现了他对"西欧封建社会""古代社会比较""世界史体系"的探索；《古代专制制度考察》则比较了古代罗马、西欧、俄国以及中国的专制政体，力图摆脱东方主义的遮蔽，更为历史地展现古代专制制度。

这些著作甫一出版就引起了学界广泛关注，① 学界对这些著作的讨论呈现出两种路径。一种是对新出著作进行细致评述，如孟广林、彭小瑜、李隆国对《封建经济政治概论》的讨论展现了比较视野下的封建社会，② 李增洪和孟广林对《古代专制制度考察》的论述呈现了专制主义的复杂历史图景。③ 另一种是对某一研究领域的专论，如顾銮斋以《困学苦思集》为基础，梳理了马克垚封建经济史研究的视野、问题、方法、识见以及理论。④ 毫无疑问，这些讨论延续了学界对马克垚中世纪史研究、比较研究和世界史研究的关注，⑤ 但是对马克垚政治史研究的分析犹待深入。本文拟对马克垚的政治史书写做一梳理，以提请学界注意马克垚对王权与法律关系问题的探索。

---

① 2012 年 6 月的"封建主义研究学术讨论会"讨论了《封建经济政治概论》一书。2017 年 10 月的"北大文研读书"第二期讨论了《古代专制制度考察》一书。

② 孟广林：《历史比较研究的一份样本——评马克垚的〈封建经济政治概论〉》，《光明日报》2011 年 2 月 17 日，第 11 版；彭小瑜：《封建政治经济学与封建主义批判——读马克垚先生〈封建经济政治概论〉》，《中华读书报》2011 年 3 月 9 日，第 10 版；李隆国：《什么是封建社会——读马克垚〈封建经济政治概论〉》，《史学理论研究》2011 年第 4 期。其他讨论成果，包括北京大学历史学系世界古代史教研室主编《多元视角下的封建主义》，社会科学文献出版社，2013；李玉《封建社会研究：比较和批判》，《史学集刊》2012 年第 7 期。

③ 李增洪：《历史叙述中的话语权——读马克垚先生〈古代专制制度考察〉》，《经济社会史评论》2017 年第 4 期；孟广林：《政治史研究的新贡献——读〈古代专制制度考察〉》，《史学理论研究》2019 年第 1 期。

④ 顾銮斋：《马克垚封建经济史研究的理论高度》，《光明日报》2017 年 12 月 25 日；《马克垚的封建经济史研究》，《清华大学学报》（哲学社会科学版）2019 年第 1 期。

⑤ 孟广林：《马克垚教授与我国的西欧中古研究》，《世界历史》1997 年第 1 期；易宁：《马克垚先生访谈录》，《史学史研究》2000 年第 2 期；邹兆辰：《历史比较与西欧封建社会研究——访马克垚教授》，《首都师范大学学报》（社会科学版）2005 年第 5 期；孟广林：《前资本主义社会历史规律的求索——马克垚先生与历史比较研究》，《史学月刊》2006 年第 9 期；马克垚、邹兆辰：《我对世界通史体系的思考——访马克垚教授》，《历史教学问题》2008 年第 2 期。

一　封建社会史研究：区分法律形式和经济事实

马克垚先生对政治史的关注是渐次展开的。他最初聚焦于封建经济社会研究，注重区分法律形式和经济事实，形成了宽广的学术视域、鲜明的问题意识和成熟的研究方法。他于 1952 年入读北京大学历史系，是院系调整后的首批大学生之一。他接受了苏联模式的教育，全面学习中国通史和世界通史课程，同时深受张政烺和汪篯等先生中国史教学的启发。① 1957 年，他被分配到北京大学历史系世界古代史教研室，并随系主任齐思和先生治世界中古史。② 之后，他参与了齐思和先生主持的《世界通史》上古部分的编写，对社会形态史的学术史有了整体了解。③ 同时，他也受到其他学者的启发，④ 如阅读了吴于廑先生的《从中世纪前期西欧的法律和君权说到日耳曼马克公社的残存》一文，⑤ 注意到麦基文论述的蛮族王国法大于王的观点，并意识到法学对历史研究的意义。⑥

20 世纪五六十年代，中国史学界集中关注土地所有制、资本主义萌芽以及社会分期问题。马克垚注意到中国史学界对西欧史并不熟悉，"对马克思、恩格斯根据西欧史做出的论断和结论，不能真正理解"。⑦ 他继

---

① 马克垚：《追忆汪篯先生》，《学史余渖》，第 67~70 页；《在文研院召开的张政烺先生纪念会上的发言》，《学史余渖》，第 71~76 页。

② 马克垚：《忆齐思和先生》，《北大史学》第 13 辑，北京大学出版社，2008，第 505~510 页。不过困于时事，齐思和先生主要教授马克垚中国史，特别是乾嘉之学。

③ 马克垚：《我和封建社会史研究》，张世林编《学林春秋三编》，朝华出版社，1999，第 126 页。

④ 如曾向芮沐先生请教法律史。马克垚：《吴于廑先生学术思想点滴回忆》，《学史余渖》，第 57~61 页。

⑤ 吴于廑：《从中世纪前期西欧的法律和君权说到日耳曼马克公社的残存》，《历史研究》1957 年第 6 期。

⑥ 马克垚：《努力建立世界史学科的新体系》，《武汉大学学报》（人文科学版）1993 年第 5 期。

⑦ 《困学苦思集：马克垚自选集》，第 1 页。

而受侯外庐先生《关于封建主义生产关系的一些普遍原理》一文的启发，关注土地制度的法律形式，并试图区分土地制度的经济事实和法律形式。① 他广泛钻研西方法律史，并吸收苏联学者维尼狄克托夫《社会主义国有制》一书的观点，作了《关于封建土地所有制形式讨论中的几个问题》一文，于 1964 年发表。② 该文从法学概念入手，区分了土地所有制、所有权以及所有与占有的概念，并分析了西欧封建社会的土地所有制和土地所有权。马克垚强调西欧社会并非没有土地私有权，提出"不能说封建社会下缺乏土地私有权的法律观念，因而存在着土地国有制"，"不能把个人所有权受到的任何国家干预都认为是国家所有权的表现"。③ 该文文风平实、理论扎实、分析缜密，问题意识和跨学科方法都已初现端倪。马克垚注意到法律在西欧封建社会研究中的重要地位，通过学术史梳理和概念分析重构封建社会的多样事实。封建社会是一个整体，应当综合政治、经济、法律和社会等多角度研究，这也要求研究者具备法学、经济学和政治学等多学科知识。同时，作者对中国史的一些问题进行了初步思考：其一，按照马克思主义观点，西欧封建社会并非没有土地私有权，中国封建社会土地所有权的法律观念需要总结；其二，不能以"溥天之下，莫非王土"此类句子论证国家土地所有制，如"索尔兹伯里宣誓"中英国国王也是国家土地名义上的所有者；其三，中国封建王权强大，常常干预地权，但只有证明王权形成了对全国的土地所有权，才能讨论国家土地所有制问题。④

"文革"期间大学教育和科研基本陷于停滞，研究者在艰苦条件下坚持学术研究。1972 年，马克垚以参编《简明世界史》为契机，重新关注西欧封建经济和亚细亚生产方式，注意到六七十年代对亚细亚生产方式的

① 侯外庐：《关于封建主义生产关系的一些普遍原理》，《新建设》1959 年第 4 期。
② 马克垚：《我和封建社会史研究》，张世林编《学林春秋三编》，第 128 页。
③ 马克垚：《关于封建土地所有制形式讨论中的几个问题》，《历史研究》1964 年第 2 期，第 193~194 页。本文在《困学苦思集：马克垚自选集》中误题为"关于封建土地所有制形式讨论中的一些问题"。
④ 马克垚：《关于封建土地所有制形式讨论中的几个问题》，《历史研究》1964 年第 2 期。

讨论已经大大不同于二三十年代，以西欧历史为根据的史学理论模式受到多方面的质疑和批判，马克思、恩格斯根据西欧历史所做出的论断有些不一定正确，这些都需要学术反思。此，马克垚 1973 年写作了《关于亚细亚生产方式讨论简介》一文，发表于 1977 年。在该文中，作者承认马克思的伟大和博学，但也指出马克思并未系统研究亚细亚生产方式，仍处于不断探索阶段，同时指出亚细亚生产方式处于何种社会阶段并非马克思的议题。①

改革开放以后，一批学术前辈爆发出惊人的学术生命力，一方面重新认识唯物史观，另一方面"将唯物史观的基本原理化作用以观察、考量与分析具体历史现象的方法"。② 马克垚的《学习马克思恩格斯论东方古代社会的几点体会》发表于 1978 年，批判所谓的亚细亚生产方式是对马克思、恩格斯的曲解，本质是维护"西欧中心论"。他进一步强调学者应当在马克思主义的指导下，深研亚、非、拉等地区的古代史，反思西欧历史的概念。③ 该文不仅开启了马克垚社会制度—经济制度—政治制度的研究路径，更极大地解放了他的思想。④ 他开始深入反思马、恩原理，成为少有的全面怀疑亚细亚生产方式论的历史研究者。1981 年，他写作了《罗马和汉代的奴隶制比较研究》一文，指出一方面作为典型奴隶制的罗马奴隶制有不"典型"之处，另一方面汉代和罗马的奴隶制非常相似。⑤作者写作此文，意图改变学界讨论亚细亚生产方式的路径，但并未被研究者效仿。

80 年代初期，史学界一方面更为学理化地理解唯物史观，另一方面在唯物史观指导下分析具体的历史现象，并出现了生产率和剥削率问题论争。⑥ 吴

---

① 马克垚：《我和封建社会史研究》，张世林编《学林春秋三编》，第 130 页。
② 孟广林：《对我国世界中世纪史研究的历史回顾与存在问题的探讨》，《河南大学学报》（社会科学版）1999 年第 6 期，第 20~21 页。
③ 马克垚：《学习马克思恩格斯论东方古代社会的几点体会》，《北京大学学报》（哲学社会科学版）1978 年第 2 期。
④ 《困学苦思集：马克垚自选集》，第 3 页。
⑤ 马克垚：《罗马和汉代的奴隶制比较研究》，《历史研究》1981 年第 3 期。
⑥ 孟广林：《对我国世界中世纪史研究的历史回顾与存在问题的探讨》，《河南大学学报》（社会科学版）1999 年第 6 期。

于麈先生指出了马克思对农民生产力的关注,① 庞卓恒先生强调农民的生产力,② 马克垚先生则强调农民受到的严酷剥削。③ 在上述学术论潮中,马克垚先生选择潜心学问,对西欧封建经济进行了整体研究。他的专著《西欧封建经济形态研究》出版于 1985 年,进一步反思西方学者以法律概念分析历史的研究理路,考辨法律形式和经济事实之间的联系与区分,对封臣制、封土制、庄园、农奴、农村公社以及城市的概念进行了整体梳理,全面展现了历史事实的多样性。该书破除了中国学界对苏联学界部分观点的迷信,如提出庄园并非西欧封建社会典型的农业经济组织形式,并提出农奴情况非常复杂,只是一种而非主要的农村劳动力。不过该书也有一些不足,如相较于对农业经济的谙熟,对封建社会的工商业经济（或商品经济）解释不足。总体上,该书立场鲜明,史料丰富,结构清晰,体现了马克垚先生探索前资本主义社会共同特征、建立前资本主义诸形态政治经济学的学术雄心。④ 同时,马克垚先生的研究方法在《西欧封建经济形态研究》一书的写作中已运用得较为成熟,此后又运用于《中英宪法史上的一个共同问题》一文的写作中,即一方面依据更为丰富的史料和研究成果反思西欧学界已有的概念,另一方面以中国作为参照进行比较研究。⑤

二 "王在法下"抑或"王在法上"：封建社会研究中的政治史难题

尽管马克垚先生关注法学方法、法制史以及相关学术史,梳理了从法学定义入手对封土制、封臣制、庄园、农奴、公社以及城市等概念的抽象

---

① 参见庞卓恒《开拓世界史新视野的第一创举——吴于麈教授对世界史学科建设的贡献》,《武汉大学学报》（社会科学版）1993 年第 4 期。

② 庞卓恒:《西欧封建社会延续时间较短的根本原因》,《历史研究》1983 年第 1 期;《应对封建社会农民状况多做具体估算》,《历史研究》1983 年第 4 期。

③ 马克垚:《关于中世纪英国农民生活状况的估算》,《历史研究》1983 年第 4 期。

④ 马克垚:《西欧封建经济形态研究》,人民出版社,1985,第 1~3 页。

⑤ 马克垚:《我和封建社会史研究》,张世林编《学林春秋三编》,第 131~132 页。

与定义，① 但他在《西欧封建经济形态研究》中并未直接研究政治史。

1986 年，《中英宪法史上的一个共同问题》一文发表，针对学界认为西欧封建王权是"王在法下"以及中国古代"君权高于法律"的观点，马克垚进行了一系列反思。首先，针对英国封建王权，马克垚承认中古英国存在持续的"王在法下"传统，但进一步提出在威廉一世治下，"王在法下的观念仍然存在，可是法律对王的限制也只是一种习惯，国王经常可以逾越它。王受不受法律的限制，实际上是个力量对比问题"。② 其次，针对古代中国的王权，马克垚承认君权素来强大，法律的地位不高。但他同时强调，"王在法下是原始社会民主平等的曲折反映"，礼"是原始社会人们的行为规范"，古代中国有帝王应当遵守礼的观念。礼、法分立之后，封建社会前期也有皇帝应当服从法律的观念和事实。不过马克垚并未将其升华为理论，只是总结为"中英两国古代宪法史上都存在着王在法下的情况"。③

总体上，该文一方面在学术理路上内在地承继了生产率和剥削率论争，关注法律能否限制国王与贵族；④ 另一方面，初步凝练了作者对法律史和政治史的思考，预示了作者政治史研究的理论立场、问题意识、研究方法、理论观点乃至旨趣偏好。即作者以唯物史观为指导，在比较视野下厘清了中西王权与法律的复杂关系，进而探索封建时期的基本规律，并在此过程中确立了中国历史的主体性。

不过，这一时期政治史研究只是马克垚封建社会研究的一部分。他敏锐意识到《西欧封建经济形态研究》一书范围太广，部分研究未能深入。1992 年，其专著《英国封建社会研究》正式出版。他一方面强调该书是《西欧封建经济形态研究》的补充，另一方面也强调两书的不同，即该书

---

① 顾銮斋：《马克垚的封建经济史研究》，《清华大学学报》（哲学社会科学版）2019 年第 1 期，第 20 页。

② 马克垚：《中英宪法史上的一个共同问题》，《历史研究》1986 年第 4 期，第 173 页。

③ 马克垚：《中英宪法史上的一个共同问题》，《历史研究》1986 年第 4 期，第 176、182 页。

④ 王栋：《"王在法下"抑或"王在法上"：中西学术视阈下的王权与法律关系研究》，《史学理论研究》2018 年第 3 期。

关注封建社会的政治和法律以及两者与经济的关系。他认为《英国封建社会研究》有三大突破，在政治史领域提出了"英国的王权在中世纪时并不软弱。当时全国的行政、财政、司法机关均相当发达"的观点。①

可以看到，随着具体研究的深入，马克垚的学术观点有所改变。《中英宪法史上的一个共同问题》关注的是中英"王在法下"传统，《英国封建社会研究》关注的则是英国封建王权的强大。首先，他强调封建原则是前现代国家都有的离心倾向，认为西方史家夸大了西欧封建国家的特殊性。事实上，王权在拓展中，封建离心倾向不断被克服，王权日益强化，国家形态渐趋完备。其次，他强调议会是国王的下属政府机构，议会的主要功能是服务国王，并没有之后的权力制衡观点。他由是转而强调英国的"王在法上"："总起来可以说，法律高于国王在中世纪的英国只是一种远古遗迹的残留，法律对王的限制也只是一种习惯，国王经常可以逾越它。王受不受法律的限制，经常是一个力量对比问题。"②

遗憾的是，马克垚并未继续深入研究"王在法上"和"王在法下"并存的悖论，他只是将西欧封建社会研究视作世界性封建主义理论研究的一部分。他痛感"世界历史上的理论、方法，基本上是西方的；世界历史的舞台也是西方为主的，其他地方的历史只不过是镶在欧洲历史周围的花边而已"，致力于写作"一本真正的世界性的封建主义的理论著作"。③为了完成这一目标，需要研究封建社会诸文明的结构和规律，因此马克垚更为系统地进行了中西比较。1991 年，《中国和西欧封建制度比较研究》一文发表，④ 马克垚在文中比较了中西封建社会的农业生产力、农民身份、地主以及城市，强调中西封建制度本质上没有大跨度差异。⑤ 1992年，他主持国家社会科学"八五"重点规划项目"中西封建社会比较研

---

① 马克垚：《英国封建社会研究》，北京大学出版社，1992，序言第 1~3 页。
② 马克垚：《英国封建社会研究》，第 85 页。
③ 马克垚：《我和封建社会史研究》，张世林编《学林春秋三编》，第 133 页。
④ 该文是他在 1990 年第 17 届国际历史科学大会上的报告。
⑤ 马克垚：《中国和西欧封建制度比较研究》，《北京大学学报》（哲学社会科学版）1991 年第 2 期，第 13 页。

究"，综合比较了中西农业、城市、封建政权以及社会四个方面情况。
1993 年，《从比较中探索封建社会的运动规律》一文发表，马克垚在文中
比较了封建时代中国和西欧的农业生产、农民经济、地主经济以及城市等
诸方面情况。① 1997 年《中西封建社会比较研究》一书出版，整体上他
认为中西社会的本质结构相同，但也保留了相反观点的文章。②

　　值得注意的是，尽管 1985 年以后马克垚没有专攻政治史研究，但他
提出的王权与法律关系问题却为学界继承和发展。当代中国的中古英国史
研究者基于不同的研究理念与分析视角，描绘了王权与法律关系的两幅政
治图景。一是自下而上，以习惯法为脉络，勾勒出浸润国家的契约政治和
法治精神，描绘了一幅"王在法下"的光辉画卷；二是自上而下，以国
王的公共性为根基，发掘封建向心力与国家机构建构，展现了另一幅
"王在法上"的冷峻图景。③ 对于上述图景，马克垚保持了一贯的审慎。
他 2002 年组织了一期笔谈，一方面在封建社会研究中具体讨论王权问题，
指出中西传统上都有"王在法上"思想，君权受不受法律限制是由双方
力量对比决定的；另一方面，在理论概括上实事求是，坦言"君权受不
受法律限制，是一个不易说清的问题"。④

　　相较于解决"王在法上"抑或"王在法下"论争，马克垚的首要
目标还是探索前资本主义社会的特征。2010 年他所著《封建经济政治
概论》一书出版，该书总结了封建经济、封建政治的基本理论。孟广林
评价道：

---

① 马克垚：《从比较中探索封建社会的运动规律》，《北大史学》1993 年第 1 期。
② 马克垚主编《中西封建社会比较研究》，学林出版社，1997，序言第 1~4 页。
③ 孟广林：《中世纪西欧的"法大于王"与"王在法下"之辨析》，《河南大学学报》
（社会科学版）2002 年第 3 期；侯建新：《原始个人权利与西欧封建政治制度》，
《河南大学学报》（社会科学版）2002 年第 3 期；蔺志强：《13 世纪英国的国王观
念》，《世界历史》2002 年第 2 期；陈刚：《论英格兰"王在法下"法治理念的生
成》，《比较法研究》2015 年第 5 期；孟广林：《"王在法下"的浪漫想象：中世纪
英国"法治传统"再认识》，《中国社会科学》2014 年第 4 期；王栋：《"王在法
下"抑或"王在法上"：中西学术视阈下的王权与法律关系研究》，《史学理论研
究》2018 年第 3 期。
④ 马克垚：《政治史杂谈》，《河南大学学报》（社会科学版）2002 年第 3 期，第 2 页。

作者在比较研究中，在对相关学术概念、模式之流变与"层累"进行系统梳理的基础上，依据大量史实来"复原"诸多的相关历史现象，并将理论的、制度的"应然"历史和实际发生的"已然"历史区分开来，进而以自身的学术话语，于两者的差异性中诠释其共同性，力图揭示封建经济、政治的历史规律。[①]

《封建经济政治概论》对封建经济的概括准确、清晰、凝练，[②] 也初步解决了长期以来一直存在的一些法律史难题。不过，《封建经济政治概论》对封建王权和法律的关系更多是梳理和反思，并未形成终局性理论。第十章"国王与法律的关系问题"是《中英宪法史上的一个共同问题》的修订版，阐述了中西方共有的"王在法下"传统和"王在法上"现象。第十二章、第十三章分别讨论了封建西欧的王权和中国的封建王权。其中，第十二章是《英国封建社会研究》政治史研究（第五、六、七、十五章）的补充、提炼与升华，一方面以"神命王权"和"专制主义的发展"关联"封建王权"，另一方面进一步强调西欧封建王权"不断强化的现实和理论上'法大于王'的习惯"，使政治理论家、法学家在论述国王和法律关系时模棱两可甚至自相矛盾。第十一章"西欧中古的王权契约论"则是作者的全新论述，强调"封建主义的这些原则只是在纸面上存在的，实际的情况和这些原则相去甚远，那里几乎完全被实际利益的考虑统治着"，封建契约关系实质是不平等的依附关系，契约的结果取决于双

①　孟广林：《历史比较研究的一份样本——评马克垚的〈封建经济政治概论〉》，《光明日报》2011年2月17日，第11版。

②　评论者也主要关注该书封建经济和封建社会的研究成果，对封建政治研究的讨论处于次要位置。如孟广林《历史比较研究的一份样本——评马克垚的〈封建经济政治概论〉》，《光明日报》2011年2月17日，第11版；李隆国《什么是封建社会——读马克垚〈封建经济政治概论〉》，《史学理论研究》2011年第4期；顾銮斋《马克垚封建经济史研究的理论高度》，《光明日报》2017年12月25日；顾銮斋《马克垚的封建经济史研究》，《清华大学学报》（哲学社会科学版）2019年第1期；彭小瑜《封建政治经济学与封建主义批判——读马克垚先生〈封建经济政治概论〉》，《中华读书报》2011年3月9日，第10版。

方的力量对比，王权契约论只是西方政治理论的一种虚构。①

总体上，马克垚此时未能真正解决"王在法下"和"王在法上"的争论。相较于《中英宪法史上的一个共同问题》关注中英"王在法下"的思想传统，《英国封建社会研究》强调英国"王在法上"的历史事实，他在《封建经济政治概论》中将两者并立，认为中西封建王权都有"王权有限"和"王权无限"的矛盾。古代西欧和中国的统治形式主要是君主制，君主制是一人统治的政权，意味着君主负责一切；但是君主权力也受到法律、习俗、官僚机构、贵族以及民众的限制，是有限的。

但马克垚先生并非全无创获。首先，他再次批判了东方专制主义。针对孟德斯鸠所称的东方国家没有法律，他强调"不存在帝王为所欲为、以人民为奴隶的专制主义"，事实上无法区分东方专制主义和西方专制主义，东方专制主义的观点不能成立。② 其次，他开始更为开放地思考专制问题：

> 从制度上来讲，专制政权存在着有限与无限的两分。一方面，它是无限的，是不受任何限制的，君主可以为所欲为；但另一方面，它又是受到各种限制的。反映到关于专制主义的理论，也存在着有限与无限的争论。③

最后他提出，区分"个人独裁的专制主义"与"专制主义政体"仍是历史学的重要课题。

三 以专制理解王权：前现代世界政治史的重新书写

历史事实可以挑战并修正理论，却不能直接成为理论。细节已足够丰

---

① 马克垚：《封建经济政治概论》，第 242~271 页。
② 马克垚：《封建经济政治概论》，第 1~4、283~284 页。
③ 马克垚：《封建经济政治概论》，第 303 页。

富，史实也多元呈现，图景更是足够立体，理论凝练如何产生？谜底就在谜面里。马克垚的思考始于东方专制主义论，答案也回落到"专制"问题上。20 世纪下半叶，中国学界掀起三场对东方专制主义论的讨论热潮。五六十年代，史学界讨论了封建土地所有制问题；七八十年代，经济学界讨论了东方专制主义论的政治经济学；① 90 年代，以魏特夫《东方专制主义》讨论为契机，学界对东方专制主义论进行了广泛批评，马克垚也参与其中。② 1997 年，马克垚在《中西封建社会比较研究》中继续简要反思了专制主义，但主要还是进行整体比较研究。③ 2002 年，他继续在比较政治史中反思专制主义。④ 但时至今日，中国学界仍认同古代中国实行"君主专制"，⑤ 并形成了颇具影响的"王权主义学派"。⑥

在专制主义讨论中，马克垚首先关注的是所有制问题。马克思曾经讲过，在亚洲，"国家就是最高的地主"。⑦ 早在 60 年代，马克垚就《关于封建土地所有制形式讨论中的几个问题》一文中关注了土地国有问题，但当时未能讲清封建土地制度和土地国有制等问题。⑧ 80 年代，他在《西欧封建经济形态研究》中讨论了英、法的土地国有问题，认为所谓东方的土地国有观念只是一种法律虚构而已。⑨ 90 年代初，他在《英国封建社会研究》中继续讨论"土地国有（王有）问题"，认为中西方都有土地国

---

① 马克垚：《关于生产资料所有制问题——评魏特夫的〈东方专制主义〉》，《史学理论研究》1993 年第 2 期，第 5 页。

② 周自强：《从古代中国看〈东方专制主义〉的谬误》，《史学理论研究》1993 年第 4 期；林甘泉：《怎样看待魏特夫的〈东方专制主义〉?》，《史学理论研究》1995 年第 1 期；葛剑雄：《论秦汉统一的地理基础——兼评魏特夫的〈东方专制主义〉》，《中国史研究》1994 年第 2 期。

③ 马克垚主编《中西封建社会比较研究》，第 1~4 页。

④ 马克垚：《政治史杂谈》，第 2 页。

⑤ 黄敏兰：《质疑"中国古代专制说"依据何在：与侯旭东先生商榷》，《近代史研究》2009 年第 6 期。

⑥ 李振宏：《中国政治思想史研究中的王权主义学派》，《文史哲》2013 年第 4 期。

⑦ 《马克思恩格斯全集》第 25 卷，人民出版社，1974，第 891 页。

⑧ 马克垚：《我和封建社会史研究》，张世林编《学林春秋三编》，第 128 页。

⑨ 马克垚：《西欧封建经济形态研究》，第 122~132 页。"法律虚构"，法学界惯称"法律拟制"。

有制，"中古时代统治权与所有权是混淆在一起的，当时的财产都带有政治的或社会的附属物，而未采取纯经济的形态"。① 1993 年，马克垚在批判魏特夫《东方专制主义》时进一步说明：

> 古代社会的土地国有制不是一种所有制形式……相应的它也不是一种财产权利……它只是附着在土地财产上的政治附属物……并不是古代东方各国的专利品。②

最后，他在《封建经济政治概论》中进一步总结道：

> 中古时代的各国存在的土地国有制不是一种财产权利，只是一种附着在土地上的政治附属物。它往往表现为国王（国家）对境内土地有一定的控制权和收益权，但这并不能排除私人的土地财产权利。③

不过，土地所有制问题只是东方专制主义论的一个方面。马克垚在《古代专制制度考察》中全面批判了东方专制主义论，石破天惊地提出古代东西方世界都出现了有限的专制制度的观点，并尝试重新书写前现代世界政治史。

首先，马克垚梳理了东方主义的知识系谱，考证了东方专制主义论在不同时期的产生。马克垚受萨义德《东方学》的启发，认识到西方话语、理论和思维模式有合理性，但是许多仅从西方事实出发，并不具备普遍性。东方主义中的"东方"最初意指阿拉伯世界，许多关键材料指的是阿拉伯世界。中国作为远东的国家之一，在 18 世纪还被认为是文明昌盛的代表，到了 19 世纪才逐渐成为东方主义中的"东方"。东方主要不是

---

① 马克垚：《英国封建社会研究》，第 59~62 页。
② 马克垚：《关于生产资料所有制问题——评魏特夫的〈东方专制主义〉》，《史学理论研究》1993 年第 2 期，第 18 页。
③ 马克垚：《封建经济政治概论》，第 291~292 页。

地理概念，而是一种文明的观念。东方主义认为，相较于西方的文明进步，东方是野蛮落后的。相较于东方主义，汉学主义则是东方的主动参与，实质也是以西方为中心的知识系统。① 马克垚进而以胡适、陈序经和陈乐民为例，讲述了中国人对西方的自我认同的学习。②

其次，马克垚依据非西方的历史全面批判了东方专制主义论的内容。魏特夫《东方专制主义》一书认为东方专制主义包括土地国有、农村公社以及普遍奴隶制三个特征：其一，东方国家实行的是土地国有制，没有个人私有财产；其二，东方国家没有自治城市，大量农民生活在农村公社，社会无法自行发展，陷入停滞；其三，君主拥有绝对权力，不受任何限制，官僚和臣民缺乏个人自由。③ 在此问题上，尽管魏特夫关于"水利社会"的观点已经不具解释力，但是迈克尔·曼仍认为东方主义论准确概括了中国古代社会的特征。④

针对土地国有制，马克垚在总结土地国有制特征的基础上，进一步指明私有财产权利之强弱不能用于区分东西方专制主义。对于城邦，马克垚将其定义为一个以城市为中心的政治、经济和社会共同体，由全权居民组成，全权居民拥有相当的政治权力。西周、殷商时期的许多邦国符合该定义，可以称作城邦。城邦大多经历了血缘关系的由浓转淡，并逐渐转向以地缘关系为结构的国家体制，春秋时期的中国和雅典都形成了较为发达的国家体制。马克垚还引申了日知先生的观点，认为世界范围内存在着城邦制向帝国专制体制发展的普遍趋势。⑤

最后，在王权问题上，马克垚创造性地将"专制"这一批判性概念转化为分析性概念，并用于分析前现代世界政治制度。东方主义论认为东方自古是专制的，专制即拥有无限权力和独断专行；西方则是民主的。尽

---

① 周宪：《在知识与政治之间》，《读书》2014年第2期。

② 《困学苦思集：马克垚自选集》，第1~16页。

③ Karl A. Wittfogel, *Oriental Despotism: A Comparative Study of Total Power*, New Haven and London: Yale University Press, 1957.

④ 迈克尔·曼：《社会权力的来源》第1卷《从开端到1760年的权力史》，刘北成、李少军译，上海人民出版社，2007，第120页。

⑤ 马克垚：《古代专制制度考察》，第8~9、18~38页。

管当代学者承认西方也有专制，但同时强调其不同于东方的专制
（despotism），西方的 "专制" 是绝对主义（absolutism）或者开明专制
（enlightened despotism/absolutism）。① 马克垚认为，专制主义是一种政体
（政治组织形式、国家体制），中国古代存在有限的专制制度，他还运用
"专制" 一词分析之前被认为 "非专制" 的西方。

马克垚在《古代专制制度考察》一书中综合考察了前现代时期的专制制
度，在范围上包括了古罗马、西欧（以英国和法国为主）、俄国以及中国。其
中古罗马是掠夺专制主义，西欧是封建专制主义，俄国是贵族专制主义，中国
则是精致的专制主义。专制制度有五个特征：一是君主享有最高权力，二是形
成独立于宫廷的官僚机器，三是建立由君主指挥的军队，四是形成有效的财政
体系，五是对民众进行直接管理。② 专制制度依靠军队、官僚和税收，军队用
以镇压反对者和统治人民，官僚机构在和平时期负责治理，税收用于供养军队
与官僚。东西方的政治制度都经历了民主和专制的形式。③ 各国专制主义适应
了各自的社会历史情况，难以比较优劣。总体上，古代专制一方面带来了秩序
稳定和经济发展，另一方面对人民进行了剥削和压迫。

在此过程中，马克垚超越了 "王在法上" 和 "王在法下" 的论争。
首先，他强调，古代国家的君主可以制定法律，且法律的重要性不如今
日。其次，在国王是否遵守法律问题上，他认为：

> 专制主义不是无限王权，而是有限王权，虽然它在各个国家受到
> 的限制不同，但大致上都受到法律的限制、习俗的限制、官僚机构的
> 限制、各种社会力量的限制，特别是人民反抗力量的限制。④

① Perry Anderson, *Lineages of the Absolute State*, London：N. L. B.，1974；H. M. Scott,
Enlightened Absolutism：*Reform and Reformers in Later Eighteenth-century Europe*，London：
Macmillan，1990；常保国：《西方文化语境中的专制主义、绝对主义与开明专制》，
《政治学研究》2008 年第 3 期。
② 马克垚：《古代专制制度考察》，第 40 页。
③ 马克垚：《走出 "东方主义"，建立自己的世界史体系》，澎湃新闻网，2017 年 7 月
6 日专访。
④ 马克垚：《古代专制制度考察》，第 3 页。

再次，他强调是否遵守法律不是东方专制（despotism）和西方专制（absolutism）区分的标准。最后，他重申，一个统治者取得绝对的权力是历史上极其特殊的情况，这是个人独裁，而非一种政体。显然，随着"专制"概念的引入，"王在法下"抑或"王在法上"论争的理论重要性被大大削弱了，真正重要的问题变为前现代专制政治的史实梳理、类型划分以及转型阐述。

四　"拙见"还是真知：审视马克垚的政治史书写

行文至此，我们面临着如何评价马克垚先生政治史研究的问题。马克垚先生以经济社会史研究享誉学界，对封建主义、小农经济、封建化、农村公社、封建城市以及封建庄园都有精深的研究，确立了中国学界关于西欧封建经济形态以及欧亚封建社会形态的主流观点，并为海外学界所关注。[①] 他的政治史研究，发端于经济社会史和法律史研究。20 世纪 80 年代，他注意到中西共有的"王在法下"观念和现象；90 年代，他关注中西皆存的"王在法上"的理念和事实；2010 年，他提出"王权有限"和"王权无限"并存；2017 年，他在反思东方主义论的基础上，以"专制"概念重新书写了前现代世界政治史。

对于马克垚的政治史书写，我们应当置于中国史和世界史两个视域中理解。五四以来中国人反思封建传统，并广泛接受了西方对中国的诸多评判，虽然情绪激烈，但是中肯确切则未必尽然。[②] 书写符合中国实际并体现中国主体性的历史，至今仍是学者面临的问题。而在世界史书写中，马克垚将自己的学术目标确立为"批判欧洲中心论、建立前资本主义的政治经济学、建立真正的全世界的世界史三项任务"。[③] 在理论上反思"西方中心论"已是不易，要在具体书写中抵抗"西方中心论"更难。在两重视域的三重困境中，他先是

---

① 顾銮斋：《马克垚的封建经济史研究》，《清华大学学报》（哲学社会科学版）2019年第 1 期，第 31 页。
② 周宪：《在知识与政治之间》，《读书》2014 年第 2 期。
③ 《困学苦思集：马克垚自选集》，第 6 页。

重构了用以批判中国的"专制"概念，继而借助此概念重新书写了前现代世界政治史，并在此过程中重塑了中国政治史的主体性。

如研究者所言："一个好的学术批评，是熟悉作者的脉络，并于其上进行批评。就像科幻小说《三体》中的降维攻击，将对方的时空维度降低，批评起来自然游刃有余。相应的，从更低的维度攻击更高的维度，基本上是不可能的。"① 在笔者看来，对于宏阔理论，如果评论者的视野不够开阔，其评论至少可以从以下几个方面展开：其一，考察学者对细节、概念、观点以及学术史的把握是否准确；其二，检验理论的融贯性（coherence），即理论是否内在一致；其三，诉诸常识，观察理论是否符合一般的逻辑乃至直觉判断。

人生有涯，在通古今之变、成一家之言的过程中必有细节疏漏。经典著作如《历史研究》《现代世界体系》《经济与社会》都有不足和失当之处。② 对具体知识的纠正最易进行。如讨论《大宪章》第 39 章的实施时，马克垚认为"同等级者的合法裁判并未实行，不过具文而已"。③ 事实上，该章尽管实施困难，④ 且经历了非常复杂的修正和解释，⑤ 但在 14 ~ 15 世纪的年鉴和讲稿中，⑥ "同侪审判"（judicium parium suorum）被限缩解释并实施："同侪"特指上议院的议会贵族，议会贵族享有在刑事案件中只能被同侪审判的特权。⑦ 不过此种批评基本不会对整体观点形成挑战，较

---

① 王栋：《英格兰生而现代——读麦克法兰〈现代世界的诞生〉》，《社会科学论坛》2017 年第 7 期，第 248 页。

② 孟广林：《政治史研究的新贡献——读〈古代专制制度考察〉》，《史学理论研究》2019 年第 1 期，第 142 页。

③ 马克垚：《中英宪法史上的一个共同问题》，《历史研究》1986 年第 4 期，第 182 页。

④ John Hudson, *Oxford History of the Laws of England*, *872 – 1216*, Vol. Ⅱ, Oxford：Oxford University Press, 2012, pp. 847–853.

⑤ Ryan C. Williams, "The One and Only Substantive Due Process Clause," *Yale Law Journal*, Vol. 120, No. 3, 2010, p. 428.

⑥ Sir John Baker, ed., *Selected Readings and Commentaries on Magna Carta 1400 – 1604*, London：Selden Society, 2015, pp. 247, 253.

⑦ David J. Seipp, "Magna Carta in the Late Middle Ages：Over-Mighty Subjects, Under-Mighty Kings, and a Turn Away from Trial by Jury," *William and Mary Bill of Rights Journal*, Vol. 25, No. 2, 2016, p. 676.

易纠正。另如马克垚在《关于封建土地所有制形式讨论中的几个问题》中，将《大宪章》第 61 章误引为第 65 章，[①] 该错误在之后的著作中得到了修正。[②]

对概念的商榷也较为常见。在马克垚的论述中，礼作为习惯法，证明了中国"王在法下"的传统。但是西方法律史学者如梅因、戴蒙德、劳埃德以及伯尔曼都反驳道，礼不是现代意义上的"法律"。他们坚持认为，现代法律独立于其他社会规范，政治和道德（礼）虽然可以决定法律，但本身并非法律。[③] 马克垚以军队、司法以及税收等定义专制制度，但这种定义不能将奴隶制与君主制区别开来，需要进一步明确专制制度的内涵和外延。

当然，对中观理论的商榷也较为容易。马克垚认为法律与宗教的纠葛无助于法律的进步，基督教在历史上多次分裂以及导致宗教战争。在这一问题上，西方学界总体承认教会法对西方法律传统的涵育与促进。伯尔曼继承和发展了斯特雷耶关于现代国家起源的理论，[④] 将教皇改革发扬为"教皇革命"，认为后者带来了法律科学、法律职业以及法律制度，促进了封建法、庄园法、商法、城市法和王室法五大世俗法体系的形成，形塑了西方法律传统。[⑤]

学术史亦有详略之别，存在可增删勾连之处。在东方主义问题上，马克垚注意到了日本的作用，[⑥] 但主要梳理了"西方人的东方观念"和"中国人的西方观念"。事实上，日本在"中国专制说"中起到了关键性的历史作用。1876 年日本人何礼之翻译出版了《论法的精神》（日文名《万

[①] 马克垚《关于封建土地所有制形式讨论中的几个问题》，《历史研究》1964 年第 2 期，第 194 页。

[②] 马克垚：《中英宪法史上的一个共同问题》，《历史研究》1986 年第 4 期，第 175 页。

[③] 哈罗德·J. 伯尔曼：《法律与革命：西方法律传统的形成》，贺卫方等译，法律出版社，2008，第 77 页。

[④] Joseph R. Strayer, *On the Medieval Origins of the Modern State*, Princeton: Princeton University Press, 1970, pp. 15–16.

[⑤] 哈罗德·J. 伯尔曼：《法律与革命：西方法律传统的形成》，第 83 页。

[⑥] 事实上，马克垚熟知此段学术史，可能是避免重复省略了。马克垚：《封建经济政治概论》，第 285～286 页。

法精理》），确立了 despotism 和"专制（专制政治）"的对译。同时，在政治理论中，始自加藤弘之 1861 年的《邻草》，立宪政体被认为代表文明，专制则是未开化国家的政体。1899 年梁启超注意到日本流传的"专制政体说"，并开始使用"专制政体"一词。梁启超使用"专制"应当源自何礼之，只是将"政治"改成了"政体"。1902 年梁启超先后写作了《中国专制政治进化史论》和《论专制政体有百害于君主而无一利》两文，指出"专制政体者，实数千年来破家亡国之总根源也"。其后不过十年，维新派、保皇派、革命派乃至清政府都接受了"中国专制说"。[①]

如上所述，对具体细节、概念、观点以及学术史的梳理，并不足以挑战马克垚政治史研究的整体立场和判断。我们可以进一步检验马克垚政治史研究的融贯性。所谓融贯性，主要强调逻辑上的连续性、全面性、完整性、一元论、统一性、清晰性和可证性。[②] 在这一问题上，笔者认为马克垚的政治史研究达到了惊人的连续性，甚至因为太过连续引发了学者的质疑。马克垚素以"求同"闻名学界，[③] 孟广林认为马克垚为了贯穿求同，在君主制比较中"对中国和西方君权体制结构与君权实施限度的差异性"未予以足够重视和解释；[④] 李增洪也认为，马克垚对中国专制制度批判不足。[⑤]

不过，马克垚政治史研究的完整性似仍有可改进之处。如对封建社会后期的政治转型未能深入分析和阐释；他认为中国封建时期的小国是城邦的观点，也有待学界检视。政治史研究的清晰性有可推敲之处，如未能清

① 侯旭东：《中国古代专制说的知识考古》，《近代史研究》2008 年第 4 期；宋洪兵：《二十世纪中国学界对"专制"概念的理解与法家思想研究》，《清华大学学报》（哲学社会科学版）2009 年第 4 期。
② 丹尼斯·帕特森主编《布莱克维尔法哲学和法律理论指南》，汪庆华、魏双娟等译，上海人民出版社，2013，第 538~539 页。
③ 孟广林：《前资本主义社会历史规律的求索——马克垚先生与历史比较研究》，《史学月刊》2006 年第 9 期。
④ 孟广林：《政治史研究的新贡献——读〈古代专制制度考察〉》，《史学理论研究》2019 年第 1 期，第 142 页。
⑤ 李增洪：《历史叙述中的话语权——读马克垚先生〈古代专制制度考察〉》，《经济社会史评论》2017 年第 4 期，第 122 页。

晰区分制度的客观性和运作的主观性之间的矛盾。

如果理论的融贯性受到了考验，我们还可以诉诸常识判断。马克垚认为："直到 18 世纪，英、法都是封建主义的统治，这就是其专制王权的基础。"① 大多数学者认为现代世界始于十五六世纪，文艺复兴、宗教改革以及新航路开辟形塑了现代世界。② 但马克垚一直坚持工业革命之前的西欧主体仍是落后的农业社会。③ 20 世纪 80 年代，他在中古史分期问题上就向吴于廑先生表达过不同意见，④ 他在《封建经济政治概论》开篇仍重申："封建社会在世界各国大致上都存在过"，"西欧的封建社会不应该截止于 15 世纪，而是 18 世纪"。⑤

马克垚先生的观点也并非一家之见。加州大学伯克利分校的詹姆斯·弗农教授在《远方的陌生人：英国是如何成为现代国家的》一书中认为现代世界始于陌生人社会的形成，陌生人社会促成了新的抽象化和官僚化的治理形式。英国直到 19 世纪才实现了现代转型，新的社会、政治和经济组织得以形成。⑥ 就现代世界的形成而言，马克垚和弗农的见解颇为暗合。

通过对马克垚政治史研究的三重考察，我们可以尝试对他的研究做一概括性评价。毫无疑问，当事实被高度理论化以后，会不可避免地呈现出无视多元事实的某种"荒谬性"，让人直觉上难以接受。但是，这种"荒谬性"出现在所有的理论化著作中。

艾伦·麦克法兰在《现代世界的诞生》一书中指出，英格兰在 12 世纪就形成了政治、经济、宗教以及社会四个独立领域，并开始独自走

---

① 马克垚：《古代专制制度考察》，第 151 页。
② 吴于廑：《世界史学科前景杂说》，《内蒙古大学学报》（哲学社会科学版）1985 年第 4 期。
③ 马克垚：《关于封建社会的一些新认识》，《历史研究》1997 年第 1 期，第 11 页。
④ 马克垚：《吴于廑先生学术思想点滴回忆》，《学史余瀋》，第 59~60 页。
⑤ 马克垚：《封建经济政治概论》，第 1 页。
⑥ James Vernon, *Distant Strangers*: *How Britain Became Modern*, Berkeley: University of California Press, 2014；詹姆斯·弗农：《远方的陌生人：英国是如何成为现代国家的》，张祝馨译，商务印书馆，2017。

向现代。对于英格兰现代世界的产生，麦克法兰无意（或无法）探求原因，直接将其定义为"奇迹"。在他的笔下，英国的发展充满了诸多无法解释的"幸运"与"格外幸运"，现代世界本质是"英格兰奇迹"的传播。①

相较之下，马克垚的政治史研究仍试图探寻因果联系和历史规律，尽管这种理论凝练难以避免地忽略了中观层面的历史变迁，②但他并不比麦克法兰"荒谬"。毕竟人们对现代世界产生的叙述只有两个框架，要么承认每个文明都能走向现代，要么承认只有少数文明能走向现代。马克垚也曾深思，现代世界的历史是一个世界的历史，还是两个世界的历史。③马克垚以"同"会通中西古今，这既是他的"拙见"，也是他的真知。如是而言，我们似乎应当拭目以待，随着世界的发展以及各国研究者的积极探索和对话，原有的常识乃至范式是否会被修正。

五　主体性与话语权：中国历史书写的两重目标

当代中国学者面临着极为严峻的挑战，他们一方面试图书写体现中国主体性的历史，另一方面尝试书写破除欧洲中心论的、"真正的"世界史，并将体现中国主体性的中国史研究写入其中。这两个目标的本质是统一的，即追求历史书写的主体性和话语权。主体性是对历史的独立自由思考，话语权则是希望自己的理论能为世界学界所接受。毫无疑问，这两个目标都极其艰难，绝非一代人所能达成。事实上，我们所使用的核心概念无一不源自西方经验和思想传统，体现中国主体性的历史书写仍处于探索

---

① 艾伦·麦克法兰：《现代世界的诞生》，管可秾译，上海人民出版社，2013。
② 如孟广林就认为《古代专制制度考察》没有充分解释英国近代政治史的变迁。孟广林：《政治史研究的新贡献——读〈古代专制制度考察〉》，《史学理论研究》2019年第 1 期，第 142 页。
③ 马克垚：《努力建立世界史学科的新体系》，《武汉大学学报》（人文科学版）1993年第 5 期，第 30 页。

之中。

在此探索中，马克垚提供了坚实并极具操作性的经验。

第一，要科学地理解唯物史观。作为改革开放以后中国亚细亚生产方式讨论的提出者，作者深刻认识到马克思、恩格斯手稿中的不成熟之处，并提出以理论谈理论无助于认识真实和走出西方中心主义，而是应当在理论反思和中西比较的基础上认真梳理历史事实。

第二，要注意学术史梳理，积极与学界对话。马克垚在写作时总有诸多对话对象，关注了众多重要学术争论，如 60 年代的土地国有制问题，70 年代的亚细亚生产方式讨论，80 年代的城邦问题，90 年代的东方专制主义论争以及 2000 年之后的封建名实问题讨论。

第三，要独立真实地进行分析，不为理论所惑。马克垚用语平实，思考真切。如他讨论中古西欧王权契约论时，提出"对于思想史，我想应该分清楚几个层次，即什么是当时人的主张、什么是后来人的看法、什么是实际情况，这样才能说明问题"。①

第四，要进行比较分析，这在马克垚对中西王权与法律关系的研究中起到了关键作用。

第五，要加强对史料的掌握。马克垚的《西欧封建经济形态研究》和《英国封建社会研究》都是实证为主的著作。

第六，应当加强学术后辈的培养。② 马克垚常常引用学生的研究成果，③ 在与学生有异见时也会两者并存。④

总体上，马克垚以法律史入经济社会史研究，继而从经济社会史研究延伸到政治史研究，最终在比较史学的视域下重新书写了前现代世界政治史。在此过程中，他首先挖掘了中国历史上"王在法下"的观念

①　马克垚：《封建经济政治概论》，第 237 页。

②　马克垚：《培养研究生的经验与教训》，《历史教学》2017 年第 18 期。

③　书中偶有误引之处，如将蔺志强的《13 世纪英国的国王观念》误为《中世纪英国的国王观念》。马克垚：《封建经济政治概论》，第 253 页。

④　马克垚：《封建经济政治概论》，第 275～276 页。当然学生也会纠正他的瑕疵，如伯爵辖区和 res publica 的释义，参见李隆国《什么是封建社会——读马克垚〈封建经济政治概论〉》，《史学理论研究》2011 年第 4 期，第 138 页。

和细节，继而提出了"王在法下"抑或"王在法上"的学理论争，并最终化污名化的"专制"概念为分析性概念，重新书写前现代世界政治史，为构建中国学术主体性和话语权做了大胆、坚实且极具可重复性的学术探索。

杨向奎《东望渤澥　云海茫茫——纪念孙以悌先生》讹误考订[*]

陈从阳^{**}

摘　要　《东望渤澥　云海茫茫——纪念孙以悌先生》是杨向奎先生晚年写的回忆文章，缅怀了 20 世纪 30 年代早逝的北大同学、"天才学者"孙以悌。由于时间久远、记忆模糊、印刷错误等，该文在史实上存在不少错讹，需进行考订，以恢复历史真实。

关键词　杨向奎　孙以悌　北京大学史学系

杨向奎（1910~2000），当代著名史学家、经学家、教育家，在中国古代史和思想文化史方面造诣精深，被誉为一代宗师。1997 年，杨向奎在《文史哲》第 5 期发表《东望渤澥　云海茫茫——纪念孙以悌先生》一文（以下简称《纪念孙以悌先生》），缅怀 20 世纪 30 年代早逝的北大同学、"天才学者"（杨向奎语）孙以悌。^① 次年，杨向奎又选录 16 篇有代表性的论文和文章，出版了《杨向奎学术文选》，^② 其中特意收录了

---

* 本文在写作过程中，承蒙北京大学历史学系研究生宋舒杨到北京大学档案馆查询孙以悌学业档案，特表谢忱！

** 陈从阳，湖北科技学院人文与传媒学院教授。

① 杨向奎：《东望渤澥　云海茫茫——纪念孙以悌先生》，《文史哲》1997 年第 5 期。

② 《杨向奎学术文选》，人民出版社，2000，第 193~200 页。

《纪念孙以悌先生》。该文作为研究孙以悌①的重要资料，受到学界普遍重视。但由于时间久远、记忆模糊、印刷错误等，该文在史实上存在不少错讹，笔者拟对此做初步考订。

一 孙以悌的家庭成员、籍贯与生平

1. 关于孙以悌的家庭成员、籍贯

《纪念孙以悌先生》一文称孙以悌有一个弟弟孙以恺，在北洋大学学习。这与史实不符。

据宣统三年孙传栋编《寿州孙氏支谱》，孙以悌的高祖孙家怿（1821~1893）为清咸丰状元、晚清重臣、京师大学堂倡办者孙家鼐（1827~1909）的三哥。② 孙家怿的曾孙孙方夏（1883~?），字履中，号华伯，生三子一女，三子依次为以庆、以恺、以悌。以庆生于宣统元年四月初十，以恺、以悌的出生年月则未见载于《寿州孙氏支谱》。③ 另据《安徽寿州孙氏家谱枝兰系世系》载，以庆生于 1909 年 4 月 10 日，以恺生于 1910 年 8 月 23 日，以悌生于 1912 年 4 月 12 日。④ 两相对照，显然《安徽寿州孙氏家谱枝兰系世系》在载录人物生卒日期时，未考虑中国传统农历和公历的区别。换算为公历，孙以庆的生日为 1909 年 5 月 28 日，孙以恺的生日为 1910 年 9 月 26 日，孙以悌的生日为 1912 年 5 月 28 日。

依《交大唐院民二四级毕业纪念册》所载的孙以恺自传文字，他祖籍皖北，自幼寄居江苏，曾在无锡省立三师附小、上海南洋中学学习。⑤

---

① 孙以悌（1912~1934），字易厂，号中三，安徽寿县人，自幼寄居江苏。曾在无锡省立第三师范附小、上海南洋中学学习，1931 年考入国立北京大学史学系。在大学学习期间，曾与同学杨向奎、高去寻、王树民、胡厚宣、张政烺等组织潜社读书会。著有《书法小史》、《围棋小史》（《中国围棋史》）、《中国天文学史》、《三统术便蒙》等，被杨向奎誉为"天才学者"。

② 孙传栋：《寿州孙氏支谱》卷三，上海图书馆藏清宣统三年刻本，第 70~71 页。

③ 孙传栋：《寿州孙氏支谱》卷九，第 37 页。

④ 《安徽寿州孙氏家谱枝兰系世系》，寿州孙氏网，http://szsunshi.com/zp/doc/demo.html，第 287 页。

⑤ 交通大学唐山工程学院：《交大唐院民二四级毕业纪念册》，1935 年。

刘振元主编的《上海高级专家名录》载有孙以恺简介：1910 年 9 月 26 日生，安徽寿县人，1935 年毕业于唐山铁道学院土木工程系，专长土木建筑，以上海铁路局工务工厂高级工程师退休。① 该简介提到的"唐山铁道学院"，在民国初期的准确名称为交通大学唐山工程学院（原唐山土木工程学院）。据考证，孙以恺大学毕业后，曾在上海北火车站工作，后担任浙赣路南（南昌）春（宜春）第二总段第五分段长。②

孙以恺实际上是孙以悌的兄长，交通大学唐山工程学院 1931 级学生。

《纪念孙以悌先生》一文将孙以悌说成是江苏无锡人，并引孙以悌的小学同学王志梁的话，说孙是天才、最聪明，当时小学有跳班制度，孙以悌一年跳两班（两级）等。很显然，这是将孙以悌的寄居地误为出生地。

就笔者所接触的资料，孙以悌的籍贯均注明为安徽寿县（州）。据《寿县志》，寿县孙氏为大姓之一，主要有寿州孙、坝上（堰口集西）孙、隐贤孙、瓦埠孙等。寿州孙，洪武初徙自山东济宁州老官塘；兄弟二，长孙鉴，次孙铠，分别建宅于留犊祠巷、西大寺巷，今传至十九世；自第八世起，排辈字序为"士克祖家传，多方以自全。同心仰化日，守土享长年"。③

孙以悌的祖父孙多枚（1865～?），字建侯，邑庠生，候选县丞，敕授修职郎，诰封中宪大夫、四品衔，曾任法部审录司主事。其父孙方夏为太学生出身，曾任法部主事、审录司行走，诰授朝议大夫、四品衔。④ 作为地方有影响的绅士，武昌起义爆发后，孙多枚协助革命党

---

①　刘振元主编《上海高级专家名录》第 4 卷，上海科学技术出版社，1994，第 87 页。

②　孙以恺曾在上海北火车站工作。见南洋中学校友会《南洋中学校友录》第 15 期，1936 年，第 86 页。解放前夕，孙以悌曾任浙赣路南春段第二总段第五分段长。见《赣桥兵舍碉堡工程，局派孙以恺往验》，《浙赣路讯》第 508 号，1949 年 2 月 24 日；《赣江桥打捞工程局派孙以恺覆验》，《浙赣路讯》第 533 号，1949 年 3 月 26 日；《赣江单线码头竣工，局派孙以恺覆验》，《浙赣路讯》第 553 号，1949 年 4 月 20 日。

③　寿县地方志编撰委员会编《寿县志》，黄山书社，1996，第 99～100 页。

④　孙传栋：《寿州孙氏支谱》卷九，第 37 页。

人说服了寿州知县反正，促成了寿州起义。后来革命军改组为淮上革命军，总司令部下设民政处、审判处、财政处、军械处等，民政处由孙多枀负责。①

1914 年，孙多枀、孙方夏集资 20 万元，在无锡创办泰隆面粉厂，购有美制主机钢磨 12 台，工人 100 人，生产"龙船牌"面粉。1916 年，因经营不善，该厂租给荣宗敬、荣德生兄弟创办的企业经营。1918 年，孙建侯父子收回该厂，另招福裕钱庄投资改组经营，以后该厂经营屡有起伏，直到 1936 年遭大火焚毁。②

孙以恺、孙以悌兄弟寄居于江苏无锡，孙氏兄弟就学于当时享有盛名的无锡省立三师附小，自然在情理之中。

2. 关于孙以悌在北大的学习成绩

《纪念孙以悌先生》一文赞扬孙是"天才学者"，"业务水平可以说全校第一"，并说在《傅斯年文物资料选辑》中，孙以悌成绩全班最好，几门课都是满分，这在当时是少有的。还说孙以悌的数学、外语水平在本系也属头等之列。这样的描述与实际情况有些出入。

20 世纪 20 年代以来，长期任中央研究院历史语言研究所（以下简称"史语所"）所长的傅斯年为培养选拔后备人才，在北大国文系、史学系等实施"拔尖主义"，"凡北大历史系毕业，成绩较优者，彼必网罗以去"。③ 傅斯年一直保留一册北大《国文史学系三四年级学生姓名履历及历年成绩》，用来熟悉、考查学生，以备"拔尖"。

《傅斯年文物资料选辑》是由王汎森等主编、傅斯年先生百龄纪念筹备会 1995 年 12 月印行的资料集。书中收录了傅斯年保有的小册子《国文史学系三四年级学生姓名履历及历年成绩》的封面和包括北大史学系三

---

① 汤奇学、施立业主编《安徽通史·清代卷》（下），安徽人民出版社，2011，第854~855 页。

② 无锡市粮食局编《无锡粮食志》，吉林科学技术出版社，1990，第 81~82 页。单强：《工业化与社会变迁：近代南通与无锡发展的比较研究》，中国商业出版社，1997，第 236 页；上海市粮食局等编《中国近代面粉工业史》，中华书局，1987，第432 页。

③ 钱穆：《八十忆双亲·师友杂忆》，生活·读书·新知三联书店，1998，第168 页。

年级学生孙以悌等 20 人在内的相关信息图表的图片。表 1 是图表部分内容的节录。

表 1　北大史学系三年级学生姓名履历及历年成绩

姓名	高去寻	许道龄	杨向奎	何兹全	孙以悌
籍贯	河北安新	广东琼东	河北丰润	山东菏泽	安徽寿州
年龄	23 岁	28 岁	25 岁	22 岁	21 岁
毕业学校	本校预科升学	本校预科升学	本校预科升学	北平文治高中毕业	上海南洋高中毕业
第一学年(1931)平均成绩	77.1	77.5	78	74.4	83
第二学年(1932)平均成绩	78.9	75.7	80	69.6	83.7
					○

注：表题和表内类别栏文字均为引者所加；最后行列中的圆圈符号，原表如此。

资料来源：王汎森等编《傅斯年文物资料选辑》，台北：傅斯年先生百龄纪念筹备会，1995，第 70 页。

从表 1 可推知，该表统计时间大约为 1933 年，孙以悌在全班成绩最好。或许正因如此，傅斯年特地在孙的名字下方画圈标注。但仅凭此表，无法看出孙各门功课的具体成绩。

为了解孙以悌在北京大学的学习成绩，笔者特托人到北京大学档案馆调阅了 1935 年《史地系学生成绩册》（见表 2）。孙以悌喜欢"实学"，如"金石学""古历学"等古代典章制度或文物学科，学习成绩优异。如1932 学年他选修马衡"金石学"，学期考试时，因"别出机杼"获得赞赏，曾在该年度上学期获得 95 分，下学期获得了 100 分，但这也是孙以悌获得的唯一的满分。孙以悌的"国语"（1931 年下学期）、"秦汉史"（1933 年上学期，钱穆任教）、"古历学"（1932 年上学期）也分别获得了94 分、95 分和 90 分的高分。但史地系没有开设数学课，孙以悌 1931 年的"基本英文""小说英文"分别只获得了 78 分、80 分。《纪念孙以悌先生》有关孙以悌学业成绩的描述，不免有饰美之嫌。

表 2 北京大学史学系学生孙以悌成绩

第一学年

科目	史学研究法	中国史料目录学	清代史学书录	国语	基本英文	小说英文	党义	欧洲中古史	考古学	中国历史地理	总积	平均	（表外）
单位	2	3	2	4	4	2	2	4	3	3			747
分数		75	88	94	78	80	84	85	85	78			九
													83

第二学年

科目	宋史	明清史	辽金元史	文艺复兴与宗教改革	金石学	西洋中世纪史	校勘学	古历学			总积	平均	（表外）
学分	6	8	6	3	6	3	4	4					556
上期分数	85	80	65	82	95	88	75	90			甲		七
下期分数	70	85	80	82	100	88	37.5	82			甲		83.7
平均两期	77.5	82.5	72.5	82	97.5	88		86					

第三学年

科目	秦汉史	魏晋南北朝史	满洲开国史	目录学	钟鼎文字研究	隋唐五代史	军事训练				总积	平均	（表外）
学分	6	6	8	4	4	6							乙
上期分数	95	70	70	75	75								
下期分数			扣考										
平均两期													

资料来源：北京大学《史学系学生成绩册》（1935 年），北京大学档案馆藏，档案号：BDC058-1，第 8 页。

3. 关于孙以悌蹈海的时间

《纪念孙以悌先生》认定孙以悌是在 1934 年春蹈海自尽。张中行在《负暄琐话》一书中，对孙以悌投海情节做了详细的描述。他认为，1934 年春夏之交，离毕业考试不远，孙以悌在渤海湾中跳海。[①] 实际上，二者关于孙以悌自杀的时间表述均不确切。

20 世纪 30 年代北平发行的《大学新闻周报》对孙以悌投海经过的描述颇为详细：1933 年年中，孙君性情大变，寡言少笑，常以棋自嬉，时且自言自语。翌年二三月以来，其神态更为失常，不但不上课，平时爱读的书也不愿意读。5 月初，孙君暗自将书和衣物尽卖给小贩，只留行李一件。5 月 15 日晨，孙君乘同学做军事操之际，将行李搬出校外。恰逢同班程君也未上课，程君问他到哪里去，孙君回答说，因家庭有事，须赴天津办理。程君遂送其出校。第三天，程君收到孙君来信，内有"弟已不愿再留尘世，请从此永诀矣"等字样，大惊，便将此信转寄孙君之弟。孙弟时在天津某中学读书，得知此讯，遂照孙君寄程君信函之地点，到佛照楼探寻下落。佛照楼伙计云，15 日有一光头衣灰布大褂的人来寓，17 日由该寓乘轮船海行。孙之家人又探寻得某轮船，茶房亦云：本轮确有光头灰衣之客，上船后东奔西走，驶至烟台时忽不见，检查船上仅有一无主之行李，其下有一遗书，言及投海永诀之事，但词句极简。[②] 1934 年 5 月 17 日是孙以悌投渤海自杀之时，时令已进入夏季（是年公历 5 月 6 日为立夏）。

二　关于潜社和《史学论丛》

1. 关于潜社成立的时间

潜社是孙以悌在北大学习期间，与杨向奎、高去寻、王树民、胡厚

---

① 张中行：《负暄琐话》，黑龙江文艺出版社，1986，第 71 页。

② 《这真是一个谜　北大同学孙以悌失踪　投海耶？出家耶？》，《大学新闻周报》（北平）第 20 期，1934 年 6 月 4 日，第 1 版。

宣、张政烺组织的读书会。

关于潜社的成立时间，说法不一，主要有"1932 年说""1934 年说""1935 年说""1936 年说"等。《纪念孙以悌》一文断言是在 1932 年初冬。而后三种说法因与史实明显不符，显然不能成立。

据笔者搜集的资料，潜社成立于 1932 年初冬的直接论据并不多见。杨向奎的说法前后也有变化。1993 年，他为《历史研究》所写的回忆文章称：

> 在 1933 年我和孙以悌、高去寻、张政烺、胡厚宣、王树民等同学成立了一个读书组织"潜社"，每星期六晚在我的宿舍开一次座谈会。我们高谈阔论，都是目高于顶。①

1991 年，张政烺接受采访时说：

> 1933 年秋末，在椅子胡同北大四斋杨向奎的宿舍开了第一次会，还有胡厚宣、王树民、孙以悌、高去寻等同学参加。商定每周（大约是星期五晚上）聚会一次，切磋学问。②

北大史学系 1930 级学生胡厚宣在《我和甲骨文》一文中回忆：

> 毕业前半年多，史学系几个好钻研甲金和古代史的同学，常喜欢到北大四斋杨向奎同学那里随便谈谈。后来，大家谈起要凑一点钱出个小刊物，托大学出版社代印，写文章的有比我低一班的杨向奎、孙以悌、王树民、高去寻和比我低二班的张政烺。我那时正在作毕业论文，也就拿出一篇文章《楚民族源于东方考》。另外还向

---

① 杨向奎：《史学界忆往》，王兆成主编《历史学家茶座》第 5~8 辑合订本，山东大学出版社，2010，第 54 页。

② 张政烺先生九十华诞纪念文集编委会编《揖芬集——张政烺先生九十华诞纪念文集》，社会科学文献出版社，2002，第 2 页。

几位教师也要了文章。刊物出版时……临时起名作《潜社史学论丛》。①

从目前掌握的史料看，潜社成立于1933年秋冬的论据更充分。

2. 关于《史学论丛》的问题

《纪念孙以悌先生》一文多次述及与《史学论丛》有关的事实，如：潜社决定出一本刊物，名《潜社史学论丛》；《史学论丛》刊名，由孙以悌找马衡题写；第一期的文章有孙以悌《书法小史》、张政烺《猎碣释文》、杨向奎《略论〈左传〉五十凡》等；郭沫若时在日本研究石鼓文，看到张政烺的《猎碣释文》，曾经来信与其讨论；孙以悌尚有《围棋小史》一文，载于《史学论丛》第二期；第二期是纪念孙以悌的专号，有其遗照；等等。

仔细推敲，这些说法并不完全准确。潜社创办的刊物为《史学论丛》，共出版了两册，均由北京大学出版组印刷，北平景山书社总代售。第一册1934年7月出版，第二册1935年11月出版。第一册是纪念孙以悌的专号，封面有"北京大学潜社　史学论丛　第一册　马衡题"的字样，内有孙以悌的大幅遗照和简介，刊有钱穆的《悼孙以悌》以及史学系教师孟森、唐兰、顾颉刚和潜社成员的论文共12篇，其中包括孙以悌的《书法小史》《围棋小史》。② 杨向奎《略论"五十凡"》（附蒙文通先生跋语）登载在《史学论丛》第二册。张政烺发表在《史学论丛》上的论文有两篇，即第一册上的《猎碣考释》、③ 第二册上的《"平陵墬导立事岁"陶考证》（附考证补记及郭沫若先生、张履贤先生通信并识语）。《猎碣考释》刊出后，郭沫若"曾掷函讨论"。④ 《"平陵墬导立事岁"陶考证》就子禾子釜、陈骍壶的年代问题，对郭氏的观点提出商榷。郭沫若

---

① 胡厚宣：《我和甲骨文》，张世林编《学林春秋初编》上册，朝华出版社，1999，第279~280页。

② 《史学论丛》内页正文标注"中国围棋史　孙以弟"字样。

③ 《史学论丛》内页正文标注为"猎碣考释初稿荣成　张政烺"字样。

④ 张政烺：《我与古文字学》，张世林编《学林春秋初编》上册，第296~297页。

阅后称赞道："子禾子釜、陈骍壶年代之推考，确较余说为胜……尊说确不可易，快慰之至。"①

表 3 《史学论丛》总目

第一册		第二册	
篇名	作者	篇名	作者
悼孙以悌	钱穆	职官沿革考	蒙文通
彭家屏收藏明季野史案	孟森	王肃的五帝说及其对于郑玄的感生说与六天说的扫除工作	顾颉刚
莠京新考	唐兰	参加伦敦中国艺术国际展览会铜器说明	唐兰
五藏山经试探	顾颉刚	略论"五十凡"（附蒙文通先生跋语）	杨向奎
书法小史	孙以悌	"平陵墬导立事岁"陶考证（附考证补记及郭沫若先生、张履贤先生通信并识语）	张政烺
襚服说成变考	王树民	"说儒"质疑	贺次君
楚民族源于东方考	胡厚宣		
殷商铜器之探讨	高去寻		
围棋小史（正文为"中国围棋史"）	孙以悌（正文为"孙以弟"）		
"帝"字说	杨向奎		
猎碣考释（正文为"猎碣考释初稿"）	张政烺		
评郑振铎"汤祷篇"	杨向奎		

三 其他的错讹

1. 关于孙以悌与围棋的若干史实

孙以悌喜欢弈棋。《纪念孙以悌先生》一文提到一处孙以悌经常前去

---

① 黄淳浩主编《郭沫若书信集》（上），中国社会科学出版社，1992，第 402 页。

观弈之地——北京宣武门内路东的海丰轩点心铺，说这里后院有茶馆，其内设有弈室，众多名家常来光顾等。

将海丰轩描述为"点心铺"似乎不确。海丰轩又名海丰轩茶馆、海丰轩弈社，是民国初年至20世纪30年代北京最著名的围棋活动场所之一。① 海丰轩设在北京西单宣武门大街，由大厅和三间大屋组成，大厅供下象棋，三间大屋供下围棋。对局一般分彩盘（下赌注的对局）和白盘（只付租费）两种，著名棋手英星垣、汪云峰、伊耀卿、顾水如、刘棣怀、王幼宸及少年时期的吴清源均在此切磋过棋艺。② 另据资料介绍，海丰轩本身没有门面，需先通过一家烧饼铺，里面有两间小屋；海丰轩掌柜姓沙，年龄六七十岁，人都以"山字儿"（"偻锅山字"）呼之。③

杨向奎提到，孙以悌非常关心20世纪30年代初吴清源与日本棋手本因坊秀哉的世纪之战。但《纪念孙以悌先生》出现了两个错误。一是将吴清源与本因坊秀哉的东京世纪之战的时间记成1932～1933年。实际上，这场旷日持久的对弈发生在1933年10月16日至1934年1月29日，地点在日本东京市京桥区锻冶桥旅馆。④ 二是《纪念孙以悌先生》将执白的日方棋手名字"本因坊秀哉"错写成了"本田坊秀哉"。

《纪念孙以悌先生》提到的几位中国围棋名家，也存在史实上的小问题。如说范西屏、施定庵是乾隆年间的围棋界大师。实际上，范西屏（一作西坪，名世勋，1709～1769）、施定庵（名绍暗，字襄夏，1710～1771）都是浙江海宁人，出生在康熙年间，为雍正、乾隆间的著名围棋手。乾隆四年（1739）两人对弈于今浙江平湖，凡十三局（一说十局），胜负相当，被誉为旧式对子局的高峰，后人称为"当湖十局"。他们与梁魏今、程兰如并称"四大棋家"。

---

① 陈岱：《回忆北京二三十年代的围棋活动》，《体育文史》1984年第2期。
② 赵之云、许苑云编著《围棋词典》，上海辞书出版社，1989，第246页。
③ 过旭初、涂雨公：《回忆围棋茶馆海丰轩》，萧乾主编《京华风物》，中华书局，2005，第48页；陈岱：《回忆北京二三十年代的围棋活动》，《体育文史》1984年第2期。
④ 马铮：《吴清源名局选粹》，人民体育出版社，2004，第18～21页。

《纪念孙以悌先生》提到的清末民初国手王云峰，应是《围棋词典》中所称的汪云峰（约 1869～?），一作耘丰，名富，北京人，早年从刘云峰学弈，擅长中盘战斗。汪云峰曾与日本高部道平、广濑平治郎、中岛比多吉多次对弈，为近代中国最早同日本进行围棋交流的名手之一。民国知名棋手刘棣怀、金亚贤、崔云趾、汪振雄以及少年时期的吴清源等均受过汪云峰的指导。汪云峰晚年常在江南一带茶馆对局，终年近八十岁，编有《问秋吟社弈评初编》。①

《纪念孙以悌先生》还提到，北大当时的擅弈高手有北大数学系学生秦珦、张禾瑞、北大教授陈雪屏等。关于秦珦，杨向奎在《史学界忆往》一文中写作"秦珦"。② 应以后者为是。《国立北京大学二十年度学生一览》载，秦珦，别号景纬，23 岁，河南固始人，预科甲部二年级。③ 秦珦后转入数学本科，1937 年毕业。④

2. 有关傅斯年、顾颉刚的四个史实纰漏

《纪念孙以悌先生》将傅斯年的字"孟真"误为"孟其"，称"后来（高去寻兄）在台湾继傅孟其先生为历史语言研究所所长"，大概是排印错误。在《杨向奎学术文选》中，这一笔误已经得到修正。另外，史语所的历任所长（截至高去寻）分别为傅斯年（1928 年 9 月～1950年 12 月）、董作宾（1951 年 1 月～1955 年 8 月）、李济（1955 年 8月～1972 年 12 月）、屈万里（1973 年 1 月～1978 年 7 月）、高去寻（1978 年 8 月～1981 年 7 月），高去寻接任的是屈万里的史语所所长一职。⑤

《纪念孙以悌先生》将傅斯年在北大史学系开设的"中国上古史单题

---

① 赵之云、许宛云编著《围棋词典》，第 199 页。
② 杨向奎：《史学界忆往》，王兆成主编《历史学家茶座》第 5～8 辑合订本，第 54 页。
③ 国立北京大学注册组编志股编《国立北京大学二十年度学生一览》，1932，第98 页。
④ 国立北京大学五十周年筹备委员会编《国立北京大学历届同学录》，国立北京大学出版部，1948，第 203 页。
⑤ 中研院历史语言研究所历届所长名字，见 http：//www2. ihp. sinica. edu. tw/intro4. php？TM = 2&M = 4。

研究（择题研究）"课程写成"中国古代史专题研究"。① 关于两门课的区别，胡厚宣有专门解释："傅先生开中国上古史择题研究，不是专题研究，是择题研究，从上古史中选择一些重要问题来作研究。"②

1929～1936 年，傅斯年以史语所研究人员身份兼任北大史学系讲师，曾经在北大开设"史学方法论""中国古代文籍文辞史""史学研究法""史学方法导论""中国上古史单题研究""汉魏史择题研究"等课程，其中开设"中国上古史单题研究"选修课的具体时间是 1934～1935 学年。③ 傅斯年善于讲课，吴相湘回忆：

> 傅先生讲课时如万马奔腾，上下古今，纵横千万里……故同学们上课时都极用心听讲，且上课前必须有充分准备。因傅先生常于提及《书经》《诗经》诸古籍某一段，突然指定某一同学："下一句呢？"故当时我们对这几种经书颇下了一番工夫。同时，傅先生提示"上穷碧落下黄泉，动手动脚找材料"，为史学研究的基本精神，对我影响尤大。④

《纪念孙以悌先生》一文提到，1937 年抗日战争全面爆发后，杨向奎随顾颉刚在甘肃临洮、渭源一带办"中小学师资讲习班"，当时的教学老师有十多人。查阅顾颉刚《西北考察日记》《顾颉刚日记》《顾颉刚年谱》等权威资料，所述基本情况是：1937 年 4 月，中英庚款会总干事杭立武在北平商谈到西北开展教育补助工作，顾颉刚参加商议并被任命为中英庚款董事会补助西北教育设计会委员。1937 年 9 月至翌年 9 月，顾颉刚赴甘、青等地进行了为期一年的考察。考察期间，应临洮、

① 尚小明：《北大史学系早期发展史研究（1899～1937）》，北京大学出版社，2010，第 39 页。

② 胡厚宣：《我和甲骨文》，张世林编《学林春秋初编》上册，第 278～279 页。

③ 尚小明：《北大史学系早期发展史研究（1899～1937）》，第 39、44、109 页。

④ 吴相湘：《三生有幸》（增订初版），台北：东大图书股份有限公司，1985，第 25 页。

皋兰两县邀请，1938 年 1 月 8 日至 27 日他在临洮主办"小学教员寒假讲习会"，① 讲习会共有学员 140 名，讲师约 20 人（另说 18 人）。讲习会的目的是使学员获得教科书以外的知识，包括自然科学、社会科学的常识和农田水利、农村卫生、合作事业及抗战所需的国防教育等，以扩大其知识面，并激发他们的时代意识。② 2 月中旬，顾颉刚又应渭源教育局请求，在当地开办"师范讲习班"，以半年时间培养出一批小学教员。③ 不难看出，《纪念孙以悌先生》将 1938 年顾颉刚在甘肃所办讲习班的名称外延扩大了。

3. 有关北大史学系的两个错误

《纪念孙以悌先生》一文将 20 世纪 30 年代的北京大学史学系称为历史系，称孙以悌"是 1931 年秋入北大历史系一年级的学生"，并称赞他"是历史系（学习成绩）最好的学生"。一般来说这不存在问题，但严格讲是不准确的。

1919 年，北京大学改革学科制度，决定废去文、理、法科之名，改"门"为"系"。6 月 12 日，校评议会正式决定"中国史学门，依新制改称史学系"。④ 1919 年 12 月 3 日，评议会通过《国立北京大学内部组织试行章程》，将本科 18 个系分为 5 组，史学系与经济学系、政治学系、法律学系属于第五组。从 1919 年 8 月起，"史学系"一名整整沿用了 33 年，直到 1952 年秋季新学年，方改称"历史学系"。⑤

《纪念孙以悌先生》引用赵俪生在《明史专家王崇武逝世 40 周年祭》一文中的说法：王崇武"那一个班级，真可以说人才倍出"，⑥ 并

---

① 顾潮：《顾颉刚年谱》，中国社会科学出版社，1993，第 281~283 页。
② 顾颉刚：《西北考察日记》，甘肃人民出版社，2000，第 192~195 页；《顾颉刚日记》第 4 卷（1938~1942），台北：联经出版事业公司，2007，第 4~5 页、第 12~17 页。
③ 刘俐娜编《顾颉刚自述》，河南人民出版社，2005，第 168~170 页。
④ 《评议会议事录》，王学珍、郭建荣主编《北京大学史料》第 2 卷，北京大学出版社，2002，第 156 页。
⑤ 尚小明：《北大史学系早期发展史研究（1899~1937）》，第 20 页。
⑥ 赵俪生：《明史专家王崇武逝世 40 周年祭》，《齐鲁学刊》1997 年第 2 期，第 115~116 页。

举出王崇武、何兹全、张政烺、傅乐焕、全汉昇等专家之名。实际上，此五位来自燕园的史学大家并非出自同一班级：何兹全、全汉昇是1931级、1935届毕业生，而王崇武、张政烺、傅乐焕是1932级、1936届毕业生。[①]

四　《书法小史》引文的错误和脱漏

《纪念孙以悌先生》大段引用了孙以悌《书法小史》的文字。由于各种原因，其引文错误和脱漏之处颇多，粗略统计约10处。为节约篇幅，仅列三段《纪念孙以悌先生》所引文字为例加以说明。

关于书法"拨镫之法"，孙以悌赞同元陈绎曾在《翰林要诀》中的说法：

> 拨者，着中指名指尖圆活易转动也。镫即马镫，笔管直则虎口中开如马镫也。足踏马镫（浅——引者注）则易出入，手执笔管浅则易转动也。

孙以悌以为：

> 无论分隶章草，以八法包众势则似不足，而以两法赅万变则殊绰然有余。一横为勒，一直为努；即此两语，实（已——引者注）足以尽之。

孙以悌对曾国藩的书学评论云：

> 湘乡书学虽无成就，然论书每多精语，不作含胡（糊）玄远之

---

① 郭卫东、牛大勇主编《北京大学历史学系简史（初稿）》，内部发行本，2004，第507页。

辞。……但言之容犹未尽，今为合拨镫转笔之诀而申之曰：作勒须笔锋横起（原文为"直起"——引者注），（作努须笔锋横起。）作勒须三换笔，作努须两换笔……是故八法之说由来虽久，而以二法赅其万变则殊有余也。使换之道，虽云变化万端，然无论有形迹、无形迹，理论不外欲左先右、欲右先左而已……此即顺伯（原文为"慎伯"，指包世臣——引者注）所谓：于画下行者管转向上，画上行者管转向下，画左行者管转向右，是以指得势而锋得力者也。①

---

① 孙以悌：《书法小史》，《史学论丛》第一册，国立北京大学史学系潜社，1934。笔者根据自己珍藏的孙以悌《书法小史三章》原稿之影印件做了专门校勘。该影印件为 16 开本，由张政烺编订，封面上有张氏题字"易厂遗稿政烺手订拱辰（杨向奎——引者注）宝之 廿三年六月烺记"。封面尚有杨向奎题"以悌天才早逝。曾于《史学论丛》发表《书法小史》，手稿在苑峰（张政烺——引者注）处。以悌走后，苑峰以稿交我保存，距今六十一年矣。向奎于一九九五年九月十日"等字样。扉页有"《书法小史》甲戌五月丙若题"字样和"苑峰"印章。杨向奎在《纪念孙以悌先生》一文中提及，曾有出版社打算将《书法小史》作为书法书出版，"虽然未能正式出版，我还是出资影印出来，以期在社会上流传，发挥汉字的美学价值"。

在邓广铭先生藏书捐赠仪式
暨纪念邓广铭先生 115 周年
诞辰活动上的致辞

郝 平*

尊敬的各位老师，各位来宾：

大家上午好！

今天，我们相聚在北京大学古籍图书馆，隆重举行邓广铭先生藏书捐赠仪式，纪念邓广铭先生 115 周年诞辰。首先，我谨代表北京大学，向各位老师和嘉宾的到来，表示热烈的欢迎和衷心的感谢！

邓广铭先生是我国著名历史学家，"宋史泰斗"，"一代宗师"。先生自 1932 年考入北大，至 1998 年仙逝，除去一些短暂的校外经历，在北大一共度过 60 余年。特别是 1945 年抗日战争胜利后，时任代理校长的傅斯年先生邀请在复旦做教授的邓先生回校任教，邓先生没有丝毫的犹豫，他说："我是北大培育出来的，应当对北大做出我的报偿。"先生对北大的赤子之心，着实让人钦佩。

在北大期间，先生对图书馆有着非常深厚的感情，还专门写过《我和北大图书馆关系》一文。他回忆道，在学生时代编辑《读书周刊》时，

---

* 郝平，时任北京大学校长。2022 年 3 月 16 日，北京大学隆重举行邓广铭先生藏书捐赠仪式暨纪念邓广铭先生 115 周年诞辰活动。

不论是审阅稿件还是核对原文，基本上是在图书馆阅览室进行的；邓先生还特别提到，在图书馆阅读到的吴廷燮《北宋经抚年表》和《南宋制抚年表》等书，对他一生的研究、写作都有着重要的影响。如今先生藏书入藏图书馆，续写了先生与图书馆的情谊，也是对图书馆馆藏的重要补充，其中批校满纸的《涑水记闻》和《续资治通鉴长编》等书都是非常珍贵的资料，很好地反映了先生的学术功底。历史学系的师生都知道，邓先生一生爱书如命，这批珍贵图书都是先生一本本精心选购，用心阅读过的，其价值不是金钱可以衡量的。在这里，我谨代表学校，对邓可蕴女士、邓小南教授及其家人的无私捐赠，致以衷心的感谢和崇高的敬意！

未来，学校要努力守护好、传承好、利用好先生留给我们的宝贵财富，从报国、治学、育人、使命四个方面将先生的精神品质进一步发扬光大。

一是传承弘扬先生学术报国的崇高精神。先生在宋辽金史研究方面著述宏富，尤其专精宋史，学问背后饱含着当时知识分子心系民族危难、推动民族复兴的历史责任感。先生将研究的视野投向历史上的著名人物王安石、岳飞、韩世忠、辛弃疾、陈亮等人，以他们的爱国主义精神培养学生。当年我们读书的时候，邓先生是我们的系主任，每次听先生讲课、做报告都受到教育，并终身受益。先生在弥留之际，还反复吟诵辛弃疾的警句"所不朽者，垂万世名；孰谓公死，凛凛犹生"，这是他将毕生事业与国家、民族命运紧密相连的生动写照。当下，我们要继续发扬先生崇高的民族责任感和历史使命感，让更多的人为传承我国文化精髓、服务国家战略需要贡献力量。

二是传承弘扬先生严谨求新的治学态度。20 世纪 50 年代，先生创造性地提出了史学研究"四把钥匙"的观点，即职官制度、历史地理、年代学和目录学，至今仍是后辈学者们的治学津梁。先生治学重实证、忌虚妄，力求严谨，精益求精，许多著作都曾反复修订、多次再版，被茅盾誉为"传世之作"的《稼轩词编年笺注》更是直到先生逝世之前，都在不断地增补、修订和完善。如今，邓小南教授继承了先生的学术精神和淳朴家风，还亲自推动新一代信息技术与史学研究的深度融合，促进传统文化的创造性转化和创新性应用，取得了突出的成果。今年是学校的"数字与人文年"，我相信如果更多的中青年学者能够秉持先生这种既追求严谨又勇于创新的治学态度，并积极拥抱技术带来的无限可能，史学研究一定会迸发出新的生机与活力。

三是传承弘扬先生潜心育人的优良传统。先生自留校任文科研究所助教开始，在北大执教60余年，培养了几代学人。在座的各位老师很多都是邓先生的受业弟子，或者与先生有过密切的学术交往。先生爱才惜才，人尽皆知。对于家庭困难的优秀学子，他常常慷慨解囊，资助他们心无旁骛地进行学习和研究。在当下的育人工作中，我们需要更多像邓先生这样的"大先生"，全心全意地爱护学生、帮助学生、引领学生，让学生在和谐密切的师生关系中茁壮成长。学校也要积极筹措，让更多优秀学子受惠于邓广铭宋史研究基金。

四是传承弘扬先生整理古籍的使命担当。先生是全国高等院校古籍整理研究工作委员会副主任委员，非常关心我国的古籍整理事业，关心优秀传统文化的继承和弘扬。他认为中华民族传统文化的优良部分，在世界历史上是具有领先地位的，对人类社会的贡献不可埋没。要建设好社会主义新文化，就必须将优秀传统文化的继承和发扬与社会主义新文化建设结合起来，只有"批判地继往"，才能"顺利地开来"。先生号召古委会系统以及全国的古籍工作者要增强对古籍整理事业的使命感和责任感，正确处理好传统与现代的关系，为建设我国社会主义新文化敢挑重担、奋勇向前。

各位老师，各位来宾：

今天，邓先生藏书入藏北大图书馆，既是我们表达对先生的缅怀与纪念，也是我们继承先生遗志、昂首再出发的新起点。我们要积极宣传邓先生的生平事迹和崇高精神，让先生的理念和品格感染更多人、启发更多人。只有这样，才能不辜负邓先生为北大、为我国史学研究所做出的杰出贡献。

谢谢大家！

作为"文学青年"的邓广铭：
从《牧野》旬刊到《陈龙川传》*

聂文华**

摘　要　邓广铭是 20 世纪著名宋史学者，学生时代曾是一名"文学青年"，大一时创办校园文学刊物《牧野》旬刊。此刊作者群与其母校山东省立第一师范学校有密切关系，校长王祝晨积极推广新文化运动，使得一批学生醉心于新文学。邓广铭后来虽转向史学，但这段文学经历仍在他的学术生涯和论著中留下痕迹，其突出表现是《陈龙川传》一书的写作。《陈龙川传》与他后来的谱传史学论著不同，带有显著的文学色彩。当时文史两界对此书的评价，关注点自始即异：文艺界重在认为它是胡适传记文学观念影响下的实践之作，史学界则更关心其叙述的平静客观。后来的传记文学史，却因邓广铭的史家定位对其人其作有所忽视。

关键词　邓广铭　文学青年　《牧野》旬刊　《陈龙川传》　文学因素

---

* 本文系教育部人文社会科学研究项目"邓广铭档案整理与近现代学术史研究"（项目编号：21YJC770020）成果之一。本文初稿为笔者 2010 年硕士学位论文第二章，2014 年 8 月全面修改一次，2022 年 4 月应曹家齐老师之邀，重新修订一过，并获邓小南老师、赵冬梅老师惠赐详细意见，吴灵杰同学亦指出文字表述上的一些问题，曹老师对全篇文字多有润色，谨此致谢。

** 聂文华，重庆师范大学历史与社会学院副教授。

"20世纪海内外宋史第一人"① 邓广铭（1907～1998）长期执教于北京大学历史学系，对于他曾是一名"文学青年"的这一事实甚少有人注意。② 在北京大学史学系读一年级时（1932～1933），他与此前就读于山东省立第一师范学校（以下简称"山东一师"）时的同学李广田（北京大学英文系1930级）、王余侗（北平师范大学国文系1931级）一起创办了校园文学刊物——《牧野》旬刊。邓广铭何时成为一名"文学青年"，这一经历对其治学和文风又有何影响？

杨讷对邓广铭的写作风格颇有一番同情之理解：

> 他用词之所以尖锐，部分由于他的个性，部分是受前一代文风的影响。看看二三十年代的文坛健将，喜欢用尖锐言词写作或辩论的，人数真不少。他们对别人尖锐，也能承受别人对自己尖锐。邓先生从事著述起于三十年代，自然会受那时文风的影响，这是可以理解的。③

杨讷的解释极富启发性。但是作为史学系学生的邓广铭如何受到文坛的影响，并不能简单归结于时代文风的熏染，这中间尚缺少必要的过渡性环节。而他曾经是一名"文学青年"的事实，正可很好地解释这一点。

---

① 周一良：《纪念邓先生》，《仰止集——纪念邓广铭先生》，河北教育出版社，1999，第37页。
② 到目前为止，综述邓广铭的学术最为全面的，当数刘浦江《邓广铭与二十世纪的宋代史学》（《历史研究》1999年第5期，第114～129页）和张春树《民国史学与新宋学——纪念邓恭三先生并重温其史学》（北京大学中国传统文化研究中心编《国学研究》第6卷，北京大学出版社，1999，第7～26页）。但两文均未提及邓氏作为"文学青年"的经历对其学术研究的影响，这是因为他们的论述主要基于邓氏自身的回忆及其相关论著，故对邓氏未提及之处不甚措意。而以邓氏著述和访谈记录为基础整理而成的《邓广铭学述》（浙江人民出版社，2000），亦未提及相关信息。"文学青年"的概念，可参考姜涛《从"代际"视角看五四之后"文学青年"的出现》，《云南大学学报》（社会科学版）2013年第1期，第40～47页。不过，本文关注点是1933年邓广铭的文学活动及1923～1927年其在山东一师时所受新文化运动的影响，与姜涛一文所指的第三代"文学青年"不同。
③ 杨讷：《走近邓先生》，《仰止集——纪念邓广铭先生》，第285页。

若对杨说做进一步引申，邓广铭的办报经历及其文章多发表在面向大众的报纸副刊之上，对其写作风格亦不能不产生一定的影响。本文仅考察他早年的文学活动及其传记作品中的文学因素。

一 《牧野》旬刊及其作者群

学界对《牧野》旬刊已有一定的研究，① 不过，均重在研究它与李广田的关系。而对刊物本身的了解，主要基于卞之琳的回忆。卞氏曾在《〈李广田散文选〉序》一文中说：

> 是我首先到广田的住房去登门造访的，也是我首先把其芳从他在银闸大丰公寓北院（当时到最后一院罗大冈同志那里去所必经的甬道拐角处）一间平房里拉出来介绍给广田的。其芳先和同乡办过一个同人小刊物叫《红砂碛》（格式仿《语丝》和《骆驼草》），广田较后和邓广铭同志（当时发表文章署名"邓恭三"）一起，办过一个同人小刊物叫《牧野》（字已横排了）。两个小刊物的名字叫人看得出各有家乡味（红砂碛是四川万县的一个地名）。②

根据《牧野》目录（见文后附录），作者群中并没有署名邓恭三者，不过却有署"一茗""君若"的，此即邓广铭的两个笔名。这与邓广铭发表文章的署名习惯有关，他发表学术文章时多署邓广铭或邓恭三，而一般的书评和文学作品则用笔名。卞氏并没有将《牧野》的创刊情况交代清楚，这可能是因为此文是从"汉园三杰"交往角度作的纪念性文字，故内容难免有不准确之处。根据这一材料而做的研究，其学术价值自然是要

---

① 秦林芳：《李广田与〈牧野〉旬刊》，《新文学史料》2006 年第 2 期；李岫：《岁月、命运、人——李广田传》，人民文学出版社，2006，第 46 页。
② 《卞之琳文集》中卷，安徽教育出版社，2002，第 365 页。

打折扣的。①

　　其实，邓广铭的长女邓可因在他的指导下，曾在《燕都》发表一篇名为《〈牧野〉在沙滩》的文章，② 这是目前最为全面、权威地介绍《牧野》的文字，文中说：

　　　　一九三三年初，在北平沙滩北京大学文学院，诞生了一个小型文学刊物，名为《牧野》（旬刊）。说它小，一是它的开本小，是小三十二开，每期十六页，也就是说，一大张白报纸正好印一份。二是它的印数少，每期印五百份。三是定价低，每份二分钱。四是它的编辑和撰稿人都是二十多岁的年轻人。这个刊物可以算是他们进行文学笔耕的一小片处女地。后来，他们中的一些人都成了我国著名的文学家、史学家。

　　　　那时候，办这样一个刊物，不需要登记注册，也不需要申请批准。三个青年，北京大学英文系学生李广田、史学系学生邓广铭和师范大学中文系学生王余侗，经过一番磋商，每人拿出三四元钱，一共凑了十来元，一期的成本就够了。撰稿人除三位发起人外，还有北京大学英文系学生卞之琳、哲学系学生何其芳、史学系学生杨效曾等（当时卞之琳、何其芳已经在一些文学刊物上发表过诗作）。他们找到南池子飞龙桥的一家印刷厂承印，因为他们知道这个厂的印刷质量好，铅字只用一次就销毁重铸，所以字迹很清楚。当时北新书局、未名社的书都是在那里排印的。

　　　　二十年代末三十年代初，北京、上海等地先后出现了许多文学社团和文学刊物，《牧野》的一伙年轻人就处于这种文学氛围的熏陶

----

① 秦林芳《李广田与〈牧野〉旬刊》前半部分介绍《牧野》创刊情况时，基本依据卞之琳此文，准确性不足，进而影响到她全文的分析，夸大了李广田在《牧野》旬刊中的影响。即使是李广田的女儿李岫，在《李广田传》一书中对《牧野》的介绍亦不准确，如把一苕（邓广铭）所写的《题辞》理所当然地认成李广田的作品。

② 邓可因女士生于1931年，她文中关于《牧野》旬刊的记述只能来源于她父亲的讲述，笔者对她的访谈也证实了这一点，所以这篇文章亦可视为邓广铭对《牧野》旬刊的回忆。参见2008年11月19日笔者对邓可因女士所做访谈的记录。

下。他们读鲁迅，也读周作人；读郭沫若，也读徐志摩、戴望舒。戴望舒和施蛰存曾在上海出过一本小型的刊物叫《璎珞》。李广田、邓广铭、王余侗过去在济南第一师范读书时，就是《璎珞》的热心读者和推销者，他们组织的书报介绍社就代销这本刊物。《牧野》的开本大小、页数多少直到封面设计，都是照《璎珞》的样子办的。至于刊物的取名，则是学习鲁迅等人办《语丝》时的方法："任意取一本书，将书任意翻开，用指头点下去，那被点到的字，便是名称。"

"牧野"两个字就是这样选中的。虽然是信手拈来，却很质朴脱俗。封面的行书"牧野"为李广田所写，左面的插图是从美术学校石印的临摹画册中选来的。沙滩上的《牧野》就这样诞生了。①

可能是因为发表在非学术刊物上，之前学界多未曾注意此文，故特征引如上。此文虽是邓广铭的女儿所作，但亦可视作当事人自己的回忆。文中对创刊的缘起、刊物名称的来源和刊物风格的说明，虽与下文所说不同，但应基本可信。

邓广铭在《题辞》中对刊物的宗旨做了如下一番解说：

> 我们常四顾茫然。如置身无边的荒野中……于是感到了孤立无援的惊悚。
>
> 我们时常为这问题所困惑，却总不敢挺身而出，承当这冲围的责任……但这怵目惊心的惨剧又实在看不惯……偶尔地，由于一个人的提议，经过三数人的赞同和磋商，便有了这小小的刊物的诞生。
>
> 人手，虽然少，却还是乌合，没有长期的准备，也缺少具体的计

---

① 可音：《〈牧野〉在沙滩》，《燕都》1989年第5期，第9~10页。据笔者所见，唯一运用此材料的是陈明远，他在《文化人的经济生活》（文汇出版社，2005，第119~120页）一书的"自由撰稿人的经济状况"部分，《大学生的文艺刊物》一篇专门论述校园文艺刊物时引用了这篇文章。不过，他想以此说明卞之琳的文学创作，但卞之琳并不是《牧野》的主要作者。笔者估计，陈氏之所以引用此材料，可能是因为文中提供了具体的经济数字，这恰好与他书名中所揭示的主题相关。

划……所具有的决心，只想诚恳地从事于各人能作的工作，将各人在这人生的途程中所体验到感受到的一切，真诚地表曝出来……内容的庞杂是将不免的，思想上原即不想定于一尊，然而庞杂中也期其能略有一致的倾向。①

与《语丝》的发刊词做对照，即能发现《牧野》的主旨是以它为模仿对象的。至于刊物的封面设计、开本大小等外观设计，刊载的文章类型及刊物周期，则完全学习施蛰存在之江大学编的《璎珞》一刊。《璎珞》旬刊是施蛰存、戴望舒、杜衡 1926 年（3 月 17 日创刊，4 月 17 日停刊）创办于上海的一个学生刊物，仅出版四期。不过，它的影响力并不小，远在山东一师读书的邓广铭等人通过书报介绍社很快就接触到这份刊物，并且留下深刻印象。② 《语丝》作者群中，鲁迅和周作人是最为重要的两位作者，他们对《牧野》作者群的创作影响也很突出，如李广田学周作人，邓广铭学鲁迅。

作为一个小型的学生刊物，《牧野》的创办虽说是偶然，但也是几位有志青年为了打破这"无声的青年界"所发出的"雏声"。③ 它创刊于 1933 年 1 月 1 日，4 月 21 日停刊，每期不到 20 页，仅出 12 期，原因可能是经济因素。虽然每期只要花十元左右即可支撑下去，但每期定价是两分，印数 500 份，要全部售出才刚够收回成本。没有其他经济援助的情况下，刊物很难维持，最后停刊也是很自然的。

《牧野》的发起者和核心人物是李广田、邓广铭和王余侗，这也可以从三人在《牧野》上所发表文章的数量看出来（参见文后附录）。《牧野》共出 12 期，共发表各类文章（小说、散文、诗歌、译文、书评）39

---

① 《牧野》第 1 期（1933 年 1 月 1 日），署名一茗，已收入《邓广铭全集》第 10 卷，河北教育出版社，2005，第 225～226 页。

② 施蛰存《震旦二年》对此有所回忆，已收入《北山散文集》（1），华东师范大学出版社，2001，第 305 页。《璎珞》旬刊已收入 2007 年 6 月江苏人民出版社出版的《南京图书馆珍本丛刊》。

③ "无声的青年界"是《牧野》第 3 期一茗所发文章的标题。

篇，其中李广田（署名洗岑、望之）占 15 篇，邓广铭（署名一茗、君若）占 8 篇，王余侗（署名孤丁）占 4 篇，三人所发文章有 27 篇之多；而其他人共 12 篇，如卞之琳（署名季陵）占 4 篇，牧夫 3 篇，云僧 2 篇，何其芳、中一、吴乃各一篇。①

李广田是《牧野》最为重要的作者，也可以说《牧野》成就了他。李广田受周作人的影响，在《牧野》上发表了 15 篇作品（诗歌 5 首，散文 10 篇），其中有 8 篇收入他的第一本散文集《画廊集》。在《牧野》的作者群中，成为作家的是后来以"汉园三杰"著称的卞之琳、李广田和何其芳。而当时已小有名气的卞之琳在《牧野》上只发表了 4 篇文章，其中 2 篇译文和 2 首诗歌；何其芳仅在最后一期上发表了一首诗歌。他们都算不上《牧野》的核心作者。

值得注意的倒是邓广铭，他当时甚为活跃，总共在《牧野》上发表了 8 篇文章，仅次于李广田，除《题辞》和一篇译文外，还有 6 篇小说、散文。

在第一期中，除《题辞》外，邓广铭还写了《我的皇后》一文。文章讲述儿时因父亲的严厉管制，平时行为斯文的"我"在乡下玩游戏时扮演皇帝，并选择了自己喜欢的"俊子"扮演皇后，写的是一种朦胧羞涩的初恋感情。第三期发表的《无声的青年界》，是模仿鲁迅的《无声的中国》，对当时青年的无所作为且不肯站出来说话表示强烈不满。第四期发表的《我这样辞别了旧年》写独自过年时的孤寂与愁闷。因寒假不归，先去一先生家谈话，其家中的年味增添了"我"的孤寂之感，于是出门访友，却未能如约相见，回校之后，当人问起在哪儿度过这个除夕夜，"我坦然"说与朋友出去喝了点小酒。第六期发表了他翻译的英国古典主

---

① 李、邓、卞三人的笔名，整理自《李广田文集》所附《李广田年谱》《邓广铭全集》所附论著目录、张曼仪《卞之琳著译研究》所附《生平著译年表》（香港大学中文系文史丛书，1989）。中一为杨效曾的字，见《国立北京大学二十三年度学生一览》，又可见何兹全的回忆录《爱国一书生》（华东师范大学出版社，2000，第 57 页）。牧夫、云僧、吴乃三者，不知为何人笔名，不过他们总共只发表了 6 篇，并不影响笔者对《牧野》旬刊作者群的分析。

义作家约翰逊（Samuel Johnson，1709-1784）致吉斯特菲尔德爵爷（Lord Chesterfield，1694-1773）那封著名的信，[1] 以表独立不屈之感。第八期发表的《零余的幼小者》描写了同情弱小者之泪：小华是家中幼子，在父亲病逝之后遭到年长的兄嫂的压迫，再经丧母之痛，过着与仆人同等的生活，最后勇敢逃离，走向进城做童工之路。第九期发表的《殷南先生》一文，描写了穷困的老师为求子嗣而续弦，但因暗中接济女儿而被后妻所弃。第十一期发表的《雕像》一文最具象征意义：凝结个人心血的雕像终于诞生，呈现在世人眼前，却无端遭到一场暴雨的摧毁，结果"我"一病不起，悲愤和无奈之情溢于言表。虽然并不知道这些文章有多少反映了邓广铭的真实生活经历，但至少都抒写了他一时之感情，既有对乡村生活的美好回忆，也有对社会的疏离感和个人苦闷的反抗。或许可以想象，邓广铭若走文学道路的话，山东又会多一位名作家。

《牧野》的作者群与山东一师有不解之缘。比如，李广田、邓广铭、王余侗三个主脑人物都是一师同学。其他作者，或是他们大学的同学好友，如卞之琳和何其芳，大概是通过李广田加入《牧野》的。所以，在一定程度上，可以将《牧野》看作山东一师播下的新文学种子在北大这个新文学主阵地发芽成长。

二　山东一师的"文学青年"

在回忆山东一师的学习生活时，邓广铭提到两件事对他影响至深，一为二年级参加的书报介绍社，二是《京报副刊》所发起的"青年必读十部书"和"青年爱读十部书"活动，以后得以按照所列书目按图索骥地去图书馆找书。[2] 而这些均与山东一师校长王祝晨对新文化运动的支持和鼓励有极大关系。季剑青先生在《地方精英、学生与新文化的再生

---

[1]　对此信的文学语言分析，可参见李赋宁《约翰逊的两篇散文》，收入李赋宁编《论英语学习和西方文学》，北京大学出版社，1985，第278~283页。

[2]　邓广铭：《我和图书馆》，《邓广铭全集》第10卷，第437页。

产——以"五四"前后的山东为例》① 一文中，对王祝晨在山东新文化运动中所扮演的角色及其意义做了深刻的研究，本节只是补充一二细节。

20 世纪 40 年代在重庆时，邓广铭连续撰写了两篇关于王祝晨校长的文章，不过均未发表，现已收入《邓广铭全集》第 10 卷。② 他还特意给傅斯年写信，请其帮忙为王祝晨介绍工作。③ 文中着力表彰了王祝晨对山东教育界的贡献，主要表现在推广白话文、引进名流学者来校讲学、创办专修科等，支持和鼓励学生创设书报介绍社，积极介绍各地新出书刊，对新文化运动在山东的传播起了重要作用。④

邓广铭极为详细地回忆了当时的情况：

> 1923 年夏我考入山东省立第一师范。这所学校，在济南虽不算最高学府，但从参加新文化运动的积极性来看，在当地各校中却是居于首位的。校长是一位热心新文化运动的人，他倡导学生多多阅读上海和北京两地先后创刊的几种报刊杂志，例如《创造月刊》《京报》《语丝》《现代评论》等；还特地延请了北京大学的教授如沈尹默、周作人、梁漱溟、王星拱等人来校作短期讲学，这使我们的眼界大为开阔。
>
> 这时校内高年级的同学创办了一个"书报介绍社"，经销北京的北新书局、未名社、朴社和上海的创造社所出版的各种新书。我在进入二年级后也成为这个社的成员，每周三次在课外去服务两小时。这

---

① 该文原载《现代中国文化与文学》2009 年第 2 期，已收入季剑青《新文化的位置："五四"文学与思想论集》，上海文艺出版社，2021，第 181~203 页。

② 邓广铭：《记一位山东的老教育家——王祝晨先生》《王世栋（祝晨）先生服务教育三十五周年事略》，《邓广铭全集》第 10 卷，第 395、407 页。原件藏于台北傅斯年图书馆傅斯年档案中。

③ 《邓广铭致傅斯年函》1943 年 6 月 16 日，傅斯年图书馆藏史语所公文档，档案号：李 9-3-21。也可参见拙文《邓广铭致傅斯年二十七札考释》，《唐宋历史评论》第九辑，社会科学文献出版社，2022，第 79 页。

④ 关于王祝晨的传记，可参看张默生《王大牛传》，东方书社，1947；中国人民政治协商会议齐河县政协文史研究会编《齐河文史资料：王祝晨传》，内部发行本，1996，第 1~123 页。后者主要由王祝晨第四子王恒所作。按：张默生为邓广铭在山东一师时的老师，20 世纪 40 年代在国立复旦大学国文系任教。

使我得有机会对南北各地所出新书恣意浏览。其中给予我印象最深的，在译品方面则是鲁迅所译日人厨川白村的《苦闷的象征》和《出了象牙之塔》，还有《沉钟》上所载杨晦译出的罗曼·罗兰《悲多芬传》的一篇《导言》；在新印古籍方面则有顾颉刚整理的《崔东壁遗书》（特别是其中的几种《考信录》）。是在这一期间，才使我受到了一次真正的启蒙教育。崔东壁的几种《考信录》使我了解到治史考史工作之大有可为，而罗曼·罗兰一篇短短的《悲多芬传·导言》，也使我对历史上一些建立了大功业、具有高亮奇伟志节的英雄人物起了无限憧憬之情。这对我后来的治学道路，即使说不是起了决定性作用，多多少少总还是有一些导向作用的。①

文中着重提到对他以后走向文史之路产生重要影响的作品：《崔东壁遗书》和《贝多芬传·导言》。但顾颉刚编订的《崔东壁遗书》晚至1936年6月才由上海亚东图书馆出版，又据臧克家、李广田等人的回忆，恐怕当时还是文艺图书对他们的影响更大些。② 查阅文中所提及的《创造月刊》《语丝》《京报副刊》《沉钟》《现代评论》等刊物，刊载的确实多为文艺作品和时评之作。应该早在山东一师求学时，邓广铭就成为一名醉心新文学的"文学青年"。

臧克家曾说邓广铭是山东一师书报介绍社的负责人，此文后经邓广铭本人看过，对此点他没有提出异议，应该可信。③ 因此，邓广铭在与陈智超的访谈中提及书报介绍社时说："说起来，李广田走上文学之路还是受了我的影响。我却走上了史学的道路。"④ 似乎也有其特殊含义。

此点是对李广田走上文学道路的一个重要说明，但长期无人注意，或

---

① 《邓广铭全集》第10卷《自传》，第413页。
② 臧克家：《诗与生活》，《臧克家全集》第6卷，时代文艺出版社，2002，第373~378页；李广田：《自己的事情》，《文艺书简》，开明书店，1949。此处引用，据《李广田散文》（2），中国广播电视出版社，1994，第227~228页。
③ 《邓广铭致臧克家函》1979年12月20日，参见拙编《邓广铭书信集》（待出）。
④ 陈智超：《邓广铭先生访问记》，《中国史研究动态》1992年第5期，第22页。

者认为可能是邓广铭误记，应该是李广田影响邓广铭才对。但根据此处的语气，似是特意说明。而根据臧克家、李广田和邓广铭的回忆，当时李广田受陆王之学和梁漱溟等人的影响甚深，注重内心修养，提倡"打坐"，甚为蔑视文学，使其本性受到压制，从而大病一场。病愈之后，李广田大有今是昨非之感，开始参加书报介绍社的活动，逐渐接触新文学，兴趣就慢慢转到文学方面，这可能就是邓广铭所谓李广田走向文学道路是受他影响的缘故。《牧野》旬刊由他们三人发起，并非偶然。

1923 年 9 月，王祝晨创办了《一师周刊》，到 1926 年 1 月，共发行了 95 期。可惜的是，时至今日此刊不知是否尚存于天壤之间。若有幸找到，极可能找到邓广铭最早发表的作品，这不但对追踪他的文学历程有一定价值，而且能够丰富我们对山东一师与新文化运动之间关系的认识。

三 《陈龙川传》中的文学因素

《牧野》旬刊停刊后，邓广铭似乎中止了他的文学创作活动，虽仍间或发表一些与文学史有关的学术书评，但重心已逐渐转入史学学习和研究当中。① 不过，作为一名"文学青年"，他后来的学术著述中仍屡屡显现相关痕迹。他的学术著作中文学色彩最为浓厚者，当数 1944 年出版的《陈龙川传》，1945 年出版的《岳飞》次之。

《陈龙川传》源自作者选修胡适在国文系为研究生开设"传记专题实习"一课时的作业，也是他的大学毕业论文，后于 1944 年由重庆独立出版社出版。不过，书稿与原来的毕业论文有所区别。北京大学中国古代史中心所藏的胡适批阅本《陈亮传（初稿）》，封面题"史四邓广铭试

---

① 北京大学校史馆藏有一封 1945 年 8 月 18 日邓广铭致杨晦的信（杨晦为邓广铭就读山东一师时的老师，时在中央大学国文系任教，后任北大中文系主任。此信已收入《邓广铭书信集》），信中说："我自己所从事的一套工作，几乎是最能'泪没性灵'的一种工作，甚至与过去的文学相接触时，也只是着眼于那文章的史学价值或真伪等等，对其文学的价值，则根本不能领会。所以，以前虽也曾一度要致力于文学史的工作，而终于还是不能不决然放弃。"虽然说的是文学史，还不是文学，但亦可借此理解他转向史学的原因，某种程度上也是出自对个人才性气质认识的自觉选择。

作"，是作者毕业论文的原稿。北京大学图书馆北大文库藏有一部《陈龙川传》的手稿本，内容与之基本相同，文字稍有修饰，是准备送商务印书馆出版使用的清稿本。① 为了更清楚地展现原（清）稿本与独立出版社正式出版本在文字上的差别，特列章节目录对照于表1。

表1　独立出版社正式出版本与原（清）稿本章节目录对照

1944年独立出版社正式出版本	原（清）稿本
一　先世、母系、家况	先世、母系、家况
二　尚友古人	一个未成年人的心事（包括第二、三章——引者注，下同）
三　"酌古论"	
四　周葵的座上客	峥嵘岁月（包括第四、五章）
五　完婚	
六　多难的家庭	多难的家庭
七　南宋的政治、经济和军事上的诸问题	南宋的政治、经济和军事上的诸问题
八　"中兴五论"	中兴五论
九　聚徒讲学	教读生涯
十　"三国纪年"	三国纪年
十一　第二次进出太学	第二次进出太学
十二　再度上书和再度归隐	第二次诣阙上书
	追求与幻灭
十三　最知己的朋友吕东莱	浙东学派
十四　浙东师友——薛季宣、郑伯熊、伯英、陈傅良、唐仲友、叶适、倪朴	最好的朋友吕祖谦
十五　朱陈交谊	朱陈交谊
十六　系狱	系狱
十七　王霸、义利之辨	抱膝长吟的安乐窝
十八　抱膝斋	王霸、义利之辨
十九　浙西之行	第三次诣阙上书（前几段后扩充成浙西之行）
二十　第三次上书	
二十一　鹅湖之会	鹅湖之会

---

① 据邓广铭的题记："这一稿本原是请胡先生介绍到商务印书馆出版之用的，后因抗日战争爆发，胡先生离开北平，这个稿本便封存在他的书箱中了。一九九〇年四月五日。"

续表

1944 年独立出版社正式出版本	原（清）稿本
二十二　再系狱	再系狱
二十三　状元及第	
二十四　老而益壮	光荣悲剧
二十五　"荣归"	

原（清）稿本与独立出版社正式出版本最为明显的区别，是原（清）稿本每章之后均有本章参考（书目）及个别章节有简单的注释。此外，在具体章节的划分、标题和顺序上，两者也有一些不同。章节的划分上，原（清）稿本只有二十一章，出版时分成二十五章，主要是把原（清）稿本第二章"一个未成年人的心事"和第三章"峥嵘岁月"各分成二章，最后一章"光荣悲剧"拆分成"状元及第""老而益壮""荣归"三章，同时把"追求与幻灭"一章分成两部分，出版时并入前后两章之中。章节标题上，"诣阙上书"全改成"上书"。章节的顺序上，出版本也有所调整，如"最好的朋友吕祖谦"原在"浙东学派"之后，出版本调整在前，标题改成"最知己的朋友吕东莱"；"抱膝长吟的安乐窝"原在"王霸、义利之辨"之前，出版本调整在后，改名为"抱膝斋"。

更为重要的当是文字上的修改变动，主要有三点变化。其一，文字修饰上的改动，如出版本中"死去"均改成"逝世"之类。其二，对文章内容的增删，如原（清）稿本中的"浙东学派"一章，有对浙东学派的学术渊源之考察，基本上吸收了邓广铭在《浙东学派探源——兼评何炳松〈浙东学派溯源〉》一文中的观点，出版本予以删除；"王霸、义利之辨"一章，原（清）稿本中无陈亮与陈傅良通信的这一部分内容；"抱膝斋"一章，原（清）稿本未引《抱膝吟》。其三，议论性或文学性文字的增删。如第九章"聚徒讲学"在出版本中增加了第一段的比喻：

　　一只志在凌空飞翔的鸟，现在是因为撞伤了羽翼而不得不伏于老巢当中了。为使将来仍能有再度远举高飞的能力计，在雌伏的期间还需要加意长养自身的羽毛。

　　第十二章"再度上书和再度归隐"，原（清）稿本是从 30 余年前的戊戌维新说起，因陈亮此次上书亦是戊戌年。而原（清）稿本中最具文学色彩的第十一章"追求与幻灭"，在修改之后，出版本将其并入第十二章。此章篇幅不大，为更好地了解作者的文思，特全章征引如下：

　　　　早经决意不向科场中和后生们较胜负了，现在却又在所选定的另一途径中碰了壁。所不惜颠连奔波以求之的，只是一个能将自己的学识和抱负实际表现于事功的机会，在找不到这样的机会之前，他的精力无处发散，他的身心也依然是无所寄托。

　　　　一副强韧的性格，使他将过去所遇到的种种挫折都一一征服了，不让它们成为吞噬自己的恶魔，把自己的前途仍然紧握在自己的手里。

　　　　新的尝试失败了，再遵循着旧的途辙走一次试试吧。况且，对于科举之文他还始终不曾放弃掉，在第三封奏疏当中也曾说过，只要能遇到心地平正的考官，他自信一定能随分获得一份功名的。就在诣阙上书的当年，而且就在那同一春季，当礼部举行省试时，他便又参加在内，要争取一袭绿袍子穿了。

　　　　进士的考试每三年一次，因而每三年便有三百件绿袍子给人，自然这算不得一件何等贵重的东西，但被陈氏所看重的，不是这件绿袍子的本身，而是在穿得了这绿袍子之后的诸事，因此，他是并不把它视同鸡肋一般的。

　　　　然而，怨天尤人都随便吧，再归咎于考官们心地的不公平也随便吧，总之，等考试的结果揭晓了出来，叶适、徐元德、王自中等人，都是陈氏的朋友，都被录取了。甚至凡是平素有一善足以自鸣的也几乎全被罗致在榜内，而其中却独独没有陈氏的姓名！

　　　　再回到家里时，他成了一个毫无主宰的人。

意志的颓丧，即使在一个极端强项的人，也会逼使他发生些极无意识的思想，做些百无聊赖的事情的，陈氏的性格虽然已够强韧，却还是不能免此的。

一切不合理的念头，都跟从而来，回旋在陈氏的脑子里：依旧继续着攻读的生涯吗——过去由攻读而得来的到现在既还全然没有用处，何必再继续读下去呢？去经营生意吧——那又如何是他所能干得来的呢？安心作一个躬耕陇亩的农夫吧——将来的归着又将如何呢？士农工商全不能作为他的安身立命之所了。那么，就索性放浪于形骸之外，终日在酒天花地中过生活吧，这样，既可得而忘怀于一切，也庶几因此而可得自别于士大夫之列——然而，年岁已经过了适合于那种生活的时节，秋行春令，岂不更将招惹人家的非笑吗？在这般污杂矛盾的心情中踌躇着，喜、怒、哀、愁，他完全失去了自主的能力，有时一阵叫呼，有时一阵嚎啕，而有时又禁不住一阵拊掌大笑。

百般的磨难，自来不曾剥蚀尽汩汩于他的胸中的那份雄心，科场的功名，他自二十岁以来便已认为是一种唾手可得的东西，而现在，用尽了全副的精力而横冲直撞，一切却都显得是他所不能克服的困难。面向着这种种的困难，他第一次低首了！

从此，他离开了朋友，也丢开了书册，怀着一颗灰冷的心，偕同着自己的妻孥，把岁月的大部分都向田野间去消磨了。

一个要为全民族的生存线做防御战的斗士，现在是只努力于营求一身一家的温饱了。①

此章极尽想象之能事，尽力刻画陈氏的心理状态，无怪乎胡适评价此书为"这是一本可读的新传记"。《陈龙川传》首章曾先发表于《辅仁文苑》第 2 期（1939 年 12 月），编者有一按语，谓此传"文字既极生动切

---

① 此据清稿本，原稿本文字与此基本相同，只是个别句子有不同表述。独立出版社出版的文字多有删改，顺序亦有调整。

至，考核也极精密详审"。① 夏承焘"文革"后期阅读此书，有"在杭州时读《陈亮传》之激动心情"之语，具体指"顷与山妇吴闻共读尊《陈龙川传》（解放前印本）。山妇甚佩先生抒写天才，谓可改为电影（因她是《文汇报》文艺采访记者，多看戏剧电影，好冒充内行）。今晨读龙川与东莱交情，弟几为之失声"。② 从这些评语中，可见《陈龙川传》的影响，其文学色彩，自始即是大家所关注的一个重要方面。

通过对比当时文艺界、史学界对《陈龙川传》的介绍和评价，我们对此书和传记文学的写作实况会有一更贴近的感受。《辅仁文苑》刊登第一章时，编者有一导言说：

> 代替了全然虚构的小说，在西欧有新的传记文学的萌兴。而在中国，这样的作品却还少见。近年以来，胡适之先生曾力加提倡，结果是产生了几本文艺作家的自传，而对于古代的伟大的政治家、思想家和艺术家，却还不见有人以新的见地、新的文体去传述他们。因此，数年前北大特别开了一门传记文学的课程，专致力于古代伟人行实之探究和述写，当时有邓先生所写的一本《陈亮传》，胡先生便非常满意，在他提倡之下，毕竟有了一种珍贵的收获。

这是把《陈龙川传》视为胡适传记文学观念影响下的实践之作，注重的是传记文学这一新文体在古代人物研究上的运用。同时，这也提醒我们对传记文学的研究，不能仅仅停留在倡导者的文字和创作上，还得注意他们的教学实践和学生的创作。《陈龙川传》即是作者 1935~1936 年选修胡适所教"传记专

① 编后记写道："《辅仁文苑》是一个纯文艺的刊物，它的内容只限于文艺一项，包括文艺的论文、创作、诗歌、戏剧、批评和翻译等。至于其他与文学没有直接关系的作品，以及令人感觉枯燥的论著，是概不收容的。"这也说明，对于《陈龙川传》，当时人更看重的是它的文学性，将其视为胡适传记文学倡导下的产物。第 3、127 页。

② 《漫谈我和胡适之先生的关系》，《邓广铭全集》第 10 卷，第 269 页；《夏承焘致邓广铭函》1976 年 2 月 23 日、1975 年 2 月 7 日，原藏北京大学中国古代史研究中心，现已捐赠北京大学校史馆收藏。原件落款无年份，此据前后书信判断，详细考证过程可参见拙编《邓广铭先生年谱长编》（待出）。

题实习"课程的作业。当时，胡适提供了三组九个人物，分别是文学家白居易、苏轼和袁牧，思想家陈亮、李贽和颜元，政治家范仲淹、王安石和张居正。① 与此形成对照的是邓广铭的同学王毓铨，他虽然也选修此课，并撰写了《王安石传》，后曾部分发表在《食货》和《政治经济学报》上，但重心在王安石的社会经济政策研究，② 而不是所谓的传记文学。两人取径明显不同。

1944 年此书出版后，史学界对此书的介绍是：

> 邓君是书纯用叙述体裁，不杂考证或议论成份。其叙述亦不偏于陈氏立场而有所别择，无恭维之语，亦不用惊叹之语气。即陈氏之所短，亦不曲为之讳。平静客观两事，可于是书中求得之。此所以异于晚近一般传记作品，而可为传记作者效法者欤？书凡二十五短章，于同甫之身世，其所处环境，其师友，其思想主旨，其志行，皆以生动之笔写出，使数百年后之人读之，如亲接其人。诚传记中之佳构也。③

史学界更看重的是能否客观、平静地叙述，而对于作品中文辞斐然的创作之处则不甚措意。④

《陈龙川传》与作者后来的《辛弃疾传》《岳飞传》《王安石》有一个显著的差别。⑤《陈龙川传》主要是以《龙川文集》为史料基础，着力

---

① 《国立北京大学文学院课程一览（民国二十四年至二十五年度）》，第 98~99 页。
② 《王毓铨自述》，高增德、丁东编《世纪学人自述》第 4 卷，北京十月文艺出版社，2000，第 33~34 页。亦可参看拙文《民国时期北平四高校宋史课程教学探研》，《史学史研究》2016 年第 2 期，第 105 页。王氏受马克思主义和陶希圣社会经济史研究方法影响甚深。
③ 《图书介绍·陈龙川传》，《图书季刊》新第 5 卷第 4 期，1944 年，第 84 页。
④ 据邓广铭回忆，傅斯年对此传的评价是"文字虽写得不错，可简直是海派作风"。可见傅氏虽然不认同他的做法，但对其文采亦是甚为重视的。参见邓广铭《漫谈我和胡适之先生的关系》，《邓广铭全集》第 10 卷，第 270 页。
⑤ 邓广铭有不断修改论著的习惯，故《岳飞传》和《王安石》的不同版本，不仅内容上有差别，整体风格有时亦有不同。如 1945 年胜利出版社出版的《岳飞》带有浓厚的文学色彩，没有引用原文，均改写成白话，这不仅是因为"饱含着抗日战争期间学人志士强烈的悲壮感与爱国情怀"（邓小南为商务印书馆 2015 年版邓广铭《岳飞传》所作《邓广铭先生与〈岳飞传〉》中语），还与潘公展主编"中国历代名贤故事集"丛书的主旨和写作要求有关。

表现陈亮的个性，是一部传记文学之作，是受胡适传记文学观念影响的实践之作。作者在"一番详审的考订"的基础上，尽量用文学的笔法来叙述。而他后来的传记之作，更注重传主所生活的时代背景，通过重要历史人物来表现其所处时代的历史，在人物性格的塑造上不免用力不均，或可称之为"传记史学"或"史学传记"。这类传记，更注重的是史学的真实性，而非传记人物的性格。

写作《陈龙川传》时，邓广铭才步入大学四年级，尚未完全走上史学专业化的道路。加之之前文学活动和当时时代环境的影响，激情飞扬的文学表述方式实为一种自然选择。而随着研究的深入及研究对象的改变，他文字中的文学色彩逐渐淡化，他的传记作品也逐渐由传记"文学"走向传记"史学"。但终其一生，邓广铭始终保持着对文学的爱好，甚至在他晚年选择学生的时候，对富有文采者亦存有一种偏爱之心。①

值得注意的是，在文史学界，后来以写传记著称于世者，当数邓广铭和朱东润两位先生。比较两人的传记作品（以《陈龙川传》和《张居正大传》为例），可以发现诸多相同之处，如都看重传记的真实性，注重史料的全面搜集和考证，同时亦注意文字的表述方式，注重刻画传主的性格，语言上也力求生动。② 但学界在论述中国 20 世纪传记文学的形成史时，多表朱东润之功，而对邓广铭的传记作品则不甚措意。③ 一方面，是因为邓广铭在传记撰写实践中发生过一次转型，由早期的传记文学之作《陈龙川传》，转向传记史学之作《岳飞传》等；另一方面，邓广铭关注的是历史，而不是人物的性格塑造，这与文学界对传记文学的关注重心有

---

① 参见笔者 2009 年 1 月 15 日在勺园对包伟民老师所做访谈记录，此处指邓广铭晚年所收弟子陈植锷。从陈植锷的《北宋文化史述论》（中国社会科学出版社，1992）中，亦可见其行文的汪洋恣肆。

② 可参见邓广铭《陈龙川传》，生活·读书·新知三联书店，2007，序；朱东润《张居正大传》，东方出版中心，1999，序。

③ 郭久麟：《中国二十世纪传记文学史》，山西人民出版社，2009。该书有专节讲述朱东润的《张居正大传》和吴晗的《朱元璋传》，但未曾提到邓广铭的相关传记作品。该书曾被评为"关于中国二十世纪传记文学的终极成就"。详见张俊彪《读郭久麟〈中国二十世纪传记文学史〉》，《文汇读书周刊》2009 年 7 月 17 日。

所不同，后人也更多视他为历史学家。也就是说，邓广铭治学的史学定位影响了后人对他传记作品的学术评价。

小　结

通过考证《牧野》旬刊创办情形及其作者群，我们发现刊物核心人物为李广田、邓广铭和王余侗，其他作者不是他们的北大同学，就是山东同乡，甚至是山东一师的同学。而他（们）的文学兴趣，可追溯至 20 世纪 20 年代前后王祝晨校长主持山东一师时期，王祝晨积极提倡的新文化运动的熏陶，开启了他（们）作为"文学青年"的人生历程。① 尽管邓广铭最终没有走上文学道路，但我们仍可以在他的论著中发现他曾经作为"文学青年"所留下的印痕。如《陈龙川传》被视为胡适提倡的传记文学的实践之作，不仅被史学界视为严谨客观的历史传记，而且其文学性自始即受到文艺界的重视。这些不仅丰富了我们对邓广铭早期学术经历的了解，而且有助于理解他的治学门径、特色和文风的由来。

附录：《牧野》旬刊②目录

第一期（1933 年 1 月 1 日）19 页

通讯处：北平北京大学文学院（下同——引者注）

题辞 ……………………………………………………………………… 一茗

---

① 1927 年，邓广铭参加了反对新校长的罢课运动，作为最高年级级长的他（1923 年山东一师学制改革，实行前后期师范制，各三年）首当其冲，名列被开除学生名单榜之首。此后，他在党政机关和上海等地流浪两三年之久。1930 年秋，他来到北平，先入北平私立弘治中学高中毕业班，求得一毕业文凭，以作报考之资。1931 年考北大史学系不中，先入私立辅仁大学英文系学习。1932 年为周作人在辅仁大学《中国新文学的源流》讲座做记录。这些在他虽是现实的困顿和波折，却可纳入他是"文学青年"的视野下解释，因其受新文化运动的影响，成为醉心北大的人，对新文学一直有浓厚的兴趣。

② 此刊原藏北京大学图书馆旧报刊室，现可在北京大学图书馆官网—特色资源库—民国旧报刊查阅到电子版，但电子版在扫描制作时有些文章缺页不完整。

我的皇后 ……………………………………………………… 一茗

沉思——读 Moravov 的图画 …………………………………… 洗岑

扬名的艺术 ……………………………………………………… 孤丁

这也算是物观中国文化史 ……… 中一（评陈国强《中国文化史》）

第二期（1933 年 1 月 11 日）16 页

哈达士 …………………………………………………………… 孤丁

行云 ……………………………………………………………… 洗岑

雪浪 ……………………………………………………………… 望之

譬如嫖妓 ………………………… 牧夫（1933 年 1 月 3 日，评章衣萍）

第三期（1933 年 1 月 21）16 页

投荒的哥哥 ……………………………………………………… 洗岑

九月的遥夜 ……………………………………………………… 季陵

无声的青年界 …………………………………………………… 一茗

第四期（1933 年 2 月 1 日）16 页

他的美丽的妻 …………………………………………………… 云僧译

我们的邻人 ……………………………………………………… 洗岑

我这样辞别了旧年 ……………………………………………… 一茗

第五期（1933 年 2 月 11 日）16 页

通讯处：北平北京大学东斋（下同——引者注）

八月的清晨 ……………………………………………………… 季陵

卑微的生存 ……………………………………………………… 牧夫

白蘋湖上的天鹅 ………………………………………………… 洗岑

第六期（1933 年 2 月 21 日）16 页

黄昏 ……………………………………………………………… 洗岑

第十二期（1933 年 4 月 21 日）16 页

秋天的哀愁　……………………　季陵译（法国 Stephane Mallarme 作）

秋天　…………………………………………………………………　何其芳

秋行　…………………………………………………………………　洗岑

秋　……………………………………………………………………　望之

邵循正先生生平与学术贡献[*]

王晓秋[**]

今年（2019）是当代中国享誉海内外的著名历史学家、北京大学历史学系中国近代史学科的创始人邵循正先生 110 周年诞辰，我们举行这次论坛，旨在回顾邵先生的学术成就，传承和发扬邵先生的学问和精神，推动中国近代史学科的创新发展。邵先生离开我们已经 46 年了，在座的大部分老师和同学可能都没见过邵先生，因此，我作为受过邵先生直接教诲并在 1964 年毕业留校后一直在中国近代史教研室工作的邵先生的学生，想在这里先向大家介绍一下邵循正先生的生平和学术贡献。

邵循正先生，字心恒，1909 年 11 月 20 日出生在福建省福州市一个书香门第。祖父邵积诚曾任晚清贵州布政使，母亲是晚清名流陈宝琛的侄女。家中兄弟姐妹九人，他是长兄。幼时曾读过几年私塾，后考入福州英华中学，仅用两年就学完了中学六年的课程。1926 年提前毕业，考入福建协和大学，只念了半年，又考取清华大学政治学系。1930 年本科毕业，考进清华研究院历史研究所，攻读中国近代史硕士研究生，导师蒋廷黻，毕业论文是《中法越南关系始末》。1934 年被选派赴欧洲留学，先在法国巴黎法兰西学院东方语言学院，师从著名汉学家伯希和研修蒙古史并学习波斯文。1935 年又转入德国柏林大学研修蒙古史，并学习德文与古意大

---

   [*] 本文为作者 2019 年 11 月 2 日在北京大学历史学系与北京大学人文学部主办的"纪念邵循正先生诞辰 110 周年暨中国近代政治外交史论坛"开幕式上的报告。

[**] 王晓秋，北京大学历史学系教授。

利文。1936 年夏回国，被聘为清华大学历史系讲师，讲授蒙古史、元史和中国近代史等课程。七七事变后随清华南迁，经海路到云南昆明，1939年任西南联大历史系教授，讲授中国近代史、中国近代外交史、元史、蒙古史研究等课程，还参加抗战史料征集和编辑工作。1945 年抗战结束，应英国文化委员会邀请，赴牛津大学做了一年访问讲学。其间还曾去比利时布鲁塞尔大学和奥地利维也纳大学短期讲学。1946 年离英前，曾接到美国哈佛大学商请任五年客座教授的邀请，但邵先生决定回国，予以辞谢。1946 年秋回国后，仍任清华大学历史系教授，讲授中国近代史，还在北京大学史学系兼课讲授中国近代史。北平解放前夕，邵先生拒绝南撤赴台及赴美国大学讲学的邀请，坚决留在北平。

1949 年新中国成立后，邵先生仍在清华教书和北大兼课。1950 年还一度担任清华大学历史系主任。1951 年曾随清华部分师生参加苏北土改。1951 年 7 月中国史学会成立，邵先生当选七人常务理事之一。1952 年参加中国民主同盟，当选民盟中央科教委员会委员。1952 年全国高校院系调整，清华、燕京等校文理系科合并并入北大，邵先生调任北京大学历史学系教授兼中国近代史教研室主任。他还兼任中国科学院历史研究所三所（后改名近代史所）第二组（中外关系史）和第三组（政治史）的组长。并主持编写《中国近代史资料丛刊》的《中法战争》《中日战争》两部资料。1956 年受高教部委托，主持制定全国综合性大学中国近代史教学大纲。1959 年起连任第三届、第四届全国政协委员和全国政协文史资料委员会委员。1960 年北京市史学会成立，当选副会长。1965 年下乡参加"四清运动"，后因哮喘病发作回京治疗。1966 年"文革"开始后，邵先生被打成"反动学术权威"，进"黑帮大院"劳改，并遭抄家。1972 年因哮喘病住进小汤山疗养院，又被通知参加"二十四史"《元史》的标点工作，于是一边治疗，一边坚持工作。1973 年春出院后即赶往中华书局，参加《元史》标点最后阶段工作。4 月中旬哮喘病剧烈发作，被送往北大校医院住院，后又转送北医三院抢救，于 4 月 27 日中午去世，享年 64岁。4 月 29 日，在八宝山革命公墓小礼堂举行追悼会，全国政协、民盟中央、史学界及北大师生代表上千人参加追悼大会。

以上是邵循正先生的生平简介。下面，我想再从八个方面简要归纳一下邵先生的主要学术贡献。

第一，创建北京大学历史学系中国近代史学科。

北京大学历史学系在解放前夕只有中国通史明清史课程，因此特邀时在清华的邵先生到北大兼职讲授中国近代史课程。1952 年院系调整后，北大历史学系学科建设迫切需要加强中国近代史教学，正好邵先生调入北大，当时系主任翦伯赞先生便请他担任中国近代史教研室主任，创建北大的中国近代史学科，是谓当时历史专业古代史、近代史、世界史、亚非史四大专业方向之一。在邵先生的主持领导下，制定了高校中国近代史教学大纲，编写了教材《中国史纲要》近代部分，招收了多批研究生、进修教师和留学生，开设了多门中国近代史基础课和选修课，培养了一批近代史研究的优秀人才，还取得了一批高质量的近代史研究成果，在全国高校处于重要地位。这一切都为改革开放后北大历史学系中国近代史学科建设一流学科打下了扎实基础。

第二，起草、制定全国高校中国近代史教学大纲。

邵先生受当时的国家高教部委托，主持制定全国综合性大学历史系中国近代史教学大纲。他亲自起草大纲初稿，经教研室讨论修改后，又邀请兄弟院校专家座谈征求意见，最后于 1956 年 7 月由高教部召集会议审定通过。此后大纲为全国许多高校特别是综合性大学历史系共同采用，作为讲授中国近代史课程和编写中国近代史教材的基本依据。这对于全国高校中国近代史学科的建设具有重要指导意义。

第三，编写中国近代史著作和教材。

为了适应社会各界学习祖国历史的需要，邵先生和古代史专家翦伯赞先生、现代史专家胡华先生合作编写了《中国历史概要》一书，1956 年2 月由人民出版社出版。这是一部简明扼要、深入浅出、具有权威性的中国历史著作，出版后很受广大读者欢迎，而且被译成多种外文发行到国外。以后邵先生又参加由翦伯赞先生主编的《中国史纲要》教材的编写工作，与陈庆华先生合作完成了《中国史纲要》第四册即近代部分，1964 年 7 月由人民出版社出版后销行全国，为各高校历史系广泛采用。

《中国史纲要》至今累计印刷近百万册，曾获 1987 年全国高等学校优秀教材特等奖。

第四，整理、编辑中国近代史资料。

邵先生十分重视史料的搜集、整理、编辑和出版、利用。他强调："治史的基础是史料，否则学术研究就是空中楼阁。"他是中国史学会主编的《中国近代史资料丛刊》11 人总编委之一，并亲自主编了《中法战争》与《中日战争》两套资料各七册近百万字。他还校注了中华书局《近代史料笔记丛刊》中的《夷氛闻记》和《漏网喁鱼集》等书。邵先生还带领北大历史学系教师整理出版了《盛宣怀未刊信稿》《义和团运动史料丛编》等重要史料。

第五，中国近代外交史和政治史研究的成就。

邵先生学贯中西，博古通今。他对中国近代外交史的研究，早在清华读研究生时就已达到很高水平，体现在他所写的 20 万字毕业论文《中法越南关系始末》。论文答辩通过后即印成单行本，为其成名之作，直到现在仍是研究中法战争的经典著作，被列为"20 世纪中国史学名著"之一。解放后，邵先生还结合国际形势在报刊上发表了一系列中外关系史的文章，揭露帝国主义侵华历史，并驳斥西方学者对中国近代史的歪曲。如《所谓门户开放和领土完整：1900 年美国对中国领土的阴谋》《美国对华侵略的作风和路线》《两千年来中日人民的友好关系》《我国南沙群岛主权不容侵犯》《西沙群岛是我国领土》等，后三篇都刊登在《人民日报》上。邵先生还将外交史与政治史相结合，如他在《历史研究》上发表的《辛亥革命前 50 年间外国侵略者和中国买办化军阀官僚势力的关系》一文，分析精辟深刻。在戊戌变法 60 周年时发表《戊戌维新运动的积极意义》，肯定了戊戌维新的进步作用。他在 20 世纪 60 年代还开设了"晚清政治史研究"专题课，给我们剖析《热河密札》《盛宣怀未刊信稿》《翁同龢日记》等史料，深入探讨晚清统治集团各派系的关系及其对政局的影响。

第六，中国近代社会史和经济史研究的成就。

邵先生视野开阔，治学严谨。20 世纪 60 年代，他对中国近代农民问题和秘密会社、资产阶级问题和洋务运动，都进行过深入研究，发表了一系列高水平论文。如《太平天国革命后江南的土地关系和阶级关系》《秘密会社、宗教和农民战争》《辛亥革命时期资产阶级革命派和农民的关系问题》《洋务运动和资本主义发展关系问题——从募集商人资金到官僚私人企业》《关于洋务派民用企业的性质和道路——论官督商办》《论郑观应》等，都是当时很有影响的重要学术论文。邵先生本来还有一个关于民族资本主义工商业人物研究的计划，如欲对南通张謇及大生集团、无锡荣氏家族的面粉业和纺织业、薛福成家族的缫丝业等展开调查研究，可惜因"文革"打断而未能实现。

第七，蒙古史、元史研究的成就。

邵先生对蒙古史和元史研究有很高造诣，是学术界公认的"我国蒙元史研究三大家"之一（另两位是韩儒林先生和翁独健先生）。早在西南联大历史系任教期间，邵先生就运用他对蒙古文、波斯文和英、法、德语等的素养，撰写了《剌失德丁集史忽必烈汗纪译释》《元代的文学与社会》《语言与历史——附论〈马可波罗游记〉的史料价值》等学术论文，尤其是利用语言对音做研究，为前人所不及。20世纪50年代，他曾与韩儒林、翁独健等蒙古史专家赴苏联和蒙古，参加中、苏、蒙三国学者联合编写多卷本《蒙古通史》的国际学术会议。60年代初，他还应邀到内蒙古呼和浩特参加成吉思汗讨论会，所著《成吉思汗生年问题》一文，为争论不休的成吉思汗生年是否为1162年一锤定音。"文革"期间，邵先生参与标点《元史》，带病坚持工作，直到生命最后一息。

第八，培养了一批优秀学术人才。

邵先生教书育人，言传身教，诲人不倦，先后在西南联大、清华大学、北京大学执教近40年，培养了许多优秀学术人才，有的成为史学界的著名学者或领军人物。如在西南联大指导过的蒙古史研究生方龄贵成为著名蒙元史和民族史专家。在清华大学指导过的研究生丁名楠、余绳武成为著名中外关系史专家，后来余绳武担任近代史所第三任所长，丁名楠是《帝国主义侵华史》的主编。在北京大学，邵先生招收了多批研究生。1952年招收的第一个中国近代史研究生是李时岳，后成为洋务运动和辛亥革命研究专家，曾担任吉林大学历史系主任及汕头大学副校长。1954

年招收了五名研究生，其中如张磊成为孙中山研究专家，担任过广东省社科院院长。据说当时邵先生教学加上指导研究生、进修教师和留学生的工作量，是文科教师中的第一名。1955年招的研究生田珏成为我国高校文科教材办公室负责人，王天奖任河南省社科院历史所所长。1963年招的研究生赵春晨后成为汕头大学和广州大学历史系主任。1964年又接受蔡少卿为在职研究生，指导他到档案馆研究天地会史料，后来成为南京大学著名教授、中国近代社会史特别是国际黑社会问题专家。邵先生还指导过法国留学生巴斯蒂女士学习中国近代史，后来她成为法国著名汉学家、法兰西科学院院士。仅上面所举例子，足以说明邵先生为培养中国近代史学科人才做出的卓越贡献。邵先生还为培养、提高北大中国史专业青年教师教学科研水平付出不少心血，如陈庆华、张寄谦、夏自强、林华国、张注洪、周良霄、张广达等教授，后来都成为其得力助手或知名学者。

邵循正先生本来还可以为中国历史学的发展和北大中国近代史学科的建设做出更多贡献和更大成就，可惜过早离开了我们，这是中国史学界和北京大学历史学系的巨大损失和遗憾。但是，邵先生将永远活在我们心中。传承、发扬邵先生的学问和精神，将成为推动北京大学中国近代史学科创新发展的巨大动力。

Table and Contents & Abstracts

Abstract: Due to the characteristics of issuing the government information at a
fixed frequency, the Song Dynasty gazette was often equated with " news " and
" newspaper " . These perceptions weren't wrong, but unfortunately they weren't
comprehensive. The main reason was that the gazette was still one of the official
documents of the Song Dynasty. It was difficult to have a complete understanding of the
gazette without viewing it from the perspective of government affairs. This paper
attempted to supplement the more government decree information and personnel
assignments published in the gazette. It was believed that after the Song Dynasty
officials accepted the information of the gazette published by the Imperial Court, they
had to report the situation to the imperial court due to their responsibilities and
performance in the assessment. Officials were assigned in various places, and personnel

information was quickly communicated through gazette, so that the officials could respond as soon as possible. After the information of the gazette was issued, the central government also accepted various documents through enter achieve courtyard, and was informed of the opinions of officials in the court and the locality, such as whether they agreed it or not. Therefore, from this delivery process of official documents, it can be seen that after the gazette released the information, the documents carrying the information of all parties were immediately pass and feedback, allowing the emperor, ministers, court and locality officials to communicate, which was indeed one of the reasons for the smooth operation of the government affairs and bureaucratic systems in the Song Dynasty.

Keywords: Song Dynasty; Newspaper; Gazette; Document Delivery; Information Communication

Investigation of a Letter from People in Chun'an County to Fang Fengchen and Relations between the Local Society and Him in Southern Song Dynasty
Gao Keli / 21

Abstract: Confucian scholars were traveling between the capital and local after they passed the examination of civil service. Sometimes they were officials at their positions, sometimes they stayed at the villages as officials without position. They thus became the bridge of communication between the local government and subjects, which made them as the key to the local political game. Fang Fengchen was the Number One Scholar of civil service examination at 1250 in Southern Song. He began his country life from 1272. At this year the local Confucian students wrote a letter to him to criticize the policies of autumn tax. They requested him to reflect their situation to the central government. Finally, Fang Fengchen sent their letter to the local officials and urged them to abolish the bad policies by using his prestige and political identity.

Keywords: Fang Fengchen; Local Government; Local Elite; Information Communication; Southern Song Dynasty

A Re-study on the Shangdian Zhazi and Zoushi Zhazi　　　　Li Shuai／42

Abstract：In the early North Song Dynasty, officials could write down what emperor said on Shangdian Zhazi（上殿札子）and demand the department concerned for implementation. This process was then forbidden since the seventh year of Dazhongxiangfu（大中祥符）when Shangdian Zhazi must be sent to the prime minister by official himself and determined again with the emperor. After Yuanfeng Restructuring（元丰改制）, Shangdian Zhazi were divided into those difficult to judge and those stipulated in the regulations, and the second category could be determined by prime minister. In Yuanyou period（元祐年间）, Shangdian Zhazi was submitted to the Empress Dowager Gao through Tongjinsi（通进司）, and then decided whether to send it to prime minister by the Empress Dowager. The process of Shangdian Zhazi was regulated several times in order to find a balance between rationality of the decision and efficiency of the administration. Compared with Zouzhuang（奏状）, Zoushi Zhazi （奏事札子）were more likely to be read by the emperor personally, and the officials who can write Zoushi Zhazi to the emperor were severely restricted. Zoushi Zhazi played an important role in the communication between an emperor and officials in the unofficial way.

Keywords：Zhazi; the System of Official Documents; Shangdian Zhazi; Zoushi Zhazi

On the Diplomatic Documents between the Yuan Dynasty and Annam
in the Late 13th Century　　　　　　　　　　　　　　Dang Baohai／62

Abstract：The diplomatic documents between the Yuan Dynasty and Annam in the late 13th century are mainly concentrated in the reign of Yuan Shizu Qubilai Qa'an. Taking the destruction of the Southern Song Dynasty as cut-off point, the Yuan diplomatic policy towards Annam could be divided into two stages, the policy in the first stage is relatively tolerant, the second one becomes more strict and harsh in carrying out the policy of "Six Duties", especially Annam king's personal audience with Qubilai. The two sides repeatedly debate on this request in diplomatic documents. It was not until the death of Qubilai that the Yuan Dynasty had the opportunity to adjust its foreign policy.

Keywords: Yuan Dynasty; Annam; Diplomatic Documents; Six Duties; King's Personal Audience with Yuan Emperor

On the Buben Fuzou System during Early and Middle Ming Period

Shen Bin / 85

Abstract: Fuzou (覆奏, repeating and confirming as a reply) refers to the procedure that the officials send the edicts back to the emperor and confirm it once more in the Tang and Song Dynasties. However, in the Ming Dynasty, the word "Fuzou" mainly refers to the procedure that the officials report the processing results of the emperor's edicts to the emperor, while the confirming function mainly survives in the Buben Fuzou (补本 覆奏, make up memorial to confirm) system which refers to submitting memorial to confirm emperor's special edicts. According to the evolution of relations among emperor, officials, and eunuchs, the regulation and practice of Buben Fuzou changes, which reveals some features of central decision-making in the Ming Dynasty.

Keywords: Chuanfeng Shengzhi (Promulgate and Execute Imperial Edicts); Buben Fuzou; Document Transmission; Ming Dynasty

The Operation, Transmission and Ritual Order of the State of Ziwen between Ming and Koryo: Based on the Document "Zi from Privy Council on Worship Mountains and Riversand Erect Steles" in *Liwen*

Zhu Mei / 100

Abstract: In the diplomatic documents contacted between China and Korea in the premodern period, Ziwen has a special status. Included in Volume Ⅱ of *Liwen*, the document "Zi from Privy Council on Worship mountains and rivers and erect steles" is the *Ziwen* sent by Privy Council to the king of Koryo in the Ming Dynasty in the third year of Hongwu. It's formation has gone through at least eight document administrative processes. By comparing the documents with other historical materials, the process of Chaotiangong taoist Xu Shihao's trip to Koryo to sacrifice the mountains and rivers of Koryo on behalf of the Ming emperor were restored. The incident reflects that emperor Hongwu of the Ming Dynasty extended the scope of application of the ritual reform to the vassal states, trying to build a ritual order in which the emperor took charge of the ritual system of the vassal states and treated them equally. There are subtle changes in the attitude towards the development of bilateral relations. Diplomatic documents such as Ziwen played an important role in the practice of the ritual order in the early Ming Dynasty.

Keywords: *Liwen*; Diplomatic Documents; Document Operation; Ritual Order

Cooperation and Containment: The Relationship of Qing Court and
Foreign Telegraphy Companies in Late Qing   Xue Yiqun / 128

Abstract: The submarine cables laid by the Great Northern Telegraph Company (GNTC) and and the Eastern Extension Australasia & China Telegraph Company, connected China to the global telecommunication networks in 1870s. The Chinese authority, initially reluctant to accept this modern technology for political reasons, later accepted Li Hongzhang's advice and established the Imperial Chinese Telegraph Administration during the Ili Crisis. The concession of landing rights, connecting Chinese-operated lines with foreign company-operated lines, and the exclusive rights were considered as separate issues by the Qing administration. Ensuring the control over domestic lines is of top priority. The Qing court adopted the strategy of both cooperation and containment in dealing with Western telegraph companies, and achieved certain results in the early stages. In the 1890s, Xue Fucheng, Qing's ambassador to Britain proposed to form an alliance with GNTC and Eastern Extension Australasia & China Telegraph Company, preventing novel foreign cables landing on the coast of China. Later China signed a secret agreement with the above companies, and granted the monopoly of international telecommunications in response to Japan's attempt of landing submarine cables at Foochow after the Sino-Japanese War of 1894 – 1895. The period of validity of this agreement was extended to the end of 1930 during the Boxer rebellion, and the Qing court for its huge debts lost the cheeps to play with the companies. As a result, the Chinese right of international telegraph communication was basically controlled by the two companies.

Keywords: Great Northern Telegraph Company; Eastern Extension Australasia & China Telegraph Company; Imperial Chinese Telegraph Administration; Patent Rights of the Cables

Information Communication to Vassal State Management: A Research on the Construction of Sino-Korean Telegraph Communication Network on the Korean Peninsula in the Late Qing Dynasty   Guo Haiyan / 155

Abstract: In the mid-1880s, with the complication of the situation in Korea, the traditional means of post transmission could not live up to the demand of message passing. To build a quick information communication channel has become an important measure of China's policy towards Korea. Therefore, the Qing government decided to set up a cross-border telegraph line between China and Korea. The telegraph telecommunication can effectively upgrade the transmission speed and quality of information. After the Imo Incident, the Qing government, as the suzerain, carried out a new Korea policy that combined the traditional Chinese suzerainty relationship and the conclusion of modern treaties. From 1885 to 1891, the Qing government signed four telegraph contracts with Korea. It took 8 years to construct a telegraph communication network that connecting the north and south of Korea, covering the east and west sides, and connecting with telegraph lines in the mainland China. It has realized the swiftness and diversification of information communication channels between China and Korea. Since then, the telegraph has become an indispensable means of information communication between Yuan ShiKai, a senior official stationed in Korea and the Qing government. So the telegraph strongly supports the Qing government's policy that strengthen the traditional subordinate relations between China and Korea in the

1880s. The Sino-Korean telegraph communication was constructed under the suzerainty system by taking the opportunity of Japan's occupation of Korea's telecommunications rights. Along with the changes of China and Japan's power in Korea, the Qing government lost its grip on telegraph communication network. After the Sino-Japanese War, the international order in East Asia entered a new era of treaty system.

Keywords: Information Communication and Transmission; Telegraph Communication Network of Vassal State; Telecommunication Contract; Agency and Monopoly; the Sino-Korean Suzerain-vassal Relations

Public Opinion Variation Driven by American and British Observers during the All-out War of Resistance Against Japan Guo Qilin / 182

Abstract: There have been two major changes in public opinion in the United States and Britain upon how to understand the Battle of China during the Anti-Japanese War. It was during initial stage of Anti-Japanese War, the western public opinion, however, such as the American media and the British media commented "China will be the winner" when the whole world witnessed the raging peak of Japanese military offensive against China. By 1944, however, American and British opinion deemed the future of the Battle of China remains on a knife edge, even "the Chinese government will collapse" on the Eve of Japan's imminent defeat. The observers in China played a key role in the process of public opinion's changes. They spread the actual situation of the Anti-Japanese war behind the enemy lines to the United States and Britain. Which, in turn, further prompted foreign media to explore and recognize the Battle of China. The two changes in American and British public opinion are closely related to the strategic interests and realistic demands of the United States and Britain, with the aim of reevaluating the forces of the Kuomintang and the Anti-Japanese forces under the leadership of the Communist Party of China in enemy's rear area. On the one hand from the perspective of objective public opinion, which has restored the important role of the people's war under the leadership of the Communist Party of China and the great historical progress in the course of the struggle against Japanese aggression. On the other hand, from the perspective of the linkage between China's Anti-Japanese War and the world, it reflects the in-depth impact of China's own transformation in the Anti-Japanese war on the objective understanding of China by American and British people and their countries.

Keywords: American and British Opinion; Kuomintang Government; Anti-Japanese war Behind Enemy Lines under the Leadership of CPC; Foreign Observers in China

Book Review

Abstract: On the beginning, Prof. Ma Keyao embarked on the study of economic and social history through legal history, then extended from economic and social history to political history, and finally re-wrote the political history of the pre-modern world under the perspective of comparative history. In the process, he first explored the concept and the details of "the king is under the law" in Chinese history, and then proposed the theoretical debate of whether the king is above the law, and ultimately stigmatizing the notion of despotism as an analytical concept. Ma Keyao rewrites the political history of the pre-modern world, and makes a bold, solid and highly repeatable academic exploration for the construction of Chinese academic subjectivity and discursive rights.

Keywords: Prof. Ma Keyao; King under the Law; King above the Law; Despotism; Political History

Textual Criticism on Errors in Prof. Yang Xiangkui's "Looking at Boxie from the East and a Sea of Clouds Wide: In Memory of Mr. Sun Yiti"

Chen Congyang / 265

Abstract: Looking at Boxie from the East: And a sea of clouds wide—in memory of Mr. Sun Yiti is a memoir written by Prof. Yang Xiangkui in his later years in memory of Sun Yiti, a "gifted scholar" who died early in the 1930s. Due to the long time, vague memory, printing errors and other reasons, there are many errors in the historical facts of this article, which need to be revised in order to restore the historical truth.

Keywords: Prof. Yang Xiangkui; Sun Yiti; Department of History, Peking University

Heritages of Predecessors

Speech on the Donation Ceremony of Pro. Deng Guangming's Book Collection and His 115 Birthday Anniversary Activitiy

Hao Ping / 281

Pro. Deng Guangming As a Literary Youth: From *The Literary Journal of Muye* to *The Biography of Chen Longchuan*   Nie Wenhua / 284

Abstract: Prof. Deng Guangming, a famous scholar of song history in the 20th century, was also a literary youth when he was a student. In his freshman year, he founded *the Literary Journal of Muye* which periodical appeared once every ten days. The authors of this journal had a close relationship with his Alma Mater Shandong First Normal School. The principal Wang Zhuchen actively promoted the new culture movement, making a number of students obsessed with the new literature. Although Deng Guangming later turned to historiography, this literary experience still left traces in his academic career and works, especially *The Biography of Chen Longchuan*. *The Biography of Chen Longchuan* has obvious literary feature which is different from his later historical biographies. At that time, comments about the book of two circles of literature and history focused on different point at the beginning; the literary circle emphasized that it was a practical work under the influence of Hu Shi's concept of Biographical Literature, while the historians paid more attention to its calm and objective narration. However, the later history of Biographical Literature neglected Deng Guangming and his works because of his position as a historian.

Keywords: Prof. Deng Guangming; Literary Youth; *The Literary Journal of Muye*; *The Biography of Chen Longchuan*; Literary Feature

图书在版编目（CIP）数据

北大史学 . 第 24 辑，信息沟通专号 / 北京大学历史
学系主办 . --北京：社会科学文献出版社，2022.12
ISBN 978-7-5228-1267-0

Ⅰ.①北… Ⅱ.①北… Ⅲ.①史学-世界-文集 ②史
评-世界-文集 Ⅳ.①K0-53

中国版本图书馆 CIP 数据核字（2022）第 250528 号

北大史学 （第 24 辑）

信息沟通专号

主　　办／北京大学历史学系
主　　编／赵世瑜

出 版 人／王利民
责任编辑／陈肖寒
文稿编辑／徐　花　等
责任印制／王京美

出　　版／社会科学文献出版社·历史学分社（010）59367256
　　　　　　地址：北京市北三环中路甲 29 号院华龙大厦　邮编：100029
　　　　　　网址：www.ssap.com.cn
发　　行／社会科学文献出版社（010）59367028
印　　装／三河市龙林印务有限公司

规　　格／开本：787mm×1092mm　1/16
　　　　　　印张：20.75　字数：318 千字
版　　次／2022 年 12 月第 1 版　2022 年 12 月第 1 次印刷
书　　号／ISBN 978-7-5228-1267-0
定　　价／89.00 元

读者服务电话：4008918866